Czarnobylska modlitwa

W serii ukazały się ostatnio:
Kate Brown *Plutopia. Atomowe miasta i nieznane katastrofy nuklearne*
Drauzio Varella *Klawisze*
Piotr Lipiński *Cyrankiewicz. Wieczny premier*
Mariusz Szczygieł *Gottland* (wyd. 3 zmienione)
Maciej Czarnecki *Dzieci Norwegii. O państwie (nad)opiekuńczym*
Zbigniew Parafianowicz, Michał Potocki Kryształowy fortepian. Zdrady i zwycięstwa Petra Poroszenki
Paweł Smoleński *Wieje szarkijja. Beduini z pustyni Negew*
Albert Jawłowski *Milczący lama. Buriacja na pograniczu światów*
Lidia Pańków *Bloki w słońcu. Mała historia Ursynowa Północnego* (wyd. 2)
Mariusz Szczygieł *Niedziela, która zdarzyła się w środę* (wyd. 3)
Aneta Prymaka-Oniszk *Bieżeństwo 1915. Zapomniani uchodźcy* (wyd. 2)
Wojciech Górecki *Toast za przodków* (wyd. 2)
Jonathan Schell *Prawdziwa wojna. Wietnam w ogniu*
Wojciech Górecki *Planeta Kaukaz* (wyd. 3)
Janine di Giovanni *Tamtego ranka, kiedy po nas przyszli. Depesze z Syrii*
Wolfgang Bauer *Porwane. Boko Haram i terror w sercu Afryki*
Wojciech Górecki *Abchazja* (wyd. 2)
Bartek Sabela *Afronauci. Z Zambii na Księżyc*
Anna Pamuła *Polacos. Chajka płynie do Kostaryki*
Paweł Smoleński *Pochówek dla rezuna* (wyd. 3)
Cezary Łazarewicz *Tu mówi Polska. Reportaże z Pomorza*
Ilona Wiśniewska *Białe. Zimna wyspa Spitsbergen* (wyd. 2)
Filip Springer *Miedzianka. Historia znikania* (wyd. 4)
William Dalrymple *Dziewięć żywotów. Na tropie świętości we współczesnych Indiach* (wyd. 2)
Barbara Demick *Światu nie mamy czego zazdrościć. Zwyczajne losy mieszkańców Korei Północnej* (wyd. 2)
Jacek Hugo-Bader *Dzienniki kołymskie* (wyd. 2)
Ben Rawlence *Miasto cierni. Największy obóz dla uchodźców*
Dariusz Rosiak *Biało-czerwony. Tajemnica Sat-Okha*
Jean Hatzfeld *Więzy krwi*
Aleksandra Boćkowska *Księżyc z peweksu. O luksusie w PRL*
Barbara Seidler *Pamiętajcie, że byłem przeciw. Reportaże sądowe*
Cezary Łazarewicz *Żeby nie było śladów. Sprawa Grzegorza Przemyka* (wyd. 3)
Paweł Smoleński *Syrop z piołunu. Wygnani w akcji „Wisła"*
Marcin Kącki *Poznań. Miasto grzechu*
Piotr Lipiński *Bierut. Kiedy partia była bogiem*
Ewa Winnicka *Był sobie chłopczyk*
Tomasz Grzywaczewski *Granice marzeń. O państwach nieuznawanych* (wyd. 2)
Cezary Łazarewicz *Koronkowa robota. Sprawa Gorgonowej*
Zbigniew Rokita *Królowie strzelców. Piłka w cieniu imperium*

W serii ukażą się m.in.:
David I. Kertzer *Porwanie Edgarda Mortary. Skandal, który pogrążył Państwo Kościelne*
Karolina Bednarz *Kwiaty w pudełku. Japonia oczami kobiet*

Swietłana Aleksijewicz

Czarnobylska modlitwa

Kronika przyszłości

Przełożył Jerzy Czech

wydawnictwo czarne

Wołowiec 2018

Tytuł oryginału rosyjskiego *Чернобыльская молитва. Хроника будущего*

Projekt okładki Agnieszka Pasierska / Pracownia Papierówka
Fotografia na okładce © by Gueorgui Pinkhassov / Magnum Photos
Fotografia Autorki © by Margarita Kabakova

Redakcja Magdalena Kędzierska-Zaporowska / d2d.pl
Korekty Małgorzata Poździk, Anna Woś / d2d.pl
Projekt typograficzny, redakcja techniczna Robert Oleś / d2d.pl
Skład pismem Warnock Pro Małgorzata Poździk / d2d.pl

Książkę wydrukowano na papierze Ecco-Book Cream 70 g/m², vol. 2,0, dystrybuowanym przez firmę Antalis Sp. z o.o.

The publication was effected under the auspices of the Mikhail Prokhorov Foundation TRANSCRIPT Programme to Support Translations of Russian Literature

ISBN 978-83-8049-685-9

Jesteśmy powietrzem, nie ziemią...

MERAB MAMARDASZWILI

Informacja historyczna

Białoruś... Dla świata jesteśmy *terra incognita* – krainą nieznaną, niezbadaną. „Biała Rosja" – mniej więcej tak brzmi po angielsku nazwa naszego kraju. Wszyscy wiedzą, co to Czarnobyl, ale kojarzą go wyłącznie z Ukrainą i Rosją. Powinniśmy jeszcze opowiedzieć o sobie...

„Narodnaja gazieta", 27 kwietnia 1996 roku

26 kwietnia 1986 roku o godzinie pierwszej minut dwadzieścia trzy pięćdziesiąt osiem sekund seria wybuchów obróciła w ruinę reaktor i czwarty blok energetyczny elektrowni atomowej w położonym niedaleko granicy białoruskiej Czarnobylu. Awaria czarnobylska była najpotężniejszą z katastrof technologicznych XX wieku.

Dla niewielkiej (10 milionów obywateli) Białorusi okazała się narodowym nieszczęściem, chociaż sami Białorusini nie posiadają ani jednej elektrowni atomowej. Kraj ma jak dawniej charakter rolniczy i ludność przeważnie wiejską. Podczas Wielkiej Wojny Narodowej hitlerowcy zniszczyli tu 619 wsi i wymordowali ich mieszkańców. Po Czarnobylu kraj stracił 485 wsi i osiedli, 70 z nich już na zawsze zniknęło pod ziemią. Podczas wojny zginął co czwarty Białorusin, dzisiaj co piąty mieszka na terenie skażonym. Daje to liczbę 2,1 miliona ludzi, z czego 700 tysięcy stanowią dzieci. Promieniowanie jest jednym z głównych powodów ujemnego przyrostu naturalnego.

W obwodach homelskim i mohylewskim (które najbardziej ucierpiały w wyniku katastrofy) liczba zgonów przewyższyła liczbę narodzin o 20 procent.

Katastrofa spowodowała, że do atmosfery dostało się 50×10^6 Ci* radionuklidów, z czego 70 procent przypadło na Białoruś. 23 procent terytorium kraju uległo skażeniu radionuklidami cezu-137, przy czym gęstość owego skażenia przekracza 1 Ci / km^2. Dla porównania: skażone zostało 4,8 procent obszaru Ukrainy i 0,5 procent obszaru Rosji. Powierzchnia użytków rolnych, które uległy skażeniu o gęstości przekraczającej 1 Ci / km^2, wynosi 1,8 miliona hektarów. Strontem-90 skażone zostało 0,5 miliona hektarów, w wypadku tego metalu gęstość skażenia przekracza 0,3 Ci / km^2. Z użytkowania rolniczego wyłączono 264 tysiące hektarów ziemi. Białoruś jest gęsto zalesiona, ale 26 procent lasów i większość łąk na terenach zalewowych rzek Prypeci, Dniepru i Soży leży w strefie skażenia promieniotwórczego...

W wyniku stałego oddziaływania niewielkich dawek promieniowania z każdym rokiem w kraju zwiększa się liczba zachorowań na choroby nowotworowe, przypadków rozstrojów psychicznych oraz mutacji genetycznych...

Zbiór artykułów Czarnobyl, *„Encyklopedia Białoruska”, 1996, s. 7, 24, 49, 101, 149*

Zgodnie z tymi danymi 29 kwietnia 1986 roku wysokie tło promieniowania zarejestrowano w Polsce, w Niemczech, Austrii i Rumunii, 30 kwietnia – w Szwajcarii i północnych Włoszech, 1 i 2 maja – we Francji, Belgii, Holandii, Wielkiej Brytanii, północnej Grecji, 3 maja – w Izraelu, Kuwejcie, Turcji...

Wyniesione na dużą wysokość substancje gazowe rozprzestrzeniały się globalnie: 2 maja ich obecność odnotowano w Japonii, 4 maja w Chinach, 5 maja w Indiach, 5 i 6 maja – w USA i w Kanadzie.

* Ci – kiur, jednostka aktywności substancji promieniotwórczej. Obecnie praktycznie wyszła z użycia. (Wszystkie przypisy pochodzą od tłumacza).

Wystarczył niecały tydzień, żeby Czarnobyl stał się problemem ogólnoświatowym...

Zbiór artykułów Skutki awarii czarnobylskiej na Białorusi, *Wyższe Międzynarodowe Kolegium Radioekologiczne im. Sacharowa, Mińsk. 1992, s. 82*

Czwarty reaktor, nazwany obiektem „Osłona", nadal kryje w swoim ołowiano-żelbetowym wnętrzu około 200 ton materiałów radioaktywnych. W dodatku paliwo jest częściowo przemieszane z grafitem i betonem. Nikt nie wie, co się z tym obecnie dzieje.

Sarkofag budowano w pośpiechu, jego konstrukcja jest unikatem i z pewnością autorzy projektu, inżynierowie z Petersburga, mogą być z niej dumni. Miała służyć przez trzydzieści lat. Montowano ją jednak „zdalnie" – płyty łączono, używając do tego robotów i samolotów – skutkiem czego są szczeliny. Obecnie, według niektórych danych, ogólna powierzchnia szczelin i pęknięć wynosi ponad 200 metrów kwadratowych. Nadal wydobywają się z nich radioaktywne aerozole. Wiatr, wiejący z północy, na południu zwiększa aktywność popiołów zawierających uran, pluton i cez. Nie dosyć tego – w słoneczny dzień przy wyłączonym świetle w sali reaktorowej widoczne są smugi padającego z góry światła. Co to znaczy? Deszcz także przedostaje się do środka. A jeśli masa zawierająca paliwo wystawiona jest na działanie wilgoci, może nastąpić reakcja łańcuchowa...

Sarkofag to nieboszczyk, który oddycha. Oddycha śmiercią. Jak długo będzie jeszcze mógł służyć? Na to pytanie nikt nie umie odpowiedzieć, do dzisiaj nie sposób dostać się do wielu elementów konstrukcji, żeby zbadać, jak długo jeszcze wytrzymają. Wszyscy jednak zdają sobie sprawę z tego, że zniszczenie „Osłony" doprowadziłoby do jeszcze straszniejszych skutków niż w roku 1986...

Tygodnik „Ogoniok", nr 17, kwiecień 1996

Przed Czarnobylem... na Białorusi odnotowywano osiemdziesiąt dwa przypadki zachorowań na nowotwory na sto tysięcy mieszkańców. Dzisiaj statystyka wygląda następująco: mamy sześć tysięcy chorych na sto tysięcy osób. Siedemdziesiąt cztery razy więcej.

W ciągu ostatnich dziesięciu lat śmiertelność zwiększyła się o 23,5 procent. Ze starości umiera ledwie jedna osoba na czternaście, reszta to z reguły ludzie zdolni do pracy – w wieku od 46 do 50 lat. Na najbardziej skażonych terenach podczas oględzin lekarskich stwierdzono, że na dziesięć osób siedem jest chorych. Kiedy przejeżdża się po wsiach, trudno nie dostrzec, jak spory obszar zajmują cmentarze...

Do dzisiaj wiele liczb jest nieznanych... W dalszym ciągu trzyma się je w tajemnicy, aż tak są potworne. Związek Radziecki wysłał na miejsce katastrofy osiemset tysięcy żołnierzy służby zasadniczej i zmobilizowanych likwidatorów. Średni wiek tych ostatnich wynosił wówczas 33 lata. A chłopców brano do wojska od razu po szkole...

Na samej Białorusi na listach likwidatorów widnieją 115 493 nazwiska. Według danych Ministerstwa Zdrowia w latach 1990–2003 zmarły 8553 osoby pracujące na miejscu katastrofy. Po dwie dziennie...

Tak zaczynała się historia...

Rok 1986... Na pierwsze strony radzieckich i zagranicznych gazet trafiły reportaże z procesu osób odpowiedzialnych za katastrofę w Czarnobylu...

A teraz... Proszę sobie wyobrazić pusty czteropiętrowy dom. Dom bez lokatorów, za to pełen rzeczy, mebli i ubrań, z których już nigdy nikt nie będzie mógł korzystać. Ten dom bowiem znajduje się w Czarnobylu... Ale właśnie w takim domu, w martwym mieście, organizatorzy procesu winnych katastrofy nuklearnej zwołali skromną konferencję prasową. Na najwyższym szczeblu, w Komitecie Centralnym KPZR uznano, że sprawę należy rozpatrzyć na miejscu przestępstwa. W samym Czarnobylu. Proces odbywał się w budynku lokalnego Domu Kultury. Na ławie oskarżonych zasiadło sześć osób – dyrektor elektrowni Wiktor Briuchanow, naczelny inżynier Nikołaj Fomin, zastępca naczelnego inżyniera Anatolij Diatłow, szef zmiany Boris

Rogożkin, szef wydziału reaktora Aleksandr Kowalenko, inspektor Państwowego Nadzoru Energii Atomowej ZSRR Jurij Łauszkin.

Na widowni pustawo. Przyjechali wyłącznie dziennikarze. Zresztą ludzi tu już nie ma, miasto zostało „zamknięte" jako „strefa kontroli promieniowania". Może właśnie dlatego wybrano je na miejsce procesu? Im mniej świadków, tym mniejszy hałas. Nie ma kamer telewizyjnych ani zachodnich dziennikarzy. Wszyscy oczywiście chcieli zobaczyć na ławie oskarżonych dziesiątki odpowiedzialnych urzędników, między nimi zaś – tych z Moskwy. Odpowiedzialność winni byli ponieść również naukowcy, ale władze wyraziły zgodę jedynie na „pionki".

Wyrok... Wiktor Briuchanow, Nikołaj Fomin i Anatolij Diatłow dostali po dziesięć lat. Wyroki dla innych były mniejsze. Diatłow i Łauszkin zmarli w więzieniu wskutek chorób spowodowanych silnym napromieniowaniem. Główny inżynier Nikołaj Fomin zwariował... Dyrektor Briuchanow odsiedział swój wyrok, całe dziesięć lat. Po wyjściu z więzienia powitali go najbliżsi oraz kilku dziennikarzy. Wydarzenie przemknęło niezauważone.

Były dyrektor mieszka w Kijowie, pracuje jako zwykły urzędnik w jednej z firm...

Tak kończy się historia...

Wkrótce Ukraina przystępuje do wielkiej budowy. Nad sarkofagiem, który w 1986 roku przykrył zniszczony czwarty blok elektrowni czarnobylskiej, pojawi się nowa osłona nazwana „Arką". Na ten projekt dwadzieścia osiem krajów przeznaczy w najbliższym czasie sumę ponad 768 milionów dolarów. Nowa osłona powinna przetrwać już nie trzydzieści lat, ale sto. Ma być o wiele potężniejsza od poprzedniej, musi bowiem umożliwić prowadzenie prac nad nowym składowiskiem odpadów. Potrzebny będzie solidny fundament: należy wykonać sztuczny grunt skalny z betonowych słupów i płyt. Następnie trzeba przygotować pojemnik, do którego przewiezione zostaną odpady radioaktywne ze starego sarkofagu. Sama nowa osłona będzie wykonana ze stali wysokiej jakości, zdolnej zatrzymać promienie gamma, której trzeba osiemnaście tysięcy ton...

„Arka" ma być budowlą bez precedensu w historii ludzkości. Przede wszystkim zdumiewają jej rozmiary – podwójna warstwa ochronna ma osiągnąć wysokość stu pięćdziesieciu metrów. Wyglądem zaś będzie przypominała wieżę Eiffla...

Na podstawie białoruskich pism internetowych z lat 2002–2003

Samotny głos ludzki

Nie wiem, o czym tu opowiedzieć... O śmierci czy o miłości? A może to jest to samo... No więc o czym?

Niedawno się pobraliśmy. Po ulicach chodziliśmy, trzymając się za ręce, nawet kiedy szliśmy do sklepu. Zawsze we dwoje. Mówiłam mu: „Kocham cię". Tylko jeszcze nie wiedziałam, jak bardzo go kocham... Nie miałam pojęcia... Mieszkaliśmy w hotelu jednostki straży, w której służył. Na pierwszym piętrze. Poza nami mieszkały tam trzy młode rodziny. Jedna kuchnia na wszystkich, a niżej, na parterze, stały samochody. Czerwone wozy strażackie. To była jego praca. Zawsze wiedziałam, gdzie jest, co się z nim dzieje. W środku nocy słyszę jakiś hałas. Krzyki. Wyjrzałam przez okno. Mąż mnie zobaczył. „Zamknij lufcik i idź spać. Pali się w elektrowni. Wrócę niedługo".

Samego wybuchu nie widziałam. Tylko płomień. Wszystko się jakby świeciło... Całe niebo... Wysokie płomienie. Kopeć. Straszliwy żar. A męża ciągle nie ma i nie ma. Dym był z sadzą, bo palił się bitum – dach elektrowni był zalany bitumem. Mąż potem wspominał, że chodzili tam jak po smole. Tłumili ogień, a on się rozpełzał. Podnosił. Strącali kopniakami gorący grafit... Pojechali bez brezentowych skafandrów, tak jak stali – w samych koszulach. Nikt ich nie uprzedził, wezwano ich do zwykłego pożaru...

Czwarta... Piąta... Szósta... O szóstej mieliśmy jechać na wieś do jego rodziców. Sadzić kartofle. Z miasta Prypeć do Spieriżja, gdzie mieszkali teściowie, jest czterdzieści kilometrów. Siew, orka... To były jego ulubione zajęcia... Matka często wspominała, jak nie chcieli z ojcem puścić go do miasta, specjalnie nawet zbudowali nowy dom. Potem poszedł do wojska, służył w Moskwie w wojskach pożarniczych, a kiedy wrócił, to tylko do straży! Nic innego nie uznawał. (*Milczenie*)

Czasem zdaje mi się, że słyszę jego głos... Prawdziwy... Nawet zdjęcia na mnie tak nie działają jak głos. Ale on mnie nigdy nie wzywa. Nawet we śnie... To ja go przywołuję...

Siódma... O siódmej powiedzieli mi, że mąż jest w szpitalu. Pobiegłam, ale wokół szpitala stał już kordon milicji, nikogo nie przepuszczali. Podjeżdżały tylko karetki pogotowia. Milicjanci wołali: „Nie zbliżać się, karetki przekraczają dopuszczalną normę!". Zbiegły się wszystkie kobiety, których mężowie przebywali tego dnia w elektrowni. Rzuciłam się, chcąc odnaleźć znajomą, która tam w szpitalu była lekarką. Złapałam ją za fartuch, kiedy wychodziła z karetki. „Wpuść mnie!". „Nie mogę! Niedobrze z nim. Z nimi wszystkimi nie jest dobrze". Ale ja nadal trzymam ją za fartuch. „Tylko popatrzę". „Dobrze – mówi – biegniemy. Na kwadrans, najwyżej dwadzieścia minut". Zobaczyłam go... Był obrzmiały, spuchnięty... Oczu prawie nie było widać... „Trzeba mleka. Dużo mleka! – powiedziała ta lekarka. – Żeby wypili przynajmniej po trzy litry". „Ale on nie pije mleka". „To teraz wypije". Wielu lekarzy i wiele pielęgniarek, a zwłaszcza salowych w tym szpitalu po jakimś czasie zacznie chorować. Poumierają. Ale wtedy tego nikt jeszcze nie mógł wiedzieć...

O dziesiątej rano zmarł operator Szaszenok... Ten umarł pierwszy... Pierwszego dnia... Dowiedzieliśmy się, że pod gruzami został drugi, Walera Chodemczuk. Nie wyciągnęli go stamtąd. Zabetonowali. Nie wiedzieliśmy wtedy, że po nich będą następni.

Pytam: „Wasieńka, co robić?". „Wyjedź stąd. Wyjedź! Ty masz rodzić". Bo wtedy byłam w ciąży. Ale jak miałam go zostawić? Prosi: „Wyjeżdżaj! Ratuj dziecko!". „Najpierw muszę przynieść ci mleka, a potem zobaczymy".

Przybiega moja przyjaciółka Tania Kibienok... Jej mąż leżał na tej samej sali. Z nią jej ojciec, samochodem. Wsiadamy i jedziemy po mleko do najbliższej wsi, jakieś trzy kilometry za miastem... Kupujemy dużo trzylitrowych baniek z mlekiem... Sześć, żeby starczyło dla wszystkich... Ale oni po mleku strasznie wymiotowali... Cały czas tracili przytomność, musiano im robić kroplówki. Lekarze z jakiegoś powodu twierdzili, że to zatrucie gazami, nikt nie mówił o promieniowaniu. A miasto zapełniło się sprzętem wojskowym, pozamykano wszystkie drogi. Wszędzie było wojsko. Przestały jeździć pociągi podmiejskie, dalekobieżne. Ulice myto jakimś białym proszkiem... Denerwowałam się: jak ja jutro dostanę się na wieś, żeby mu kupić mleka prosto od krowy? Nikt nie mówił o promieniowaniu... Tylko wojskowi chodzili w maskach ochronnych... Ludzie wynosili chleb ze sklepów, otwarte torebki z cukierkami. Ciastka leżały na straganach... Zwyczajne życie... Tyle że... Myli ulice tym proszkiem...

Wieczorem nie wpuścili mnie do szpitala... Dookoła – morze ludzi... Stałam na wprost jego okna, a on podszedł i coś do mnie krzyczał. Tak rozpaczliwie! W tłumic ktoś usłyszał: „W nocy zabiorą ich do Moskwy". Żony zbiły się w jedną grupę. „Puśćcie nas do naszych mężów! Nie macie prawa!" Biłyśmy ich, drapały. Żołnierze (kordon był już podwójny) nas odpychali. Wtedy wyszedł lekarz i potwierdził, że nasi mężowie polecą samolotem do Moskwy, a my musimy przynieść im ubrania – bo te, w których gasili elektrownię, spłonęły. Autobusy już nie kursowały, więc ruszyłyśmy pędem przez miasto. Przybiegłyśmy z torbami, ale samolot już odleciał. Specjalnie nas oszukali... żebyśmy nie krzyczały, nie płakały...

Noc... Po jednej stronie ulicy autobusy, setki autobusów (szykowano już miasto do ewakuacji), a po drugiej – setki wozów strażackich. Posprowadzali je skąd się dało. Cała ulica była w białej pianie... A my po niej chodzimy... Przeklinamy i płaczemy...

W radiu ogłoszono, że miasto może zostać ewakuowane na trzy do pięciu dni, że mamy zabrać ze sobą dresy i ciepłe rzeczy, bo będziemy mieszkać w lesie. W namiotach. Ludzie już się zaczęli cieszyć: „Pojedziemy na wycieczkę! Tam będziemy świętować Pierwszy Maja". Niezwyczajnie. Szykowali na drogę szaszłyki, kupowali wino. Brali ze sobą gitary, magnetofony.

Ulubione święta, majowe! Płakały tylko te kobiety, których mężowie ucierpieli.

Nie pamiętam drogi... Jakbym się ocknęła, kiedy zobaczyłam jego matkę: „Mamo, Wasia jest w Moskwie! Zabrali go specjalnym samolotem!". Mimo wszystko skończyliśmy sadzić na działce kartofle i kapustę, ale po tygodniu wieś została ewakuowana. Kto to wtedy wiedział? Kto mógł przewidzieć? Pod wieczór zaczęłam wymiotować. A byłam w szóstym miesiącu ciąży. Tak źle się czułam... W nocy śniło mi się, że Wasia mnie wzywa. Kiedy żył, wołał do mnie we śnie „Lusia! Lusieńka!". A kiedy umarł, nie zawołał ani razu. Ani razu... (*Płacze*). Wstaję rano z tą myślą, żeby pojechać do Moskwy, sama... „Dokąd w takim stanie?" – lamentuje matka. Wyprawiła ze mną ojca. „Niech cię dowiezie". Ojciec wyjął z książeczki pieniądze, wszystkie, jakie mieli.

Drogi nie pamiętam... Znowu wyleciało mi to z pamięci... W Moskwie spytaliśmy pierwszego napotkanego milicjanta, w którym szpitalu leżą strażacy z Czarnobyla. A on nam powiedział... Nawet się zdziwiłam, bo nas straszyli, że to ściśle tajne, tajemnica państwowa.

Szpital numer sześć – stacja metra Szczukińska...

Do tego szpitala (specjalny radiologiczny) nie wolno było wejść bez przepustki. Dałam pieniądze strażniczce, a ona wtedy mówi: „Idź". Powiedziała, które piętro. Znowu kogoś musiałam prosić, błagać... No i w końcu siedzę w gabinecie ordynatorki oddziału radioterapii – Angieliny Wasiljewny Guśkowej. Wtedy jeszcze nie wiedziałam, jak się nazywa, nic nie byłam w stanie zapamiętać. Wiedziałam tylko, że muszę go zobaczyć... Odnaleźć...

Od razu mnie spytała: „Kochana! Moja kochana... Dzieci masz?". Jakże się przyznać? I już rozumiem, że muszę ukryć ciążę. Bo mnie do niego nie wpuszczą! Dobrze, że jestem szczupła, nic nie było widać. „Mam" – odpowiadam. „Ile?"

Myślę: „Muszę powiedzieć, że dwoje, bo jak jedno, to też mnie nie puści".

„Chłopca i dziewczynkę". „Skoro dwójkę, to już rodzić nie będziesz. A teraz posłuchaj: centralny układ nerwowy jest całkowicie porażony, szpik całkowicie porażony..."

„No nic – myślę – będzie troszkę nerwowy".

„Teraz słuchaj dalej: jak tylko zapłaczesz, od razu cię wyrzucę. Ściskać się i całować nie wolno. Nie podchodź blisko. Daję ci pół godziny".

Ale ja wiedziałam, że już stąd nie odejdę. Jeśli odejdę, to razem z nim. Przysięgłam sobie!

Wchodzę... A tam chorzy siedzą na łóżku, grają w karty i się śmieją. „Wasia!" – wołają do niego. On się odwraca. „O, chłopaki, przepadłem! Nawet tu mnie znalazła!"

Śmieszny taki, piżamę miał numer czterdzieści osiem, a powinien mieć pięćdziesiąt dwa. Rękawy za krótkie, spodnie też. Ale opuchlizna z twarzy już zeszła... Dawano im jakiś roztwór...

„A gdzieś ty tak nagle przepadł?" – pytam. A on chce mnie objąć.

„Siedź, siedź – powstrzymuje go lekarz. – Nie ma co tu się obściskiwać".

Jakoś to obróciliśmy w żart. I wtedy już wszyscy się zbiegli, z innych sal też. Wszyscy od nas. Z Prypeci. Przywieźli ich tu przecież samolotem, aż dwadzieścioro ośmioro. „No, co tam? Co tam u nas w mieście?" Odpowiadam, że zaczęła się ewakuacja, całe miasto wywożą na trzy, a może na pięć dni. Chłopaki nic nie mówią, a były też dwie kobiety, jedna z nich dyżurowała na portierni w dniu katastrofy, i ta właśnie zaczęła płakać: „Boże! Tam są moje dzieci. Co z nimi?".

Chciałam pobyć z nim we dwójkę, no, niechby nawet minutę. Chłopaki to poczuły i każdy wymyślił jakiś powód, żeby wyjść na korytarz. Wtedy go uściskałam i pocałowałam. Odsunął się. „Nie siadaj obok mnie. Weź krzesło". „E tam, głupstwa wszystko. – Machnęłam ręką. – A widziałeś wybuch? Co tam się stało? Przecież wy pierwsi tam trafiliście..." „To najprawdopodobniej był sabotaż. Ktoś specjalnie to zrobił. Wszyscy chłopcy tak uważają".

Tak się wtedy mówiło. Tak się myślało.

Następnego dnia leżeli już pojedynczo, każdy w osobnym pokoju. Kategorycznie zabroniono im wychodzić na korytarz i kontaktować się ze sobą. Zaczęli stukać przez ścianę: kropka, kreska, kropka kreska... kropka... Lekarze tłumaczyli to w ten sposób, że każdy organizm inaczej reaguje na dawkę promieniowania, i co wytrzyma jeden, to dla drugiego może być zbyt wiele. Tam, gdzie leżeli, nawet ściany były napromieniowane tak, że kresek brakło. Pokój po lewej, pokój po prawej i piętro niżej... Stamtąd usunięto wszystkich, nie było żadnego chorego. Nikogo nad nimi i nikogo pod nimi...

Trzy dni mieszkałam u swoich znajomych. Mówili mi: weź rondel, weź miednicę, bierz wszystko, czego potrzebujesz, nie krępuj się. To okazali się tacy ludzie... Tacy, że...! Gotowałam rosół z indyka, na sześć osób... sześciu naszych chłopców... Strażaków... Z jednej zmiany... Wszyscy mieli dyżur tamtej nocy: Waszczuk, Kibienok, Titienok, Prawik, Tiszczura. W sklepie kupiłam im wszystkim pastę do zębów, szczoteczki i mydło. Bo w szpitalu nic nie mieli. Kupiłam też ręczniczki... Podziwiam teraz tych swoich znajomych... Przecież to jasne, że się bali, musieli się bać, bo już rozeszły się najrozmaitsze plotki, ale i tak sami proponowali: „Bierz wszystko, czego potrzebujesz. Weź! Co z nim? Co z nimi wszystkimi? Będą żyli?". Żyli... (*Milczy*). Spotkałam wtedy wielu dobrych ludzi, nie wszystkich zapamiętałam... Świat skurczył się do jednego punktu... On... Tylko on... Pamiętam starszą salową, która mi powiedziała: „Są choroby, których nie da się wyleczyć. Trzeba tylko siedzieć i głaskać po rękach".

Skoro świt jadę na targ, stamtąd do znajomych, gotuję rosół. Wszystko trzeba przetrzeć, pokruszyć, rozlać na porcje. Ktoś poprosił: „Przywieź mi jabłuszko". Z sześcioma półlitrowymi słoikami... Zawsze na sześciu! Do szpitala... Siedzę tam do wieczora. A wieczorem – znowu na drugi koniec miasta. Na ile by mi tak wystarczyło? Ale po trzech dniach powiedziano mi, że mogłabym mieszkać na terenie szpitala, w hotelu dla pracowników medycznych. Boże, co za szczęście! „Ale tam nie ma kuchni. Jak będę im gotowała?" „Pani już nie musi gotować. Ich żołądki przestają przyjmować pokarm".

Wasia zaczął się zmieniać – codziennie przychodziłam do kogoś innego... Oparzenia wychodziły na wierzch... W ustach, na języku, na policzkach – najpierw pojawiały się małe ranki, potem się rozrastały. Śluzówka odchodziła płatami, takie białe błonki... Kolor twarzy... Kolor ciała... Siny... Czerwony... Szarobrunatny... A ono jest takie całe moje, takie kochane! Tego nie da się wypowiedzieć! Nie da się napisać! Nawet przeżyć... Ratowało mnie to, że wszystko działo się błyskawicznie, nie miałam czasu o tym myśleć, płakać nad tym.

Kochałam go! Jeszcze nie wiedziałam, jak go kocham! Dopiero co się pobraliśmy... Jeszcze się sobą nie nacieszyliśmy... Idziemy ulicą. Nagle on porywa mnie na ręce i obraca dookoła. I całuje, całuje. Mijają nas ludzie i wszyscy się uśmiechają.

Klinika ostrej choroby popromiennej – czternaście dni... Człowiek umiera w ciągu czternastu dni...

W hotelu od razu pierwszego dnia obmierzyli mnie dozymetryści. Ubranie, torebka, portmonetka, pantofle – wszystko się „świeciło". I wszystko to od razu mi zabrali, nawet bieliznę. Tylko pieniądze zostawili. W zamian dali mi fartuch szpitalny numer pięćdziesiąt sześć, chociaż mam czterdzieści cztery, a kapcie czterdzieści trzy zamiast trzydzieści siedem. Ubranie, powiedzieli, może przywieziemy, a może i nie – pewnie nie da się go „oczyścić". Tak poszłam do niego. Wasia się przestraszył: „Boże, co z tobą?". A ja jednak zdołałam ugotować rosół. Wstawiłam grzałkę do słoika... Tam wrzucałam kawałki kurzego mięsa... malusieńkie takie... Potem ktoś dał mi swój rondelek, zdaje się, że sprzątaczka czy dyżurna z hotelu. Ktoś inny – deskę, na której siekałam świeżą pietruszkę. W fartuchu sama nie mogłam iść na bazar, ktoś mi tę zieleninę przynosił. Ale wszystko na nic, Wasia nie mógł już pić... Przełknąć nawet surowego jajka... A ja chciałam kupić dla niego coś smacznego! Jakby to mogło mu pomóc. Pobiegłam na pocztę. „Dziewczyny! – proszę. – Muszę pilnie zadzwonić do rodziców, do Iwano-Frankowska. Bo mój mąż umiera". Telefonistki jakoś od razu się domyśliły, skąd jestem i kim jest mój mąż, od razu mnie połączyły. Mój ojciec, siostra i brat tego dnia jeszcze wylecieli do mnie do Moskwy. Przywieźli mi rzeczy. I pieniądze.

Dziewiąty maja... Zawsze mi mówił: „Nie wyobrażasz sobie, jaka piękna jest Moskwa! Zwłaszcza w Dniu Zwycięstwa, podczas salw artyleryjskich. Chciałbym, żebyś to zobaczyła". Siedzę przy nim w sali, on otwiera oczy.

„Teraz jest dzień czy już wieczór?" „Dziewiąta wieczór". „Otwórz okno. Będą strzelać!"

Otworzyłam okno. Siódme piętro, przed oczami mam całe miasto! Pióropusz ognia wystrzelił w niebo. A to dopiero! „Obiecałem ci pokazać Moskwę. Obiecałem, że w święta będziesz dostawała kwiaty..."

Obejrzałam się – wyciąga spod poduszki trzy goździki. Dał siostrze pieniądze, żeby kupiła. Podbiegłam i całuję go. „Mój jedyny! Mój kochany!"

Warknął na mnie: „Co ci mówili lekarze? Nie wolno mnie ściskać i całować!".

Zabraniali mi go obejmować. Głaskać... Ale ja... Podnosiłam go i sadzałam na łóżku. Zmieniałam pościel, mierzyłam temperaturę, wynosiłam basen... Wycierałam... Całą noc obok niego. Śledziłam każdy jego ruch. Każde westchnienie.

Dobrze, że nie w sali, tylko na korytarzu... Zakręciło mi się w głowie, chwyciłam się parapetu... Obok przechodził lekarz, wziął mnie za rękę i nagle pyta: „Pani jest w ciąży?". „Nie, nie!" Tak się przestraszyłam, żeby tego ktoś nie usłyszał. „Proszę nie oszukiwać" – westchnął.

Tak się zmieszałam, że nie zdążyłam o nic go poprosić. Nazajutrz wezwano mnie do ordynatorki. „Dlaczego pani mnie oszukała?" – spytała surowo. „Nie miałam wyjścia. Gdybym powiedziała prawdę, wysłałaby mnie pani do domu. To święte kłamstwo!" „Co pani narobiła!..." „Ale ja z nim..." „Kochana ty moja! Kochana..."

Do końca życia będę wdzięczna Angielinie Guśkowej. Do końca życia.

Inne żony też przyjeżdżały, ale już ich nie wpuszczono. Były ze mną matki strażaków, tym pozwolono... Mama Wołodi Prawika cały czas prosiła Boga: „Zabierz mnie zamiast niego".

Profesor z Ameryki, doktor Gale... To on zrobił operację przeszczepu szpiku... Pocieszał mnie, że jest szansa, niewielka, ale jest. Taki potężny organizm, taki silny chłop! Wezwano wszystkich jego krewnych. Dwie siostry przyjechały z Białorusi, brat z Leningradu, gdzie służył. Młodsza Natasza miała czternaście lat, bardzo się bała, płakała. Ale jej szpik najbardziej się nadawał... (*Milknie*). Już mogę o tym mówić... Dotąd nie mogłam. Nie mówiłam przez dziesięć lat... Dziesięć lat. (*Milknie*).

Kiedy dowiedział się, że szpik dla niego pobierają od młodszej siostrzyczki, zdecydowanie odmówił: „Lepiej umrę. Zostawcie ją, jeszcze za mała". Starsza siostra Luda miała dwadzieścia osiem lat, sama jest pielęgniarką, wiedziała więc, na co się decyduje. „Byle tylko żył" – powiedziała. Widziałam operację. Leżeli obok siebie na stołach... W sali operacyjnej było duże okno. Kiedy skończyli, Luda czuła się gorzej niż on, miała na piersi osiemnaście nakłuć, z trudem wychodziła spod narkozy. Do dzisiaj choruje, jest inwalidką... A była z niej piękna, silna dziewczyna. Nie wyszła za mąż... Ja wtedy chodziłam z jednego pokoju do drugiego, od niego do niej. Leżał już nie w zwykłej sali, ale w specjalnej komorze niskociśnieniowej, za przezroczystą przesłoną, za którą zabraniano wchodzić. Były tam takie specjalne urządzenia, pozwalające robić zastrzyki i cewnikować bez wchodzenia za zasłonę... Ale wszystko na plastrach, na klamerkach, więc nauczyłam się obsługiwać te urządzenia odsuwać... I dostawać się do niego... Przy jego łóżku stało krzesełko... Czuł się tak źle, że już nie mogłam odejść ani na chwilę. Wołał mnie bez przerwy: „Lusia, gdzie jesteś? Lusieńka!". Wołał i wołał... Inne komory, gdzie leżeli nasi chłopcy, obsługiwali żołnierze, bo cywilni sanitariusze odmówili, żądali odzieży ochronnej. Żołnierze wynosili baseny. Myli podłogi, zmieniali pościel... Robili wszystko. Skąd się tam wzięli żołnierze? Nie pytałam... Tylko on... On... A codziennie słyszę: umarł, umarł... Umarł Tiszczura. Umarł Titienok. Umarł... Jak obuchem w głowę...

Stolec od dwudziestu pięciu do trzydziestu razy na dobę. Z krwią i śluzem. Zaczęła mu pękać skóra na rękach, na nogach... Całe ciało pokryło się bąblami. Kiedy kręcił głową, na poduszce zostawały kępki włosów... A wszystko takie kochane, bliskie... Próbowałam żartować: „To nawet lepiej. Nie muszę przynosić grzebienia". Wkrótce ich wszystkich ostrzygli, ja strzygłam Wasię sama. Wszystko chciałam robić przy nim sama. Gdybym mogła wytrzymać fizycznie, to nie odeszłabym od niego, byłabym przy nim dwadzieścia cztery godziny. Było mi szkoda każdej chwili... Każdej minuty... (*Zasłania twarz rękami, bez słowa*). Przyjechał mój brat i przeraził się: „Nie puszczę cię tam!". A ojciec wtedy: „Spróbuj takiej nie puścić! Przez okno ci wejdzie! Po drabinie".

Wyszłam... Wracam, a tam na stoliku leży pomarańcza... Duża, nie żółta, ale różowa. On się uśmiecha: „Przynieśli mi. Weź i zjedz". A siostra przez zasłonę macha ręką, że nie wolno jeść tej pomarańczy. Bo jak już przez jakiś czas koło niego leżała, to nie tylko jeść, ale strach jej nawet dotykać. „No, zjedz – prosi – przecież lubisz pomarańcze". Biorę pomarańczę do ręki, a on w tym czasie zamyka oczy i zasypia. Cały czas dawano mu zastrzyki, żeby spał. Narkotyki. Siostra patrzy na mnie z przerażeniem... A ja? Gotowa byłam zrobić wszystko, żeby tylko nie myślał o śmierci... I o tym, że jego choroba jest straszliwa, że się go boję... Urywek jakiejś rozmowy... Mam go w pamięci... Ktoś mi tłumaczy: „Niech pani pamięta, że ma przed sobą już nie męża, nie ukochanego, ale obiekt radioaktywny o wysokiej gęstości skażenia. Nie jest pani samobójczynią. Proszę się wziąć w garść". A ja jak szalona: „Kocham go! Kocham go!". Kiedy on spał, ja szeptałam: „Kocham cię!". Kiedy szłam przez dziedziniec szpitalny, powtarzałam: „Kocham cię!". Kiedy niosłam basen: „Kocham cię!". Wspominałam, jakeśmy z Wasią żyli... W naszym hotelu... Zasypiał nocą tylko wtedy, kiedy mnie brał za rękę. Miał taki nawyk: we śnie trzymać mnie za rękę. Przez całą noc. A w szpitalu to ja brałam go za rękę i nie puszczałam...

Noc. Cisza. Jesteśmy sami. Patrzy na mnie bardzo uważnie i nagle mówi: „Tak bym chciał zobaczyć nasze dziecko. Jakie będzie?". „A jak mu damy na imię?" „No to już ty sama wymyślisz..." „Dlaczego ja, skoro jest nas dwoje?" „To jeśli będzie chłopiec, niech ma na imię Wasia, a jeśli dziewczynka – Nataszka". „Jak to Wasia? Już mam jednego Wasię. Ciebie! Drugiego nie chcę".

Nie wiedziałam jeszcze, jak go kocham! On... Tylko on... Całkiem jak ślepa! Nawet nie czułam kopnięć pod sercem... Chociaż byłam już w szóstym miesiącu... Myślałam, że skoro jest we mnie, moja malutka, to jest chroniona. Moja malutka...

Żaden z lekarzy nie wiedział, że nocuję u niego w komorze niskociśnieniowej. Nawet się nie domyślali. Wpuszczały mnie tam siostry. Początkowo też przekonywały: „Jesteś młoda. Coś ty sobie ubzdurała? To już nie człowiek, tylko reaktor. Spalicie się oboje". Ja biegałam za nimi jak piesek... Stałam godzinami pod drzwiami. Prosiłam, błagałam. A one wtedy: „A niech cię licho! Jesteś nienormalna". Rano, przed ósmą, kiedy zaczynał się obchód lekarski, przez zasłonę dawały mi znaki: „Uciekaj!". Wtedy uciekałam do hotelu na godzinę. A od dziewiątej rano do dziewiątej wieczór miałam przepustkę. Nogi do kolan mi posiniały, opuchły, tak byłam zmęczona. Moja dusza była silniejsza od ciała. Moja miłość...

Kiedy byłam u niego... tego nie robili... Ale kiedy wychodziłam, wtedy robili mu zdjęcia... Bez ubrania. Nagiego. Tylko na wierzchu lekkie prześcieradło. Codziennie zmieniałam to prześcieradło, a pod wieczór było całe zakrwawione. Podnoszę go, a na rękach zostają mi kawałki skóry, przyklejają się. Proszę: „Kochany! Pomóż mi! Oprzyj się na łokciu, na ile możesz, żebym ci wyrównała pościel, nie zostawiła na wierzchu żadnego szwu, fałdy". Bo dla niego każdy szew oznaczał od razu ranę. Obcięłam sobie paznokcie do mięsa, żeby go nie zadrasnąć. Żadna z sióstr nie odważała się podejść, dotknąć go. Jeśli coś było trzeba zrobić, wzywały mnie. I one... Fotografowały. Mówiły, że to dla nauki. A ja bym je wszystkie stamtąd wyrzuciła! Krzyczałabym i biła! Jak śmią?! Gdybym mogła ich tam nie wpuszczać... Gdybym mogła...

Wychodzę z pokoju na korytarz... Idę wprost na ścianę, na kanapę, bo nic nie widzę. Zatrzymuję siostrę dyżurną, pytam: „Czy on umiera?". A ona mówi: „A co ty myślisz? Dostał tysiąc sześćset rentgenów, a śmiertelna dawka jest czterysta". Też go żałowała, ale inaczej. A to wszystko było moje... Wszystko, co kochałam.

Kiedy wszyscy nasi poumierali, w szpitalu zrobiono remont... Oskrobali ściany, pozrywali parkiety i wynieśli... Stolarkę też.

A potem już był koniec... Pamiętam tylko fragmenty... Wszystko odpływa...

Nocą siedzę przy nim na krzesełku... O ósmej rano mówię: „Wasieńka, pójdę. Trochę odpocznę". Otwiera oczy i zamyka, to znak, że mnie puszcza. Ledwie wejdę do hotelu, do swojego pokoju, kładę się na podłodze – na łóżku nie mogłam, tak mnie wszystko bolało – a już woła mnie salowa: „Idź! Biegnij do niego! Wzywa cię natychmiast!". Tamtego ranka Tania Kibienok tak mnie prosiła: „Chodźmy razem na cmentarz. Bez ciebie nie mogę". Bo akurat chowano Witię Kibienoka i Wołodię Prawika.

Mąż przyjaźnił się z Witią, nasze rodziny się przyjaźniły. Na dzień przed wybuchem sfotografowaliśmy się razem w hotelu. Nasi mężowie byli tacy przystojni! Weseli! Ostatniego dnia naszego dawnego życia... Przedczarnobylskiego... Byliśmy tacy szczęśliwi!

Wracam z cmentarza, szybciutko dzwonię na dyżurkę do siostry: „No jak tam z nim?". „Umarł przed kwadransem". Jak to? Byłam przy nim przez całą noc. Tylko na trzy godziny odeszłam! Stałam przy oknie i krzyczałam: „Dlaczego?! Za co?!". Patrzyłam w niebo i krzyczałam... na cały hotel... Ludzie bali się do mnie podejść... Opamiętałam się. W końcu go zobaczę! Zobaczę! Powlokłam się w dół po schodach... Leżał jeszcze w komorze, nie zabrali go. Jego ostatnie słowa: „Lusia! Lusieńka!". „Na chwilę wyszła. Zaraz przybiegnie" – uspokoiła go siostra. Westchnął i ucichł.

Już się od niego nie oderwałam... Szłam z nim do trumny... Chociaż zapamiętałam nie samą trumnę, ale wielką foliową torbę... Tę torbę... W kostnicy zapytali: „Jak pani chce, to pokażemy, w co go ubierzemy". Chcę! Ubrali go w mundur odświętny, czapkę położyli na piersi. Obuwia nie dobrali, bo miał nogi opuchnięte. Bomby zamiast nóg. Mundur też rozcięli, nie mogli go naciągnąć, bo Wasia nie miał już skóry. Wszystko było jedną wielką raną. Ostatnie dwa dni w szpitalu... Podnoszę jego rękę, a kość się rusza, chwieje, oderwała się od ciała. Kawałki płuca, wątroby wypadały przez usta... Krztusił się własnymi wnętrznościami... Owijałam rękę bandażem i wsuwałam mu do ust wszystko to, co z niego wyjmowałam... Tego się nie da opowiedzieć! Nie da się opisać! Nawet przeżyć... To wszystko jest takie moje... Takie... Żaden rozmiar buta nie pasował... Włożyli go bosego do trumny... W mojej obecności... Wsunęli go w galowym mundurze do celofanowego worka i zawiązali. I dopiero ten worek włożyli do drewnianej trumny... A trumnę owinęli jeszcze jednym workiem... Celofan był przezroczysty, ale gruby jak cerata. Potem to wszystko włożyli do cynkowej trumny, ledwie wcisnęli. Tylko czapka została na wierzchu.

Zjechali się wszyscy... Jego rodzice, moi... Kupiłyśmy w Moskwie czarne chustki... Przyjęła nas komisja nadzwyczajna.

I wszystkim nam mówiono jedno i to samo: „Nie możemy oddać wam ciał mężów i synów, są radioaktywne, zostaną więc w odpowiedni sposób pochowane na cmentarzu w Moskwie. W zalutowanych cynkowych trumnach, pod betonowymi płytami. Musicie podpisać ten dokument... Potrzebna jest wasza zgoda...". Jeśli ktoś się oburzał, chciał wywieźć trumnę w rodzinne strony, przekonywano go, że zmarły jest bohaterem i nie należy już do rodziny. To była sprawa wagi państwowej... Należeli do państwa.

Wsiedliśmy do karawanu... Krewni i jeszcze jacyś wojskowi. Pułkownik z krótkofalówką... Przez radio przekazują: „Czekajcie na nasze rozkazy! Czekajcie!". Dwie albo trzy godziny kręciliśmy się po Moskwie, jeździliśmy po obwodnicy. Potem wracamy do miasta... Przez radio: „Nie dajemy zezwolenia na wjazd. Na cmentarz pchają się zagraniczni korespondenci, jeszcze poczekajcie". Rodzice nic nie mówią... Mama ma czarną chustkę... Czuję, że tracę przytomność. Dostaję histerii: „Dlaczego mojego męża się ukrywa? Kim niby jest? Mordercą? Zbrodniarzem? Kogo chowamy?". Mama: „Cicho, córeczko, cicho". Głaszcze mnie po głowie, bierze za rękę. Pułkownik melduje: „Pozwólcie jechać na cmentarz. Żona ma atak histerii". Na cmentarzu otoczyli nas żołnierze. Szliśmy pod eskortą. Trumnę też niesiono pod eskortą. Nie dopuszczono nikogo, żeby się pożegnał... Tylko bliskich... Błyskawicznie zasypano trumnę. „Szybko! Szybko!" – komenderował oficer. Nawet nie pozwolili mi objąć trumny.

I od razu do autobusów...

Błyskawicznie kupili i przynieśli nam bilety powrotne... Następnego dnia... Przez cały czas był z nami jakiś człowiek w cywilu, o wojskowej postawie, nie pozwolił nawet wyjść z pokoju i kupić jedzenia na drogę. Broń Boże, żeby z kimś rozmawiać, zwłaszcza ja. Tak jakbym wtedy była w stanie mówić... Nawet płakać nie mogłam! Kiedyśmy wyjeżdżali, dyżurna przeliczyła wszystkie prześcieradła, wszystkie ręczniki... Od razu kładła je do plastikowego worka. Pewnie to spalili... Za hotel sami zapłaciliśmy. Za czternaście dni...

Czternaście dni w klinice choroby popromiennej... Po czternastu dniach człowiek umiera...

W domu zasnęłam. Weszłam do siebie i zwaliłam się na łóżko. Spałam trzy dni i trzy noce... Nie mogli mnie podnieść... Przyjechała karetka. „Nie – powiedział lekarz. – Nie umarła. Obudzi się. To taki straszny sen".

Miałam dwadzieścia trzy lata...

Pamiętam, co mi się śniło... Przychodzi do mnie nieżyjąca babcia, w tym samym ubraniu, w którym ją pochowaliśmy. I zaczyna wieszać ozdoby na choince. „Babciu, po co ta choinka? Przecież mamy lato". „Tak trzeba. Wkrótce twój Wasieńka do mnie przyjdzie". A on wychował się wśród lasów, pamiętam... Drugi sen... Wasia przychodzi w bieli i woła Nataszę – naszą dziewczynkę, której jeszcze nie urodziłam. Jest już duża, a ja się dziwię: „Kiedy zdążyła tak uróść?". Wasia podrzuca ją pod sufit. Oboje się śmieją... Patrzę na nich i myślę, że szczęście to taka zwyczajna rzecz. Taka zwykła! A potem przyśniło mi się... Brodzimy z nim razem po wodzie. Długo bardzo idziemy... Prosił na pewno, żebym nie płakała. Dawał mi znak stamtąd. Z góry. (*Milknie na długo*).

Po dwóch miesiącach pojechałam do Moskwy. Z dworca idę na cmentarz. Do niego! I właśnie tam, na cmentarzu, zaczęłam mieć skurcze. Ledwie zaczęłam z nim rozmawiać... Wezwano karetkę, podałam adres. Rodziłam w tym samym miejscu... U Angieliny Guśkowej... Jeszcze wtedy mnie uprzedzała: „Rodzić masz u nas". A dokąd miałabym jechać? Urodziłam na dwa tygodnie przed terminem...

Pokazali mi ją... Dziewczynka... „Nataszeńka – powiedziałam. – Tatuś dał ci imię Natasza". Dziecko wyglądało na zdrowe. Rączki, nóżki... Ale miała marskość wątroby... W wątrobie dwadzieścia osiem rentgenów... Wrodzona wada serca... Po czterech godzinach powiedzieli mi, że dziewczynka umarła. I znowu, że nie mogą mi jej oddać! Jak to nie oddacie?! To ja wam jej nie oddam! Chcecie ją zabrać dla nauki, a ja waszej nauki nienawidzę! Nienawidzę! Zabrała mi najpierw jego, a teraz jeszcze córkę... Nie oddam! Pochowam ją sama. Obok niego... (*Przechodzi na szept*).

Ciągle nie mówię pani tego, co by należało powiedzieć... Nie te słowa... Nie wolno mi krzyczeć po wylewie. Płakać też nie wolno. Ale ja chcę płakać... Chcę, żeby wiedziano... Jeszcze nikomu się nie przyznałam... Kiedy nie oddałam im mojej malutkiej, naszej dziewczynki, wtedy przynieśli mi drewniany koszyk. „Jest tutaj". Popatrzyłam – leżała w pieluszkach, zawinęli ją. Wtedy zaczęłam płakać. „Połóżcie ją u jego nóg. Powiedzcie, że to nasza Nataszeńka".

Tam, na grobie, nie ma napisu: „Natasza Ignatienko"... Jest tylko jego imię i nazwisko... A ona była jeszcze bez imienia, nic w ogóle nie miała... Tylko duszę... Jej duszę tam właśnie pochowałam...

Przychodzę do nich zawsze z dwoma bukietami: jednym dla niego, drugim – dla niej, kładę go w narożniku. Obchodzę grób na kolanach... Zawsze na kolanach... (*Chaotycznie*). Zabiłam ją... Ja... Ona... Uratowała... Moja dziewczynka mnie uratowała, przyjęła całe uderzenie jądrowe na siebie, była jakby odbiornikiem tego ciosu. Taka malutka. Kruszynka. (*Zachłystuje się*). Ocaliła mnie... Ale kochałam ich oboje... Czyżby można było zabić kogoś miłością? Taką miłością! Dlaczego są obok siebie? Miłość i śmierć. Zawsze są razem. Kto mi wytłumaczy? Kto podpowie? Chodzę na kolanach do grobu... (*Milknie na długo*).

W Kijowie dostałam mieszkanie. W dużym domu, gdzie teraz mieszkają wszyscy, którzy opuścili elektrownię. Wszyscy znajomi. Mieszkanie jest duże, dwupokojowe, o jakim marzyliśmy z Wasią. A ja w nim dostawałam obłędu! W każdym kącie, gdziekolwiek spojrzę, wszędzie widzę jego... Jego oczy... Zaczęłam remont, żeby tylko nie siedzieć, żeby zapomnieć. I tak dwa lata... Mam sny... Śni mi się, że idę z nim razem, a on nie ma butów. „Dlaczego zawsze chodzisz boso?" „A dlatego, że nic nie mam". Poszłam do cerkwi... Ojczulek mi poradził: „Trzeba kupić kapcie o dużym rozmiarze i położyć komuś do grobu. I napisać na karteczce, że to dla niego". Tak właśnie zrobiłam... Przyjechałam do Moskwy i od razu – do cerkwi. W Moskwie mam do niego bliżej... On tam leży na cmentarzu Mitińskim... Opowiadam księdzu, że tak a tak, muszę przekazać kapcie. Pyta: „A czy wiesz, jak to trzeba zrobić?". Jeszcze raz mi wytłumaczył... Akurat wnieśli nieboszczyka, starszego pana, żeby odprawić modły. Podchodzę do trumny, podnoszę narzutę i kładę pod nią kapcie.

„A karteczkę napisałaś?". „Tak, ale zapomniałam napisać, na którym cmentarzu leży". „Oni tam wszyscy są w jednym świecie. Znajdą go".

Nie chciałam żyć. W nocy stoję przy oknie, patrzę w niebo. „Wasieńka, co mam robić? Nie chcę żyć bez ciebie". W dzień przechodzę koło przedszkola, przystanę i tak stoję... Patrzyłabym i patrzyła na dzieci... Odchodziłam od zmysłów! Zaczęłam prosić nocą: „Wasieńka, urodzę dziecko. Boję się już być sama. Nie wytrzymam dłużej. Wasieńka!". A innym razem tak poproszę: „Wasia, mnie nie potrzeba mężczyzny. Nie ma dla mnie nikogo lepszego od ciebie, ale chcę mieć dziecko".

Miałam dwadzieścia pięć lat...

Znalazłam mężczyznę...

Wszystko mu opowiedziałam... Całą prawdę: mam jedną miłość, na całe życie. Wszystko mu odsłoniłam... Spotykaliśmy się, ale nigdy nie zapraszałam go do siebie, do domu, nie mogłam. Tu jest Wasia...

Pracowałam w cukierni. Robię tort, a łzy z oczu mi płyną. Nie płaczę, ale łzy mi spływają po twarzy. Jedyne, o co prosiłam dziewczyny: „Nie litujcie się nade mną. Jak będziecie się litowały, to odejdę". Chciałam być taka jak wszyscy. Nie trzeba się nade mną litować... Kiedyś byłam szczęśliwa...

Przynieśli mi order Wasi... Czerwony... Długo nie mogłam na niego patrzeć. Łzy mi ciekły po twarzy...

Urodziłam chłopczyka. Andrieja... Andriejka... Przyjaciółki mnie powstrzymywały: „Nie powinnaś rodzić", lekarze też straszyli: „Pani organizm tego nie wytrzyma". Potem... Potem powiedzieli, że dziecko będzie bez rączki... bez prawej rączki... Aparat pokazywał... No i co z tego? myślałam. Nauczę je pisać lewą. A urodził się normalny... śliczny chłopczyk... Uczy się na same piątki. Teraz mam kogoś, kim żyję, kim oddycham. Światło mojego życia. Świetnie wszystko rozumie. „Mamusiu, jeśli pojadę do babci na dwa dni, to będziesz mogła oddychać?". „Nie będę!" Boję się na dzień z nim rozdzielić. Szliśmy kiedyś ulicą... I nagle poczułam, że upadam... Wtedy miałam pierwszy wylew... Tam, na ulicy... „Mamusiu, przynieść ci wody?" „Nie, stój koło mnie. Nigdzie nie odchodź!" I złapałam go za rękę. Dalej nie pamiętam...

Otworzyłam oczy dopiero w szpitalu... Ale tak go mocno złapałam, że lekarze ledwie odgięli mi palce. Jeszcze długo potem rękę miał siną. Teraz kiedy wychodzimy z domu, mówi: „Mamusiu, tylko nie łap mnie za rękę. Nigdzie od ciebie nie odejdę". Andriej też choruje – dwa tygodnie w szkole, dwa w domu z lekarzem. Tak właśnie żyjemy. Boimy się nawzajem o siebie. A w każdym kącie mieszkania – Wasia... Jego fotografie... W nocy z nim rozmawiam... Czasem mnie we śnie poprosi: „Pokaż mi nasze dziecko". Przychodzimy tam z Andriejkiem... A on przyprowadza córeczkę. Zawsze z córeczką. Bawi się tylko z nią...

Tak właśnie żyję... W realnym świecie i równocześnie – w nierealnym. Nie wiem, gdzie się lepiej czuję... (*Wstaje. Podchodzi do okna*). Jest nas tu wielu. Cała ulica „czarnobylska", tak ją nawet nazywają. Całe swoje życie ci ludzie przepracowali w elektrowni. Wielu z nich do tej pory jeździ tam na wachtę, teraz obsługuje się elektrownię systemem wachtowym. Nikt tam już nie mieszka i nigdy nie będzie mieszkał. Wszystkich nękają ciężkie choroby, inwalidztwo, ale oni nie rzucają swojej pracy, boją się o tym nawet myśleć. Nie ma dla nich życia bez reaktora, reaktor to ich życie. Komu byliby teraz potrzebni na innym miejscu? Często ktoś umiera. Umierają błyskawicznie. Umierają w drodze – idzie ktoś i upadnie, zasypia i już się nie budzi. Niósł siostrze kwiaty i nagle – serce się zatrzymało. Stał na przystanku autobusowym... Umierają, a nikt ich naprawdę nie wypytał... O to, cośmy przeżyli... Cośmy widzieli... Nikt nie chce słuchać o śmierci. O takich strasznych rzeczach...

Ale ja pani opowiedziałam o miłości... O tym, jak kochałam...

Ludmiła Ignatienko,
żona zmarłego strażaka Wasilija Ignatienki

Wywiad autorki z samą sobą o historii pomijanej i o tym, dlaczego Czarnobyl stawia pod znakiem zapytania nasz obraz świata

Jestem świadkiem Czarnobyla... Najważniejszego wydarzenia XX wieku, mimo że upamiętnił się on także strasznymi wojnami i rewolucją. Minęło już dwadzieścia lat od katastrofy, a ja dotąd nie umiem odpowiedzieć na pytanie, czego daję świadectwo: przeszłości czy przyszłości? Tak łatwo ześlizgnąć się w banał... W banał horroru... Ja jednak patrzę na Czarnobyl jak na początek nowej historii – jest on nie tylko wiedzą, ale i przed-wiedzą, dlatego że człowiek wstąpił w spór z poprzednimi wyobrażeniami o sobie i świecie. Kiedy mówimy o przeszłości, czy też o przyszłości, wkładamy w te słowa własne wyobrażenia na temat czasu, a Czarnobyl to przede wszystkim katastrofa czasu. Rozrzucone po naszej ziemi radionuklidy będą istniały pięćdziesiąt, sto, dwieście tysięcy lat... Nawet dłużej... W porównaniu z ludzkim życiem są wieczne. Co jesteśmy w stanie zrozumieć? Czy potrafimy doszukać się jakiegoś sensu w tym jeszcze nieznanym nam horrorze?

O czym jest ta książka? Dlaczego ją napisałam?

Nie jest to książka o Czarnobylu, ale o świecie Czarnobyla. O samym wydarzeniu napisano już tysiące stron i nakręcono setki tysięcy metrów taśmy filmowej. A ja zajmuję się tym, co nazwałabym historią pomijaną, znikającymi bez śladu śladami naszego przebywania na ziemi i w czasie. Piszę i kolekcjonuję codzienność – uczuć, myśli, słów. Staram się wychwytywać życie codzienne duszy. Życie zwykłego dnia zwykłych ludzi. A tutaj wszystko jest niezwykłe: i okoliczności, i ludzie, tacy, jakimi te okoliczności ich uczyniły, kiedy zagospodarowywali nową przestrzeń. Czarnobyl nie jest dla nich metaforą ani symbolem, jest ich domem. Sztuka odbyła tyle prób apokalipsy, tyle razy ćwiczyła różne technologie końca świata, ale teraz już nie mamy wątpliwości, że życie jest o wiele bardziej fantastyczne. Rok po katastrofie ktoś mnie zapytał: „Wszyscy piszą. A pani tutaj mieszka i nie pisze. Dlaczego?". Cóż, po prostu nie wiedziałam, jak o tym pisać, jakich użyć narzędzi i z której strony do tego podejść. Jeśli dawniej, kiedy pisałam swoje książki, wpatrywałam się w cierpienia innych, to teraz ja i moje życie staliśmy się częścią wydarzenia. Staliśmy się jednością i nie możemy nabrać do siebie dystansu. Nazwa mojego małego, zagubionego w Europie kraju, o którym świat dotąd prawie w ogóle nie słyszał, zaczęła rozbrzmiewać we wszystkich językach, zmieniła się w diabelskie czarnobylskie laboratorium, a my, Białorusini, staliśmy się narodem Czarnobyla. Gdziekolwiek się pojawiałam, wszyscy przyglądali mi się z zainteresowaniem. „Ach, pani jest stamtąd? I co tam?". Oczywiście, można było szybko napisać książkę, ot, taką, jakie potem pojawiały się jedna po drugiej: co się stało tamtej nocy w elektrowni, kto jest winien, jak ukrywano awarię przed światem i własnym narodem, ile ton piasku i betonu trzeba było użyć, żeby zbudować sarkofag nad dyszącym śmiercią reaktorem, ale coś mnie powstrzymywało. Trzymało za rękę. Co? Poczucie tajemnicy. To poczucie, które wtedy się momentalnie w nas wytworzyło, unosiło się wówczas nad wszystkim: nad naszymi rozmowami, działaniami, lękami i postępowało w ślad za wydarzeniem. Wydarzeniem potworem. Wszyscy doświadczyli wypowiedzianego, czy też niewypowiedzianego uczucia, że dotknęliśmy czegoś nieznanego. Czarnobyl jest zagadką, którą jeszcze będziemy musieli rozwikłać. Nieodczytanym znakiem. Być może to zadanie dla XXI wieku, wyzwanie dla stulecia. Stało się jasne, że oprócz komunistycznych, narodowych i nowych religijnych wyzwań, wśród których żyjemy i którym staramy się stawić czoła, stają przed nami inne zadania, znacznie bardziej brutalne i totalne, choć tymczasem niewidoczne dla oka. Po Czarnobylu coś z tego się jednak ujawniło...

Noc 26 kwietnia 1986 roku... W ciągu jednej nocy przenieśliśmy się w inne miejsce w historii. Wykonaliśmy skok w nową rzeczywistość, której nie była w stanie ogarnąć nie tylko nasza wiedza, ale nawet wyobraźnia. Czas uległ rozpadowi... Przeszłość nagle okazała się bezużyteczna: nie było w niej nic, na czym moglibyśmy się oprzeć, wszechobecne (jak sądziliśmy) archiwum ludzkości nie zawierało odpowiednich kluczy, którymi moglibyśmy otworzyć te drzwi. Niejednokrotnie w tamtych dniach słyszałam: „Nie znajduję słów, żeby przekazać to, co widziałam i przeżyłam"; „Nikt wcześniej nic podobnego nie opowiadał"; „W żadnej książce, w żadnym filmie nic takiego nie było". Między czasem, w którym doszło do katastrofy, a czasem, kiedy zaczęto o niej opowiadać, powstała luka. Chwila oniemienia... Wszyscy ją pamiętają... Gdzieś na górze podejmowano jakieś decyzje, sporządzano tajne instrukcje, wysyłano helikoptery, wprawiano w ruch olbrzymie ilości sprzętu, a na dole ludzie czekali na informacje i bali się, wspominali wojnę, żyli plotkami. Wszyscy jednak milczeli na temat tego, co najważniejsze – co się właściwie stało. Nie znajdowali słów dla nowych uczuć i nie znajdowali uczuć dla nowych słów, nie umieli się jeszcze wyrazić, stopniowo jednak zagłębiali się w atmosferę nowego myślenia – tak można dzisiaj określić nasz ówczesny stan. Faktów już brakowało, kusiło nas, żeby zajrzeć poza fakt, wniknąć w sens tego, co się dzieje. Efekt wstrząsu był oczywisty. Szukałam zatem tego wstrząśniętego człowieka... Mówił nowymi tekstami... Czasem, jakby przez sen albo malignę przebijały się jakieś głosy z równoległego świata. W pobliżu Czarnobyla wszyscy zaczynali filozofować. Stawali się filozofami. Cerkwie znowu były pełne ludzi... Wierzących i tych, którzy jeszcze wczoraj byli ateistami... Szukali odpowiedzi, których nie mogły dać fizyka czy matematyka. Trójwymiarowy świat się rozszerzył, a ja nie widziałam śmiałków, którzy byliby nadal gotowi przysięgać na materialistyczną Biblię. Nieskończoność zajaśniała pełnym blaskiem. Umilkli filozofowie i pisarze, wytrąceni ze znanych kolein kultury i tradycji. Najciekawsze w tych pierwszych dniach były rozmowy nie z uczonymi urzędnikami, nie z wojskowymi z mnóstwem gwiazdek na naramiennikach, ale ze starymi chłopami. Żyli wprawdzie bez Tołstoja i Dostojewskiego, nie śniło im się jeszcze o internecie, ale ich świadomość w jakiś sposób pomieściła w sobie nowy obraz świata. Nie zamieniła się w gruzy. Wszyscy pewnie jakoś umielibyśmy się dostosować do sytuacji wojny atomowej (tak jak w Hiroszimie), bo do niej właśnie się przygotowywaliśmy. Katastrofa zdarzyła się jednak na obiekcie niewojskowym, a myśmy byli ludźmi swego czasu i wierzyliśmy w to, czego nas uczono: że radzieckie elektrownie atomowe są najbezpieczniejsze na świecie, że można je budować nawet na placu Czerwonym. Atom wojenny to Hiroszima i Nagasaki, a pokojowy to żarówka w każdym domu. Nikt jeszcze się nie domyślał, że atom wojenny i pokojowy są bliźniakami. Wspólnikami. Zmądrzeliśmy, cały świat zmądrzał, ale dopiero po Czarnobylu. Dzisiaj Białorusini, niczym żywe „czarne skrzynki" zapisują informacje dla przyszłości. Dla wszystkich.

Długo pisałam i dopisywałam tę książkę... Prawie dwadzieścia lat... Spotykałam się i rozmawiałam z byłymi pracownikami elektrowni, uczonymi, lekarzami, żołnierzami, przesiedleńcami, nielegalnymi mieszkańcami strefy... Z tymi, dla których Czarnobyl jest zasadniczą treścią ich świata, dla których nie tylko ziemia i woda, ale w ogóle wszystko wewnątrz nich i wokół nich samych jest zatrute Czarnobylem. Ci opowiadali i szukali odpowiedzi. Szukaliśmy ich wspólnie. Często się spieszyli, bali się, że nie zdążą (nie wiedziałam wówczas, że ceną ich świadectwa jest życie). „Niech pani zanotuje... – powtarzali. – Nie wszystko z tego, cośmy widzieli, rozumiemy, ale niech to zostanie. Ktoś jednak przeczyta i zrozumie. Potem... Po nas". Spieszyli się nie bez powodu, bo wielu już dzisiaj nie żyje. Ale wysłać sygnał zdążyli...

Wszystko, co wiemy o zagrożeniach i lękach, związane jest przede wszystkim z wojną. Stalinowski Gułag i Auschwitz to niedawne zdobycze zła. Historia zawsze była historią wojen i dowódców, a wojna stanowiła miarę strachu. Tak to nazwijmy. Dlatego ludzie mylą pojęcia wojny i katastrofy... W Czarnobylu wystąpiły właściwie wszystkie zewnętrzne oznaki wojny: masy wojska, ewakuacja, opuszczone domy. Zakłócony został rytm życia. Gazety pisały o Czarnobylu słowami stosownymi dla wojny: atom, wybuch, bohaterowie, co utrudniło zrozumienie tego, że przebywamy w nowej historii. Zaczęła się historia katastrof. Ale człowiek nie chce o tym myśleć, bo nigdy się nad tym nie zastanawiał, chowa się za tym, co jest mu znane. Za przeszłością. Nawet pomniki bohaterów Czarnobyla podobne są do tych wojennych... No więc co takiego się tam wydarzyło?

Moja pierwsza wyprawa do strefy...

Kwitły sady, radośnie lśniła w słońcu młoda trawa. Śpiewały ptaki. Taki znajomy... znajomy... świat. Pierwsza myśl: wszystko jest na miejscu i wszystko jest jak przedtem. Ta sama ziemia, ta sama woda, te same drzewa. Ich kształty, kolor i zapach są wieczne i nikt nie jest w stanie tu czegokolwiek zmienić. Ale już pierwszego dnia mnie uprzedzono: nie należy zrywać kwiatów, na ziemi lepiej nie siadać, nie wolno pić wody ze źródła. Pod wieczór obserwowałam, jak pastuchowie chcieli zapędzić do rzeki zmęczone stado, ale krowy podchodziły do wody i od razu zawracały. Jakoś wyczuwały niebezpieczeństwo. A koty, jak mi mówiono, przestały zjadać zdechłe myszy, więc te poniewierały się wszędzie: w polu, na podwórzach. Wszędzie czaiła się śmierć, ale to była jakaś inna śmierć. Przybierała nowe maski, nieznany dotąd wygląd. Człowieka zaskoczono nagle, nie był na to wszystko przygotowany. Nie był gotów jako gatunek biologiczny, nie zadziałał cały jego naturalny aparat, nastawiony na to, żeby zobaczyć, posłuchać, dotknąć. Jego oczy, uszy, palce już się nie nadawały, nie mogły mu służyć, bo promieniowania nie widać, bo nie ma zapachu ani nie wydaje dźwięku. Jest bezcielesne. Całe życie walczyliśmy albo szykowali się do wojny, tyle o niej wiedzieliśmy, a tu nagle! Obraz wroga się zmienił. Pojawił się u nas inny wróg... Wrogowie... Zabijały nas skoszona trawa, złowiona ryba, upolowana zwierzyna. Jabłko... Świat wokół nas, dotąd uległy i przyjazny, zaczął budzić strach. Starsi ludzie, kiedy wyjeżdżali, nie mieli jeszcze pojęcia, że wyjeżdżają na zawsze, patrzyli więc w niebo. „Słońce świeci... Nie ma ani dymu, ani gazu. Nikt nie strzela. Jakaż to wojna?! A tu trzeba uciekać...". Znany nieznany świat.

Jak zrozumieć, gdzie się znajdujemy? Co się z nami dzieje? Tutaj... Teraz... Nie ma kogo zapytać...

W strefie i wokół niej... Zdumiewała ogromna ilość sprzętu wojskowego. Żołnierze maszerowali z nowiutkimi automatami, w pełnym rynsztunku bojowym. Najbardziej wbiły mi się w pamięć nie śmigłowce i transportery, ale te automaty. Broń. Człowiek z karabinem w strefie skażenia... Do kogo tam mógł strzelać i przed kim nas bronić? Przed fizyką, przed niewidzialnymi cząsteczkami? Rozstrzelać ziemię albo drzewo? Samą elektrownię sprawdzało KGB. Szukano szpiegów i dywersantów, krążyły słuchy, że awaria była zaplanowaną akcją zachodnich służb specjalnych, godzącą w jedność obozu socjalistycznego. Należało zachować czujność.

Ta wizja wojny... Ta kultura wojny runęła na moich oczach. Weszliśmy do świata nieprzejrzystego, w którym zło nie daje żadnych wyjaśnień, nie odsłania się i nie uznaje żadnych praw.

Widziałam, jak człowiek przedczarnobylski zmieniał się w człowieka czarnobylskiego.

Niejeden raz... Mamy tutaj o czym myśleć... Słyszałam opinie, że zachowanie strażaków gaszących pierwszej nocy pożar w elektrowni, czy też likwidatorów przypomina samobójstwo. Zbiorowe samobójstwo. Likwidatorzy często nie mieli odzieży ochronnej i bez sprzeciwu udawali się tam, gdzie „umierały" roboty. Ukrywano przed nimi prawdę o dużych dawkach, jakie otrzymali, oni jednak nie protestowali. Potem cieszyli się z otrzymanych listów gratulacyjnych i medali, które wręczano im przed śmiercią... Wielu zresztą tego nie doczekało... Kim więc byli – bohaterami czy samobójcami? Ofiarami radzieckich idei i wychowania? Po pewnym czasie zapomina się o tym, że uratowali swój kraj. Ocalili Europę. Tylko przez moment wyobraźmy sobie, co by się stało, gdyby wybuchły pozostałe trzy reaktory...

Ci ludzie są bohaterami. Bohaterami nowej historii. Porównuje się ich do bohaterów bitwy stalingradzkiej albo bitwy pod Waterloo, ale oni przecież ratowali coś większego niż własną ojczyznę, ratowali samo życie. Czas życia. Żywy czas. Czarnobylem człowiek zamachnął się na wszystko, na cały świat boży, w którym poza nim żyją tysiące innych istot, zwierząt i roślin. Kiedy przychodziłam do nich... Słuchałam ich opowieści o tym, jak (oni pierwsi i po raz pierwszy) wykonywali nową ludzką nieludzką pracę – grzebali ziemię w ziemi, to znaczy zakopywali w specjalnych betonowych bunkrach skażone warstwy gleby razem ze wszystkimi jej mieszkańcami: żukami, pająkami, larwami, różnymi owadami, których nazw nawet nie znali. Nie pamiętali. Ich rozumienie śmierci było całkiem inne, obejmowało wszystko począwszy od ptaka, a skończywszy na motylu. Ich świat był już innym światem, miał nowe prawo życia, życia wszystkiego i dla wszystkich, z nową odpowiedzialnością i nowym poczuciem winy. W ich opowieściach nieustannie obecny był temat czasu, mówili „po raz pierwszy", „nigdy więcej", „na zawsze". Wspominali, jak jeździli po opustoszałych wsiach i spotykali tam czasem samotnych starców, którzy nie chcieli wyjeżdżać albo potem wrócili z innych stron – siedzieli wieczorem przy łuczywie, kosili kosą, żęli sierpem, ścinali drzewa siekierą i odmawiali modlitwy do zwierząt i duchów. Do Boga. Wszystko jak przed dwustu laty, a tymczasem gdzieś wysoko w górze latały statki kosmiczne. Czas ugryzł się w ogon, początek i koniec się połączyły. Dla tych, którzy tam trafili, Czarnobyl nie skończył się w Czarnobylu. Wrócili nie z wojny, ale... jakby z innej planety... Zrozumiałam, że własne cierpienia całkiem świadomie przekształcali w nową wiedzę i nas nią obdarzali: patrzcie, będziecie musieli coś z tą wiedzą zrobić, jakoś ją wykorzystać.

Bohaterowie Czarnobyla mają jeden pomnik... Wykonany ludzkimi rękami sarkofag, w którym złożyli płomień nuklearny. Piramidę XX wieku.

Na ziemi czarnobylskiej szkoda człowieka. Ale jeszcze bardziej szkoda zwierzęcia... Nie, nie przejęzyczyłam się... To uczucie, choć ukryte, nieustannie we mnie żyło. Co zostawało w martwej strefie po tym, jak uciekli z niej ludzie? Stare cmentarze i cmentarzyska zwierząt. Człowiek ratował tylko siebie, wszystkich innych zdradził. Po ewakuacji do wsi wkraczały oddziały żołnierzy albo ochotników i rozstrzeliwały zwierzęta. Psy uciekały na dźwięk ludzkiego głosu... I koty... Konie też nic nie rozumiały... Ani zwierzęta domowe, ani ptaki niczemu nie były winne – umierały w strasznym milczeniu. Niegdyś w Meksyku, a nawet na przedchrześcijańskiej Rusi ludzie prosili o wybaczenie zwierzęta, które chcieli zabić i zjeść. W starożytnym Egipcie zwierzę miało prawo do skargi przeciw człowiekowi. Na papirusie, który zachował się w jednej z piramid, napisano: „Nie znaleziono ani jednej skargi byka przeciwko N.". Przed odejściem do królestwa umarłych Egipcjanin czytał modlitwę zawierającą słowa: „Nie krzywdziłem żadnego stworzenia. Nie zabierałem zwierzęciu ziarna ani trawy".

Co dało doświadczenie Czarnobyla? Czy skierował nas w stronę tego milczącego i tajemniczego świata „innych"?

Kiedyś widziałam, jak do wsi, z której uciekli ludzie, weszli żołnierze i zaczęli strzelać...

Bezradne krzyki zwierząt... Krzyczały każde w swoim języku... O tym pisano już w Nowym Testamencie. Chrystus przychodzi do świątyni jerozolimskiej i widzi tam zwierzęta, przynoszone na ofiarę: z poderżniętymi gardłami, ociekające krwią. Jezus zawołał: „...zamieniliście dom mego Ojca w jaskinię zbójców". Mógłby dodać – w rzeźnię... Mnie setki mogilników* w strefie skażenia, w których pogrzebano zwierzęta, przypominają starożytne cmentarzyska ofiarne. Tylko któremu z bogów złożono ofiary? Bogu nauki i wiedzy, czy też bogu ognia? W tym sensie Czarnobyl sięga dalej niż Auschwitz i Kołyma. Dalej niż Holocaust. Bo dotyka końca. Opiera się o nicość.

Innymi oczyma oglądam świat wokół siebie... Pełznie po ziemi malutka mrówka, która jest mi teraz bliższa. Po niebie leci bliski mi ptak. Między mną a nimi skrócił się dystans. Nie ma dotychczasowej przepaści. Wszystko to jest życiem.

Zapamiętałam też coś takiego... Opowieść starego pasiecznika, potem słyszałam to także od innych: „Wyszedłem rano do ogrodu, czegoś brakuje, jakiegoś znajomego dźwięku. Nie ma pszczół... Nie słychać ani jednej pszczoły! Ani jednej! Co to jest?

* Mogilnik – składowisko niebezpiecznych substancji, chronione przed kontaktem z wodami gruntowymi i atmosferą.

Co to znaczy? Na drugi dzień też nie wyleciały. Na trzeci – to samo... Potem powiedziano nam, że była awaria w elektrowni atomowej, a ta jest niedaleko od nas. Ale długo nic nie wiedzieliśmy. Pszczoły wiedziały, my nie. Teraz w razie czego będę na nie patrzył. Na ich życie". I kolejny przykład... Rozmawiałam z wędkarzami nad rzeką, ci wspominali: „Myśmy czekali, kiedy coś powiedzą w telewizji... Powiedzą, jak się ratować. Tymczasem robaki... Zwykłe robaki zaryły się głęboko w ziemię, może na pół metra albo na metr. A my nic nie rozumiemy. Kopiemy i kopiemy. Nie znaleźliśmy żadnego robaka na haczyk...".

Komu przysługuje pierwszeństwo, kto mocniej, pewniej trwa na tej ziemi – my czy one? Powinniśmy się uczyć od nich, jak przeżyć... I jak żyć...

Dwie katastrofy nałożyły się na siebie: pierwsza, społeczna – na naszych oczach rozleciał się Związek Radziecki, zapadł się pod wodę gigantyczny ląd socjalizmu; druga, kosmiczna – Czarnobyl. Dwa wybuchy globalne. Pierwsza z katastrof jest bliższa, bardziej zrozumiała. Ludzie są zajęci dniem, życiem codziennym: za co kupić, dokąd pojechać, w co wierzyć, pod jakimi sztandarami teraz stanąć... A może trzeba uczyć się żyć dla siebie, własnym życiem? Nie mamy o tym pojęcia, nie umiemy tego, bo nigdy tak nie żyliśmy. Nie ma u nas jeszcze historii „po prostu życia". Każdy z osobna i wszyscy razem czegoś takiego doświadczamy. Ale o Czarnobylu wolelibyśmy zapomnieć, bo przed nim skapitulowała nasza świadomość. To była katastrofa świadomości. Świat naszych wyobrażeń i wartości wyleciał w powietrze. Gdybyśmy zwyciężyli Czarnobyl albo zrozumieli go do końca, więcej byśmy o nim myśleli. A tak żyjemy w jednym świecie, a nasza świadomość funkcjonuje w innym. Rzeczywistość nam się wymyka, już jej nie dogonimy. Czy naprawdę?

Zacznę od przykładu... Do tej pory używamy starych słów: „Daleko – blisko", „swoi – obcy"... Ale co znaczy „daleko czy blisko", skoro już czwartego dnia po wybuchu chmury znad Czarnobyla płynęły nad Afryką i Chinami? Ziemia nagle stała się taka mała. To nie jest ta sama Ziemia co za czasów Kolumba. Nieskończona. Inaczej teraz odczuwamy przestrzeń. Żyjemy w przestrzeni, która zbankrutowała. Jeszcze jeden przykład... W ostatnich stu latach życie ludzkie się wydłużyło, ale jakże nędzna to długość w porównaniu z życiem radionuklidów, które zamieszkały na naszej ziemi. Wiele z nich będzie istniało przez tysiąclecia. Nie jesteśmy w stanie nawet spojrzeć w taką dal! Pojawiło się inne rozumienie czasu. To wszystko sprawił Czarnobyl. To jego ślady. To samo uczynił z naszym stosunkiem do przeszłości, do fantastyki, do wiedzy... Przeszłość okazała się bezradna, pozostała nam tylko wiedza o własnej niewiedzy. Zmieniły się też uczucia... Zamiast tradycyjnie pocieszać żonę umierającego męża, lekarz mówi jej teraz: „Nie wolno do niego podchodzić! Nie wolno go całować! Nie wolno głaskać! To już nie człowiek, nie ukochany, ale obiekt podlegający dezaktywacji". Tutaj nawet Szekspir nic nie podpowie. Nawet wielki Dante. Nie wiadomo, podejść czy nie podejść? Całować czy nie całować? Moja bohaterka, będąca akurat w ciąży, podeszła wtedy i całowała, nie opuściła męża aż do śmierci. Zapłaciła za to zdrowiem i życiem swojego dziecka. Jak miała wybrać między miłością a śmiercią? Między przeszłością a nieznaną teraźniejszością? I czy ktoś ma prawo potępić te żony i matki, które nie siedziały przy swoich umierających mężach i synach? Przy obiektach radioaktywnych... W naszym świecie Czarnobyla miłość się zmieniła. Śmierć także.

Zmieniło się wszystko poza nami.

Na to, by wydarzenie stało się historią, potrzeba przynajmniej pięćdziesięciu lat. Czy stąpanie po świeżych śladach daje nam pewność? Istnieje przecież niebezpieczeństwo, że coś przeoczymy...

Strefa... To świat odrębny... Odmienny od reszty świata... Najpierw wymyślili ją autorzy fantastyki, ale literatura ustąpiła przed rzeczywistością. Już nie możemy wierzyć jak bohaterowie Czechowa, że za sto lat człowiek będzie piękny! Że życie będzie piękne!... Tę przyszłość straciliśmy. Przez te sto lat mieliśmy stalinowskie łagry, Auschwitz... Czarnobyl... i 11 września w Nowym Jorku... Nie do pojęcia, jak to zdołało się pomieścić w życiu jednego pokolenia! Na przykład w życiu mojego ojca, który ma teraz osiemdziesiąt trzy lata... I człowiek przetrwał?!

Los to życie jednego człowieka, historia to życie nas wszystkich. Chcę opowiedzieć historię w taki sposób, żeby nie stracić z oczu losu pojedynczego człowieka. Los bowiem sięga dalej niż jakakolwiek idea.

W Czarnobylu najmocniej zapada w pamięć życie „po wszystkim": przedmioty bez człowieka, pejzaże bez człowieka. Droga donikąd, druty wiodące donikąd. Sad jabłoniowy zarośnięty młodymi brzozami. Albo trawa tak wysoka, że zasłania biegnącego jelenia. Jedyną rzeczą, która przypomina o człowieku, są żelazne łóżka stojące na fundamentach zburzonych chat chłopskich i poczerniałe piece, podobne raczej do dziwacznych ptasich gniazd niż do tych z naszych mieszkań. Do śladów człowieka. Tylko patrzeć, jak człowiek zacznie się zastanawiać, co to jest: przeszłość czy przyszłość?

Czasem miałam wrażenie, że robię notatki z przyszłości.

Rozdział 1

Ziemia umarłych

Monolog o tym, dlaczego ludzie wspominają

Ja też mam pytanie... Sam nie umiem na nie odpowiedzieć...

Ale pani chce o tym pisać... O tym? A ja nie chciałbym, żeby ludzie wiedzieli. O tym, czego tam doświadczyłem... Z jednej strony czuję chęć, żeby się odsłonić, wygadać, a z drugiej – czuję się tak, jakbym się obnażał, a tego bym nie chciał...

Pamięta pani, jak było u Tołstoja? Pierre Biezuchow myślał, że po wojnie on i cały świat zmienią się na zawsze – tak wielkiego doznał wstrząsu. Mija jednak jakiś czas i Pierre zauważa, że jak dawniej wymyśla stangretowi, jak dawniej zrzędzi. Dlaczego więc ludzie wspominają, po co? Po to, żeby odtworzyć prawdę? Przywrócić sprawiedliwość? Uwolnić się od przeszłości i zapomnieć o niej? Bo rozumieją, że byli uczestnikami wielkiego wydarzenia? A może w przeszłości szukają obrony? Chociaż wspomnienia to delikatna, efemeryczna materia, nie jest to wiedza ścisła, ale domysły człowieka na własny temat. To jeszcze nie wiedza, na razie tylko uczucia.

Moje uczucie... Męczyłem się, grzebałem w pamięci i nagle przypomniałem sobie...

Tego, co najstraszniejsze, doświadczyłem w dzieciństwie... Wojny...

Pamiętam, jak będąc szczeniakami, bawiliśmy się w „tatusiów i mamusie": rozbieraliśmy dzieci i kładli jedno na drugie... To były pierwsze dzieci urodzone po wojnie. Cała wieś wiedziała, jakich słów już używały, kiedy zaczęły chodzić. Przez wojnę ludzie zdążyli o dzieciach zapomnieć. Czekaliśmy na pojawienie się życia. W „tatusiów i mamusie" – tak nazywała się nasza zabawa. Chcieliśmy zobaczyć pojawienie się życia... A sami mieliśmy po osiem czy dziesięć lat...

Widziałem, jak kobieta zabijała samą siebie. W zaroślach nad rzeką. Brała cegłę i tłukła się nią po głowie. Była w ciąży z „policajem", którego nienawidziła cała wieś. Jeszcze kiedy byłem dzieckiem, widziałem, jak rodzą się kocięta. Pomagałem matce wyjmować cielę z krowy, prowadziłem do knura naszą świnię... Pamiętam... Pamiętam, jak przywieźli zabitego ojca; miał na sobie sweter (mama robiła go sama na drutach); ojca najwyraźniej zastrzelono z automatu albo cekaemu, kawały zakrwawionego ciała wyłaziły ze swetra. Ojciec leżał na naszym jedynym łóżku, nie było miejsca gdzie indziej. Potem pochowano go przed domem. Ziemia dla niego „nie była lekka", tam była ciężka glina. Ziemia, na której rosły buraki. Dookoła toczyły się walki... Na ulicy leżeli martwi ludzie i zabite konie...

Dla mnie te wspomnienia są czymś do tego stopnia zakazanym, że nigdy nie mówię o tym głośno.

Śmierć odbierałem wtedy tak samo jak narodziny. Miałem mniej więcej jednakowe odczucia, kiedy z krowy wyłaniało się cielę... Kiedy pojawiały się kocięta. I kiedy kobieta w krzakach się zabijała... Jakoś wydawało mi się wtedy, że to jest jedno i to samo. Narodziny i śmierć...

Pamiętam z dzieciństwa, jak pachnie w domu, w którym zabija się świniaka... Pani mnie ledwie tknęła palcem, a ja już upadam, upadam w tamten koszmar... W zgrozę... Lecę...

Pamiętam jeszcze, jak nas, małych, kobiety zabierały ze sobą do łaźni. Wszystkie one (także moja matka) miały wypadające macice (to już rozumieliśmy), więc podwiązywały je szmatkami. Widziałem... To był skutek ciężkiej pracy. Zabrakło mężczyzn (poginęli na wojnie, w partyzantce), koni też zabrakło, kobiety ciągnęły pług same. Orały swoje działki, pola kołchozowe. Kiedy dorosłem i byłem z kobietą, wspominałem tamto... To, co widziałem w łaźni...

Chciałem zapomnieć. Zapomnieć o wszystkim... Powoli zapominałem... Myślałem, że to, co najstraszniejsze, już mi się przytrafiło... Czyli wojna. Że teraz jestem bezpieczny, teraz już tak. Że chroni mnie moja wiedza, chroni to, co wtedy... przeżyłem... A jednak...

Pojechałem do strefy czarnobylskiej... Wielokrotnie już tam byłem... Tam zrozumiałem, że jestem bezradny. Że nie rozumiem... I ta bezradność mnie wykańcza. Bo nie poznaję świata, w którym wszystko się odmieniło. Nawet zło jest inne. Przeszłość już mnie nie broni... Nie uspokaja... Nie ma w niej żadnych odpowiedzi... Kiedyś zawsze były, a dzisiaj nie ma. Wykańcza mnie przyszłość, nie przeszłość (*Zamyśla się*).

Dlaczego ludzie wspominają? Zadaję sobie takie pytanie... Ale porozmawiałem z panią i coś tymi słowami powiedziałem... Coś zrozumiałem... Teraz nie jestem już taki samotny. A jak to wygląda u innych?

Piotr S.,
psycholog

Monolog o tym, że można rozmawiać z żywymi i z umarłymi

W nocy wilk wszedł na podwórze... Popatrzyłam przez okno – stoi i oczami świeci. Ślepiami...

Do wszystkiego się przyzwyczaiłam. Od siedmiu lat mieszkam sama, siedem lat minęło, odkąd ludzie wyjechali... W nocy czasem siadam, dopóki się nie rozwidni, i myślę sobie, myślę. Dzisiaj też całą noc skulona przesiedziałam na łóżku, a potem wyszłam, żeby popatrzeć na słoneczko. Cóż ja mogę pani powiedzieć? Najsprawiedliwsza na tym świecie jest śmierć. Nikt się jeszcze od niej nie wykupił. Ziemia przyjmuje wszystkich: i dobrych, i złych, grzeszników. Inszej sprawiedliwości nie ma na świecie. Przez całe życie ciężko i solidnie pracowałam. Żyłam uczciwie. Ale sprawiedliwości tom się nie doczekała. Pan Bóg przydzielał ją innym, a kiedy kolejka doszła do mnie, nic mu już nie zostało, żeby mi dać. Młody może umrzeć, stary powinien... Nikt nie jest nieśmiertelny, ani car, ani kupiec... Najpierw czekałam na ludzi, myślałam, że wszyscy wrócą. Nikt nie wyjeżdżał na zawsze, wszyscy tylko na jakiś czas. A teraz czekam na śmierć... Umrzeć nie jest trudno, ale strach bierze. Cerkwi nie ma, ojczulek nie przyjeżdża. Nie ma komu grzechów wyznać...

Jak pierwszy raz powiedzieli, że jest u nas promieniowanie, tośmy jeszcze myśleli, że chodzi o jakąś chorobę i kto zachoruje, ten od razu umrze. Nie, mówią, to coś takiego, co leży na ziemi i do ziemi włazi, a zobaczyć tego nie można. Zwierzę może widzi i słyszy, człowiek – nie. Ale to nieprawda! Sama widziałam... Ten cały cez u mnie na ogródku się poniewierał, póki go deszcz nie zmoczył. Kolor ma taki jak atrament... Leżą grudki tego, takie kolorowe... Przybiegłam z kołchozowego pola i poszłam na swoją działkę... Leży tam taka granatowa gruda... A dwieście metrów dalej – jeszcze jedna... Wielka jak chustka, którą mam na głowie. Krzyknęłam do sąsiadki i innych bab, obiegłyśmy wszystkie... Wszystkie działki dookoła, wszyściutkie... Dwa hektary... Może cztery duże kawały znalazłyśmy... A jeden był czerwony... Następnego dnia zaczęło padać. Od rana. I do obiadu zniknęły. Przyjechała milicja, ale już nie było czego pokazywać. Opowiadałyśmy tylko.... O, takie kawały... (*Pokazuje rękami*). Jak moja chustka... Granatowe i czerwone.

Nie za bardzośmy się bały tego promieniowania... Gdybyśmy go nie widziały, nic nie wiedziały, tobyśmy się może i bały, ale kiedyśmy już je zobaczyły, już nie było takie straszne. Milicja i wojsko postawiły tabliczki. Ludziom koło domów albo na ulicy. I napisali: siedemdziesiąt kiurów, sześćdziesiąt kiurów... Całe życie żyliśmy o swoich kartofelkach i nagle mówią: nie wolno! Nawet cebuli nie pozwalają jeść, ani marchwi. Jednym do śmiechu, innym bieda... Radzili, żeby pracować na działce w opaskach z gazy i gumowych rękawiczkach. A popiół z pieca trzeba zakopać. Pogrzebać. Ooooj... A wtedy jeszcze jakiś wielki uczony przyjechał i przemawiał w klubie, że trzeba myć drwa... Niesłychane rzeczy! Żeby mi tak uszy odpadły! Kazali nam prać powłoczki, prześcieradła, zasłony... A przecie one są w chałupie! W szafach, w kuferkach. A jakie w chałupie może być promieniowanie?! Za szkłem? Za drzwiami? Cudeńka! Promieniowania szukaj w lesie, w polu... Studnie pozamykali na kłódki, owinęli celofanem... Woda jest „brudna"... Jaka tam ona brudna, kiedy czyściutka taka! Nagadali Bóg wie czego. Wszyscy, mówią, poumieracie... Musicie wyjechać... Ewakuować się...

Ludzie się wystraszyli... Strach ich ogarnął... Niektórzy dalej po nocach zakopywać dobytek. Ja też swoje ubrania złożyłam... Dyplomy za swoją uczciwą pracę i ten grosz, co miałam na czarną godzinę schowany. Takie nieszczęście! Taki smutek duszę zżera! Żebym tak umarła, jeśli prawdy nie mówię! A tutaj słyszę, że w jednej wsi żołnierze wszystkich wywieźli, a jeden dziad z babą zostali. Kiedy mieli ludzi zabierać, nazwozili autobusów, to poprzedniego dnia tych dwoje wzięło krowinę i uciekło do lasu. Tam przeczekali. Jak we wojnę... Kiedy Niemcy wieś podpalali... Skąd się bierze to nieszczęście? (*Płacze*). Marne to nasze życie... Chciałabym nie płakać, ale łzy mi ciekną same...

O! Pani popatrzy przez okno: sroka przyleciała... Ja tam srok nie przepędzam... Chociaż czasem mi jajka z szopy wyciągają. Ale tak czy tak ich nie przeganiam. Teraz wszystkich nas to samo nieszczęście dotknęło. Nikogo nie wyganiam! Wczoraj przybiegł zając...

Gdyby tak codziennie w chałupie byli ludzie. Tutaj w innej wsi, niedaleko, też mieszka samotna baba, mówiłam, żeby się do mnie przeniosła. Pomoże mi czy nie, wszystko jedno, ale zawsze ma człowiek do kogo zagadać. Zawołać... W nocy mnie wszystko boli. Nogi drętwieją, mrówki czuję, a to nerw po mnie chodzi. Wtedy biorę coś do ręki. Garsteczkę ziarna... i chrup, chrup. Wtedy ten nerw daje spokój... Sporo się już napracowałam, namęczyłam za całe życie. Wszystkiego mam dosyć, nic już nie chcę. Gdybym umarła, tobym odpoczęła. Nie wiadomo jak dusza, ale ciało będzie miało spokój.

Mam i córki, i synów... Wszyscy są w mieście... Ale ja nigdzie stąd nie chcę odejść! Dał Bóg lata, ale doli to już poskąpił. Wiem, że stary człowiek może się sprzykrzyć, dzieci najpierw go znoszą, a potem przykrość zrobią. Z dziećmi radość, dopóki małe. Płaczą te wszystkie kobiety od nas, które pojechały do miasta. To synowa coś źle powie, to córka. Chcą wracać. Mój chłop tutaj leży w grobie... Jakby tu nie leżał, toby mieszkał gdzie indziej... I ja razem z nim. (*Nagle wesoło*). A po co wyjeżdżać? Tu jest dobrze! Wszystko rośnie, wszystko kwitnie. Od meszki do dzikiego zwierza, wszystko żyje.

Opowiem pani coś... Jak te samoloty latały i latały. Codziennie. Niziuteńko, tuż nad głową. Lecą na reaktor. Nad elektrownię. Jeden za drugim. A u nas – ewakuacja. Przesiedlenie. Szturmują domy. Ludzie się pozasłaniali, pochowali. Bydło ryczy, dzieci płaczą. Wojna! A słoneczko świeci... Usiadłam i nie wychodzę z chałupy. Prawda, że na klucz się nie zamknęłam. Żołnierze pukają. „Co, gospodyni, spakowaliście się?". A ja na to: „Siłą będziecie mi wiązać ręce i nogi?". Nic nie powiedzieli, postali trochę i poszli. A młodzi byli jeszcze. Zupełne dzieciaki! Baby na kolanach przed domami chodziły... Modliły się... Żołnierze jedną pod ręce, drugą – i na samochód. A ja zagroziłem, że jak mnie który tknie, jak siłą zechce zabierać, to kijem dostanie. Klęłam ich! Klęłam paskudnie! Nie płakałam. Tamtego dnia nie uroniłam ani łezki.

Siedziałam w chałupie. Słyszałam krzyk. Krzyczy ktoś! Potem znowu zrobiło się cicho... Ucichło. Tamtego dnia... Pierwszego dnia nie wyszłam z chałupy.

Opowiadali mi, że szła kolumna ludzi... I kolumna bydła. Wojna!

Mój chłop często powiadał, że człowiek strzela, a pan Bóg kule nosi. Komu jaki los wypadnie! Młodzi, którzy powyjeżdżali, już tam umarli. W nowym miejscu. A ja tu z kijaszkiem sobie chodzę. Tuptam. Jak mi smutno, to czasem popłaczę. Wieś jest pusta... A ptactwo tu wszelakie fruwa sobie... Łoś nawet przychodzi i nic. (*Płacze*).

Wszystko pamiętam... Ludzie powyjeżdżali, a koty i psy zostawili. W pierwszych dniach chodziłam i rozlewałam wszystkim mleko, a każdemu psu dawałam kawałek chleba. Stały przy swoich obejściach i czekały, aż gospodarze wrócą. Długo na nich czekały. Głodne koty jadły ogórki... Pomidory... Do jesieni kosiłam trawę przed furtką sąsiadki. Jak się u niej płot przewrócił, to go gwoździami przybiłam. Czekałam na ludzi... Sąsiadka miała psiaka, wabił się Żuczek. „Żuczek, proszę, jak zobaczysz ludzi, to daj mi znać i zaszczekaj".

Nocą śni mi się, jak mnie wywożą... Oficer woła: „Babciu, zaraz tu będziemy wszystko palić i zakopywać. Wychodź!". Potem wiozą mnie dokądś w jakieś nieznane miejsce. Nie wiem jakie. Ani to miasto, ani wieś. I nie ziemia nawet...

Była taka historia. Miałam dobrego kotka. Wołałam na niego Waśka. Zimą głodne szczury zaczęły mnie napastować, nie było ratunku. Właziły pod koc. W beczce było ziarno, to dziurę wygryzły. A Waśka mnie przed nimi uratował... Bez Waśki bym zginęła... Pogadać sobie z nim mogłam, pojeść. Potem Waśka przepadł... Może głodne psy go zjadły? Wszystkie psy biegały głodne, dopóki nie pozdychały, koty były takie głodne, że zżerały kocięta, nie jadły latem, tylko zimą. Boże odpuść! A jedną babę szczury zagryzły. W jej własnym domu. Rude szczury... Prawda to czy nie, ale tak gadają. Łażą tu bezdomni... Bo w pierwszych latach pełno było różnych rzeczy: koszul, bluz, futer. Tylko brać i wieźć na bazar. A jak sobie wypili, to wyśpiewywali, że taka ich mać. No i jeden zleciał z roweru, i usnął na ulicy. Rano znaleźli dwie kostki i rower. Prawda to czy nie? Nie wiem. Tak powiadają.

Tutaj wszystko żyje. No, może nie wszystko! Jaszczurka tak, żaba rechocze. Robak pełza. Myszy też są! Wszystko jest! Szczególnie na wiosnę jest ładnie. Lubię, jak kwitnie bez, jak pachnie czeremcha. Póki nogi dobrze mi służyły, sama chodziłam po chleb, w jedną stronę mam piętnaście kilometrów. Młoda pędem by przebiegła. Bo zwyczajna. Po wojnie chodziłyśmy po ziarno na Ukrainę. Po trzydzieści, pięćdziesiąt kilometrów. Ludzie nosili po pudzie*, a ja naraz trzy. A teraz zdarza się, że po chałupie nie daję rady chodzić. Starej babie to i latem na piecu zimno. Milicjanci przyjeżdżają do wioski, patrolują, to mi chleba przywiozą. Tylko co oni tu mają do patrolowania? Ja tu sama mieszkam z kotem. Bo mam już drugiego. Jak milicja zatrąbi, to się oboje cieszymy. Biegniemy. Przywiozą mu kostek. A mnie wypytują: „No a jeśli bandyci was napadną?". „Eee, a czym się tu obłowią? Co zabiorą? Duszę? Bo tylko ją jedną mam". Dobre z nich chłopaki. Śmieją się. Przywieźli mi baterie

* Pud – dawna jednostka masy (1 pud = 16,38 kg), używana w Rosji carskiej.

do radia, to teraz mogę słuchać. Ludmiłę Zykiną lubię, ale coś ją teraz ostatnio rzadko słychać. Pewnie się zestarzała jak ja. Mój chłop chętnie powtarzał... Jeszcze tak mówił: „Bal skończony – skrzypki do torby!".

Opowiem pani, jak sobie wyszukałam kotka. Zabrakło mojego Waśki... Czekam dzień, czekam dwa... Cały miesiąc... No i całkiem sama zostałam. Nie ma do kogo się odezwać. Poszłam po wsi, po cudzych ogródkach, i wołam: Waśka, Murka... Waśka! Murka! Na początku dużo ich biegało, a potem gdzieś znikły. Wyginęły. Śmierć nie wybiera... Ziemia przyjmuje wszystkich... No i chodzę, chodzę. Dwa dni wołałam. Trzeciego dnia patrzę – siedzi pod sklepem... Popatrzyliśmy na siebie... On się cieszy i ja się cieszę. Tylko że on tego ludzkim słowem nie wypowie... „No to idziemy – mówię. – Idziemy do domu". A ten siedzi... Miau... Ja go dalej prosić: „Co tak będziesz tu sam siedział? Wilki cię pożrą. Rozerwą na strzępy. Idziemy. Mam jajka, słoninę". Jak mu to przetłumaczyć? Kot języka ludzkiego nie pojmuje, a jak mnie wtedy wyrozumiał? Ja idę pierwsza, on za mną. „Miau"... „Ukroję ci słoninki kawałek...". „Miau"... „Będziemy mieszkali razem..." „Miau"... „Będziesz się nazywał Waśka..." „Miau"... No i już dwie zimy razem przemieszkaliśmy...

Czasem mi się przyśni, że ktoś mnie woła... Że sąsiadka woła: „Zina!". Potem cichnie... I znowu: „Zina!".

Jak mi się smutno robi, to sobie popłaczę...

Odwiedzam groby. Mama tam leży... Mała córeczka... Zmarła we wojnę na tyfus. Ledwieśmy ją zanieśli do mogiłki, zakopali, a tu wychodzi słonko zza chmur. Wychodzi i świeci. Aż się chciało wrócić i odkopać. Mój chłopina też tam obok nich... Fiedia... Posiedzę przy nich wszystkich. Powzdycham. A porozmawiać można i z żywymi, i z umarłymi. Dla mnie bez różnicy. Słyszę jednych i drugich. Kiedy człowiek jest sam... I smutny... Bardzo smutny...

Przy samym cmentarzu mieszkał nauczyciel Iwan Gawrilenko; ten pojechał na Krym, do syna. Zaraz za nim – Piotr Miusski... Traktorzysta... Przodownik, kiedyś wszyscy na stachanowców się wybijali. Złote miał ręce. Szczególnie do snycerki. Jak dom zrobił, to taki, że cała wieś podziwiała. Cacko! Oj, aż żałość mnie brała, krew się gotowała, kiedy ten dom burzyli. Kiedy go zakopywali. Oficer wołał: „Nie masz co płakać, matka. Ten dom «na zarazie» stoi!". Ale sam był pijany. Podchodzę, patrzę, a on płacze: „Odejdź, matka, odejdź! Idź!". No i mnie wygonił. A tam dalej dom Miszy Michalowa, który na fermie palił w kotłach. Miszy prędko zabrakło. Wyjechał i od razu umarł. Dalej stał dom zootechnika Stiepana Bychowa. Spalił się! Źli ludzie przyszli w nocy i podpalili. Tacy nie od nas. Potem już Stiepan długo nie pożył. Pochowali go pod Mohylewem, gdzie mieszkają jego dzieci. Ostatnia wojna... Ilušmy ludzi potracili! Wasilij Makarowicz Kowalow, Anna Kocura, Maksim Nikiforenko... Dawniej wesoło żyli. Kiedy było święto, to od razu piosenki, tańce, harmonia. A teraz jak w więzieniu. Zdarzało się, że zamknę oczy i chodzę po wsi... No i jakie tu, mówię, promieniowanie, kiedy i motyl fruwa, i trzmiel brzęczy. A mój Waśka łowi myszy. (*Płacze*).

Oj, kochanieńka moja! Rozumiesz ty chociaż, jaka jestem smutna? Zaniesiesz ten mój smutek ludziom... a mnie może już wtedy nie będzie. Szukajcie mnie w ziemi... Pod korzeniami...

Zinaida Jewdokimowna Kowalenko,
nielegalna mieszkanka strefy czarnobylskiej

Monolog o całym życiu wypisanym na drzwiach

Chcę złożyć świadectwo...

To było i wtedy, dziesięć lat temu, i teraz, każdego dnia mi się wydarza. Teraz... Zawsze jest ze mną.

Mieszkaliśmy w mieście Prypeć. W tym właśnie mieście, które zna teraz cały świat. Nie jestem pisarzem. Ale jestem świadkiem. No więc to było tak. Od samego początku...

Żyje sobie człowiek. Zwyczajny człowiek. Człowieczek. Taki jak wszyscy dookoła – idzie do pracy i wraca z pracy. Dostaje przeciętną zapłatę. Raz do roku wyjeżdża na urlop. Ma żonę. Dzieci. Normalny człowiek! No i któregoś dnia zmienia się nagle w człowieka czarnobylskiego. W dziwadło! W coś, czego nikt nie zna i co wszystkich interesuje. Chciałby być taki jak wszyscy, ale to niemożliwe. Do poprzedniego świata już się nie da wrócić. Wszyscy patrzą na niego innymi oczami. Pytają go: „Czy tam było strasznie? Jak paliła się elektrownia? Co widziałeś? A w ogóle, to czy możesz mieć dzieci? Żona od ciebie nie odeszła?". Wszyscy zmieniliśmy się w rzadkie okazy... Samo określenie „z Czarnobyla" do tej pory jest jakby sygnałem dźwiękowym... Wszyscy obracają głowę w jego stronę... Stamtąd!

To były odczucia z pierwszych dni... Straciliśmy nie miasto, ale całe życie...

Wyjechaliśmy z domu na trzeci dzień... Reaktor płonął... Pamiętam, że ktoś ze znajomych powiedział: „Pachnie reaktorem". Zapach nie do opisania. Ale o tym wszyscy czytali w gazetach. Czarnobyl zamieniono w wytwórnię horrorów, a w rzeczywistości – w kreskówkę. Czarnobyl trzeba zrozumieć, bo musimy z nim żyć. Ja powiem tylko to, co mam swojego... Swoją prawdę.

Było tak... W radiu ogłoszono: „Nie wolno zabierać kotów!". Córka w płacz, i z tego strachu, że straci swego ukochanego kotka, zaczęła się jąkać. Kotka do walizki! A kot nie chce iść do walizki, wyrywa się. Podrapał wszystkich. „Nie wolno zabierać rzeczy!" Wszystkich nie wezmę, wezmę tylko jedną. Tylko jedną! Muszę zabrać drzwi z mieszkania i wywieźć, nie mogę ich zostawić... A wejście zabiję deskami...

Nasze drzwi... Nasz talizman! Rodzinna relikwia. Na tych drzwiach leżał mój ojciec. Nie wiem, co to za obyczaj, nie wszędzie taki jest, ale u nas, jak mi opowiadała mama, nieboszczyka powinno się położyć na drzwi jego domu. I tak ma leżeć, dopóki nie przywiozą trumny. Siedziałem przy ojcu całą noc, leżał na tych drzwiach... Dom był otwarty... Całą noc... I właśnie na tych drzwiach były nacięcia, aż do samej góry... Jak rosłem... Zaznaczone: pierwsza klasa, druga. Siódma. Przed wojskiem... A obok – jak rósł mój syn... Jak rosła moja córka... Całe nasze życie zapisane jest na tych drzwiach, jak na starożytnych papirusach. Jakże mam je zostawić?

Poprosiłem sąsiada (miał samochód): „Pomóż!". Pokazał na moją głowę... „Ty chyba, bracie, coś nie tego". Ale wywiozłem je... Te drzwi... Nocą... Na motocyklu... Wiozłem przez las...

Zabrałem je po dwóch latach, kiedy nasze mieszkanie było już obrabowane. Wyczyszczone. Za mną pędziła milicja: „Będziemy strzelać! Będziemy strzelać!". Oczywiście wzięli mnie za szabrownika. Tak jakbym ukradł drzwi do własnego domu...

Wysłałem żonę i córkę do szpitala. Bo powychodziły im czarne plamy na ciele. To się pojawiają, to znikają. Wielkości pięciorublówki... A ich nic nie boli... Lekarze je badali. Zapytałem: „Proszę, powiedzcie, jakie wyniki". „To nie dla pana". „A niby dla kogo?".

Dookoła wtedy wszyscy mówili: „Umrzemy, umrzemy... Do dwutysięcznego roku Białorusini wyginą". Córka skończyła sześć lat. Dokładnie w dniu awarii. Układam ją do snu, a ona szepcze mi do ucha: „Tatusiu, ja chcę żyć, jestem jeszcze mała". Myślałem, że nic nie rozumie... A ona jak zobaczy w przedszkolu opiekunkę w białym fartuchu albo kucharkę w stołówce, to od razu wpada w histerię: „Nie chcę do szpitala! Nie chcę umierać!". Nie znosiła białego koloru. W nowym domu nawet białe zasłonki zmieniliśmy.

Czy może pani sobie wyobrazić siedem łysych dziewczynek naraz? Bo ich na sali było siedem... Nie, wystarczy! Dosyć! Kiedy opowiadam, mam wrażenie – tak mi serce mówi – że dopuszczam się zdrady. Bo powinienem opisywać ją jak obcą... Jej męki... Żona przyszła ze szpitala... Nie wytrzymała: „Lepiej, żeby umarła, jak ma się tak męczyć. Albo żebym ja umarła, żeby nie patrzeć". Nie, wystarczy! Dosyć! Nie dam rady. Nie!

Położyliśmy ją na drzwiach... Na drzwiach, na których kiedyś leżał ojciec. Dopóki nie przywieźli trumienki... Była malutka jak pudełko dla dużej lalki. Jak pudełko...

Chcę zaświadczyć, że moja córka umarła na Czarnobyl. Bo od nas się żąda, żebyśmy milczeli. Mówią, że to naukowo jeszcze niedowiedzione, że nie ma bazy danych. Trzeba czekać setki lat. Ale moje życie, ludzkie życie jest krótsze... Ja tego nie doczekam. Niech pani zapisze... Niech chociaż pani to napisze... Córka miała na imię Katia... Katiusza... Miała siedem lat, kiedy umarła...

Nikołaj Fomicz Kaługin,
ojciec

Monolog pewnej wsi o tym, jak wzywa się dusze z nieba, żeby z nimi popłakać i zjeść obiad

Wieś Biełyj Bierieg w rejonie narowlańskim, obwód homelski.

Mówią: Anna Pawłowna Artiunienko, Jewa Adamowna Artiuszenko, Wasilij Nikołajewicz Artiuszenko, Sofia Nikołajewna Moroz, Nadieżda Borisowna Nikołajenko, Aleksandr Fiodorowicz Nikołajenko, Michaił Martynowicz Lis.

– Goście do nas... Dobrzy ludzie... Nie spodziewaliśmy się spotkania, żaden znak nie wskazywał. Zdarza się, że dłoń człowieka swędzi. Będzie się witała. A dzisiaj ani trochę, nic tego nie zapowiadało. Tylko słowiczek całą noc śpiewał, na słoneczny dzień. Oj! Nasze baby w jedną chwilę się zbiegną. O, Nadia już leci...

– I przeżyliśmy wszystko, przetrzymali...

– Oj, nie chce się wspominać. Strach bierze. Wypędzali nas żołnierze, oj wypędzali. Przyjechało pełno wojska, pojazdów. Jeden dziadek stary... Już leżał. Umierał. Gdzie ma jechać? „Wstanę – płakał – i pójdę na groby. Na własnych nogach". Ile nam zapłacili za domy? No ile? Niech pani spojrzy, jak tu pięknie u nas! Kto nam za to piękno zapłaci? Mamy u siebie prawdziwy kurort!

– Samoloty, helikoptery, jeden ciągły huk. Kamazy z przyczepami... Żołnierze. No, myślę sobie, zaczęła się wojna. Z Chińczykami albo Amerykanami.

– Mój chłop przyszedł z zebrania kołchozowego i mówi: „Jutro nas wywożą". Ja na to: „A co z kartoflami? Nie wykopaliśmy". Sąsiad puka do drzwi, wtedy siedli razem z moim, żeby wypić. Wypili i dalej wsiadać na przewodniczącego: „Nie jedziemy i już! Wojnęśmy przeżyli, a oni nam tu z jakimiś promieniami". Pod ziemię się schowamy, a nie pojedziemy!

– Najpierw myśleliśmy, że wszyscy umrzemy po paru miesiącach. Tak nas straszyli. Agitowali, żeby jechać. Ale dzięki Bogu żyjemy!

– Bogu dzięki! Bogu dzięki!

– Nikt nie wie, co będzie na tamtym świecie. Na tym jest lepiej... Wszystko bardziej znajome. Jak moja mama powiadała:

sobie się podobasz, innym się podobasz, i robisz, co ci się podoba.

– Pójdziemy do cerkwi, pomodlimy się.

– Wyjechaliśmy... Wzięłam do woreczka ziemię z matczynego grobu. Uklękłam na chwileczkę: „Wybacz, że cię zostawiamy". Poszłam na grób mamy w nocy i nie bałam się. Ludzie pisali na chałupach swoje nazwiska. Na belkach, na płocie. Na asfalcie.

– Żołnierze zabijali psy. Strzelali. Bach! Bach! Po tym już nie mogę słuchać, jak krzyczy żywe stworzenie.

– Byłem tutaj brygadzistą. Czterdzieści pięć lat... Żal mi było ludzi... Do Moskwy na wystawę woziliśmy swój len, kołchoz wysyłał. Przywiozłem stamtąd odznakę i czerwony dyplom. Tutaj wszyscy mnie szanowali: „Wasilij Nikołajewicz... Nasz Nikołajewicz...". A kim tam jestem w nowym miejscu? Starym dziadem w kapeluszu. Tutaj będę umierał, kobiety przyniosą mi wody, w chałupie napalą. Żal mi było ludzi... Wieczorem baby wracały z pola i śpiewały, chociaż nic za robotę nie dostawały. Po kresce za roboczodzień i tyle. A te śpiewały i tak.

– U nas we wsi ludzie mieszkają razem. W gromadzie.

– Raz mi się śniło, już kiedy u syna w mieście mieszkałam, że czekam na śmierć. I synom nakazuję: „Zawieźcie mnie na nasze groby, chociaż pięć minut postójcie ze mną przy rodzinnym domu". I z góry widzę, jak synowie mnie tutaj wiozą...

– Może sobie być zatruta, napromieniowana, ale to moja ojczyzna. Nigdzie indziej nie jesteśmy potrzebni. Nawet ptakowi własne gniazdo jest miłe.

– Niech dokończę... Mieszkałam u syna na szóstym piętrze, nieraz podejdę do okna, popatrzę w dół i się przeżegnam. Bo zdawało mi się, że słyszę konia. Koguta... I taka żałość... Albo śniło mi się nasze podwórze: przywiązuję krowę i doję, doję... Potem się budzę. I nie chce mi się wstawać. Jestem jeszcze tam. Jestem to tu, to tam.

– Za dnia żyliśmy w nowym miejscu, a nocą u siebie. We śnie.

– Zimą noce są długie, to siądziemy czasem i liczymy, kto już nie żyje. W mieście było tak nerwowo, niespokojnie, że wielu poumierało, chociaż mieli po czterdzieści, pięćdziesiąt lat. Czyż to pora na umieranie? A my żyjemy. Modlimy się codziennie, prosimy Boga o jedno: o zdrowie.

– Jak to mówią: każdy rad tam chodzi, gdzie się urodzi.

– Mój chłop leżał dwa miesiące... Nic nie mówił, nie odpowiadał mi. Jakby się obraził. Chodzę po podwórzu, a jak wrócę, pytam: „Ojczulku, jak tam z tobą?". Jak usłyszy głos, to tylko oczy podniesie, a mnie zaraz lżej. Niechby tylko leżał, nic nie mówił, ale żeby był w chałupie. Kiedy człowiek umiera, nie trzeba płakać. Przerwie mu się umieranie, będzie się długo trudził. Z szafy wzięłam świeczkę i włożyłam mu w ręce. Wziął i oddycha... Widzę, że oczy ma mętne... Nie płakałam... Prosiłam o jedno: „Pozdrów tam naszą córeczkę i moją kochaną mamę". Modliłam się o to, żebyśmy razem... Niektórzy nawet sobie wymodlą, ale mnie Pan Bóg śmierci nie dał. Żyję.

– A ja tam się nie boję umierać. Człowiek raz się rodzi i raz umiera. I listek opada, i drzewo spróchnieje.

– Nie płaczcie, kobitki. Byłyście przodownicami całe życie. Stachanowskimi. Przeżyłyście Stalina. Wojnę! Gdybyście się nie weseliły, nie śmiały, tobyście się dawno powiesiły. Wiecie, rozmawiają dwie kobiety z Czarnobyla. Jedna mówi: „Podobno wszystkie mamy białaczkę". A druga: „E tam! Wczoraj się w palec zacięłam, i krew tak samo czerwona, jak była".

– W swoim kraju jak w raju. A w cudzym nawet słońce inaczej świeci.

– Moja mama kiedyś mnie uczyła: weź ikonę i odwróć ją, żeby tak trzy dni powisiała. Wtedy gdziekolwiek będziesz, na pewno wrócisz do siebie. Miałam dwie mleczne krowy, dwie jałówki, pięć świń, gęsi, kury. Psa. Za głowę się chwytam i chodzę po ogrodzie. A ile jabłek było! Przepadło wszystko, tfu, przepadło.

Wymyłam chatę, piec pobieliłam... Trzeba chleb na stole zostawić i sól, miskę i trzy łyżki. Tyle łyżek, ile dusz w domu... Wszystko po to, żeby wrócić.

– Nasze kury miały czarne grzebienie, a nie czerwone, od promieniowania. Twaróg też się nie udawał. Przez miesiąc żyli my bez twarogu, bez żadnego sera. Mleko nie kwaśniało, zmieniało się w proszek, taki biały. Od promieniowania...

– Na naszej działce też było promieniowanie. Cała działka biała się zrobiła, bielusieńka, jakby ktoś ją czymś posypał. Jakimiś grudkami... Myślałam, że może to coś z lasu, wiater naniósł.

– Nie chcieliśmy wyjeżdżać. Oj, jakeśmy nie chcieli! Chłopy się popiły. Pod samochód się rzucały. Naczalstwo chodziło po chałupach i każdemu tłumaczyło. Przykazywali: „Nie brać dobytku!".

– Bydło trzy dni niepojone. Niekarmione. Na ubój! Przyjechał korespondent z gazety: „Jak się państwo czują? Jaki nastrój?". Pijane dojarki o mało co go nie zatłukły.

– Przewodniczący z żołnierzami chodzi wokół mojej chaty... Straszą: „Wychodź albo podpalimy! Dawajcie tu kanister". Zaczęłam biegać, to serwetę złapię, to poduszkę...

– Niech mi pani powie naukowo, co to promieniowanie robi? Niech pani prawdę mówi, my i tak niedługo umrzemy.

– A co myślicie, że jak jest niewidzialne, to w Mińsku go nie ma?

– Wnuk przywiózł pieska, wołamy na niego Promyk. Bo żyjemy pod promieniowaniem. No i gdzie ten Promyk się podział? A zawsze się plątał pod nogami. Boję się, że jak za wioskę poleci, to go wilki zjedzą. Zostanę wtedy sama.

– A jak była wojna, to przez całą noc strzelały armaty. Walą i walą, huczą i huczą. Wygrzebaliśmy w lesie ziemiankę. A tam bombardują i bombardują. Wszystko spalili, mało że chaty, ale nawet działki, nawet te wisienki, to też popalone.

Byle tylko wojny nie było... Ja tak się tego boję!

– Słuchacz pyta Radio Erywań: „Czy można jeść jabłka z Czarnobyla?". Radio odpowiada: „Można, tylko ogryzki trzeba zakopać głęboko w ziemi". Albo takie: „Ile jest siedem razy siedem?". Odpowiedź: „Eee, w Czarnobylu to każdy na palcach policzy!". Cha, cha, cha!

– Dali nam nowy dom. Murowany. No i, wie pani, przez siedem lat nie wbili my ani jednego gwoździa. Jak na obczyźnie żyjemy! Wszystko tu obce. Mój chłop płakał i płakał. Przez tydzień w kołchozie jeździ na traktorze, czeka na niedzielę, a w niedzielę kładzie się twarzą do ściany i płacze.

– Już nikt więcej nas nie oszuka, nigdzie się ze swojego miejsca nie ruszymy. Sklepu nie ma, szpitala nie ma. Światła nie ma. Siedzimy przy lampie naftowej i przy łuczywie. Ale dobrze nam jest. Jesteśmy w domu!

– W mieście synowa chodziła za mną po mieszkaniu ze szmatą i wycierała klamkę, krzesło... A wszystko tam kupili za moje pieniądze, wszystkie meble i samochód Żyguli. Jak pieniądze się skończyły, to już mama niepotrzebna.

– Pieniądze zabrały nasze dzieci... A to, co zostało, zjadła inflacja. Wszystko, co nam dali za gospodarstwo, za chałupy. Za jabłonki.

– A nam i tak wesoło... Pytanie do Radia Erywań: „Czy w Czarnobylu było bardzo strasznie?". Radio odpowiada: „Ależ skąd! Każdy tam chodził rozpromieniony!". Cha, cha, cha!

– Dwa tygodnie szłam pieszo... Krówkę ze sobą prowadziłam. Ludzie nie chcieli mnie wpuszczać do domu. Nocowałam w lesie.

– Boją się nas. Mówią, że jesteśmy zarażeni. I za co nas Pan Bóg pokarał? Pogniewał się? Bo żyjemy nie jak ludzie, nie po bożemu. Zabijamy się nawzajem. To za to.

– Wnuki były u mnie latem... Przez pierwsze lata nie przyjeżdżały, też się bały... A teraz odwiedzają mnie, już biorą jedzenie, wszystko, co dostaną... „Babciu – pytały – czytałaś książkę o Robinsonie?". To był taki człowiek, który żył tak jak my. Bez ludzi. Ja przywiozłam ze sobą pół worka zapałek... Siekierę i łopatę... A teraz mam słoninę, jajka, mleko, wszystko swoje. Jednego tylko nie da rady posiać: cukru. Bo ziemi tu jest, ile kto chce! Choćby sto hektarów można zaorać A władzy nie ma żadnej. Nikt człowiekowi nie przeszkadza... Żadnego naczalstwa... Jesteśmy wolni.

– Wróciły z nami koty i psy. Wracaliśmy razem. Żołnierze nas nie przepuszczali. Omonowcy. No tośmy nocą ... Po leśnych ścieżkach... Partyzanckich...

– Nic nam nie trzeba od państwa. Wszystko sami produkujemy. Byle nas zostawili w spokoju! Ani sklepu nam nie trzeba, ani autobusu. Po chleb i sól pieszo chodzimy dwadzieścia kilometrów... Sami dla siebie.

– Wróciliśmy taborem. Trzy rodziny… A tutaj wszystko rozgrabione: piec rozbity, okna, drzwi powyjmowane z zawiasów. Podłogi pozrywane. Żarówki, wyłączniki, rozetki… Wszystko powykręcali. Nic żywego nie ma. Tymi rękami wszystko na nowo robiłem, tymi tutaj. A co!

– Dzikie gęsi krzyczą, znaczy się wiosna nadeszła. Pora siać. A my tu w pustych chałupach… Tyle że dachy całe.

– Milicja krzyczała. Jak przyjadą samochodem, to my do lasu. Jak za Niemca. Kiedyś zjechali tu do nas z prokuratorem, który się odgrażał, że nas odda pod sąd. Mówię mu: „Dacie mi rok więzienia, a ja odsiedzę i tu wrócę". Ich sprawa nakrzyczeć, a nasza nic nie gadać. Mam order jako przodownik kombajnista, a on mi wygraża dziesiątym paragrafem… Jak zbrodniarzowi…

– Każdej nocy mi się moja chata śniła. Wracałam: to działkę kopię, to łóżka ścielę… I zawsze coś znajdę, to pantofel, to kurczęta… Wszystko to dobro, wszystko na uciechę. Na powrót…

– W nocy Boga prosimy, a za dnia milicję. Niech mnie pani spyta, czego płaczę. A ja sama nie wiem, czego płaczę. Rada jestem, że mieszkam we własnej chacie.

– Przeżyli my wszystko, wszystko my znieśli…

– Powiem pani dowcip… Wyszło rozporządzenie rządu o przywilejach dla ludzi z Czarnobyla… Do tych, którzy mieszkali w promieniu dwudziestu kilometrów od elektrowni, inni mają się zwracać „Jaśnie panie", a do tych, co mieszkali przy samej elektrowni i przeżyli: „Jaśnie oświecony"… Cha, cha!

– Dostałam się do lekarza. „Kochany, nóżki posłuszeństwa odmawiają. Stawy mnie bolą". „Trzeba krowę oddać, babciu. Mleko zatrute". „Oj, nie – płaczę – chociaż nogi bolą i kolana, to krowiny nie oddam. Swojej karmicielki".

– Mam siedmioro dzieci. Wszystkie mieszkają w miastach. Zostałam tu sama. Jak zatęsknię, to siadam sobie pod ich zdjęciami… Pogadam… Ciągle… Ciągle sama. Sama pomalowałam dom, zużyłam sześć puszek farby. No i tak mieszkam. Wychowałam czterech synów i trzy córki. A mąż dawno umarł. Jestem sama.

– Natknąłem się na wilka, ot tak: on stoi i ja stoję. Popatrzyliśmy jedno na drugie, i wtedy wilk odskoczył w bok Pognał przed siebie… Wtedy czapka mi się podniosła ze strachu.

– Każde zwierzę boi się człowieka. Jak zwierzęcia nie zaczepisz, to i ono cię ominie. Kiedyś jak chodził człowiek po lesie i usłyszał głosy, to biegł do ludzi, a teraz kryje się przed człowiekiem. Nie daj Boże spotkać człowieka w lesie!

– Wszystko, co jest w Biblii napisane, wszystko to się sprawdza. Tam nawet o naszym kołchozie jest napisane… I o Gorbaczowie… że będzie wielki naczelnik ze znamieniem na czole i wielkie państwo się rozleci. A potem nastanie Sąd Boży… Ci, co mieszkają w miastach, wszyscy zginą, a we wsi tylko jeden człowiek zostanie. Człowiek będzie się cieszył, jak ludzki ślad zobaczy! Nawet nie człowieka, ale jego ślad…

– Mamy światło z lampy. Naftowej. Ahaa… Baby już pani doniosły. Zabijemy świniaka, to niesiemy do piwnicy albo zakopujemy w ziemi. W ziemi mięso leży trzy dni. Samogon pędzimy z własnego żytka. Z jagód.

– Mam dwa worki soli… Nie zginiemy bez państwa! Drew jest pełno, las dookoła. W chałupie ciepło. Lampa się pali. Dobrze nam tutaj! Ja trzymam kozę, koziołka, trzy świnie, czternaście kurek. Ziemi do woli, trawy do woli. Woda w studni jest. Wolność. Dobrze nam tu! Nie kołchoz mamy, ale komunę. Komunizm! Tylko konika dokupimy. I wtedy nikt więcej nam nie będzie potrzebny. Jeszcze tylko konika…

– Myśmy nie do domu wrócili, jak mówił jeden dziennikarz, co tu przyjechał, ale cofnęli się w czasie o sto lat. Żniemy sierpem, kosimy kosą. Młócimy cepami ziarno na asfalcie. Mój wyplata koszyki. A ja w zimie wyszywam. Tkam.

– We wojnę z naszej rodziny zginęła siedemnastka. Zabili dwóch moich braci… Mama płakała i płakała. A chodziła taka jedna staruszka po wsiach, żebraczka. „Skarżysz się? – mówi do mamy. – Nie ma czego. Kto oddał życie za innych, ten jest święty". Ja też mogłabym wszystko dla ojczyzny… Tylko zabić nie potrafię… Jestem nauczycielką, zawsze uczyłam: kochajcie człowieka. Dobro zawsze zwycięża. Dzieci są małe, mają czystą duszę.

– Czarnobyl… To wojna nad wojnami. Człowiek nigdzie się nie ukryje. Ani na ziemi, ani w wodzie, ani na niebie.

– Radio my od razu wyłączyli. Nie słuchamy żadnych wiadomości, za to żyjemy w spokoju. Nie denerwujemy się. Przyjeżdżają ludzie, opowiadają: wszędzie wojna. Podobno socjalizm się skończył i żyjemy w kapitaliźmie. Nawet car wróci. Prawda to?!

– Z lasu to dzik do ogrodu zajrzy, to łosza... Ludzie rzadko. Sami milicjanci...

– A pani niech do mnie wstąpi do chałupy.

– I do mnie też. Tak dawno nie było gościa w mojej chacie.

– Żegnam się i modlę... Boże! Dwa razy milicja piec mi rąbała... Wywozili go traktorem... A ja z powrotem! Jakby puścili tu ludzi, toby wszyscy na kolanach wrócili do domu. Roznieśli po świecie nasze nieszczęście. Tylko zmarłym pozwalają wracać. Przywożą ich tu. A żywi – tylko nocą. Lasami...

– Na Radunicę* wszyscy tutaj się pchają. Co do jednego. Każdy chciałby swoich odwiedzić. Milicja według listy przepuszcza, nie wolno tylko dzieciom do lat osiemnastu. Przyjadą i tak chętnie wystają każdy koło swojej chaty... W swoim ogrodzie pod jabłonią... Najpierw na grobach popłaczą, potem rozchodzą się po swoich zagrodach. I tam też płaczą i się modlą. Stawiają świeczki. Wiszą na swoich płotach jak na mogiłach. Zdarza się, że i wieniec położą przy domu. Powieszą biały rusznik** na furtce... Ojczulek modlitwę przeczyta: „Bracia i siostry! Cierpliwi bądźcie!".

– Na cmentarz zabierają i jajka, i bułki... Wielu też bliny zamiast chleba. Kto co ma... Każdy siada przy swoich. Mówią: „Siostro, odwiedzić cię przyszłam. Chodź do nas na obiad". Albo: „Mamusiu nasza... Tatulku... Wujku...". Wołają dusze z nieba... Jak komu tego roku kto pomarł, to płacze, a komu dawniej, to już nie. Pogadają, powspominają. Wszyscy się modlą. Kto nie umie, też się modli.

– Ale w nocy nie wolno płakać po umarłych. Jak słońce zajdzie, to już nie. Przyjmij, Boże, ich dusze. Wieczne odpoczywanie!

– Kto nie skacze, ten płacze... Jedna Ukrainka sprzedaje na bazarze wielkie czerwone jabłka. Woła: „Kupujcie ludzie, jabłuszka!

* Radunica (Radonica) – u Słowian Wschodnich tradycyjne święto zmarłych, uznane przez Cerkiew prawosławną i obchodzone dziewiątego dnia po Wielkiejnocy.

** Rusznik – wyszywany ręcznik płócienny, mający dla Słowian Wschodnich znaczenie nie tylko estetyczne, ale i religijne.

Czarnobylskie jabłka!". A drugi jej radzi: „Kobito, nie gadaj, że to czarnobylskie, bo nikt nie kupi". „Gadanie! Jeszcze jak kupują! Jeden dla teściowej, drugi dla szefa!".

– Jeden tu taki wrócił z więzienia. Bo ogłosili amnestię. Mieszkał w sąsiedniej wiosce. Matka mu zmarła, dom zakopali. To przystał do nas. „Dajcie, gospodyni, kawałek chleba i słoniny. Narąbię wam drew". I tak chodzi po prośbie.

– Jak burdel w kraju, to zaraz tu do nas ludzie uciekają. Przed innymi ludźmi. Przed prawem. I żyją sami. Obcy ludzie... Niedobrzy, nijakiej w oczach nie mają życzliwości. Jak wypiją sobie, to i podpalić mogą. Nocą śpimy, a pod łóżkiem mamy widły, siekiery. W kuchni przy drzwiach stoi młotek.

– Na wiosnę biegał tu wściekły lis, a kiedy wściekły, to się łasi. Nie może patrzeć na wodę. Jak się postawi na dworze wiadro wody, to można się nie bać lisa! Ucieknie.

– Przyjeżdżają tu... Kręcą o nas filmy, ale my tych filmów nigdy nie obejrzymy. Nie mamy ani telewizorów, ani prądu. Tyle widać, co przez okno. No i modlimy się oczywiście. Przedtem mieliśmy komunistów zamiast Boga, teraz został nam tylko Bóg.

– My tu wszyscy ludzie zasłużeni. Ja jestem partyzantem, byłem w partyzantce przez rok. A kiedy nasi wyrzucili Niemców, trafiłem do wojska. Na Reichstagu wypisałem swoje nazwisko: Artiuszenko. Zdjąłem szynel, budowałem komunizm. No i gdzie teraz jest ten komunizm?

– Tutaj, u nas. Żyjemy jak bracia i siostry.

– W tamtym roku, kiedy się wojna zaczęła, nie było grzybów ani jagód. Uwierzy pani? Sama ziemia czuła nieszczęście... Rok czterdziesty pierwszy... Oj, pamiętam to, nie zapominam o wojnie! Rozeszły się plotki, że przygnano naszych jeńców i kto rozpozna swojego, może go zabrać. Poderwały się nasze baby, pobiegły! Wieczorem przyprowadziły, jedna swojego, druga obcego. Ale znalazła się taka gadzina... Żyła jak wszyscy... Żonaty, dwoje dzieci. Doniósł do komendantury, żeśmy wzięły Ukraińców. Waśko, Saszko... Następnego dnia przyjeżdżają Niemcy na motorach... Prosimy, padamy na kolana... A oni wyprowadzili ich za wieś i zabili z automatów. Dziewięciu. Wszyscy młodziutcy, przystojni! Waśko, Saszko... Żeby tylko wojny nie było. Tego to się strasznie boję!

– Przyjedzie naczalstwo, pokrzyczy, pokrzyczy, a my wszyscy głusi i niemi. Jakoś przeżyliśmy wszystko, znieśli...

– A ja o swoim... O swoim myślę i myślę... na grobach... Jedni zawodzą głośno, inni cicho. Inni czasem dodadzą: „Rozstąp się, piachu. Rozjaśnij się, ciemna nocko". Z lasu się człowiek doczeka, a z piachu nigdy. Będę mówiła pieszczotliwie: „Iwanie... Iwanie, jak mam żyć?". A on nic mi nie odpowie, ani złego, ani dobrego.

– A ja tam... Nie boję się nikogo: ani nieboszczyków, ani zwierza, nikogo. Syn przyjeżdża z miasta i wymyśla: „Czego ty tu sama siedzisz? A jak cię kto zamorduje?". A co taki może mi zabrać? Chyba te poduszki... W mojej chałupinie to jedyne bogactwo. Jak przyjdzie bandyta i wetknie łeb przez okno, to ja go siekierką, ciach! Po naszemu... Może i nie ma Boga, może kto inny siedzi tam wysoko, ale ktoś na pewno jest... A ja żyję.

– Zimą dziad powiesił na podwórzu oprawionego cielaka. A cudzoziemców akurat przywieźli. „Dziadku, co tu robicie?" „Wypędzam promieniowanie".

– Różne rzeczy były... Ludzie opowiadali... Pochował jeden mąż żonę, a został mu chłopczyk malutki. Mężczyzna samotny... Zaczął pić ze smutku... Zdejmie z dziecka wszystko mokre i pod poduszkę. A żona, ona sama czy jej dusza tylko, zjawi się w nocy, wymyje, wysuszy i złoży w jednym miejscu. Kiedyś ją zobaczył... Zawołał, a ona się w tejże chwili jakby rozwiała... Stała się powietrzem... Wtedy mu sąsiedzi poradzili: jak cień mignie, to drzwi zamknij na klucz, wtedy może nie ucieknie od razu. A ona już w ogóle się nie pokazała. Co to było? Kto tam właściwie przyszedł?

Nie wierzy pani? No to niech pani powie, skąd się wzięły bajki... Może to wszystko kiedyś było prawdą? Pani jest kształcona...

– Jakież licho ten Czarnobyl przyniosło? Jedni gadają, że to uczeni winni. Łapią Boga za brodę, a on się śmieje. A my teraz pokutujemy za to!...

Dobrze to tu nigdy nie było. Nie mieliśmy spokoju. Przed samą wojną ludzi zabierali... Łapacze... U nas trzech chłopów...

Przyjechali w czarnych samochodach i z pola zabrali, a ci już nigdy nie wrócili. Zawsześmy żyli w strachu.

– Ja tam nie lubię płakać... Lubię nowych kawałów posłuchać... W strefie czarnobylskiej wyhodowano tytoń. W fabryce z tego tytoniu zrobili papierosy. I na każdej paczce napisali: „Ministerstwo Zdrowia PO RAZ OSTATNI ostrzega, że palenie szkodzi zdrowiu". Cha, cha, cha! A nasi dziadkowie palą...

– Jedno, co mam, to krowa. Poszłabym i oddała, byle tylko wojny nie było. Tego to się strasznie boję!

– I kukułka kuka, i sroki skrzeczą. Sarny biegają. A czy nadal będą tu mieszkać, tego nikt nie wie. Rano zajrzałam do ogrodu, a tam dziki poryły. Dzikie świnie. Ludzi można przesiedlić, a łosia i dzika nie. I woda granic się nie trzyma, płynie sobie po ziemi, pod ziemią.

Dom nie może być bez człowieka. Zwierzęciu też jest potrzebny człowiek. Wszystko szuka człowieka. Przyleciał bocian... Żuczek wylazł. A ja wszystkiemu jestem rada.

– Boli mnie, kobitki... Oj, jak boli! Trzeba cicho... Trumnę trzeba nieść po cichu... Ostrożnie... Żeby o nic nie zawadzić, nie uderzyć, nie stuknąć o drzwi czy łóżko. Bo będzie nieszczęście, nowy nieboszczyk. Miej, Boże, ich dusze w opiece. I światłość wiekuista niechaj im świeci! A gdzie chowają, tam i płaczą. U nas tu dookoła wszędzie mogiły... Wywrotki. Buldożery. Chaty się walą... Grabarze pracują i pracują... Zakopali szkołę, radę wiejską, łaźnię... Ten sam świat, ale ludzie już nie ci sami. Jednego tylko nie wiem: czy człowiek ma duszę? Jaka ona jest? I gdzie one wszystkie się na tamtym świecie podziewają?

Dziadek umierał dwa dni, a ja się za piecem chowam i patrzę: jak też ona z niego wyleci? Poszłam krowę doić... Wpadłam do chałupy... Wołam... Leży z otwartymi oczami... Dusza uleciała... A może nic nie wyleciało? To jak się zobaczymy?

– Ojczulek nam obiecuje, mówi, że my nieśmiertelni. Módlmy się. Boże, daj nam siły, abyśmy znieśli ciężary życia naszego.

Monolog o tym, że jak znajdzie się dżdżownicę, to wszystkie kury się cieszą. A to, że się gotuje w saganie, też nie jest wieczne

Pierwszy strach...

Pierwszy strach spadł z nieba... Pływał we wodzie... A niektórzy ludzie, niemało zresztą, zachowali kamienny spokój. Jak Boga kocham! Mężczyźni, ci ze starszych, jak wypiją, to wołają: „Myśmy do Berlina doszli i zwyciężyli". Tak gadają, jakby pięścią w stół walili... Zwycięzcy! Z medalami.

Pierwszy strach był... Kiedy rankiem w sadzie i w ogrodzie znaleźliśmy zdechłe krety. Kto je pozabijał? Zwykle przecież spod ziemi nie wyłażą. Coś je wypędziło. Przysięgam, że to prawda!

Syn dzwoni z Homla: „A chrabąszcze fruwają?". „Chrabąszczy nie ma, nawet larw nie widać. Pochowały się". „A dżdżownice są?" „Jak się jaką znajdzie, to wszystkie kury się cieszą. Dżdżownic też nie ma". „Pierwsza oznaka: jeśli nie ma chrabąszczy ani dżdżownic, to znaczy, że jest silne promieniowanie". „Co to znaczy promieniowanie?" „Mamo, to jest taka śmierć. Namów tatę i wyjeżdżajcie. Przeczekacie u nas". „Właśnie w ogródku sadziliśmy..."

Jakby wszyscy byli mądrzy, to kto byłby głupi? Jak się pali, no to trudno. Pożar, wiadomo, rzecz chwilowa, w tamtym czasie nikt się nie bał.

O atomie nie mieliśmy pojęcia. Jak Boga kocham! A żyliśmy tuż przy elektrowni atomowej, trzydzieści kilometrów w linii prostej, a szosą czterdzieści. Bardzośmy byli zadowoleni. Kupiło się bilet i pojechało. Zaopatrzenie jak w Moskwie, kiełbasa tania, w sklepach zawsze było mięso. Do wyboru. Dobre to były czasy!

A teraz – sam strach... Gadają, że tylko żabki i meszki się ostaną, a ludzie nie. Będzie samo życie, bez ludzi. Bajeczki dla dzieci. Głupi, kto w bajki wierzy! Ale że nie ma bajki bez prawdy... To też od dawna wiadomo...

Włączam radio. Straszą nas i straszą tym promieniowaniem. A za promieniowania lepiej się nam zaczęło żyć. Jak Boga kocham! Popatrz pani: dowieźli pomarańcze, trzy gatunki kiełbasy, proszę bardzo... We wsi! Moje wnuki pół świata objechały.

Najmłodsza wróciła z Francji, to stamtąd kiedyś Napoleon przyszedł... „Babciu, widziałam ananasa!". Drugiego wnuka... Jej braciszka zabrali na leczenie do Berlina. To tam, skąd Hitler nas najechał... Czołgami... Nowy świat teraz... Wszystko jest inaczej... To promieniowanie winne czy kto? A jakie ono jest? Może gdzieś w kinie pokazywali? Widziała pani? Białe jest czy jakie? Jakiego koloru jest? Jedni mówią, że nie ma koloru ani zapachu, a inni – że czarne. Jak święta ziemia! Ale jeśli bez żadnego koloru, to całkiem jak Bóg. Bóg jest wszędzie, a nikt go nie widzi. Straszą nas! A jabłka w ogrodzie widać i liście na drzewach, kartofle w polu... Myślę, że żadnego Czarnobyla nie ma, wymyślili... Oszukali ludzi... Moja siostra wyjechała ze swoim chłopem... Tu niedaleko, dwadzieścia kilometrów. Dwa miesiące tam pomieszkali, biegnie do nich sąsiadka: „Od waszej krowy promieniowanie przeszło na moją. Zdycha". „Jakże tak mogło przejść?". „A powietrzem, jak kurz. Latające". Bajki! Bajeczki dla dzieci... A to jest naprawdę... Dziadek miał pszczoły, pięć uli. Przez trzy dni nie wyleciały, ani jedna. Siedziały w ulach. Żeby przeczekać. Dziadek chodzi po podwórzu. „Cóż to je naszło? Co za cholera?" Coś w przyrodzie się wydarzyło. A potem, kiedy już minęło trochę czasu, wyjaśnił nam sąsiad, nauczyciel, że ich system jest lepszy od naszego, mądrzejszy, no więc od razu poczuły. Radio, gazety jeszcze nic nie mówiły, a pszczoły już wiedziały. Dopiero na czwarty dzień wyleciały. Osy... Były tu osy, gniazdo nad gankiem, nikt ich nie ruszał, i nagle rano ich nie ma, ani żywych, ani martwych. Po sześciu latach wróciły. Promieniowanie... Straszy toto i ludzi, i zwierzęta... Ptaki... Nawet drzewo się lęka, tyle że jest nieme. Nic nie powie. A stonka pełza, jak pełzała, zjadają nam kartofle, zżerają do ostatniego listka, przyzwyczajone do trucizny. Tak jak my.

Ale jak tak sobie pomyślę, to w każdej chałupie ktoś umarł... Ta druga ulica, na tamtym brzegu rzeki... Tam wszystkie kobiety teraz bez mężów, nie ma mężczyzn, wszyscy poumierali. Na naszej ulicy mieszka mój dziadek i jeszcze jeden. Mężczyzn Pan Bóg wcześniej zabiera. Dlaczego? Nikt nam tego nie przetłumaczy, nie zna nikt tej tajemnicy. Ale jak się pomyśli, że mogliby zostać sami mężczyźni bez bab, to też nie w porządku. Piją, kochana, oj piją. Ze smutku piją. Kto miałby chęć umierać! Kiedy człowiek umiera, to tak się smuci! Nic ani nikt go wtedy nie pocieszy. Nijak nie można. Piją ludzie i gadają... Rozprawiają... Wypije człowiek, pośmieje się i bach! – nie ma go. Wszyscy marzą o lekkiej śmierci. Jak na nią zasłużyć? Dusza to jedyna żywa istota. Moja kochana... A kobiety wszystkie nasze puste, kobiecość im wycięli, no, u co trzeciej. I u młodej, i u starej... Nie wszystkie zdążyły urodzić... Jak pomyślę... Wszystko minęło, jakby nic z tego nie było...

A cóż ja mogę dodać? Trzeba żyć... Nic więcej...

I co jeszcze... Kiedyś sami ubijaliśmy masło, śmietanę, robiliśmy twaróg, inne sery. Gotowaliśmy zacierkę. Czy takie coś jada się w mieście? Zalewa się mąkę wodą i miesza, wtedy robią się takie poszarpane kawałki ciasta, które trzeba wrzucić do garnka z gorącą wodą. Zagotuje się i zabiela mlekiem. Nasza mama pokazywała i mówiła: „I wy, dzieci, nauczcie się tego. Ja nauczyłam się od swojej mamy". Piliśmy sok brzozowy i klonowy. Fasolę w strączkach gotowaliśmy w saganie w dużym piecu. Gotowaliśmy kisiel żurawinowy... A w czasie wojny zbieraliśmy pokrzywy, lebiodę i inne trawy. Z głoduśmy puchli, ale nie umierali. W lesie są jagody, grzyby... A teraz takie życie, że wszystko to się rozsypało. Myśleliśmy, że jest nienaruszalne, że zawsze tak było i będzie. I że to, że gotuje się w saganie, jest wieczne. Nigdy bym nie uwierzyła, że to może się zmienić. Ale tak się porobiło... Mleka nie wolno, strączkowych nie wolno. Grzybów, jagód zabraniają... Mięso każą moczyć trzy godziny. I z kartofli dwa razy wodę odcedzać, kiedy się gotują. Ale przeciw Bogu co człowiek poradzi... Żyć trzeba...

Straszą, że nawet naszej wody pić nie wolno. Ale jakże to tak bez wody? W każdym człowieku jest woda. Nie ma nikogo bez wody. Wodę nawet w kamieniu się znajdzie. Może w takim razie woda jest wieczna? Całe życie z niej się bierze... Kogo o to zapytać? Nikt nie wie. A do Boga się trzeba modlić, nie pytać go. Żyć trzeba...

Właśnie żyto wzeszło... Dobre żytko...

Anna Pietrowna Badajewa,
nielegalna mieszkanka strefy

Monolog o pieśni bez słów

Do nóżek się pani kłaniam... Poproszę...

Niech nam pani znajdzie Annę Suszko... Mieszkała w naszej wsi... We wsi Kożuszki... Nazwisko Anna Suszko... Wymienię pani wszystkie znaki szczególne, a pani niech wydrukuje. Ma garb, niemowa od dziecka... Mieszkała sama... sześćdziesiąt lat... W czasie przesiedlenia zabrali ją sanitarką i wywieźli w niewiadomym kierunku. Pisać nie umiała, więc żadnego listu od niej nie dostaliśmy. Samotnych i chorych dawali do przytułków. Chowali. Ale adresu nikt nie zna... Niech pani wydrukuje...

Cała wieś jej żałowała. Zajmowali się nią jak małym dzieckiem. Jeden narąbie drew, drugi mleka przyniesie. Inny posiedzi w chacie wieczorem... Napali w piecu... Dwa lata jak wróciliśmy do rodzinnych domów, a wprzódy wycieraliśmy cudze kąty. I niech pani powie, że jej dom stoi. Jest dach, okna są. Co było rozbite i rozgrabione, to jej oddamy. Niech pani tylko poda adres, gdzie mieszka i się męczy, to pojedziemy i zabierzemy. Przywieziemy z powrotem. Żeby nie umarła z tęsknoty... Do nóg się paniusi kłaniam... Niewinna dusza w obcym świecie się męczy...

Oj, zapomniałabym... Miała jeszcze jeden znak szczególny... Kiedy ją coś bolało, to śpiewała piosenkę. Taką bez słów. Sam głos. Bo mówić nie potrafi... Tylko kiedy ją boli, to wyciąga: a-a-a... Żali się...

A-a-a...

Maria Wołczok, sąsiadka

Trzy monologi o starodawnym strachu i o tym, dlaczego jeden mężczyzna milczał, kiedy mówiły kobiety

Rodzina K-wów. Matka z córką. I mężczyzna, który nie powiedział ani słowa (mąż córki).

Córka:

Początkowo płakałam dzień i noc. Chciało się płakać i mówić... Jesteśmy z Tadżykistanu, z Duszanbe. Tam toczy się wojna...

Nie powinnam o tym... Będę miała dziecko, jestem w ciąży. Ale opowiem pani... Wchodzą za dnia do autobusu, żeby skontrolować dowody... Zwyczajni ludzie, tylko z automatami. Przeglądają dokumenty i wyrzucają mężczyzn z autobusu... I od razu, przy drzwiach... Rozstrzeliwują. Nawet nie odprowadzają na bok... Nigdy bym w to nie uwierzyła. Ale widziałam na własne oczy... Widziałam, jak wyprowadzili dwóch mężczyzn, jednego całkiem młodego, który coś do nich krzyczał. Po tadżycku, po rosyjsku... Wołał, że jego żona niedawno rodziła, że w domu ma trójkę małych dzieci. A ci się tylko śmiali, też byli młodzi, całkiem młodzi. Zwyczajni ludzie, tylko z automatami. On upadł... Całował im adidasy... Wszyscy milczeli, cały autobus. Ledwie odjechaliśmy: ta ta ta!... Bałam się obejrzeć... (*Płacze*).

Nie powinnam o tym... Spodziewam się dziecka... Ale opowiem pani... Proszę o jedno: niech pani nie podaje mojego nazwiska, tylko imię: Swietłana. Tam zostali nasi krewni... Zabiliby ich... Kiedyś myślałam, że u nas nigdy już nie będzie wojny. Wielki kraj, ukochany kraj. Najsilniejszy! Kiedyś mówiono nam, że w państwie radzieckim żyjemy skromnie, ubogo, bo była wielka wojna, ludzie ucierpieli, ale za to teraz mamy potężną armię, nikt nas nie zaczepi. Nie pokona! A myśmy zaczęli strzelać do siebie... Teraz nie ma takiej wojny jak kiedyś. Tamtą wspominał nasz dziadek, który doszedł do Niemiec... Do Berlina... Teraz sąsiad strzela do sąsiada, chłopcy chodzili razem do szkoły, a dziś zabijają się nawzajem, gwałcą dziewczynki, z którymi siedzieli w jednej ławce. Wszyscy powariowali...

Nasi mężowie nic nie mówią. Mężczyźni milczą, nic pani nie powiedzą. Wykrzykiwano za nimi, że są jak kobiety, że uciekają. Tchórze! Zdradzają ojczyznę. A jaka jest ich wina? Czy to jest czyjaś wina, że nie może strzelać? Nie chce. Mój mąż jest Tadżykiem, miał iść na wojnę i zabijać. A on: „Wyjeżdżamy, nie chcę iść na wojnę. Niepotrzebny mi automat". Lubi ciesiołkę, lubi pracować przy koniach. Nie chce strzelać. Taką już ma duszę... Polować też nie lubi... Tam jest jego ziemia, tam mówi się w jego języku, ale wyjechał. Bo nie chce zabijać drugiego Tadżyka, takiego jak on sam. Kogoś znajomego, kogoś, kto mu nie zrobił żadnej krzywdy... On tam nawet telewizji nie oglądał... Zatykał uszy... Ale tu jest samotny, tam walczą jego rodzeni bracia, jeden już zginął. Tam żyje jego matka. Siostry. Jechaliśmy tutaj pociągiem z Duszanbe, zimnym, bo nieogrzewany i nie miał szyb. Strzelać do nas nie strzelali, ale po drodze ciskali w okna kamieniami, tłukli szyby: „Ruscy, wynoście się! Okupanci! Dosyć nas grabiliście!". A on jest Tadżykiem i to wszystko słyszał. Nasze dzieci też słyszały. Nasza córka uczyła się w pierwszej klasie, była zakochana w chłopcu Tadżyku. Wraca ze szkoły: „Mamo, kim ja jestem, Tadżyjką czy Rosjanką?". I jak jej wytłumaczyć...

Nie powinnam o tym... Ale opowiem pani... Tam Tadżykowie z Pamiru walczą z Tadżykami z Kulabu. Wszyscy są Tadżykami, wyznają jedną wiarę, mają jeden Koran, ale ci z Kulabu zabijają tych z Pamiru, a ci z Pamiru zabijają tych z Kulabu. Najpierw zbierali się na placu, krzyczeli, odprawiali modły. Chciałam zrozumieć, więc też tam poszłam. Spytałam starszych ludzi: „Przeciw komu występujecie?". Odpowiedzieli: „Przeciw Parlamentowi. Mówią, że to bardzo zły człowiek, ten Parlament". Potem plac opustoszał i rozległy się strzały. Jakoś od razu kraj zrobił się inny, nieznany. Wschód! Chociaż przedtem nam się wydawało, że mieszkamy w swoim kraju. Według praw radzieckich. Tam zostało tyle rosyjskich grobów, a nie ma komu opłakiwać zmarłych... Na naszych cmentarzach pasie się bydło... Kozy... Starzy Rosjanie grzebią po śmietnikach...

Pracowałam w klinice położniczej, byłam pielęgniarką. Nocny dyżur. Kobieta rodzi, poród jest ciężki, kobieta krzyczy... Wbiega salowa... W niesterylnych rękawiczkach, w niesterylnym fartuchu... Co się stało? Co?... Żeby tak wbiegać na salę?! „Dziewczyny, bandyci!". A tamci w czarnych maskach, z bronią. I od razu do nas: „Dawaj narkotyki! Dawaj spirytus!". „Nie ma narkotyków, nie ma spirytusu!". Stawiają pod ścianę lekarza. „Dawaj!". Wtedy ta położnica wydała okrzyk ulgi. Radosny. Zapłakało wtedy dziecko, które dopiero się urodziło... Pochyliłam się nad nim, nawet nie pamiętam już, kto to był, chłopiec czy dziewczynka. Nie miało jeszcze imienia ani nic. A tamci bandyci do nas: „Skąd ona – Kulab czy Pamir?". Nie chłopczyk ani dziewczynka, tylko Kulab czy Pamir... My nic nie mówimy... A ci się drą: „Kto ona jest?!". My – nic. Wtedy oni to dziecko, które może pobyło na tym świecie ledwie pięć czy dziesięć minut, łapią i wyrzucają przez okno... Jestem pielęgniarką, nieraz widziałam, jak umierają dzieci... A wtedy... Omal mi serce nie wyleciało z piersi... Nie powinnam tego wspominać... (*Zaczyna znowu płakać*). Po tym zdarzeniu... Dostałam egzemy na rękach. Żyły mi się rozdęły. I poczułam taką obojętność na wszystko, że nie chciało mi się w ogóle wstawać z łóżka... Dochodzę do szpitala i zawracam. A teraz sama spodziewałam się dziecka... Jak tu żyć? Jak tam rodzić? Przyjechaliśmy tutaj... Na Białoruś... Narowla to spokojne miasteczko, nieduże. Więcej niech mnie pani nie pyta... Proszę mnie nie ranić... (*Milknie*). Chwileczkę... Chcę, żeby pani wiedziała... Nie boję się Boga... Boję się człowieka... Początkowo tutaj pytaliśmy: „Gdzie jest u was promieniowanie?". „Tam, gdzie pani stoi". To przecież cała ziemia! (*Ociera łzy*). Ludzie powyjeżdżali... Strach ich ogarnął...

A mnie tutaj nie jest tak strasznie jak tam. Zostaliśmy bez ojczyzny, jesteśmy niczyi. Niemcy wszyscy wrócili do Niemiec, Tatarzy, kiedy im pozwolono – na Krym, a Rosjanie nikomu nie są potrzebni. Skąd wypatrywać pomocy? Na co czekać? Rosja nigdy nie ratowała swoich ludzi, bo jest wielka, nieskończona. Szczerze mówiąc, to nawet nie czuję, że Rosja jest moją ojczyzną – nam wpojono, że naszą ojczyzną jest Związek Radziecki. Teraz nie wiadomo, gdzie szukać zbawienia. Już i to dobre, że tutaj nikt nie naciska na spust. Dali nam tutaj dom, mężowi – pracę. Napisałam do znajomych, którzy wczoraj też tu przyjechali. Na zawsze. Przyjechali wieczorem i bali się wyjść z budynku dworca, nie puszczali dzieci, siedzieli na walizkach. Chcieli przeczekać do rana. A potem widzą, że ludzie chodzą po ulicach, śmieją się, palą papierosy... Pokazano im naszą ulicę. Można się śmiać... Rankiem poszli do sklepu, zobaczyli masło, śmietanę, więc od razu w sklepie – sami nam to opowiedzieli – kupili pięć butelek śmietany i od razu wypili. Patrzyli na nich jak na wariatów... A oni od dwóch lat nie widzieli masła ani śmietany. Nawet chleba nie można było dostać. Bo jest wojna...

Nie da się tego wytłumaczyć człowiekowi, który nie widział wojny... Tylko w kinie...

Tam moja dusza była martwa... Kogo ja bym tam urodziła, mając martwą duszę? Tutaj ludzi jest mało... Domy stoją puste... Mieszkamy pod lasem... Boję się, kiedy jest dużo ludzi. Jak na dworcu... W czasie wojny... (*Zaczyna szlochać i milknie*).

Matka:

Tylko o wojnie... Potrafię mówić tylko o wojnie... Dlaczego tu przyjechaliśmy? Na ziemię Czarnobyla? Bo stąd nas nikt nie wypędzi. Z tej ziemi. Już jest niczyja, zabrał ją Bóg... A ludzie zostawili...

W Duszanbe byłam zastępcą zawiadowcy stacji, poza mną był jeszcze jeden zastępca, Tadżyk. Nasze dzieci rosły razem, uczyły się, w święta siedzieliśmy przy jednym stole: Nowy Rok, Pierwszy Maja... Dzień Zwycięstwa... Razem piliśmy wino, jedli płow. On mówił do mnie: „Siostro. Siostrzyczko. Moja rosyjska siostro". No i kiedyś przychodzi (a urzędowaliśmy w jednym gabinecie), staje przed moim biurkiem i krzyczy: „Kiedy wreszcie wyniesiesz się do tej swojej Rosji? To jest nasza ziemia!".

Myślałam w tamtej chwili, że mój umysł tego nie wytrzyma. Skoczyłam na niego: „Skąd masz tę kurtkę?". „Z Leningradu" – odpowiedział zaskoczony. „To zdejmuj rosyjską kurtkę, draniu!" – I zdzieram z niego tę kurtkę. „Skąd masz czapkę? Chwaliłeś się, że z Syberii ci przysłali! To zdejmuj, draniu! Koszulę dawaj! Portki! W Moskwie były szyte! Też rosyjskie!"

Rozebrałabym go do majtek. Chłop jak dąb, ja sięgałam mu do ramienia, a wtedy – nie wiem skąd się wzięła moja siła – wszystko bym z niego zdarła. Dookoła już się ludzie zebrali. On krzyczy: „Zostaw mnie, wariatko!". „Nie, oddawaj wszystko, co moje, rosyjskie! Zabiorę wszystko, co moje!" Mało wtedy rozumu nie postradałam. „Zdejmuj skarpetki! I buty!"

Pracowaliśmy dniem i nocą... Pociągi szły przepełnione, bo ludzie uciekali... Dużo Rosjan wtedy decydowało się wyjechać... Tysiące! Dziesiątki tysięcy! Setki! Jeszcze jedna Rosja. Wysłałam o drugiej w nocy skład do Moskwy, w holu zostały dzieci z miasta

Kurgan-Tiube, nie zdążyły na pociąg. Zasłoniłam je, schowałam. Podchodzi do mnie dwóch. Z automatami.

„Oj, chłopcy, co wy tu robicie?" – pytam, ale serce mi drży. „Sama jesteś winna, drzwi otwarte na oścież". „Pociąg wysyłałam. Nie zdążyłam zamknąć". „Co to za dzieci?" „To nasze, z Duszanbe". „A może z Kurganu. Z Kulabu?" „Nie, nie, to nasze".

Poszli. A gdyby otworzyli hol? Wtedy by wszystkie... I ja razem z nimi – kula w łeb! Tam była jedna władza – człowiek z karabinem. Rano wysłałam dzieci do Astrachania, kazałam, żeby je wieźli jak arbuzy, nie otwierając drzwi. (*Milczy przez jakiś czas, potem długo płacze*). Czy jest coś straszniejszego od człowieka? (*Znowu milknie*).

Już kiedy tu szłam ulicą, co chwilę oglądałam się – miałam wrażenie, że ktoś czai się za moimi plecami... Tam nie było dnia, żebym nie myślała o śmierci... Zawsze z domu wychodziłam w czystych, świeżo wyprasowanych rzeczach – bluzce, bieliźnie, spódnicy. No bo jakby mnie zabili? Teraz chodzę po lesie sama i nikogo się nie boję. Ludzi w lesie nie ma, ani jednego. Idę i wspominam – naprawdę mnie to spotkało czy może nie? Niekiedy spotykam myśliwych, z psem, strzelbą i dozymetrem. To też uzbrojeni ludzie, ale nie tacy, nie ścigają człowieka. Jak usłyszę strzały, to wiem, że strzelają do wron albo ścigają zająca. (*Milknie*). Dlatego tutaj nie jest dla mnie strasznie... Nie mogę się bać ziemi, wody... Boję się człowieka, który na bazarze za sto dolarów kupuje automat...

Wspominam pewnego chłopaka, Tadżyka... Ścigał innego chłopaka... Ścigał człowieka! Jakże on biegł, jak dyszał... Od razu wiedziałam, że chce tamtego zabić... Ale tamten się schował... Uciekł... Wtedy ten wraca, mija mnie i pyta: „Matko, gdzie tu u was można wody się napić?". Zwyczajnie tak pyta, jakby nic się nie stało. U nas na dworcu stała beczka z wodą, wskazałam mu. Patrzę mu w oczy i mówię: „Czemuż wy się nawzajem ścigacie? Dlaczego się zabijacie?". I tak jakby wstyd mu się zrobiło. „No, matko, mówi, lepiej nic nie mówcie". A kiedy są razem, robią się inni. Gdyby było ich trzech, czy nawet dwóch, postawiliby mnie pod ścianę. Z pojedynczym człowiekiem można już rozmawiać...

Z Duszanbe przyjechaliśmy do Taszkentu, a dalej chcemy do Mińska. Ale nie ma biletów i już! U nich jest chytrze urządzone: dopóki nie dasz łapówki, nie wsiądziesz do samolotu. Bez końca się czegoś czepiają, to wagi, to objętości, tego nie wolno, to wyrzuć. Dwa razy wysyłali mnie na wagę, zanim zrozumiałam. Dałam w łapę... „Od razu tak trzeba było, a nie kłócić się tutaj". Jakież to proste! A przedtem... Mieliśmy kontener ważący dwie tony – kazali rozładować. „Przyjeżdżacie z zapalnego punktu, może wieziecie broń? Marihuanę?". Poszłam do naczelnika i u niego w poczekalni poznałam życzliwą kobietę, która mnie od razu uświadomiła: „Domagając się sprawiedliwości, nic pani tu nie wskóra, najwyżej jeszcze kontener wyrzucą na pole i rozgrabią to, co pani przywiozła". No i co było robić? Całą noc nie spaliśmy, rozładowaliśmy, co tam mieliśmy: ciuchy, materace, stare meble i lodówkę, dwa worki książek. „Na pewno pani cenne książki wiezie..." Popatrzyli. *Co robić?* Czernyszewskiego, *Zorany ugór* Szołochowa... Pośmiali się. „A ile ma pani lodówek?" „Jedną, a i tę nam rozbili". „Dlaczego nie wzięła pani deklaracji?" „A skąd mieliśmy wiedzieć? Pierwszy raz uciekamy przed wojną..."

Straciliśmy od razu dwie ojczyzny – Tadżykistan i Związek Radziecki...

Chodzę po lesie i myślę. Moi ciągle siedzą przed telewizorem – co tam nowego, co się dzieje? A ja nie chcę wiedzieć.

Miałam życie... Inne życie... Byłam tam kimś ważnym, dostałam nawet stopień podpułkownika wojsk kolejowych. Tutaj siedziałam jako bezrobotna, dopóki nie zatrudniłam się jako sprzątaczka w radzie miejskiej. Myję podłogi... Życie minęło... A na drugie już nie mam sił... Jedni nas tu żałują, drudzy niezadowoleni: „Uchodźcy kradną kartofle. Wykopują nocami". Pamiętam, że podczas tamtej wojny ludzie bardziej się nawzajem żałowali. Niedawno pod lasem znaleźli zdziczałego konia. Nieżywego. W innym miejscu – zająca. Nie zabite, tylko nieżywe. Wszyscy się tym przejęli. A nieżywy bezdomny jakoś nie wzbudził zainteresowania.

Do martwego człowieka ludzie się przyzwyczaili...

Lena z Kirgistanu. Na progu domu, jak na fotografii, siedziało obok niej jej pięcioro dzieci z kotem Mietielicą, którego przywieźli ze sobą.

Uciekaliśmy jak od wojny...

Wzięliśmy rzeczy, kot szedł krok w krok za nami, aż na dworzec, więc zabraliśmy go ze sobą. Jechaliśmy pociągiem dwanaście dni, przedostatniego zostały nam tylko kapusta kiszona w słoikach i wrzątek. Wartowaliśmy przy drzwiach, jedno z łomem, drugie z siekierą. Powiem pani... Którejś nocy napadli na nas bandyci. Mało nas nie zabili. Za telewizor czy za lodówkę mogą teraz zabić człowieka. Uciekaliśmy jak od wojny, chociaż w Kirgistanie, gdzieśmy mieszkali, na razie nie strzelają. Była rzeź w mieście Osz... Kirgizi walczyli z Uzbekami... Jakoś szybko się wszystko uspokoiło. Przyczaiło. Coś jednak wisiało w powietrzu... Na ulicach... Powiem pani... No rzecz jasna my, Rosjanie, baliśmy się, ale i Kirgizi się boją... Są kolejki po chleb, więc krzyczą: „Rosjanie, jedźcie do domu! Kirgistan dla Kirgizów!" – i wypychają z kolejki. I jeszcze coś po kirgisku, w tym sensie, że dla nich samych brakuje chleba, a tu jeszcze nas mają żywić. Nie znam dobrze ich języka, tylko tyle, żeby na bazarze się potargować, coś kupić.

Mieliśmy ojczyznę, teraz nie mamy. Kim jestem? Mama jest Ukrainką, tato Rosjaninem. Urodziłam się i wychowałam w Kirgistanie, wyszłam za mąż za Tatara. Kim są moje dzieci? Jakiej są narodowości? Wszyscyśmy się wymieszali, nasza krew się zmieszała. W dowodzie ja i dzieci mamy napisane „Rosjanie", chociaż nie jesteśmy Rosjanami. Jesteśmy obywatelami radzieckimi! Ale nie ma kraju, w którym się urodziłam. Nie ma ani miejsca, o którym mówiliśmy „ojczyzna", ani tamtych czasów, które też były naszą ojczyzną. Teraz jesteśmy jak nietoperze. Mam pięcioro dzieci: najstarszy syn jest w ósmej klasie, najmłodsza dziewczynka w przedszkolu. Przywiozłam je tutaj. Naszego kraju nie ma, my – jesteśmy.

Tam się urodziłam i wychowałam. Budowałam fabrykę, pracowałam w niej. „Jedź sobie do swojego kraju, tutaj wszystko jest nasze". Nie pozwalali zabrać nic poza dziećmi. „Tutaj wszystko nasze". A gdzie jest moje? Ludzie uciekają. Wyjeżdżają.

Wszyscy Rosjanie. Ludzie radzieccy. Nigdzie nie są potrzebni, nikt na nich nie czeka.

A kiedyś byłam szczęśliwa. Wszystkie moje dzieci poczęły się z miłości... Tak je rodziłam: chłopiec, chłopiec, chłopiec, potem dziewczynka, dziewczynka. Więcej nie chcę mówić... Bo się rozpłaczę... (*Ale dodaje jeszcze kilka słów*). Będziemy tutaj mieszkać. Teraz tu jest nasz dom. Czarnobyl jest naszym domem. Naszą ojczyzną... (*Nagle się uśmiecha*). A ptaki tutaj są takie jak i u nas. Jest nawet pomnik Lenina... (*Już przy furtce, żegnając się*). Wczesnym rankiem w sąsiednim domu ludzie stukają młotkami, zdejmują deski z okien. Spotykam kobietę. „Skąd pani jest?". „Z Czeczenii". Nic nie mówi... Chodzi w czarnej chuście...

Jak mnie ludzie spotykają, dziwią się... Nie rozumieją... Co ty robisz swoim dzieciom, zabijasz je. Samobójczyni! Nie zabijam, ja je ratuję. Mam czterdziestkę i jestem zupełnie siwa... W takim wieku! Kiedyś przyprowadzili do domu niemieckiego dziennikarza, a on pyta: „Czy zawiozłaby pani dzieci tam, gdzie panuje dżuma albo cholera?". Ale to dżuma i cholera... A tego strachu, który tu jest, nie znam. Nie widzę. Nie ma go w mojej pamięci...

Boję się ludzi... Człowieka z karabinem...

Monolog o tym, że człowiek bywa wyrafinowany tylko w złych uczynkach, i o tym, jaki zwyczajny i przystępny jest w niewyszukanych słowach miłości

Uciekłem... Uciekłem od świata... Najpierw tułałem się po dworcach, dworce podobały mi się, bo tam pełno ludzi, a ja byłem sam. Potem przeczytałem w gazetach i przyjechałem tutaj. Tu jest swoboda. Powiedziałbym nawet, że raj. Nie ma ludzi, same zwierzęta biegają. Żyję wśród ptaków i zwierząt. Czyż jestem samotny?

Własne życie zapomniałem... Niech mnie pani nie wypytuje... Pamiętam, co czytałem w książkach, pamiętam to, o czym opowiadali inni, ale swojego życia nie pamiętam. Młody byłem... Moja wina... Nie ma takiego grzechu, którego by Bóg nie wybaczył, jeżeli się szczerze żałuje. Tak jest... Ludzie są niesprawiedliwi, a Pan Bóg bezgranicznie cierpliwy i miłosierny...

Ale... Dlaczego? Nie ma odpowiedzi... Człowiek nie może być szczęśliwy. Nie powinien. Zobaczył Pan Bóg samotnego Adama i dał mu Ewę. Dla szczęścia, nie dla grzechu. Ale człowiek nie potrafi być szczęśliwy. Nie lubię zmierzchu. Ciemności. Tego przejścia, takiego jak teraz... Od światła do nocy... Jak pomyślę, to nie mogę zrozumieć, gdzie byłem przedtem... Gdzie jest moje życie? Tak to jest... Mnie wszystko jedno – mogę żyć i mogę nie żyć. Życie człowieka jako trawa, rozkwita, wysusza się i w ogień wpada. Polubiłem myślenie... Tutaj człowieka może tak samo zabić zimno, jak i zwierzę. Rozmyślania też. Można przejść dziesiątki kilometrów i nie spotkać żywej duszy. Diabła wygania się postem i modlitwą. Post dla ciała, modlitwa dla duszy. Ale samotny nie jestem nigdy, człowiek wierzący nigdy nie może być samotny. Tak to jest... Jeżdżę po wsiach... Kiedyś znajdowałem makaron, mąkę, olej i konserwy. Teraz szukam wśród grobów. Ludzie zostawiają dla nieboszczyków, żeby pojedli, popili. A im to niepotrzebne... Więc się na mnie nie obrażą... Na polu rośnie dzikie żyto. W lesie są grzyby, jagody. Tu jest swoboda. Dużo czytam.

Otwórzmy Pismo Święte... Objawienie świętego Jana: „...i spadła z nieba gwiazda wielka, gorejąca jako pochodnia, i upadła na trzecią część rzek i na źródła wód. A imię onej gwiazdy zowią piołunem. I obróciła się trzecia część wód w piołun, a wiele ludzi pomarło od onych wód, bo stały się gorzkie...".

Rozumiem to proroctwo... Wszystko zostało przepowiedziane w świętych księgach, tylko nie umiemy tego wyczytać. Niepojętni jesteśmy. Piołun po ukraińsku to *czarnobyl*. W słowach dany nam był znak. Ale człowiek jest zabiegany... Próżny... i mały...

Czytałem u ojca Siergieja Bułgakowa, że „...Bóg tworzył świat z absolutną pewnością, więc świat nie może być całkiem nieudany" i że trzeba „mężnie do końca znieść historię". Tak to jest... I jeszcze u kogoś... Nie pamiętam u kogo... Pamiętam tylko myśl: „Zło w gruncie rzeczy nie jest substancją, ale brakiem dobra, podobnie jak mrok nie jest niczym innym niż brakiem światła". Książki tutaj łatwo można znaleźć. Już się nie znajdzie pustego dzbana glinianego, łyżki ani widelca, ale książki i owszem. Niedawno znalazłem tomik Puszkina... „I śmierci myśl jest miła mojej duszy". Zapamiętałem to sobie. Tak to jest... „I śmierci myśl"... Jestem tu sam. Myślę o śmierci. Polubiłem o niej myślenie... Cisza sprzyja przygotowaniom... Człowiek żyje pośród śmierci, ale nie rozumie, co to jest. A ja jestem tu sam... Wczoraj wypędziłem ze szkoły wilczycę z wilczętami, które tam się zagnieździły.

Pytanie: Czy prawdziwy jest świat, zamknięty w słowie? Słowo stoi między człowiekiem a duszą... Tak to jest...

I co jeszcze powiem: ptaki, drzewa, mrówki stały się mi bliskie. Kiedyś nie znałem takich uczuć. Nie podejrzewałem nawet, że są. Przeczytałem też u kogoś: „Wszechświat nad nami i wszechświat pod nami". O wszystkich myślę. Człowiek jest straszliwy... I niezwykły... Ale tutaj zabijać nikogo nie mam ochoty. Ryby łowię, mam wędkę. Tak to jest... A do zwierzyny nie strzelam... I nie stawiam sideł... Mój ulubiony bohater książę Myszkin z *Idioty* mawiał: „Czyż można widzieć drzewo i nie być szczęśliwym". Tak to jest... Lubię rozmyślać. Człowiek jednak najczęściej skarży się, ale nie myśli...

Po cóż wpatrywać się w zło? Ono oczywiście oburza... Grzech to nie jest też fizyka... Koniecznie trzeba uznać to, co nie istnieje. Powiedziano w Biblii: „Jednym dana jest tajemnica, innym trzeba przypowieści". Wiązać drób... Albo inne żywe stworzenie... Nie jesteśmy w stanie ich zrozumieć, bo żyją dla siebie, a nie dla innych... Tak to jest... Dookoła wszystko płynie, krótko mówiąc...

Wszystko, co żyje i chodzi na czterech nogach, patrzy w ziemię i ku ziemi ciąży. Jeden tylko człowiek stoi na ziemi, a rękami i głową sięga do nieba. Do modlitwy... Do Boga... Staruszka w cerkwi modli się: „Odmierz nam wedle grzechów naszych". Ale ani uczony, ani inżynier, ani wojskowy tego nie uznają. Myślą: „Nie mam za co się kajać. Dlaczego miałbym się kajać?". Tak to już jest...

Modlę się zwyczajnie... Czytam sobie... Boże, wezwij mnie! Usłysz! Tylko w złych uczynkach człowiek bywa wyrafinowany. Ale jaki zwyczajny jest i przystępny w niewyszukanych słowach miłości! Słowo nawet u filozofów przybliża się do tej myśli, którą poczuli. Tylko w modlitwie, w myśli modlitewnej słowo dokładnie odpowiada temu, co tkwi w duszy. Czuję to fizycznie. Wołałem do ciebie, Boże! Usłysz wołanie moje!

I człowiek tak samo...

Boję się człowieka. I zawsze chcę go spotkać. Dobrego człowieka. Tak to już jest... Tutaj mieszkają albo bandyci, którzy się chowają, albo ktoś taki jak ja. Męczennik.

Jak się nazywam? Nie mam dowodu. Milicja mi zabrała... Bili mnie. „Czego się włóczysz?". „Nie włóczę się. Pokutuję". Wtedy jeszcze mocniej bili. Po głowie... Niech więc pani napisze: sługa boży Nikołaj...

Teraz już – wolny człowiek...

Chór żołnierzy

Artiom Bachtijarow, szeregowiec; Oleg Leontjewicz Worobiej, likwidator; Wasilij Josifowicz Gusinowicz, kierowca-zwiadowca; Giennadij Wiktorowicz Diemieniew, milicjant; Witalij Borisowicz Karbalewicz, likwidator; Walentin Komkow, kierowca, szeregowiec; Eduard Borisowicz Korotkow, pilot śmigłowca; Iwan Aleksandrowicz Łukaszuk, szeregowiec; Aleksandr Iwanowicz Michalewicz, dozymetrysta, major; Oleg Leonidowicz Pawłow, pilot śmigłowca; Anatolij Borisowicz Rybak, dowódca plutonu straży; Wiktor Sańko, szeregowiec; Grigorij Nikołajewicz Chworost, likwidator; Aleksandr Wasiljewicz Szynkiewicz, milicjant; Władimir Pietrowicz Szwied, kapitan; Aleksandr Michajłowicz Jasiński, milicjant.

„Nasz pułk postawili w stan alarmowy... Długośmy jechali. Nikt nie mówił nic konkretnego. Dopiero w Moskwie na dworcu Białoruskim powiedziano nam, dokąd nas wiozą. Jeden chłopak, z Leningradu chyba, zaprotestował: «Ja chcę żyć». Zagrozili mu sądem wojskowym. Dowódca tak właśnie powiedział przed frontem: «Do więzienia albo kula w łeb». Ale ja czułem co innego. Akurat na odwrót, miałem ochotę zrobić coś bohaterskiego. Wypróbować swój charakter. Może taki dziecięcy poryw? Ale takich jak ja znalazło się więcej – służyli u nas faceci z całego Związku Radzieckiego: Rosjanie, Ukraińcy, Kazachowie, Ormianie... Czuliśmy niepokój, ale mimo to nastrój był dobry.

No, przywieźli nas... Przywieźli do samej elektrowni. Dali białe fartuchy i czapki. Maseczki z gazy. Oczyszczaliśmy teren. Jednego dnia sprzątaliśmy na dole, następnego – na górze, na dachu reaktora. Na tych, co wchodzili na górę, mówiliśmy «bociany». Roboty nie wytrzymywały, sprzęt wariował. A myśmy pracowali. Zdarzało się, że nam krew leciała z uszu czy z nosa. I drapało w gardle. Szczypało w oczach. Bez przerwy słyszeliśmy monotonny dźwięk. Chciało się pić, ale apetytu nie mieliśmy. Gimnastyka była zabroniona, żeby niepotrzebnie nie wdychać skażonego powietrza. Do roboty jeździliśmy samochodami, na otwartych skrzyniach.

Ale pracowaliśmy jak trzeba. I bardzo byliśmy z tego dumni".

„Wjechaliśmy do strefy... Stała tam tablica «Strefa zakazana». Nie byłem na wojnie, ale wydało mi się, że to coś znajomego... Gdzieś w pamięci pozostało... Co? Coś związanego ze śmiercią...

Na drogach spotykaliśmy zdziczałe psy, koty. Czasem zachowywały się dziwnie, nie poznawały ludzi, uciekały przed nami. Nie wiedziałem dlaczego, dopóki nam nie kazano ich odstrzeliwać... Domy były opieczętowane, sprzęt rolniczy porzucony... Ciekawy widok. Nikogo nie ma, tylko my, milicjanci, patrolujemy. Wchodzi się do domu – wiszą tylko zdjęcia, a ludzi nie ma. Dokumenty się poniewierają: legitymacje komsomolskie, zaświadczenia, listy pochwalne... Z jednego domu wzięliśmy telewizor, pożyczyliśmy tylko na jakiś czas. Żeby ktoś zabrał coś dla siebie, tego nie widziałem. Po pierwsze, mieliśmy takie wrażenie, że ludzie wrócą lada chwila... Po drugie, to było... Coś związanego ze śmiercią...

Jeździliśmy do bloku, do samego reaktora. Fotografować się... Chcieliśmy się pochwalić... Strach nas brał, ale zarazem jakaś taka ciekawość – cóż to właściwie jest? Ja na przykład nie pojechałem, bo mam młodą żonę, wolałem nie ryzykować, a chłopaki piły po dwie setki i jechały... No i... (*Milknie*). Jak wrócili żywi, to przyjmowaliśmy, że wszystko w porządku.

Zastępowałem kogoś podczas nocnego dyżuru. Patrolujemy... Księżyc jasno świeci. Taka wielka latarnia.

Wiejska ulica... Nigdzie żywej duszy... Najpierw w domach jeszcze paliły się światła, potem wyłączyli prąd. Jedziemy, a tu ze szkoły wylatuje i przecina nam drogę dzika świnia. Lis też się trafił. Zwierzęta mieszkały w domach, w szkołach, w klubach, gdzie wisiały plakaty: «Naszym celem szczęście całej ludzkości», «Światowy proletariat zwycięży», «Idee Lenina wiecznie żywe». A w biurach kołchozowych – czerwone sztandary, nowiutkie proporce, sterty dyplomów z wytłaczanymi na okładce profilami przywódców, na biurkach gipsowe popiersia. Wszędzie wojenne pomniki Armii Czerwonej. Innych nie spotykałem. Naprędce sklecone chałupy, szare betonowe obory, zardzewiałe zbiorniki na siano... I znowu – małe i duże Kurhany Sławy... «I to jest nasze życie? – pytałem sam siebie po obejrzeniu wszystkiego innymi oczami. – Czy to my tak żyjemy?». Jakby jakieś wojownicze plemię porzuciło miejsce tymczasowego postoju... Gdzieś się wyniosło...

Czarnobylski wybuch rozsadził także mój mózg... Zacząłem myśleć..."

„Porzucony dom... Zamknięty. Kotek w oknie. Myślałem, że to gliniany. Podchodzę – żywy. Objadł wszystkie kwiaty w doniczkach, geranium. Jak tam się dostał? Czy może go zostawili?

Na drzwiach karteczka: «Kochany przechodniu, nie szukaj cennych rzeczy. Nie mieliśmy ich. Korzystaj ze wszystkiego, ale nie szabruj. My tu wrócimy». Na innych domach widziałem napisy różnymi kolorami: «Przebacz mi, domu rodzinny!». Żegnali się z domem jak z żywym człowiekiem. Pisali: «Wyjeżdżamy rano» albo «Wyjeżdżamy wieczorem», stawiali datę, podawali nawet godzinę i minutę. Kartki z zeszytów szkolnych zapisane dziecinnym pismem: «Nie bij kota. Bo szczury wszystko zjedzą». Albo: «Nie zabijaj naszej Żulki. Jest dobra». (*Zasłania oczy*). Wszystko zapomniałem... Pamiętam tylko, że tam pojechałem, a więcej nic. Wszystko zapomniałem... Na trzeci rok po wyjściu do cywila coś mi się stało z pamięcią... Nawet lekarze nie wiedzą co... Nie mogę przeliczyć pieniędzy – mylę się. Tułam się po szpitalach...

Opowiadałem już pani czy nie? Podchodzi się pod dom, myśląc, że jest pusty. Otworzy drzwi – a tam siedzi kot... No i te karteczki... Dzieci pisały".

„Mieliśmy pełnić służbę...

Ta nasza służba polegała na czymś takim: nie puszczać miejscowych do wysiedlonych wsi. Robiliśmy zasłony przy drogach, budowali ziemianki, wieże obserwacyjne. Ludzie mówili na nas, nie wiadomo czemu, «partyzanci». Spokojne życie... A my stoimy... Ubrani w mundury... Chłopi nie rozumieli, dlaczego na przykład ze swojego podwórza nie wolno im zabrać wiadra, dzbana, piły czy siekiery. Zebrać plonów. Jak im to wytłumaczyć? No bo rzeczywiście: po jednej stronie drogi stoją żołnierze, nie wpuszczają, a po drugiej pasą się krowy, huczą kombajny i młócą ziarno. Baby zbierają się i płaczą: «Puśćcie nas, chłopcy... To przecie nasza ziemia... Nasze chałupy...». Wynoszą jajka, słoninę, samogon. «Puśćcie nas...» Płakały po zatrutej ziemi... Meblach... Sprzętach domowych...

A my mamy nie przepuszczać. Jak babka niesie kosz jajek, to skonfiskować i zakopać. Wydoiła krowę, niesie wiadro mleka. Z nią żołnierz. Ma zakopać mleko... Wykopali po kryjomu swoje ziemniaki – zabrać. I buraki, cebulę, tykwy. Pochować... Zgodnie z instrukcją... A wszystko obrodziło, że pozazdrościć. I jak pięknie dokoła! Złota jesień. Wszyscy byliśmy szaleni... I my, i oni.

W gazetach trąbiono o naszym bohaterstwie... Jacy z nas bohaterscy chłopcy... Komsomolscy ochotnicy!

A kim naprawdę byliśmy? Cośmy robili? Tego chciałbym się dowiedzieć... Poczytać o tym... Chociaż sam tam byłem..."

„Jestem wojskowym, jak mi dają rozkaz, to go wykonuję. Złożyłem przysięgę...

Ale to nie wszystko... Bohaterski zryw też tam był. Do tego nas wychowywali... Wpajali nam to od czasów szkolnych. Rodzice, poza tym pracownicy pionu politycznego. Radio, telewizja. Ludzie są różni, więc różnie reagowali: jedni chcieli, żeby z nimi robić wywiad, napisać o nich w gazecie, inni traktowali wszystko jak swoją pracę, jeszcze inni... Spotykałem takich, którzy mieli poczucie, że dokonują bohaterskiego czynu. Biorą udział w historii. Płacono nam dobrze, ale problemu pieniędzy tak jakby nie było. Mam pensję czterysta rubli, a tam dostawałem tysiąc (dawnymi radzieckimi rublami). Jak na owe czasy to były duże pieniądze. Ludzie nam potem wymawiali: «Pieniędzy tyle, że można było grabić, a po powrocie zaraz samochody, meble bez kolejki». To oczywiście niesprawiedliwe zarzuty. Bohaterski zryw jednak też był...

Kiedy mieliśmy wyjeżdżać, poczuliśmy strach. Ale na krótko. Bo już tam, potem – strach znikał. Gdybym mógł zobaczyć tamten strach... Rozkaz. Praca. Zadanie. Korciło mnie, żeby popatrzyć na reaktor z góry, ze śmigłowca: co tam się naprawdę wydarzyło, jak to wygląda? A tego akurat nie wolno było robić. Na karteczce wypisali mi «21 rentgenów», ale nie wiem, jak to się miało do rzeczywistości. Zasada obowiązywała najprostsza: przylatywało się do Czarnobyla (nawiasem mówiąc, było to małe miasteczko rejonowe, a nie coś wielkiego, tak jak sobie przedtem wyobrażałem), dziesięć czy piętnaście kilometrów od elektrowni, tam siedział dozymetrysta i robił pomiary tła. Wyniki tych pomiarów potem mnożyło się przez liczbę godzin, które wylataliśmy w ciągu dnia. Stamtąd wystartowałem i poleciałem śmigłowcem nad reaktor: tam i z powrotem, dwa razy ta sama droga... Jednego dnia tam było osiemdziesiąt rentgenów, następnego – sto dwadzieścia... Nocą krążę nad reaktorem – dwie godziny. Robiliśmy zdjęcia w podczerwieni, porozrzucane kawałki grafitu na błonie jakby się «naświetlały»... W dzień nie sposób było tego zobaczyć...

Rozmawiałem z uczonymi. Jeden mówi: «Mogę ten pański śmigłowiec językiem wylizać i nic mi nie będzie». A drugi: «Ludzie, czemu wy latacie bez żadnej osłony? Życie sobie skracacie? Obszywajcie się, oklejajcie!». Ratowanie tonących jest sprawą samych tonących. Wyłożyliśmy siedzenia ołowianą blachą, wykroiliśmy sobie kamizelki. Też z cienkiej ołowianej blachy... Ale okazało się, że one przed jednymi promieniami chronią, przed innymi nie. Wszyscy zaczęliśmy mieć czerwone, poparzone twarze, nie mogliśmy się golić. Lataliśmy od rana do nocy. Nie było tam nic z fantastyki. Tylko praca. I to ciężka. W nocy siedzieliśmy przed telewizorem, akurat wtedy były mistrzostwa świata w piłce nożnej. Rozmawialiśmy oczywiście i o piłce.

Zastanawiać się zaczęliśmy... Nie chciałbym skłamać... Na pewno po trzech czy czterech latach... Kiedy zachorował jeden, drugi... Umarł następny... Zachorował psychicznie... Skończył ze sobą... Wtedy zaczęliśmy się zastanawiać. A zrozumiemy coś z tego, tak myślę, za dwadzieścia czy trzydzieści lat. Dla mnie Afganistan (byłem tam dwa lata) i Czarnobyl (trzy miesiące) to najważniejsze chwile w życiu...

Rodzicom nie powiedziałem, że wysłali mnie do Czarnobyla. Brat przypadkowo kupił gazetę «Izwiestia» i zobaczył tam moje zdjęcie, przynosi matce i mówi: «Masz, popatrz, jaki bohater!». Matka zaczęła płakać..."

„Jechaliśmy do elektrowni...

A z naprzeciwka szły kolumny z ewakuowanymi ludźmi. Wieziono sprzęt. Bydło. Dniem i nocą. W czasie pokoju...

Jechaliśmy... No i wie pani, co zobaczyłem? Na poboczach. W słońcu... Taki delikatny blask... Błyszczały jakieś kryształki... bardzo drobne... Jechaliśmy na Kalinkowicze przez Mozyrz. Coś się mieniło... Zaczęliśmy o tym rozmawiać, dziwić się... We wsiach, w których pracowaliśmy, na liściach od razu zauważyliśmy wypalone dziurki, zwłaszcza na wiśni. Zrywaliśmy ogórki, pomidory – tam też na liściach były czarne dziurki... Jesień. Pąsowe od jagód krzaki porzeczek, gałęzie uginają się pod ciężarem jabłek – trudno się powstrzymać, żeby nie zjeść. Ale tłumaczyli nam, że nie wolno. A myśmy klęli i jedli

Pojechałem... Chociaż mogłem nie jechać. Zgłosiłem się na ochotnika. W pierwszych dniach nie widziałem tam obojętnych, dopiero potem, kiedy przywykliśmy, pojawiła się pustka w oczach. Niby żeby dostać order? Przywileje? Bzdura! Sam nic nie potrzebowałem. Mieszkanie, samochód... Co jeszcze? Aha, dacza... Nie, wszystko to miałem. Zadziałała męska ambicja... Prawdziwi mężczyźni chcą sprostać prawdziwemu wyzwaniu. A reszta? Niech się trzyma babskiej spódnicy... Jeden przyniósł zaświadczenie, że żona rodzi, drugi ma małe dziecko. No fakt, ryzykowna sprawa. No fakt, niebezpiecznie, promieniowanie, ale ktoś to musi zrobić. A co robili nasi ojcowie w czasie wojny?

Wróciliśmy do domu. Wszystko z siebie zdjąłem, całe ubranie, które tam na sobie miałem, i wyrzuciłem do zsypu. A furażerkę podarowałem małemu synkowi. Bardzo prosił. Potem nie chciał jej zdejmować. Po dwóch latach postawiono mu diagnozę: rak mózgu...

Teraz może pani sama dokończyć... Nie chcę o tym więcej mówić".

„Dopiero co wróciłem z Afganistanu... Chciałem żyć. Ożenić się. Od razu chciałem się ożenić...

A tutaj – wezwanie z czerwonym paskiem. «Ćwiczenia specjalne» – w ciągu godziny stawić się pod wskazany adres. Matka od razu w płacz. Pomyślała, że znowu zabierają mnie na wojnę.

Dokąd mnie wiozą? Po co? Informacja słaba. Wiadomo, wybuch reaktora... No i co z tego? W Słucku mnie przebrali, umundurowali, i wtedy się okazało, że jedziemy do miasta Chojniki. Przyjeżdżamy do tych Chojnik, tam ludzie jeszcze nic nie wiedzieli. Dozymetr widzieli pierwszy raz w życiu, tak samo jak my. Wiozą nas dalej na wieś... A tam wesele – młodzi się całują, muzyka, piją samogon. Wesele jak wesele. A my mamy rozkaz: wyciąć grunt na głębokość bagnetu... Wyciąć drzewa...

Najpierw wydali nam broń. Automaty. Na wypadek ataku amerykańskiego... Na zajęciach politycznych robili nam pogadanki o zachodnich służbach specjalnych. O ich działalności dywersyjnej. Wieczorami zostawialiśmy broń w oddzielnym namiocie. Pośrodku obozu. Po miesiącu broń zabrano. Nie było dywersantów. Były rentgeny... Kiury...

Dziewiątego maja, w Dniu Zwycięstwa, przyjechał generał. Stoimy w dwuszeregu, składają nam życzenia. Jeden z nas nabrał śmiałości i pyta: «Dlaczego się ukrywa, jakie jest tło promieniowania? Jakie otrzymujemy dawki?». Tylko jeden taki się znalazł. Po wyjeździe generała wezwał go dowódca i opieprzył: «Panikarz! Prowokacje urządzasz!...». Po paru dniach wydano nam jakieś maski gazowe, ale nikt z nich nie korzystał. Dozymetry pokazali dwa razy, ale do ręki ich nikomu nie dawali. Raz na trzy miesiące puszczali do domu na parę dni. Takiego prosili o jedno: żeby kupił wódki. Ja przydźwigałem na sobie dwa plecaki butelek. Na rękach mnie za to nosili.

Zanim zwolnili nas do domu, wzywał wszystkich kagebista i przekonująco radził: nigdzie i nikomu nie opowiadajcie o tym, cośmy tu widzieli. Kiedy wracałem z Afganistanu, wiedziałem, że będę żył. A w Czarnobylu akurat na odwrót: śmierć może dosięgnąć człowieka wtedy, kiedy już jest w domu.

Wróciłem... I wszystko się dopiero zaczyna..."

„Co zapamiętałem... Co się wbiło w pamięć?

Cały dzień tłukę się po wioskach... Z dozymetrystami... Żadna z kobiet nie poczęstuje nas jabłkiem... Mężczyźni mniej się boją, przynoszą samogonu, słoniny i mówią: «Zjedzmy coś». Odmówić nie wypada, ale czysty cez na obiad też mało komu się uśmiecha. Wypić jednak można. Bez zakąski.

Borowików było tyle, że kosą można je było kosić. Czyż to normalne? W rzece pływały grube i leniwe sumy, pięć, a nawet siedem razy większe, niż zazwyczaj bywają. Czy to normalne? Ejże...

W pewnej wsi mimo wszystko posadzili nas przy stole... Smażona baranina... Gospodarz podpił sobie i przyznał się: «To młody baranek. Zarżnąłem, bo nie mogłem na niego patrzeć. Taki potworek. Nawet jeść go się nie chce». Ja wtedy – chlup szklankę samogonu. Po czymś takim... Gospodarz się śmieje: «Myśmy tu się przystosowali, jak stonka».

Przystawiliśmy dozymetr do domu – wskazania wykraczały poza skalę..."

„Minęło dziesięć lat... Już tak jakby tego nie było. Gdybym nie zachorował, tobym zapomniał...

Trzeba służyć ojczyźnie! Służba ojczyźnie to święta rzecz. Dostałem: bieliznę, onuce, buty, naramienniki, furażerkę, spodnie, bluzę, pas, plecak. W drogę! Dali mi wywrotkę. Woziłem beton. Siedzę w kabinie i wierzę, że żelazo i beton mnie chronią. Było nie było... Może się upiecze... Chłopaki młode, nieżonate. Masek ze sobą nie braliśmy... No nie, pamiętam jednego... Starszy kierowca. Ten był zawsze w masce. A my – nie. Drogówka stała bez masek. My w szoferce, a oni w radioaktywnym kurzu stali po osiem godzin. Wszystkim płacili dobrze: trzy pensje plus dodatek delegacyjny. Korzystaliśmy... Wiedzieliśmy, że wódka pomaga. Najlepszy środek, żeby wywołać mechanizmy ochronne organizmu po napromieniowaniu. I zdejmuje stres. Nieprzypadkowo w czasie wojny dawano sławne ministerialne «sto gram». Zwykły obrazek: pijany milicjant karze mandatem pijanego kierowcę.

Proszę nie pisać o cudach radzieckiego heroizmu. Były... cuda! Ale przede wszystkim bylejakość, bałaganiarstwo, a dopiero potem cuda. Zasłonić otwór strzelniczy... Piersią na karabin maszynowy... A że w zasadzie takiego rozkazu nie powinno się wydawać, o tym nikt nie pisze. Ciskali nas tam jak piach na reaktor... Jak worki z piaskiem. Codziennie wywieszali nową „gazetkę frontową": «Pracują mężnie i ofiarnie», «Wytrwamy i zwyciężymy»... Pięknie nas nazywali «żołnierzami ognia»...

Za bohaterski czyn dali mi dyplom i tysiąc rubli..."

„Na początku zdziwienie... Wrażenie, że to ćwiczenia wojskowe... Gra...

Ale to była prawdziwa wojna. Wojna atomowa... Dla nas nieznana: co jest straszne, a co straszne nie jest, czego się trzeba obawiać, a czego nie? Tego nikt nie wiedział. I nie było kogo spytać. Prawdziwa ewakuacja... Na dworcach... Co się działo na dworcach? Pomagaliśmy wpychać dzieci przez okna wagonów... Pilnowaliśmy porządku w kolejkach... Kolejki po bilety w kasach, po jodynę w aptekach. Ludzie w kolejkach bili się i ordynarnie sobie wymyślali. Wyłamywali drzwi w kioskach i sklepach monopolowych. Wyrywali żelazne kraty z okien. Tysiące przesiedleńców... Mieszkali w klubach, szkołach, przedszkolach. Chodzili na wpół głodni. Pieniądze szybko się wszystkim skończyły. W sklepach wszystko wykupiono...

Nie zapomnę kobiet, które prały nam bieliznę. Pralek nie było, nikt o nich nie pomyślał, nie przywieziono. Prano ręcznie. Wszystkie kobiety były starsze. Ręce miały w bąblach, w strupach. Bielizna mało że brudna, to jeszcze z dziesiątkami rentgenów... «Chłopcy, zjedzcie coś...», «Chłopcy, pośpijcie trochę...»,

«Przecież wy młodzi jesteście... Dbajcie o siebie...». Żałowały nas i płakały.

Czy dzisiaj żyją?

Co roku dwudziestego szóstego kwietnia zbieramy się – ci, którzy tam byli. Ci, którzy dotąd jeszcze są. Wspominamy tamten czas. Byliśmy żołnierzami na wojnie, byliśmy potrzebni. Zapomnieliśmy o tym, co złe, a to nam zostało. To, że bez nas nie mogli się obejść... Że nas wykorzystali... Nasz system, w sumie wojenny, w sytuacjach nadzwyczajnych działa doskonale. Wreszcie człowiek jest tam wolny i niezbędny. Wolność! W takich chwilach Rosjanin pokazuje, jaki jest wielki! Wyjątkowy! Nigdy nie będziemy Holendrami czy Niemcami. I nie będzie u nas ani porządnego asfaltu, ani zadbanych trawników. Ale bohaterowie zawsze się znajdą!"

„Moja historia...

Rzucono hasło, więc poszedłem. Nie mogłem inaczej! Należałem do partii. Komuniści, naprzód! Taka sytuacja. Pracowałem w milicji, byłem starszym sierżantem. Obiecali mi gwiazdkę. To był czerwiec osiemdziesiątego siódmego roku... Musiałem przejść komisję lekarską, ale obeszło się i bez niej. Ktoś tam, jak to mówią, wykpił się, przyniósł zaświadczenie, że ma wrzód żołądka, a ja poszedłem zamiast niego. W trybie natychmiastowym. Taka była sytuacja... (*Śmieje się*). Już wtedy się pojawiły dowcipy. W chwili... Mąż wraca z pracy i skarży się żonie: «Powiedzieli mi: Albo jedziesz jutro do Czarnobyla, albo dawaj legitymację». Żona: «Przecież jesteś bezpartyjny». Mąż: «No właśnie, skąd ja im na jutro wezmę legitymację partyjną?».

Jechaliśmy jako wojskowi, ale z początku zrobili z nas brygadę murarzy. Budowaliśmy aptekę. Od razu poczułem jakieś osłabienie, senność. Po nocach kaszlałem. Idę do lekarza, a ten: «Wszystko w porządku. To od upału». Do stołówki przywożono mięso z kołchozu, mleko, śmietanę, a myśmy jedli. Lekarz się do niczego nie przyczepiał. Jak przygotowali jedzenie, to w dzienniku zaznaczał, że wszystko jest w normie, ale próbek nie pobierał. Myśmy to widzieli. Taka była sytuacja. Byliśmy zdeterminowani. Zaczęły się truskawki. Ule pełne miodu...

Już zaczynali się kręcić szabrownicy. Rabowali wszystko. No więc zabijaliśmy okna, drzwi. Opieczętowywaliśmy sejfy w biurach kołchozowych, biblioteki wiejskie. Potem wyłączaliśmy media, prąd w budynkach na wypadek pożaru.

Sklepy rozgrabione, kraty w oknach wyłamane. Mąka, cukier chrzęszczą pod nogami, rozdeptane cukierki... Rozbite słoiki... Z jednej wsi ludzi wysiedlono, a kilka kilometrów dalej – nadal mieszkają. Rzeczy z porzuconej wsi powędrowały do nich. Taka sytuacja... Ochraniamy... Przyjeżdża były przewodniczący kołchozu z miejscowymi ludźmi, już ich gdzieś zakwaterowano, dano domy, ale oni wracają tutaj, chcą zbierać żyto, siać. Wywozili siano w tobołach. W tobołach znajdowaliśmy też pochowane maszyny do szycia, motocykle, telewizory. A promieniowanie takie było, że telewizory nie działały... Wymiana: oni ci butelkę samogonu, ty im zezwalasz, żeby zabrali wózek dziecięcy. Sprzedawali, wymieniali traktory, siewniki. Jedna butelka... Dziesięć butelek... Pieniądze nikogo nie interesowały... (*Śmieje się*). Prawdziwy komunizm... Wszystko miało swoją cenę: kanister benzyny – pół litra samogonu, futro karakułowe – dwa litry, motocykl – ile wytargujesz... Pół roku później wyjechałem, zgodnie z planem (termin był półroczny). Potem przysłali zmianę. Trochę nas przetrzymali, bo z republik nadbałtyckich nie chcieli przyjeżdżać. Taka sytuacja... Ale wiem, że ludzie rozkradli, wynieśli wszystko, co tylko można było unieść i wynieść. Brali nawet probówki ze szkolnych laboratoriów. Całą strefę przewieźli tutaj... Niech pani szuka na targach, na daczach, w komisach...

Za drutami została tylko ziemia... I groby. To nasza przeszłość – nasz wielki kraj".

„Przyjechaliśmy na miejsce... Włożyliśmy mundury...

Pytanie: «Gdzieśmy trafili?». «Awaria – uspokaja nas kapitan – zdarzyła się dawno. Trzy miesiące temu. Teraz już nie ma się czego bać». Sierżant: «Wszystko w porządku, tylko myjcie ręce przed jedzeniem».

Służyłem jako dozymetrysta. Kiedy się ściemniło, do naszego wagoniku podjeżdżali faceci w samochodach. Pieniądze, papierosy, wódka... Żeby tylko pozwolić im grzebać w skonfiskowanych gratach. Pakowali do toreb... Dokąd je wieźli? Pewnie do Kijowa... Do Mińska... Na pchle targi... To, co zostawało, zakopywaliśmy. Sukienki, buty, krzesła, harmonie, maszyny do szycia... Zakopywaliśmy w jamach, które nazywaliśmy «bratnimi mogiłami».

Wróciłem do domu. Idę na tańce. Spodobała mi się dziewczyna, zaproponowałem jej chodzenie. «Po co? Ty jesteś z Czarnobyla. Która za ciebie wyjdzie za mąż?»

Poznałem inną. Całujemy się. Ściskamy. Proponuję małżeństwo. «Pobierzmy się» – mówię. I zaraz pytania tego rodzaju: a czy ty w ogóle możesz? Czy się nadajesz?...

Wyjechałbym stąd... I pewnie wyjadę. Chociaż szkoda mi rodziców..."

„Mam swoją pamięć...

Oficjalnie moje stanowisko nazywało się «dowódca plutonu straży»... Coś w rodzaju dyrektora strefy apokaliptycznej. (*Śmieje się*). Niech pani tak napisze.

Zatrzymujemy samochód z Prypeci. Miasto już ewakuowane, ludzi nie ma. «Dokumenty proszę». Nie mają dokumentów. Skrzynia nakryta brezentem. Podnosimy brezent: dwadzieścia serwisów do herbaty – pamiętam do dzisiaj, meblościanka, narożnik, telewizor, dywany, rowery...

Spisuję protokół.

Przywożą mięso do zakopania w mogilniku. W tuszach wołowych brakuje udźców. Wykroili.

Spisuję protokół.

Nadeszło doniesienie: w porzuconej wsi rozbierają dom. Numerują i ładują belki na traktor z przyczepą. Szybko wyjeżdżamy we wskazanym kierunku. «Rozbójnicy» zatrzymani. Chcieli wywieźć wszystko i sprzedać facetowi, który budował daczę. Już dostali od niego zaliczkę

Spisuję protokół.

W pustych wsiach biegały zdziczałe świnie. Psy i koty czekały na ludzi przy furtkach. Pilnowały pustych domów.

Postoi się przy wspólnej mogile... Pęknięty nagrobek z nazwiskami: kapitan Borodin, starszy lejtnant... Długie kolumny, jak wiersze – nazwiska szeregowych... Osty, pokrzywy, łopiany...

Nagle widać zadbaną działkę. Za pługiem idzie gospodarz, zobaczył nas. «Chłopcy, nie krzyczcie. My już podpis dali: wiosną wyjedziemy». «No to po co orzecie na działce?» «Przecie to jesienna robota»...

Rozumiem go, chociaż powinienem był spisać protokół..."

„A idźcie wszyscy...

Żona zabrała dziecko i odeszła. Suka! Ale nie powieszę się jak Wańka Kotow... I nie rzucę się z siódmego piętra. Suka! Kiedy stamtąd przyjechałem z walizką pieniędzy... Kupiłem samochód, a dla niej futro z norek... To suka żyła ze mną. Nie bała się. (*Nagle zaczyna śpiewać*).

Gwiżdżę na promieniowanie,
Bo Ruskiemu zawsze stanie...

Fajna czastuszka. Stamtąd. Chce pani dowcip? (*I od razu opowiada*). Mąż wraca do domu... Od reaktora... Żona pyta lekarza: «Co robić z mężem?» «Umyć, uściskać, zdezaktywować». Suka! Boi się mnie... Zabrała dziecko... (*Nagle poważnieje*). Żołnierze pracowali... Przy reaktorze... Prowadziłem ich na zmianę i ze zmiany: «Chłopaki, liczę do stu. Koniec! Naprzód marsz!». Tak jak oni wszyscy na szyi miałem licznik na baterie. Po zmianie je zbierałem i dawałem na pierwszy oddział... Tajny... Tam zbierali dane, zapisywali coś podobno do naszych kart, ale ile rentgenów każdy otrzymał – tajemnica wojskowa. Dranie! S....syny! Minął jakiś czas, mówią nam: „Stop! Więcej nie wolno!" Ot, i cała informacja medyczna... Nawet przy wyjeździe nie powiedzieli ile. Dranie! S....syny... Teraz biją się o władzę... O stołki... Wybory... Chce pani jeszcze jeden dowcip? Po Czarnobylu można jeść wszystko, tylko trzeba własne gówno wsadzić do ołowiu i zakopać. Cha, cha, cha! Życie jest piękne, tyle że, ścierwo, krótkie...

Jak nas leczyć? Nie przywieźliśmy żadnych dokumentów. Szukałem... Wypytywałem po różnych instancjach... Dostałem trzy różne odpowiedzi i wszystkie przechowuję. Pierwsza: dokumenty zostały zniszczone z uwagi na to, że okres przechowywania skończył się po trzech latach. Druga: dokumenty zostały zniszczone w czasie popierestrojkowej redukcji wojska i rozformowywania jednostek. Trzecia: dokumenty zniszczono, ponieważ były radioaktywne. A może zniszczono je, żeby nikt nie poznał prawdy? Jesteśmy świadkami, ale prędko umrzemy... Jak możemy pomóc naszym lekarzom? Potrzebowałbym zaświadczenia: ile? Co tam wchłonąłem? Ja bym swojej suce pokazał... Jeszcze jej udowodnię, że przeżyjemy w każdych warunkach, będziemy się żenić i płodzić dzieci.

A jeszcze... Modlitwa likwidatora: «Boże, skoro uczyniłeś tak, że nie mogę, to spraw jeszcze, żebym nie chciał». Pocałujcie mnie wszyscy w d...!"

„Zaczynało się... Wszystko zaczynało się jak film sensacyjny...

Kiedy jadłem obiad, zadzwonili z zakładu: szeregowy rezerwy taki a taki ma stawić się w miejskiej komendzie uzupełnień celem uściślenia danych. W dodatku – natychmiast. A w komendzie uzupełnień takich jak ja było wielu. Powitał nas kapitan i każdemu polecił: «Jutro pojedziecie do osiedla Krasnoje, gdzie przejdziecie ćwiczenia». Następnego dnia rano wszyscy się zebrali przy budynku komendy. Zabrali nam cywilne dokumenty, książeczki wojskowe i wsadzili do autobusów. Powieźli w nieznanym kierunku. O ćwiczeniach wojskowych nikt się słowem nie zająknął. Towarzyszący nam oficerowie na wszystkie pytania odpowiadali milczeniem. Jeden z nas się domyślił. «Chłopaki! A nie do Czarnobyla?!». Dowództwo: «Milczeć! Za szerzenie paniki – sąd w trybie wojennym». Po jakimś czasie komunikat: «Na obszarze, gdzie się znajdujemy, obowiązuje stan wojenny. Żadnych niepotrzebnych pogaduszek! Kto zostawi ojczyznę w nieszczęściu, ten jest zdrajcą!».

Pierwszego dnia zobaczyliśmy z daleka elektrownię atomową. Następnego – już sprzątaliśmy śmiecie wokół niej... Wynosiliśmy wiadrami... Mieliśmy zwyczajne łopaty i miotły, takie jakie mają dozorcy domów. Skrobaczki. Ale łopata nadaje się, rzecz jasna, do piachu i żwiru, a nie do śmieci, w których jest wszystko, skrawki folii, resztki uzbrojenia, kawałki drewna, betonu. Jak to mówią, z łopatą na atom. W XX wieku... Traktory i buldożery, których tam używano, nie miały kierowców, były zdalnie sterowane, a myśmy szli za nimi i uprzątali to, co zostało. Oddychaliśmy tym kurzem. W ciągu jednej zmiany zmienialiśmy nawet trzydzieści chroniących przed pyłem radioaktywnym «chustek Istriakowa», czyli, jak je ludzie nazywali, „kagańców". Rzecz niewygodna i niedoskonała. Często je zrywaliśmy... Nie da się oddychać, zwłaszcza w upale. Na słońcu.

Po wszystkim... ćwiczenia trwały jeszcze trzy miesiące... Strzelaliśmy do tarcz. Opanowywaliśmy nowy automat. Na wypadek wojny jądrowej... (*Z ironią*). Tak myślę... Nawet nas nie przebrali. Chodziliśmy w tych samych bluzach i butach, w których pracowaliśmy przy reaktorze.

No i dali do podpisania papier... Że nie będziemy rozgłaszać... Nic nie mówiłem... A gdyby pozwolili mówić, komu bym to opowiedział? Od razu po wojsku byłem już inwalidą drugiej grupy. A miałem dwadzieścia dwa lata. Pracowałem w fabryce. Kierownik wydziału mówił: «Przestań chorować, bo cię zwolnimy». I zwolnili. Poszedłem do dyrektora: «Nie macie prawa. Wróciłem z Czarnobyla. To ja was ratowałem. Broniłem!». «Myśmy cię tam nie posyłali».

Nocami budzę się na głos mamy: «Synku, dlaczego nic nie mówisz? Przecież nie śpisz, tylko leżysz z otwartymi oczami. I światło się u ciebie pali...». Nic nie mówię... Bo kto chciałby mnie wysłuchać? Porozmawiać ze mną tak, żebym mógł odpowiedzieć... W swoim języku...

Jestem samotny..."

„Już się nie boję śmierci... Samej śmierci...

Nie wiem tylko, jak będę umierał... Kiedy umierał mój przyjaciel, spuchł, rozrósł się... Jak beczka... A sąsiad... Operator dźwigu, też tam był... Zrobił się czarny jak węgiel, zmalał do rozmiarów dziecka. Nie wiem, jak będę umierał... Gdybym mógł prosić o śmierć, to o zwyczajną. Nie czarnobylską. Jedno wiem: z moją diagnozą długo nie pociągnę. Gdybym poczuł, że zbliża się ta chwila, palnąłbym sobie w łeb. Byłem w Afganistanie... Tam o to jest łatwiej... O kulę...

Do Afganistanu pojechałem na ochotnika. Do Czarnobyla też. Sam się poprosiłem. Pracowałem w Prypeci. Miasto otoczone było dwoma pasami drutu kolczastego, jak na granicy. Czyste wielopiętrowe domy i ulice pokryte grubą warstwą piachu, z wyciętymi drzewami... Kadry z filmu fantastycznego... Wykonywaliśmy rozkaz «wyprasowania» miasta, skażoną glebę na głębokość dwudziestu centymetrów trzeba było zastąpić taką samą warstwą piachu. Nie mieliśmy wolnych dni. Jak na wojnie. Przechowuję wycinek z gazety... O operatorze Leonidzie Toptunowie – to on tamtej nocy dyżurował w elektrowni i nacisnął czerwony guzik ochrony awaryjnej na kilka chwil przed wybuchem. Nie zadziałała... Leczono go w Moskwie. Lekarze rozkładali ręce. «Żeby ratować, potrzebne jest ciało». A on miał jedną jedyną czystą, nienapromieniowaną plamkę na plecach. Pochowali go na cmentarzu Mitińskim. Grób wyłożyli folią aluminiową... Nad nim leży półtora metra płyt betonowych, przekładanych ołowiem. Przyjeżdża ojciec... Stoi, płacze... Obok przechodzą ludzie: „To twój s....syn wysadził!". A on był tylko operatorem... Pochowali go, jakby był jakimś kosmitą...

Lepiej byłoby, gdybym zginął w Afganistanie! Powiem szczerze, takie myśli cisną mi się do głowy. Tam śmierć byłaby zwyczajną sprawą... Zrozumiałą".

„Z helikoptera...

Latałem nisko nad ziemią, obserwowałem... Sarny, dziki... Chude, senne. Poruszały się jak w zwolnionym tempie... Żywiły się trawą, która tam rosła, i piły wodę. Nie rozumiały, że też powinny były uciec. Uciec razem z ludźmi...

Jechać czy nie jechać? Lecieć nie lecieć? Należałem do partii, jak mogłem nie lecieć? Dwóch nawigatorów odmówiło: mają młode żony, dzieci jeszcze nie mają. Zawstydzili ich. Ich kariera się skończyła! Był jeszcze męski osąd... Honorowy! Taka, wie pani, ambicja – on nie mógł, a ja pójdę. Teraz myślę inaczej... Po dziewięciu operacjach i dwóch zawałach... Teraz nikogo nie potępiam, rozumiem tamtych. Młode chłopaki. Ale sam i tak bym poleciał... To na pewno. On nie dał rady, a ja tak! Męska ambicja!

Z góry... Z wysokości... Zdumiewała ilość sprzętu: ciężkie śmigłowce, średnie... MI-24 to śmigłowiec bojowy... Co można było robić w Czarnobylu w śmigłowcu bojowym? Albo w wojskowym myśliwcu MiG-21? Lotnicy… Młodzi chłopcy… Stoją w lesie niedaleko reaktora i chłoną rentgeny. Rozkaz! Stan wojenny! Ale po co było posyłać tam taką masę ludzi, napromieniowywać? Po co?! (*Podnosi głos do krzyku*). Potrzebni byli specjaliści, a nie materiał ludzki. Z góry… Widać… Zrujnowany budynek, kupy gruzu… I mnóstwo małych ludzkich figurek. Stał tam jakiś erefenowski dźwig, ale martwy, trochę po dachu przeszedł i zdechł. Roboty umierały… Nasze roboty, zrobione przez akademika Łukaczowa do badań na Marsie… Japoński robot, z zewnątrz przypominający człowieka… Ale… Widocznie z powodu wysokiego promieniowania paliło się w nim całe wyposażenie. Żołnierze biegali w gumowych kombinezonach, gumowych rękawiczkach… Tacy malutcy, kiedy się patrzy z nieba…

Wszystko zapamiętałem… Myślałem, że opowiem synowi… A jak przyjechałem, pyta: «Tato, co tam się działo?». «Wojna». Nie znalazłem własnych słów…"

Rozdział 2

Korona stworzenia

Monolog o starych proroctwach

Moja dziewczynka... Nie jest taka jak wszystkie... Kiedy dorośnie, zapyta mnie: „Dlaczego jestem inna?".

Kiedy się urodziła... To było nie dziecko, ale żywy woreczek zaszyty ze wszystkich stron, ani jednej szparki, tylko oczka miała otwarte. W historii choroby napisali: „Dziewczynka z licznymi wadami wrodzonymi: aplazją odbytu, aplazją pochwy, aplazją lewej nerki"... Tak to brzmi w języku nauki, a w zwykłym: ani pupki, ani cipki, jedna nerka... Następnego dnia niosłam ją na operację, drugiego dnia jej życia... Otworzyła oczka i jakby się uśmiechnęła, a ja najpierw pomyślałam, że chce zapłakać... O Boże, uśmiechnęła się! Takie jak ona nie żyją, ale od razu umierają. A ona nie umarła, bo ją kocham. Przez cztery lata – cztery operacje. To jedyne dziecko z tak wieloma wadami, które przeżyło na Białorusi. Bardzo ją kocham. (*Przerywa*). Nigdy już nie urodzę. Nie ośmielę się. Wróciłam z oddziału położniczego, mąż w nocy mnie całuje, a ja drżę cała, bo nam nie wolno... Grzech. Strach... Słyszałam, jak lekarze mówili między sobą: „Dziewczynka urodziła się nie w czepku, ale w hełmie. Gdyby pokazano ją w telewizji, żadna matka nie chciałaby rodzić". Tak mówili o naszym dziecku... Jak mamy kochać się po czymś takim?!

Chodziłam do cerkwi. Opowiedziałam ojczulkowi. Mówi, że trzeba modlić się za swoje grzechy. Ale w naszej rodzinie nikt nikogo nie zabił... Czym zawiniłam? Początkowo chcieli ewakuować nasze osiedle, a potem wykreślili z listy: państwo nie miało już pieniędzy. A ja w tamtym czasie pokochałam. Wyszłam za mąż. Nie wiedziałam, że nam tutaj nie wolno kochać... Wiele lat temu moja babcia czytała w Biblii, że nastanie na ziemi czas, kiedy wszystkiego będzie w bród, wszystko będzie kwitnąć i obradzać, w rzekach będzie pełno ryb, w lasach zwierzyny, ale człowiek nie będzie mógł z tego korzystać. Nie będzie umiał zrodzić sobie podobnego, przedłużyć nieśmiertelności. Słuchałam starych proroctw jak strasznej bajki. Nie wierzyłam. Proszę opowiedzieć wszystkim o mojej dziewczynce. Niech pani to napisze. Ma cztery lata, śpiewa, tańczy, czyta, recytuje z pamięci wiersze. Normalnie się rozwija umysłowo, niczym się nie różni od innych dzieci, tylko inaczej się bawi. Nie bawi się w sklep, w szkołę, bawi się lalkami „w szpital": robi im zastrzyki, mierzy temperaturę, podaje kroplówkę, a kiedy lalka umiera – przykrywa ją prześcieradłem. Od czterech lat mieszkamy z nią w szpitalu, nie możemy jej tam zostawić samej, więc nie wie, że mieszka się w domu. Kiedy zabieram ją na miesiąc czy dwa, to pyta: „A jak prędko wrócimy do szpitala?". Ma tam przyjaciół, mieszkają tam, rosną. Zrobiono jej pupkę... Formują pochwę... Po ostatniej operacji całkowicie ustało wydzielanie moczu, nie udało się wstawić cewnika – potrzeba jeszcze kilku zabiegów. Ale dalej już radzą operować za granicą. A skąd weźmiemy dziesiątki tysięcy dolarów, jeśli mąż zarabia sto dwadzieścia miesięcznie? Jeden profesor w tajemnicy poradził: „Z taką patologią pani dziecko stanowi niezwykle interesujący przypadek dla nauki. Niech pani pisze do klinik zagranicznych. Powinno ich to zaciekawić. No więc piszę... (*Usiłuje nie płakać*). Piszę, że co pół godziny muszę rękami wyciskać mocz, mocz wychodzi przez pojedyncze otworki w okolicy pochwy. Jeśli się tego nie będzie robiło, to odmówi posłuszeństwa jedyna nerka. Gdzie jeszcze na świecie jest dziecko, któremu co pół godziny trzeba wyciskać mocz ręcznie? I jak długo można to wytrzymać? (*Płacze*). Nie pozwalam sobie na płacz... Nie wolno mi płakać... Pukam do wszystkich drzwi. Piszę. Weźcie moją dziewczynkę, niechby do doświadczeń... badań naukowych... Zgadzam się, żeby stała się królikiem doświadczalnym, żabą, byle tylko przeżyła. (*Płacze*). Napisałam dziesiątki listów... O Boże!

Ona jeszcze nie rozumie, ale kiedyś nas zapyta: „Dlaczego nie jestem taka jak wszystkie?". Dlaczego nie będzie mógł jej kochać mężczyzna? Dlaczego nie będzie mogła urodzić dziecka? Dlaczego nigdy nie doświadczy tego, czego doświadcza motyl... ptak...? Każdy, tylko nie ona... Chciałam... Musiałam to udowodnić... Że... Chciałam dostać dokumenty... Żeby wiedziała, kiedy dorośnie, że to nie my z mężem jesteśmy winni... Nie nasza miłość... (*Znowu powstrzymuje płacz*). Walczyłam przez cztery lata... Z lekarzami, z urzędnikami... Dobijałam się do drzwi gabinetów ważnych ludzi... Dopiero po czterech latach wydano mi zaświadczenie lekarskie, potwierdzające związek promieniowania jonizującego (małych dawek) i jej straszliwego okaleczenia. Odmawiano mi tego przez cztery lata, powtarzano: „U pani córeczki kalectwo jest wrodzone". Jakie tam wrodzone! To kalectwo czarnobylskie. Przestudiowałam swoje drzewo genealogiczne: niczego podobnego w naszej rodzinie nie było, wszyscy dożywali osiemdziesiątki czy dziewięćdziesiątki, a mój dziadek umarł, kiedy miał dziewięćdziesiąt cztery lata. Lekarze bronili się: „Mamy instrukcję. Podobne wypadki na razie musimy oceniać jako ogólną zachorowalność. Może za dwadzieścia czy trzydzieści lat, kiedy powstanie baza danych, zaczniemy łączyć choroby z promieniowaniem jonizującym. W małych dawkach... Z tym, co jemy i pijemy w naszym kraju... A na razie medycyna i w ogóle nauka mało o tym wiedzą". Ale ja nie mogę czekać dwudziestu czy tym bardziej trzydziestu lat. Połowy życia! Chciałam ich podać do sądu... Zaskarżyć państwo... Nazwali mnie szaloną, śmiali się, mówili, że takie dzieci rodziły się też w antycznej Grecji i w starożytnych Chinach. Jeden urzędnik krzyczał: „Dodatków czarnobylskich się pani zachciało! Pieniędzy za Czarnobyl!". Jakim cudem nie zemdlałam w jego gabinecie... Jakim cudem nie umarłam na serce... Ale mnie nie wolno umierać...

Nie mogli zrozumieć jednego... Nie chcieli... Musiałam wiedzieć, że to nie ja i mąż jesteśmy winni... Nie nasza miłość... (*Odwraca się do okna i cicho płacze*).

Dziewczynka rośnie... Mimo wszystko dziewczynka... Nie chcę, żeby pani wymieniała nazwisko... Nawet nasi sąsiedzi nie wiedzą wszystkiego... Z tej samej klatki schodowej. Ubiorę ją w sukienkę, zaplotę warkoczyk: „Pani Katieńka jest taka ładna" – mówią. A ja sama tak dziwnie patrzę na kobiety w ciąży... Jakby z daleka... Zza rogu... Nie patrzę, tylko podpatruję... Doświadczam sprzecznych uczuć: zdziwienia i przerażenia, zazdrości i radości, a nawet pewnej mściwości. Kiedyś przyłapałam się na myśli, że z tym samym uczuciem patrzę na ciężarną suczkę sąsiadów... Na bocianicę w gnieździe...

Moja dziewczynka...

Łarisa Z., matka

Monolog o krajobrazie księżycowym

Nagle zacząłem mieć wątpliwości, co jest lepsze – pamiętać czy zapomnieć?

Wypytałem znajomych... Jedni zapomnieli, inni nie chcą wspominać, bo nie możemy niczego zmienić, nawet stąd wyjechać. Nawet tego...

Co zapamiętałem? W pierwszych dniach po wybuchu z bibliotek zniknęły książki o promieniowaniu, o Hiroszimie i Nagasaki, nawet o rentgenie. Rozeszły się plotki, że to polecenie władz, żeby nie siać paniki. Dla naszego własnego spokoju. Pojawił się nawet taki żart, że gdyby Czarnobyl zdarzył się Papuasom, to przeraziłby się cały świat, tylko nie oni, nie Papuasi. Żadnych zaleceń medycznych... Żadnej informacji... Kto mógł, brał tabletki jodku potasu (apteki w naszym mieście go nie miały – kupowało się gdzieś po znajomości). Zdarzało się, że ludzie łykali garść tych tabletek i popijali szklanką spirytusu. Potem odwoziło ich pogotowie.

Przyjechali pierwsi zagraniczni dziennikarze... Pierwsza ekipa filmowa... Byli w plastikowych kombinezonach, hełmach, gumowych wysokich butach, rękawicach i nawet kamerę mieli w specjalnym pokrowcu. A towarzyszyła im tłumaczka, nasza dziewczyna... Była w letniej sukience i klapkach...

Ludzie wierzyli każdemu wydrukowanemu słowu, chociaż nikt nie drukował prawdy. Nie mówił. Z jednej strony wszystko ukrywano, a z drugiej – nie wszystko rozumiano. Od stróża aż po generalnego sekretarza. Potem pojawiły się oznaki, wszyscy je obserwowali: dopóki w mieście albo na wsi są wróble i gołębie, tam może także żyć człowiek. Jak pszczoły się uwijają, to znaczy, że też jest czysto. Jechałem taksówką, taksówkarz dziwił się, dlaczego ptaki jak ślepe uderzają o szybę, rozbijają się. Jak nienormalne... Senne... Coś w rodzaju samobójstwa... Po zmianie, żeby o tym zapomnieć, siedział i pił z przyjaciółmi.

Zapamiętałem swój powrót z delegacji... Po obu stronach widziałem istny krajobraz księżycowy... Aż po horyzont ciągnęły się zasypane białym dolomitem pola. Górną skażoną warstwę ziemi zdjęto i zakopano, zamiast niej nasypano piachu dolomitowego... Dosłownie nie z tej ziemi... Nie z Ziemi... Długo męczyła mnie ta wizja, więc spróbowałem napisać opowiadanie. Wyobraziłem sobie, co tutaj będzie za sto lat – człowiek, czy też jeszcze coś innego skacze na czworakach, wyrzucając długie tylne nogi kolanami do tyłu, w nocy widzi wszystko trzecim okiem, a jedynym uchem (na czubku głowy) słyszy nawet krok mrówki. Pozostały tylko mrówki, reszta stworzeń na ziemi i niebie wyginęła...

Wysłałem opowiadanie do pisma. Nadeszła odpowiedź, że to nie dzieło literackie, ale streszczenie horroru. Oczywiście zabrakło mi talentu. Ale wtedy, jak podejrzewam, chodziło jeszcze o coś innego. Zastanowiłem się, dlaczego o Czarnobylu mało się pisze. Nasi pisarze nadal opowiadają o wojnie, o obozach stalinowskich, a o tej sprawie nic. Wszystkiego ledwie jedna, dwie książki. Myśli pani, że to przypadek? To wydarzenie do tej pory jest jeszcze poza kulturą. Trauma kultury. Jedyną naszą odpowiedzią jest więc milczenie. Zasłaniamy sobie oczy jak małe dzieci i myślimy: „Schowaliśmy się. Ominie nas to". Z przyszłości wyziera coś, co jest niedostosowane do naszych uczuć. Naszych zdolności przeżywania. Rozmawia się z człowiekiem, a on zaczyna opowiadać i wdzięczny jest nam za to, że się go wysłuchało. Nie zrozumiało, ale przynajmniej wysłuchało. Bo on sam – nie zrozumiał... Podobnie jak my... Przestałem lubić fantastykę...

No więc co lepiej – pamiętać czy zapomnieć?

Jewgienij Aleksandrowicz Browkin,
wykładowca Homelskiego Uniwersytetu Państwowego

Monolog świadka, którego bolał ząb, kiedy Chrystus upadł i zaczął krzyczeć

Myślałem wtedy o czymś innym... Pani wyda się to dziwne... Akurat w tamtym czasie rozwodziłem się z żoną...

Przychodzą jacyś ludzie, wręczają mi wezwanie i mówią, że na dole już czeka samochód. Taki specjalny „czarny kruk". Jak w trzydziestym siódmym... Przyjeżdżali nocami. Wyciągali ciepłych, prosto z łóżka. Potem ten chwyt przestał działać: żony nie otwierały drzwi albo zmyślały, że mężowie są w delegacji, w sanatorium, na wsi u rodziców. Starano się im wręczyć wezwania, ale one nie brały. Zaczęto zabierać ludzi z pracy, z ulicy, w czasie przerwy obiadowej w fabrycznych stołówkach. Jak w trzydziestym siódmym... A ja byłem prawie obłąkany... Zdradziła mnie żona, cała reszta wydawała mi się głupstwem. Wsiadłem do tego „kruka"... Prowadziło mnie dwóch po cywilnemu, ale postawę mieli wojskową, szli po bokach, pewnie bali się, że ucieknę. Kiedy wsiadłem do samochodu, nie wiadomo czemu przypomnieli mi się amerykańscy kosmonauci, którzy latali na Księżyc. Jeden z nich potem podobno został księdzem, a drugi zwariował... Podobno im się wydawało, że widzieli tam resztki miast, jakieś ślady człowieka. Mignęły mi w pamięci fragmenty z gazet: że nasze elektrownie atomowe są absolutnie bezpieczne, można budować je na placu Czerwonym. W pobliżu Kremla. Są bezpieczniejsze niż samowar. Że podobne są do gwiazd, a my „obsiejemy" nimi całą ziemię. Ale ode mnie odeszła żona... Byłem w stanie myśleć tylko o tym... Kilka razy starałem się skończyć z sobą, łykałem tabletki i miałem nadzieję, że już się nie obudzę. Chodziliśmy do tego samego przedszkola, do tej samej szkoły... Studiowaliśmy na tej samej uczelni... (*Zapala papierosa i milknie*).

Uprzedzałem panią... Nic heroicznego dla pióra pisarza. Myślałem wręcz, że skoro nie ma żadnej wojny, to dlaczego miałbym się narażać, kiedy ktoś inny będzie sypiał z moją żoną. Dlaczego znowu ja, a nie on? Prawdę mówiąc, nie widziałem tam bohaterów. Widziałem wariatów, którzy gwizdali na to, czy przeżyją, a nawet sporo ryzykanctwa, które wcale nie było konieczne. Ja też mam dyplomy i listy z podziękowaniami... Ale to dlatego, że nie bałem się śmierci. Miałem ją gdzieś! To było jakieś wyjście. Pochowaliby mnie z honorami... W dodatku za państwowe pieniądze...

Tam się od razu trafiało do rzeczywistości fantastycznej, gdzie koniec świata nałożył się na epokę kamienną. A we mnie w dodatku wszystko było wyostrzone... Obnażone... Mieszkaliśmy w lesie. W pałatkach. Dwadzieścia kilometrów od reaktora. „Partyzantka". „Partyzanci" to ci, których biorą na ćwiczenia wojskowe. Wiek od dwudziestu pięciu do czterdziestu lat, wielu z wyższym wykształceniem czy średnim technicznym. Ja, nawiasem mówiąc, jestem nauczycielem historii. Zamiast automatów wydali nam łopaty. Przekopywaliśmy śmietniska, ogrody. Kobiety po wsiach patrzyły na nas i się żegnały. My w rękawiczkach, półmaskach, fartuchach ochronnych... Słońce prażyło... Pojawiamy się w ich ogrodach jak diabły. Jacyś przybysze z kosmosu. Nie rozumiały, dlaczego przekopujemy ich grządki, wyrywamy ich czosnek, kapustę, skoro czosnek wygląda jak czosnek, kapusta jak kapusta. Babcie żegnały się i wołały: „Żołnierze, co się dzieje, czy to koniec świata?!".

W chałupie napalili w piecu, topią słoninę. Przystawiamy dozymetr: to nie piec, ale mały reaktor. „Siadajcie, chłopaczkowie do stołu" – proszą. Chcą nas ugościć. Odmawiamy. Proszą: „Będzie dosyć, żeby każdy wypił po setce. Usiądźcie. Mówcie, co się dzieje". A co tu im mówić? Na samym reaktorze strażacy chodzili po miękkim paliwie, które się świeciło, a nie wiedzieli, co się dzieje. Skąd my mielibyśmy wiedzieć?

Maszerujemy. Mamy jeden dozymetr na cały oddział. A przecież w różnych miejscach poziom promieniowania jest różny – jeden z nas pracuje tam, gdzie są dwa rentgeny, a drugi tam, gdzie dziesięć. No więc, po pierwsze, brak wszelkich praw, jak w obozie, z drugiej – strach. I niewiedza. Ale ja strachu nie czułem. Patrzyłem na to wszystko z boku...

Helikopterem przyleciała grupa uczonych. W gumowej odzieży ochronnej, w wysokich butach, okularach... Kosmonauci... Podchodzi do jednego babcia. „Ktoś ty taki?". „Jestem naukowcem". „Ej ty, uczony, patrzcie go, jak się wystroił. Zamaskował. A my?". I z kijem na niego. Nieraz przechodziło mi przez głowę, że kiedyś naukowców będą ścigać, tak jak w średniowieczu ścigali lekarzy i topili. Albo palili na stosie.

Widziałem człowieka, któremu grzebano dom na jego oczach... (*Wstaje i podchodzi do okna*). Pozostał świeżo wykopany grób... Wielki prostokąt. Pochowano jego studnię, sad... (*Milczy*). Myśmy grzebali ziemię... Ścinali, zwijali ją wielkimi płatami... Uprzedzałem panią... Nic bohaterskiego...

Wracaliśmy późnym wieczorem. (Pracowaliśmy po dwanaście godzin na dobę, bez dni wolnych. Na odpoczynek mieliśmy tylko noc). No więc jedziemy transporterem opancerzonym. Patrzymy – przez pustą wieś ktoś idzie. Podjeżdżamy bliżej: to młody chłopak z dywanem na ramieniu. Nieopodal stoi żyguli... Przystajemy. Bagażnik zapchany telewizorami i telefonami – ktoś poucinał przewody. Transporter zawraca i taranuje żyguli. Z samochodu robi się harmonijka, jak z puszki blaszanej. Nikt słowa nie powiedział...

Zakopywaliśmy las... Piłowaliśmy drzewa na półtorametrowe kawały, pakowali w celofan i wrzucali do mogilnika. Nocą nie mogłem zasnąć. Zamykam oczy i widzę, że coś czarnego się rusza, przewraca... Jak żywe... Żywe warstwy ziemi... Z żukami, pająkami, larwami... Nie wiedziałem, jak się nazywają... Po prostu żuki, pająki. Mrówki. One były małe i duże, żółte i czarne. Takie różnokolorowe. U jakiegoś poety czytałem, że zwierzęta to odrębny naród. Zabijałem je dziesiątkami, setkami, tysiącami, nie wiedząc nawet, jak się nazywają. Burzyłem ich domy. Ich tajemnice. Zakopywałem... Grzebałem...

U Leonida Andriejewa*, którego bardzo lubię, jest przypowieść o Łazarzu, który zajrzał za zakazaną linię. Jest już obcy,

* Leonid Andriejew (1881–1919) – pisarz rosyjski, popularny na początku XX wieku. Chodzi o opowiadanie *Jeleazar* (Łazarz).

wśród ludzi już nigdy nie będzie się czuł jak jeden z nich, mimo że Chrystus go wskrzesił...

Może już wystarczy? Rozumiem, panią to ciekawi; tych, którzy tam nie byli, zawsze ciekawi. Jeden Czarnobyl był w Mińsku, drugi – w strefie. Gdzieś w Europie – trzeci. W samej strefie zdumiewała obojętność, z jaką o niej rozmawiano. W martwej wsi spotkaliśmy staruszka. Mieszkał sam. Pytamy go: „A nie boi się pan?". A on do nas: „Niby czego?". Nie sposób cały czas żyć w strachu – człowiek nie potrafi tak, mija trochę czasu i zaczyna się zwyczajne ludzkie życie. Zwyczajne... Normalne... Mężczyźni pili wódkę. Grali w karty. Zalecali się do kobiet. Dużo mówili o pieniądzach. Ale nie dla pieniędzy tam pracowali, mało kto tylko dla pieniędzy. Pracowali dlatego, że trzeba było pracować. Trzeba było, więc pracowali. I nie zadawali pytań. Marzyli o awansie w pracy. Kradli, kombinowali. Mieli nadzieję na to, co im obiecano: że się wyprowadzą z baraku, dostaną mieszkanie poza kolejką, miejsce w przedszkolu dla dziecka, kupią samochód. Jeden z nas tchórzył, bał się wyłazić z namiotu, spał we własnoręcznie zrobionym gumowym kombinezonie. Tchórz! Wyrzucili go z partii. Wołał: „Ja chcę żyć!". Wszystko się pokręciło... Spotykałem tam kobiety, które przyjechały dobrowolnie. Wyrywały się. Odmawiano im, tłumaczono, że potrzebni są kierowcy, ślusarze, strażacy, ale one i tak przyjechały. Wszystko się pokręciło... Tysiące ochotników... Ochotnicze oddziały studenckie i specjalny „kruk", po nocach czyhający na rezerwistów... Zbiórka rzeczy... Przekazy pieniężne na fundusz poszkodowanych, setki ludzi bezinteresownie ofiarujących krew i szpik... A równocześnie wszystko można było kupić za butelkę wódki. Dyplom za zasługi, urlop... Pewien przewodniczący kołchozu przywiózł dozymetrystom skrzynię wódki, żeby jego wsi nie wpisano na listę do ewakuacji, inny taką samą skrzynię oddałby, żeby jego kołchoz wywieziono. Bo już mu obiecali trzypokojowe mieszkanie w Mińsku

Pomiarów promieniowania nikt nie kontrolował. Normalny rosyjski chaos. Tak żyjemy... Coś skreślano z ewidencji, sprzedawano... Z jednej strony to wstrętne, a z drugiej – idźcie wszyscy do jasnej cholery!

Przysłano studentów. Wyrywali lebiodę na polach. Grabili siano. Kilka par było jeszcze zupełnie młodych. Mąż i żona. Ci jeszcze pod rękę chodzili. Na to się nie dało patrzeć. A okolice takie piękne! Takie śliczne! Przerażenie ogarniało tym większe, że właśnie było tak pięknie. A człowiek powinien stamtąd uciekać. Jak złoczyńca, jak zbrodniarz.

Codziennie przywożono gazety. Czytałem tylko nagłówki: „Czarnobyl – miasto zrywu", „Reaktor pokonany", „A życie biegnie naprzód". Byli u nas oficerowie polityczni, urządzali pogadanki. Mówiono nam, że musimy zwyciężyć. Kogo? Atom? Fizykę? Kosmos? Zwycięstwo u nas nie jest wydarzeniem, ale procesem. Życie to walka. Stąd taka miłość do powodzi, pożarów... Trzęsień ziemi... Potrzebne jest miejsce akcji, żeby „przejawić męstwo i bohaterstwo". I zatknąć sztandar. Oficer polityczny czytał nam artykuły z gazet o „wysokiej świadomości i sprawnej organizacji", o tym, że już kilka dni po katastrofie na czwartym reaktorze zatknięto czerwoną flagę. Powiewała. A po kilku miesiącach zniszczyło ją promieniowanie. Zatknięto nową flagę. Potem jeszcze jedną... A stare darli na pamiątkę, wpychali kawałki pod kurtkę, koło serca. Potem wieźli do domu... Pokazywali z dumą dzieciom. Przechowywali... Bohaterskie wariactwo! Ale ja też taki byłem... Ani trochę nie lepszy. W myślach usiłowałem wyobrazić sobie, jak żołnierze wchodzą na dach... Straceńcy. Ale ich przepełniały uczucia... Pierwsze to poczucie obowiązku, drugie miłość do ojczyzny. Powie pani: „Radzieckie pogaństwo"... Tak, tylko że gdyby wtedy dali mi w ręce sztandar, to też bym tam polazł. Dlaczego? Nie odpowiem pani. No i oczywiście, nie najmniej ważne było to, że nie bałem się umierać... Żona nawet listu nie przysłała. Przez pół roku ani jednego listu... (*Przerywa*).

Chce pani usłyszeć dowcip? Więzień ucieka z więzienia. Ukrył się w trzydziestokilometrowej strefie. Złapali go. Zaprowadzili do dozymetrystów. Tak się „świecił", że nie mogą go teraz wysłać ani do więzienia, ani do szpitala, ani do ludzi. (*Śmieje się*). Lubiliśmy odpowiadać takie dowcipy. Czarny humor.

Kiedy tam przyjechałem, ptaki wysiadywały w gniazdach, a kiedy wyjeżdżałem, jabłka leżały na śniegu. Nie wszystko zdążyliśmy zakopać... Grzebaliśmy ziemię w ziemi... Z żukami, pająkami, larwami... Z tym odrębnym narodem. Światem. To moje najsilniejsze wrażenie wywiezione stamtąd. Właśnie o nich...

Nic pani nie opowiedziałem... Tylko strzępki... Leonid Andriejew napisał też inne opowiadanie: koło domu pewnego mieszkańca Jerozolimy prowadzono Chrystusa, mieszkaniec ten wszystko widział i słyszał, ale w tym czasie bolał go ząb. Na jego oczach Chrystus, niosąc krzyż, upadł i zaczął krzyczeć. On to wszystko widział, ale bolał go ząb, więc nie wybiegł na ulicę. Dwa dni później, kiedy ząb przestał boleć, powiedziano mu, że Chrystus zmartwychwstał, wówczas pomyślał: „Przecież mogłem być tego świadkiem, ale bolał mnie ząb"*.

Czyżby tak miało być zawsze? Nigdy człowiek nie dorównuje wielkiemu wydarzeniu. Zawsze jest ono ponad jego siły. Mój ojciec bronił Moskwy w czterdziestym drugim roku. To, że był uczestnikiem historii, zrozumiał po dziesiątkach lat. Z książek, z filmów. A sam opowiadał tak: „Siedziałem w okopie. Strzelałem. Słyszę wybuch, i wtedy mnie zasypało. Na wpół żywego wyciągnęli mnie sanitariusze". I tyle.

A mnie akurat rzuciła żona...

Arkadij Filin,
likwidator

Trzy monologi o „chodzącym prochu" i o „mówiącej ziemi"

Przewodniczący Chojnickiego Ochotniczego Towarzystwa Myśliwych i Wędkarzy Wiktor Josifowicz Wierżykowski oraz dwaj myśliwi – Andriej i Władimir, którzy nie chcieli podać nazwisk.

– Pierwszy raz zabiłem lisa... W dzieciństwie... Drugi raz łoszę... Przysiągłem sobie, że nigdy więcej nie zabiję łoszy. One mają takie pełne wyrazu oczy...

* Niedokładne streszczenie opowiadania Andriejewa *Ben Towit* (Bien--Towit).

– To my, ludzie, coś rozumiemy, a zwierzęta po prostu żyją. Ptaki też.

– Jesienią sarna jest bardzo czujna. Gdyby był jeszcze wiatr od strony człowieka, to już koniec, nie da rady podejść. Lis też jest chytry

– Chodzi tu jeden taki... Jak wypije, to wszystkim robi wykłady. Studiował filozofię, potem siedział w więzieniu. Kogokolwiek się spotka w zonie, ten nigdy prawdy o sobie nie powie. No, rzadko. Ale ten to mądry chłop... „Czarnobyl – mówi – jest po to, żeby dać filozofów". Zwierzęta nazywał „prochem chodzącym", a człowieka „ziemią mówiącą"... A „ziemia mówiąca" dlatego, że jemy ziemię, to znaczy jesteśmy z niej zbudowani...

– Strefa przyciąga, muszę powiedzieć... jak magnes. Ej, kochana pani! Kto tam był, tego dusza będzie tam ciągnęła...

– Czytałem książkę... Byli święci, którzy rozmawiali z ptakami i zwierzętami. A my myślimy, że one nie rozumieją człowieka.

– No, chłopaki, po kolei...

– Dalej, przewodniczący. A my zapalimy.

– No więc tak... Wzywają mnie do komitetu rejonowego: „Słuchaj, naczelniku myśliwych, w strefie zostało mnóstwo domowych zwierząt, koty, psy... Żeby nie było epidemii, muszą być odstrzelone... Działaj!". Na drugi dzień zwołałem wszystkich, znaczy się wszystkich myśliwych. Mówię, że jest tak a tak... Nikt nie chce jechać, bo nie dali nam żadnych środków ochronnych. Zwracam się do obrony cywilnej. Nic nie mają. Ani jednej maski. Musieliśmy jechać do cementowni i wziąć tam zwykłe maseczki. Taka cienka osłona... Przeciw kurzowi cementowemu... Żadnych porządnych nie dali.

– Spotykaliśmy tam żołnierzy. W maskach, w rękawicach, na transporterach, a my w koszulach, opaska na nosie. W tych koszulach i butach wracaliśmy do domu. Do rodziny.

– Sklecilem dwie brygady... Nawet ochotnicy się znaleźli. Dwie brygady... Po dwudziestu ludzi. Każdej przydzielono weterynarza i człowieka z sanepidu. Był jeszcze traktor z kadzią i wywrotka. Przykro mówić, ale nie dali nam niczego do ochrony, nie pomyśleli o ludziach...

– Za to dawali premie, po trzydzieści rubli. A butelka wódki w tych czasach kosztowała trzy ruble. I tak się dezaktywowaliśmy... Nie wiedzieć skąd pojawiły się recepty: łyżka gęsiego pomiotu na butelkę wódki. Zostawić na dwa dni, żeby się ustało, potem wypić. Żeby te sprawy... No, nasze... męskie... Nie ucierpiały... Były nawet czastuszki, pamiętacie. Pełno. „Kijów to jest gród kijowy, kijowianin chłop niezdrowy. Chcesz być kiedyś ojcem, bracie, to noś ołowiane gacie". Cha, cha!

– Jeździliśmy dwa miesiące po strefie, w naszym rejonie ewakuowano połowę wsi. Dziesiątki wsi: Babczin, Tulgowicze... Kiedy przyjechaliśmy pierwszy raz, psy biegały koło swoich domów. Pilnowały. Czekały na ludzi. Usłyszały ludzkie głosy, ucieszyły się i przybiegły... Witają nas... Strzelaliśmy do nich w domu, w szopie, w ogródku. Wynosiliśmy na ulicę i ładowali na wywrotkę. Pewnie, że to nie było przyjemne. Zwierzęta nie rozumiały, dlaczego je zabijamy. A zabijać było łatwo. Bo to domowe zwierzęta... Nie boją się broni, nie boją się człowieka... Przybiegają na ludzki głos...

– Żółw pełzał... Boże! Koło pustego domu. W mieszkaniach były akwaria... Z rybkami...

– Żółwi nie zabijaliśmy. Przednim kołem łazika najeżdża się na żółwia, ale pancerz wytrzymuje. Nie pęka. To po pijanemu oczywiście, przednim kołem. Na podwórzach stały klatki otwarte na oścież... Króliki biegają... Nutrie były zamknięte, to je wypuszczaliśmy, jeśli w pobliżu była woda, rzeczka, jezioro, to odpływały. Wszystko porzucone w pośpiechu. Na krótko. No bo jak to było? Rozkaz brzmiał: „Ewakuacja na trzy dni". Kobiety krzyczą, dzieci płaczą, bydło ryczy. Małe dzieci oszukiwano: „Jedziemy do cyrku". Ludzie myśleli, że wrócą... Nie padły takie słowa: „na zawsze". Ej, pani kochana! Muszę powiedzieć, że sytuacja była wojenna. Koty zaglądały w oczy, psy wyły, wdzierały się do autobusów. Łańcuchowe, pasterskie... Żołnierze je wyrzucali. Kopniakami. A psy długo biegły za samochodami... Ewakuacja... Nie daj Boże!

– No więc tak było... Japończycy mieli Hiroszimę, to teraz górują nad wszystkimi. Są na pierwszym miejscu w świecie. Znaczy się...

– Można było sobie postrzelać, w dodatku do biegnącego, żywego celu. Odezwała się myśliwska żyłka. Wypiliśmy i pojechali. W pracy liczyli mi to jako dzień roboczy. Płacili. Za taką robotę mogliby oczywiście więcej. Premia wynosiła trzydzieści rubli, ale to już nie były te pieniądze co za komunistów. Już się wszystko pozmieniało.

– Było tak... Na początku domy stały opieczętowane, z plombami. Plomb nie zrywaliśmy. Siedzi kot za oknem, jak go wyciągnąć? Nie ruszaliśmy takiego. Potem przyszli szabrownicy, powyłamywali drzwi, powybijali okna, lufciki. Wszystko rozkradli. Pierwsze poznikały magnetofony, telewizory... Futra... A potem już wyczyścili wszystko do imentu. Tylko łyżki aluminiowe poniewierały się na podłodze... W domach zamieszkały ocalałe psy... Wchodzimy, a pies się na nas rzuca... Już przestały ufać ludziom... Patrzę raz, a na środku pokoju leży suka i szczenięta dookoła. Szkoda? No pewnie, przykro tak... Właściwie byliśmy oddziałem pacyfikacyjnym. Jak w czasie wojny. Według tego samego schematu... Operacja wojskowa... Też przyjeżdżamy, otaczamy pierścieniem wioskę, a kiedy psy usłyszą pierwszy strzał, od razu uciekają. Do lasu. Koty są sprytniejsze i łatwiej im się schować. Jeden wlazł do glinianego garnka... Musiałem go wytrząsać... Wyciągaliśmy je spod pieca... Przykre uczucie... Człowiek wchodzi do domu, a kot szmyrga między nogami, biegać trzeba za nim ze strzelbą. Wszystkie chude, brudne. Sierść odpada kłakami. Na początku było sporo jajek, bo zostały kury. Psy i koty jadły jajka, a jak się jajka skończyły, to pożarły kury. Lisy też je zjadały, już mieszkały we wsi razem z psami. Znaczy się, kiedy zabrakło kur, to psy pożarły koty. Bywały wypadki, żeśmy znajdowali w chlewach świnie... Wypuszczaliśmy... W piwnicach pełno wszelkich przetworów: ogórki, pomidory... Otwieraliśmy i wrzucali do koryta. Świń nie zabijaliśmy...

– Spotkaliśmy staruszkę... Miała pięć kotów i trzy psy... Zamknęła się w domu... Nie pozwalała ich zabić: „Nie bij psa, i on był człowiekiem"... Przeklinała nas. Zabraliśmy zwierzęta siłą, nie zostawiliśmy ani jednego psa czy kota. Wyzywała nas: „Kryminaliści!", „Bandyci!".

– Cha, cha! „Tam na polu orze traktor, obok pali się reaktor. Jakby Szwedzi znać nie dali, nadal byśmy tak orali". Cha, cha!

– Puste wsie... Jak te spalone przez Niemca, same piece stoją! Żył sobie dziad i baba... Jak w bajce... Ci się nie boją. A kto inny by zwariował! Nocą palą stare pnie. Wilki boją się ognia.

– No więc było tak... Zapachy... Ciągle nie mogłem zrozumieć, skąd taki zapach we wsi. Sześć kilometrów od reaktora... Wieś Masały... Jak w gabinecie rentgenowskim. Czuć było jodyną... Jakimś kwasem... A mówią, że promienie nie pachną. Nie wiem... A strzelać trzeba było prosto w łeb... Znaczy się suka leży na środku i szczeniaki dookoła... Rzuciła się na mnie, ja od razu „buch!". Szczenięta liżą ręce, łaszą się. Dokazują. Trzeba było strzelać... Ej, pani kochana! Jednego pieska... Pudelka czarnego... Do teraz mi go żal. Naładowaliśmy ich pełną wywrotkę, z czubkiem. Wieziemy do mogilnika... Prawdę mówiąc, była to zwykła głęboka jama, chociaż kazali je kopać tak, żeby się nie dokopać do wód gruntowych, i wyściełać dno celofanem. Znaleźć jakieś wzniesienie... Ale wie pani, jak to jest... Na ogół nikt tego nie przestrzegał. Brakowało celofanu, a żeby szukać miejsca, też za dużo czasu nie było. Zwierzęta jak tylko były ranne, niedobite, to piszczały... Płakały... Wysypaliśmy z wywrotki do dołu, a ten pudelek się gramoli, chce wyleźć. Nikt już nie miał nabojów... Ani jednego. Nie mieliśmy czym psiaka dobić... Zepchnęliśmy go z powrotem do dołu i przysypali ziemią. Do tej pory mi go żal. Kotów było o wiele mniej niż psów. Może uciekły w ślad za ludźmi? Albo się pochowały? Pudelek był domowy... Rozpieszczony...

– Lepiej zabijać z daleka, żeby nie spotkać się wzrokiem.

– Ty się naucz celnie strzelać, żebyś nie musiał dobijać.

– To tylko my, ludzie, coś rozumiemy, a one po prostu żyją. „Proch chodzący"...

– Konie... Prowadziliśmy je na ubój... Płakały...

– Ja też coś powiem... Duszę ma każde żywe stworzenie. Ojciec mnie od dziecka przyuczał do myślistwa. Ranna sarna... Leży... Chce, żeby się nad nią zlitowali, a tu trzeba ją dobić. W ostatniej chwili ma w pełni świadome, prawie ludzkie spojrzenie. Nienawidzi człowieka. Albo błaganie: „Ja też chcę żyć! Chcę żyć!".

– Ucz się! Muszę powiedzieć, że dobijać jest gorzej niż zabijać. Myślistwo to dyscyplina sportowa. Nikt jakoś nie przeklina wędkarzy, a myśliwych wszyscy. To niesprawiedliwe!

– Myślistwo i wojna to główne zajęcia mężczyzny. Od wieków.

– Nie umiałem przyznać się synowi... To jeszcze dziecko... Gdzie byłem? Co robiłem? Do tej pory myśli, że tato tam kogoś bronił. Że stał na posterunku! W telewizji pokazywali sprzęt wojskowy, żołnierzy. Wielu żołnierzy. Syn pyta: „Tato, ty byłeś jak żołnierz?".

– Pojechał z nami operator z telewizji... Pamiętacie? Z kamerą. Chłop, a płakał... Płakał... Cały czas chciał zobaczyć dzika z trzema głowami...

– Cha, cha! Lis zobaczył, że toczy się kołaczyk po lesie. „Kołaczyku, kołaczyku, dokąd się toczysz?". Nie jestem kołaczyk, jestem jeżyk z Czarnobyla". Cha, cha! Jak to się mówi: „Pokojowy atom w każdym pokoju!".

– Człowiek, powiem wam, umiera jak zwierzę. Widziałem... Wiele razy... W Afganistanie... Byłem ranny w brzuch, leżę na słońcu. Upał nieznośny. Pić! No, myślę, zdechnę jak bydlę. Krew, muszę powiedzieć, też się leje tak samo. Tak jak u zwierzęcia. I boli.

– Milicjant, który z nami był... Jemu... Tego... Rozum mu się pomieszał. Leżał w szpitalu... Ciągle żałował syjamskich kotów, mówił, że drogie, że są na bazarze. Ładne. Chłopak dostał...

– Idzie krowa z cielęciem. Nie strzelaliśmy. Do koni też nie. Bały się wilków, człowieka się nie bały. Ale koń łatwiej może się obronić. Pierwsze wyginęły krowy, wilki je zjadły. Prawo dżungli.

– Bydło wywozili z Białorusi i sprzedawali w Rosji. A jałówki miały białaczkę. Ale tanio je sprzedawali.

– Najbardziej żal starych ludzi... Podchodzili do naszych samochodów: „Zerknij no tam, chłopczyku, na moją chałupinę". Wciskali nawet klucze do ręki: „Przywieź mi garnitur, czapkę". Dawali jakieś grosze... „Jak tam mój pies?". Pies zabity, dom okradziony. A oni tam nigdy nie wrócą. Jak im to powiedzieć? Nie brałem kluczy. Nie chciałem ich oszukiwać. Inni brali i jeszcze: „Gdzie chowasz samogon? W którym miejscu?". No a dziadek wtedy mówił... Znajdowali całe bańki, wielkie bańki po mleku.

– Prosili mnie, żeby zabić dzika na wesele. Zamówienie! Wątroba się w rękach rozpływa... A jednak zamawiają... Na wesele, na chrzciny.

– Strzela się też dla nauki. Raz na kwartał: dwa zające, dwa lisy, dwie sarny. Wszystkie napromieniowane. Ale co tam, strzelamy i jemy. Z początku tośmy się bali, a teraz już przywykliśmy. Coś jeść trzeba, nie polecimy wszyscy na Księżyc. Na inną planetę.

– Ktoś kupił lisią czapkę na bazarze i wyłysiał. Ormianin kupił tanio automat z mogilnika i umarł. Tak ludzie straszyli jeden drugiego.

– A u mnie tam nic ani w duszy, ani w ciele się nie działo... Murki i Szariki... Ej, pani kochana! Strzelałem. Taka praca.

– Rozmawiałem z kierowcą, który wywoził stamtąd domy. Rabują strefę. Sprzedają. Chociaż to już nie szkoła, nie przedszkole, nie dom, ale obiekty przeznaczone do dezaktywacji. Ale wywożą! To było w łaźni albo przy budce z piwem, już dobrze nie pamiętam. Opowiadał nam, że podjeżdżają kamazami, w trzy godziny rozbierają dom, a za miastem już czekają klienci. I wszystko biorą. Rozprzedali strefę na dacze. A ci zarobią i jeszcze dostaną jeść i pić.

– Są wśród nas szkodnicy... Tacy „chciwi myśliwi"... A inni po prostu lubią pochodzić po lesie. Polują i na drobną zwierzynę. Na ptactwo.

– Muszę powiedzieć, że... Tylu ludzi ucierpiało, a nikt za to nie beknął. Wsadzili dyrekcję elektrowni i to wszystko. W tamtym systemie bardzo trudno było powiedzieć, kto jest winny. Jeśli pani dostała nakaz z góry, to co mogła pani zrobić? Tylko jedno: wykonać. A tam robili jakieś eksperymenty. Czytałem w gazetach, że tam wojskowi wyrabiali pluton... Do bomb atomowych... Dlatego właśnie rąbnęło... Mówiąc z grubej rury, to problem wygląda tak: „Dlaczego Czarnobyl?". Dlaczego u nas, a nie u Francuzów czy Niemców?

– Utkwiło mi to w pamięci... Taka sprawa... Szkoda, że żaden z nas nie miał wtedy choćby jednego naboju, żeby zastrzelić... Tamtego pudelka... Dwudziestka ludzi... Koniec dnia, skończyły się naboje...

Monolog o tym, że nie potrafimy żyć bez Czechowa i Tołstoja

O co się modlę? Proszę zapytać, o co się modlę. Nie modlę się w cerkwi. Tylko sama... Rano albo wieczorem... Kiedy wszyscy w domu śpią.

Chcę kochać! Kocham! Modlę się za swoją miłość! A mnie... (*Urywa. Widzę, że nie chce mówić*). Wspominać? Może trzeba na wszelki wypadek odepchnąć od siebie... Odsunąć... Nie czytałam takich książek... Nie widziałam filmów. W kinie pokazywali wojnę. Moja babcia i dziadek wspominają, że nie mieli dzieciństwa, zamiast niego była wojna. Ich dzieciństwo to wojna, a moje – Czarnobyl. Jestem stamtąd... Pani pisze, ale mnie żadna książka nie pomogła, nic nie wyjaśniła. Ani teatr, ani film. Roztrząsam to bez nich. Sama. Wszystko przeżywamy sami, nie wiemy, co z tym zrobić. Nie mogę tego ogarnąć umysłem. A jeszcze bardziej pogubiła się moja mama, która uczy w szkole języka rosyjskiego i literatury. Zawsze uczyła mnie, żeby żyć według książek... Mama się pogubiła... Nie potrafi żyć bez książek. Bez Czechowa i Tołstoja...

Wspominać? Chciałabym i zarazem nie chcę... (*Przez chwilę wsłuchuje się w siebie albo mocuje się sama ze sobą*). Skoro uczeni nic nie wiedzą, pisarze nic nie wiedzą, to my pomożemy im swoim życiem i śmiercią. Tak uważa moja mama... A ja wolałabym o tym nie myśleć, chcę być szczęśliwa. Dlaczego nie mogę być szczęśliwa?

Mieszkaliśmy w Prypeci, obok elektrowni atomowej. Tam się urodziłam i wychowałam. W dużym bloku z wielkiej płyty, na piątym piętrze. Okna wychodziły na elektrownię. Dwudziestego szóstego kwietnia... Wielu potem opowiadało, że wyraźnie słyszeli wybuch... Nie wiem, w naszej rodzinie nikt tego nie zauważył. Obudziłam się rano jak zwykle, czekała mnie szkoła. Usłyszałam huk. Przez okno zobaczyłam, że nad naszym domem zawisł helikopter. A to dopiero! Będę miała co opowiadać w klasie! Gdybym wiedziała, że pozostały nam zaledwie dwa dni... Z naszego poprzedniego życia... Tylko dwa dni – ostatnie w naszym mieście. Bo miasta nie ma. To, co zostało, już nie jest naszym miastem. Zapamiętałam, że sąsiad siedział z lornetką na balkonie, obserwował pożar. W linii prostej pewnie ze trzy kilometry. A my... dziewczynki i chłopcy... Pojechaliśmy zaraz na rowerach w stronę elektrowni, a kto nie miał roweru, ten nam zazdrościł. Nikt na nas nie krzyczał. Nikt! Ani rodzice, ani nauczyciele. Do obiadu na brzegu rzeki już nie było ani jednego wędkarza. Wrócili czarni, tak przez miesiąc w Soczi nie da się opalić. Opalenizna nuklearna! Dym nad elektrownią nie był czarny ani żółty, tylko błękitny. Z domieszką błękitu. Ale nikt na nas nie krzyczał... Pewnie dlatego że tak nas wychowano – niebezpieczeństwo łączyliśmy tylko z wojną: wybuch po lewej, wybuch po prawej. A tutaj – zwykły pożar, gaszą go zwyczajni strażacy... Chłopcy żartowali: „Ustawiać się według wzrostu na cmentarz. Najwyższy umiera pierwszy". Jestem nieduża. Nie pamiętam, żebym się bała, pamiętam za to mnóstwo dziwnych rzeczy. No, niezwyczajnych... Przyjaciółka opowiadała, jak w nocy na podwórzu zakopywały z mamą pieniądze i złote przedmioty, bojąc się że zapomną, w którym miejscu. Kiedy moja babcia odchodziła na emeryturę, dostała w prezencie samowar z Tuły. Wtedy nie wiadomo czemu najbardziej bała się o ten samowar i o medale dziadka. I o starą maszynę do szycia Singer. Gdzie je schowamy? Wkrótce nas wywieziono... Słowo „ewakuacja" przyniósł z pracy tato. „Zostaniemy ewakuowani". Jak w książkach o wojnie. Już wsiedliśmy do autobusu, tato sobie nagle coś przypomniał. Biegnie do domu. Wraca ze swoimi dwiema nowymi koszulami... Na wieszaku... To było dziwne... Niepodobne do taty... W autobusie wszyscy siedzieli bez słowa, patrzyli przez okno. Żołnierze wyglądali jak nie z tej ziemi, chodzili po ulicach w białych płaszczach i w maskach. „Co z nami będzie?" – zaczepiali ich ludzie. „Dlaczego nas pytacie? – złościli się tamci. – Tam stoją białe wołgi, tam jest dowództwo".

Wyjeżdżamy... a niebo takie niebieściutkie. Dokąd jedziemy? W torbach i siatkach baby wielkanocne, pisanki. Jeśli to wojna, to na podstawie książek inaczej sobie ją wyobrażałam. Wybuch po lewej, wybuch po prawej... Bombardowanie... Poruszaliśmy się wolno, bydło przeszkadzało. Drogami pędzono krowy, konie... Pachniało kurzem i mlekiem... Kierowcy klęli, krzyczeli na pastuchów: „Taka wasza mać, czego drogą pędzicie?!". Wznosicie pył radioaktywny! Trzeba iść polem, łąkami". Tamci w odpowiedzi też klęli na czym świat stoi, tłumaczyli, że szkoda deptać zielone żyto, trawę. Nikt nie wierzył, że już tu nie wrócimy. Nigdy przecież tak nie było, żeby ludzie nie wracali do domu. Trochę kręciło się nam w głowach i drapało w gardle. Stare kobiety nie płakały, płakały młode. Moja mama też płakała...

Przyjechaliśmy do Mińska... A miejsca w pociągu mieliśmy kupione u konduktorki za potrójną cenę. Przyniosła herbatę dla wszystkich, a nam powiedziała: „Dawajcie swoje kubki czy szklanki". Do nas nie od razu dotarło... Co to – szklanek nie mają? Nie! Boją się nas... „Skąd?" „Z Czarnobyla". I człowiek od razu jak najdalej od naszego przedziału, nie puszczają dzieci, żeby koło niego nie biegały. Przyjechaliśmy do Mińska, do przyjaciółki mamy. Mamie do dzisiaj wstyd, żeśmy w swoich „brudnych" ubraniach i butach nocą zwalili się do cudzego mieszkania. Ale tamci przyjęli nas, dali jeść. Żałowali. A jak zajrzeli sąsiedzi: „Macie gości? Skąd?". „Z Czarnobyla". Od razu na odległość...

Po miesiącu rodzicom pozwolono pojechać i obejrzeć mieszkanie. Zabrali ciepłą kołdrę, moją jesionkę i pełne wydanie listów Czechowa, ulubione dzieło mamy. Było tego chyba siedem tomów. Babcia... Nasza babcia... Nie mogła zrozumieć, dlaczego nie zabrali paru słoików konfitur z truskawek, które lubiłam, przecież to w słoikach, pozamykane... Metalowymi pokrywkami... Na kołdrze zobaczyliśmy „plamę"... Mama prała, czyściła odkurzaczem, nic nie pomogło. Oddaliśmy do pralni chemicznej... A kołdra i tak się „świeciła"... Dopóki nie wycięliśmy nożycami. Wszystko znane, zwyczajne rzeczy: jesionka, kołdra... Już nie mogłam spać pod tą kołdrą. Włożyć tej jesionki... Nie mieliśmy pieniędzy na nową, a ja nie mogłam... Nienawidziłam tych rzeczy! Tej jesionki! Niech pani mnie dobrze zrozumie, nie bałam się, tylko nienawidziłam! Wszystko to mogło mnie zabić! Mamę też! Czułam wrogość... Nie mogłam tego zrozumieć... Wszędzie mówiono o awarii: w domu, w szkole, w autobusie, na ulicy. Porównywali z Hiroszimą. Ale nikt nie wierzył. Jak tu wierzyć, skoro to nie do pojęcia? Jakkolwiek się człowiek starał, jakkolwiek próbował zrozumieć, nie dało się. Pamiętam: wyjeżdżamy z naszego miasta i niebo... takie niebieściutkie...

Babcia... Nie przyzwyczaiła się do nowego miejsca. Tęskniła. Przed śmiercią prosiła: „Chcę szczawiu!". Szczawiu przez kilka lat nie pozwalano jeść, bo był najbardziej napromieniowany. Zawieźliśmy ją do rodzinnej wsi Dubrowniki, żeby tam pochować... Tam już była strefa, ogrodzona drutem. Stali żołnierze z automatami. Za drut wpuścili tylko dorosłych... Tatę, mamę... Krewnych... Mnie nie pozwolili: „Dzieciom nie wolno". Zrozumiałam, że nigdy nie będę mogła odwiedzić babci... Zrozumiałam... Gdzie o tym można przeczytać? Gdzie tak kiedykolwiek było? Mama przyznała się: „Wiesz, że nienawidzę drzew i kwiatów". Powiedziała tak i przeraziła się samej siebie, bo wyrosła na wsi i wszystko to znała i kochała... Kiedyś... Kiedyś spacerowaliśmy z nią za miastem, umiała nazwać każdy kwiat, każdą roślinę. Podbiał, żubrówkę... Na cmentarzu... Na trawie... Rozesłaliśmy serwetę, postawili wódkę, zakąskę... A żołnierze mierzyli dozymetrem i wszystko wyrzucili. Zakopali. Trawa, kwiaty – wszystko „trzeszczało". Dokąd myśmy naszą babcię zawieźli?

Proszę o miłość... Ale się boję... Boję się kochać... Mam narzeczonego, zarejestrowaliśmy się w urzędzie stanu cywilnego. Słyszała pani o hiroszimskich *hibakusza*? Tych, którzy przeżyli wybuch w Hiroszimie... Mogą liczyć tylko na małżeństwa między sobą. U nas się o tym nie pisze, nie mówi. A my jesteśmy... czarnobylskimi *hibakusza*... Przyprowadził mnie do domu, przedstawił swojej mamie... Jego dobra mama... Pracuje jako ekonomistka w fabryce. Udziela się społecznie. Chodzi na wszystkie wiece antykomunistyczne, czyta Sołżenicyna. Kiedy jednak ta dobra mama dowiedziała się, że jestem z rodziny czarnobylskiej, z przesiedleńców, zwątpiła: „Kochana, czy pani może urodzić dziecko?". Zapisaliśmy się w urzędzie... On mnie błaga: „Odejdę z domu. Wynajmiemy mieszkanie", a ja mam w uszach: „Kochana, dla niektórych grzechem jest rodzić dzieci". Grzech kochać...

A przedtem miałam innego chłopaka. Artystę. Też chcieliśmy się pobrać. Wszystko było dobrze, póki się coś nie wydarzyło. Weszłam do jego pracowni i usłyszałam, jak krzyczy przez telefon: „Jakie miałeś szczęście! Nie wyobrażasz sobie, jakie szczęście!". Zwykle taki spokojny, taki flegmatyczny, nie używał żadnych wykrzykników. I nagle!... Co się okazało? Jego przyjaciel mieszka w akademiku. Zajrzał do sąsiedniego pokoju, a tam wisi dziewczyna. Przywiązała pończochę do lufcika... I na niej... Ten przyjaciel ją zdjął... Wezwał pogotowie... A on się zachłystywał, dygotał z emocji: „Nie wyobrażasz sobie, co on zobaczył! Co przeżył! Niósł ją na rękach... Miała pianę na ustach...". Nie mówił o nieżyjącej dziewczynie, nie było mu jej żal. Chciałby tylko zobaczyć i zapamiętać... A potem narysować... Od razu mi się przypomniało, jak mnie wypytywał, jaki kolor miał pożar w elektrowni, czy widziałam, jak rozstrzelane koty i psy leżały na ulicach. Jak płakali ludzie? Czy widziałam, jak umierają?

Po czymś takim... Nie mogłam już z nim być... Odpowiadać na jego pytania... (*Milczy przez chwilę*). Nie wiem, czy chcę jeszcze raz się z panią spotkać... Mam wrażenie, że pani przygląda mi się tak samo jak on. Po prostu obserwuje. Zapamiętuje. Jesteśmy przedmiotem jakiegoś eksperymentu. Wszystkich ciekawimy. Nie mogę się uwolnić od tego uczucia... A nie wie pani, za co ten grzech? Grzech rodzenia dzieci... Przecież niczemu nie jestem winna.

Czyż to moja wina, że chcę być szczęśliwa?

Katia P.

Monolog o kazaniu świętego Franciszka do ptaków

To moja tajemnica. Nikt więcej o tym nie wie. Rozmawiałem o tym tylko z przyjacielem...

Jestem operatorem filmowym. Jechałem tam, pamiętając, czego nas uczono. Prawdziwym pisarzem zostaje się na wojnie i inne takie... Ulubiony pisarz: Hemingway, ukochana książka: *Pożegnanie z bronią*! Przyjechałem. Ludzie kopią po ogródkach, na polach traktory, siewniki. Co mam filmować – nie wiem. Nigdzie nie ma żadnych wybuchów...

Pierwsze zdjęcia. W klubie wiejskim. Na scenie ustawiono telewizor, zebrano ludzi. Słuchają Gorbaczowa. Wszystko w porządku, wszystko jest pod kontrolą. W tej wsi, gdzie filmowaliśmy, odbywała się dezaktywacja. Myto dachy, zwożono „czystą ziemię". A jak umyć dach u babci, jeśli przeciekał? Trzeba było zdjąć ziemię na grubość ostrza łopaty, usunąć całą żyzną warstwę. Dalej już jest żółty piach. No więc babcia, wykonując polecenia rady wiejskiej, odrzuca ziemię łopatą, i zgarnia z niej nawóz. Szkoda, że tego nie sfilmowałem... Dokądkolwiek przyjadę: „Aaa, filmowcy. Zaraz wam znajdziemy bohaterów". Bohaterowie – staruszek z wnukiem, dwa dni pędzili kołchozowe krowy spod samego Czarnobyla. Po zdjęciach zootechnik zaprowadził mnie do gigantycznego rowu i sfilmował epizod zgodnie z najlepszymi tradycjami rodzimej dokumentalistyki: kierowcy buldożerów czytają „Prawdę". Tytuł wołowymi literami: „Kraj nie opuści nas w nieszczęściu". W dodatku patrzę – co za szczęście – bocian przyleciał na pole. Symbol! Jakiekolwiek zdarzyłoby się nieszczęście – zwyciężymy! Życie trwa nadal...

Drogi wiejskie. Kurz. Już wiedziałem, że to nie zwykły kurz, ale radioaktywny. Kamerę chowałem, żeby się nie zakurzyła, mimo wszystko to sprzęt optyczny. Maj był suchutki. Nie wiem, ile sami się nawdychaliśmy. Po tygodniu miałem zapalenie węzłów chłonnych. Ale taśmę oszczędzaliśmy jak naboje, bo miał tam przyjechać Slunkow, pierwszy sekretarz KC Komunistycznej Partii Białorusi. W którym dokładnie miejscu się pojawi, nikt zawczasu nie ogłaszał, ale samiśmy się domyślili. Na przykład kiedy jechaliśmy poprzedniego dnia, to na drodze kurz unosił się w powietrzu, a dzisiaj kładą asfalt, i to jaki – dwie, trzy warstwy! No, wiadomo: tutaj czekają na wysokie naczalstwo! Potem to naczalstwo filmowałem, chodzili równiuteńko po świeżym asfalcie. Ani centymetra w bok! To też miałem w kadrze, ale do filmu nie wstawiłem...

Nikt nic nie rozumiał, to było najstraszniejsze. Dozymetryści podają jedne liczby, a w gazetach czytamy inne. Aha, wtedy powoli zaczęło coś do nas docierać... W domu zostało małe dziecko, ukochana żona... Jakim musiałem być idiotą, żeby tu się znaleźć! No, dadzą mi medal... A żona odejdzie... Ratował nas tylko humor. Wymyślaliśmy dowcipy. W porzuconej wsi osiedlił się bezdomny, a zostały też cztery babcie. Pytają ich: „I jak tam ten wasz chłop?". „Oj, prawdziwy cap z niego, biega jeszcze do sąsiedniej wsi". Jeśli mam być całkiem szczery... Już człowiek jest tutaj. I już rozumie, że to Czarnobyl... Ale widzi drogę... Widzi, jak płynie strumień, tak po prostu. A to się zdarzyło... Motylki fruwają... Piękna kobieta stoi nad rzeką... Ale to się wydarzyło... Coś podobnego czułem, kiedy umarł ktoś mi bliski. Słońce... Gdzieś za ścianą gra muzyka... Jaskółki uwijają się pod dachem... A on umarł... Zaczyna padać deszcz... A on nie żyje... Rozumie pani? Chcę złowić słowem swoje uczucia, opowiedzieć, jaki byłem w owym czasie. Trafić do innego wymiaru...

Zobaczyłem kwitnącą jabłoń i zacząłem fotografować... Huczą trzmiele, sady kwitną... Trzymam w rękach kamerę, ale nic nie mogę zrozumieć... Coś tu nie pasuje! Ekspozycja normalna, obraz piękny, ale coś tu nie gra. I nagle przeszywa mnie myśl: nie czuję zapachu. Sad kwitnie, ale nie pachnie! Dopiero później dowiedziałem się, że tak reaguje organizm przy wysokim promieniowaniu, blokują się niektóre organy. Mama ma siedemdziesiąt cztery lata i, jak teraz sobie przypominam, skarży się, że nie czuje zapachów. No, myślę sobie, teraz to mnie spotkało. Pytam swoich z ekipy (było nas trzech): „Jak pachnie jabłoń?". „W ogóle nie pachnie". Coś się z nami stało... Bez nie pachniał... Bez! Wtedy pojawiło się u mnie takie poczucie, że to wszystko dookoła nie dzieje się naprawdę. Że otaczają mnie dekoracje... I że moja świadomość nie jest w stanie tego ogarnąć, nie ma się na czym oprzeć. Brakuje mi schematu!

Z dzieciństwa... Sąsiadka, była partyzantka, opowiadała, jak w czasie wojny ich oddział przebijał się przez okrążenie. Miała na rękach małe dziecko, miesięczne, szli przez bagno, dookoła oddziały pacyfikacyjne... Dziecko płakało... Mogło ich wydać, wykryliby ich, cały oddział... Wtedy je udusiła. Mówiła o tym obojętnie, tak jakby to nie ona, ale jakaś inna zrobiła, a dziecko było cudze. Dlaczego o tym wspomniała, już zapomniałem. Pamiętam wyraźnie co innego – swoje przerażenie. Co ona zrobiła? Jak mogła? Wydawało mi się, że cały oddział partyzancki wychodził z okrążenia dla tego dziecka, żeby je uratować. A tutaj zadusili dziecko po to, żeby mogli przetrwać zdrowi, silni mężczyźni. Na czym więc polega sens życia? Nie chciało mi się w ogóle żyć po czymś takim. Mnie, chłopcu, niezręcznie było patrzeć na tę kobietę, kiedy dowiedziałem się o niej czegoś takiego... W ogóle dowiedziałem się czegoś przerażającego o człowieku... Jak ona mogła patrzeć na mnie? (*Przez jakiś czas milczy*). Właśnie dlatego nie chcę wspominać... O tamtych dniach w strefie... Wymyślam dla siebie różne wytłumaczenia. Nie chcę otwierać tamtych drzwi... Chciałem tam zrozumieć, gdzie jestem prawdziwy, a gdzie nieprawdziwy. Miałem już dzieci. Pierwszy – syn. Kiedy urodził mi się syn, przestałem bać się śmierci. Odsłonił mi się sens życia.

Nocą w hotelu... Budzę się – monotonny szum za oknem, jakieś niebieskie rozbłyski. Odsuwam zasłony. Ulicą jadą dziesiątki łazików z czerwonymi krzyżami i kogutami. W kompletnej ciszy. Doznałem czegoś w rodzaju szoku. Z pamięci wypłynęły obrazy z filmów... Od razu przeniosłem się w dzieciństwo... Powojenne dzieci, lubiliśmy wojenne filmy. No i takie obrazy... I dziecinny strach... Z miasta wyjechali wszyscy swoi, a dziecko zostało samo i musi podjąć decyzję. A co jest najsłuszniejsze? Udać nieżywego, czy jak? A jeśli coś powinienem zrobić, to co?

W Chojnikach pośrodku miasta wisiała tablica honorowa. Najlepsi ludzie rejonu. Ale do skażonej strefy pojechał i dzieci z przedszkola wywiózł szofer – pijaczyna, a nie ten bohater z tablicy. Każdy stał się sobą. A jeszcze ta ewakuacja. Pierwsze wywożą dzieci. Załadowali je do wielkich ikarusów. Przyłapuję się na tym, że filmuję to tak, żeby było jak na filmie wojennym... I od razu zauważam, że nie ja jeden, ale wszyscy, którzy biorą udział w całej tej akcji, zachowują się w podobny sposób. Są tacy jak na tym filmie *Lecą żurawie*, który się nam wszystkim podobał, pamięta pani: skąpa łza w oku, krótkie słowa pożegnania... Machnięcie ręką... Wychodziło na to, że wszyscy staraliśmy się wybrać jakiś znany sposób bycia. Do czegoś się dopasować. Dziewczynka macha ręką do mamy, że wszystko w porządku, że jest dzielna. Zwyciężymy! My... Jesteśmy tacy...

Pomyślałem, że przyjadę do Mińska, a tam też ewakuacja. Jak się będę żegnał ze swoimi – żoną, synem? Wyobrażałem sobie siebie w tej liczbie i ten gest: zwyciężymy! Jesteśmy bojownikami. Mój ojciec, o ile pamiętam, chodził w ubraniu wojskowym, chociaż nie był żołnierzem. Myślenie o pieniądzach jest mieszczańskie, o własnym życiu – niepatriotyczne. Normalny stan to głód. Oni, nasi rodzice, przeżyli chaos, więc my też powinniśmy go przeżyć. Inaczej nie będzie się prawdziwym człowiekiem. Uczono nas walki i przetrwania w każdych warunkach. Mnie samemu po służbie zasadniczej życie w cywilu wydało się nudne. Nocą chodziliśmy kompanią po ulicach, szukając mocnych wrażeń. W dzieciństwie czytałem świetną książkę *Czyściciele*, nie pamiętam autora, o łapaniu dywersantów, szpiegów. Ekscytacja! Polowanie! Tak już jesteśmy skonstruowani. A codzienna praca i dobre jedzenie – tego nie chcemy, to nie dla nas!

Mieszkaliśmy w bursie jakiejś zawodówki razem z likwidatorami. Młode chłopaki. Dali nam walizkę wódki, żeby zneutralizować promieniowanie. Nagle się okazuje, że w tej samej bursie kwateruje oddział służby zdrowia. Same dziewczyny. „No, teraz się zabawimy!" – mówią. Poszło dwóch facetów i od razu wracają z takimi wytrzeszczonymi oczami... Wołają nas... Widzimy dziewczyny, idą korytarzem... Dostały bluzy, portki, a pod to kalesony z troczkami, te ciągną się po podłodze, pętają, nikt się nie krępuje. Wszystko stare, używane, nie na ten wzrost. Wszystko wisi na nich jak na kiju. Jedna w kapciach, inna w rozdeptanych buciorach. A na bluzy jeszcze naciągnięte miały specjalne gumowane ubrania, nasycone jakąś substancją chemiczną... No i jedzie od niiich... Niektóre nawet na noc tego nie zdejmują. Okropność patrzeć... I nie są to żadne pielęgniarki, wzięli je z uczelni wojskowej. Obiecali im, że na dwa dni, a kiedy przyjechaliśmy, były tam już od miesiąca. Opowiadały, że wożono je na reaktor, napatrzyły się tam na oparzenia, ale o oparzeniach słyszałem tylko od nich. Teraz też mam je w oczach: snują się po bursie jak lunatyczki...

W gazetach pisano, że na szczęście wiatr wiał w drugą stronę... Nie na miasto... Nie na Kijów... Nikt jeszcze nie wiedział... Nie domyślał się, że wiał na Białoruś... Na mnie i na mojego Jurika. Myśmy z nim tego dnia spacerowali po lesie, zrywali zajęczą kapustę. Boże mój, że też nikt mnie nie ostrzegł!

Wróciłem do Mińska... Jadę trolejbusem do pracy. Dolatują do mnie strzępy rozmowy: kręcili film w Czarnobylu, a jeden operator przy tym umarł. Spalił się. No, myślę: „Któż to taki?".

Dalej słyszę: młody, miał dwójkę dzieci. Wymieniają nazwisko: Witia Guriewicz. Jest u nas taki operator, całkiem młody chłopak. Dwójka dzieci? Czemuż to ukrywał? Podjeżdżamy do studia filmowego i wtedy ktoś poprawia, że nie Guriewicz, ale Gurin, a imię Siergiej. Boże, przecież to ja! Teraz to śmieszne, ale wtedy z metra do studia szedłem w strachu, że otworzę drzwi i… Idiotyczna myśl: „A skąd wzięli moją fotografię? Z działu kadr?". Skąd się wzięła plotka? Nieproporcjonalność skali wydarzeń i liczby ofiar. Na przykład bitwa pod Kurskiem. Tysiące poległych… To zrozumiałe. A tutaj – w pierwszych dniach podobno tylko siedmiu strażaków… Potem jeszcze kilku ludzi… Później zaczęły się określenia zbyt abstrakcyjne dla naszej świadomości: „W ciągu kilku pokoleń", „Wieczność", „Nicość". Rozchodzą się słuchy, że latają trójgłowe ptaki, kury zadziobują lisy, pojawiły się łyse jeże…

No a potem… Potem znowu ktoś musi pojechać do strefy. Jeden operator przyniósł zaświadczenie, że ma wrzody żołądka, drugi wziął urlop i czmychnął… Wzywają mnie: „Musisz!". „Przecież dopiero co wróciłem". „No wiesz… Ty tam już byłeś. Tobie teraz wszystko jedno. Poza tym masz już dzieci. A oni są młodzi. Cholera jasna, a może ja chciałbym mieć pięcioro czy sześcioro dzieci! No, zaczynają naciskać, że niby wkrótce nastąpi taryfikacja, to będę miał punkty. Dostanę podwyżkę… Smutna i śmieszna historia. Dotarłem do skraju świadomości…

Kiedyś filmowałem ludzi, którzy przeszli przez obóz koncentracyjny. Oni zazwyczaj nie chcą opowiadać. Jest coś nienaturalnego w tym, że ludzie zbierają się i wspominają wojnę. Wspominają, jak ich zabijali i jak oni zabijali. Ludzie, którzy poznali poniżenie, którzy przeżywali je razem… Ci uciekają od siebie nawzajem. I od siebie samych. Uciekają od tego, czego się tam dowiedzieli o człowieku… Co tam z niego wyjrzało. Spod skóry. No właśnie… Właśnie dlatego… Coś tam… W Czarnobylu… Ja też dowiedziałem się, poczułem, o czym się nie chce mówić. O tym na przykład, że wszystkie nasze wyobrażenia o humanitaryzmie są względne… W sytuacji ekstremalnej człowiek w istocie nie jest tym człowiekiem, o którym pisze się w książkach. Takiego, jakiego opisują w książkach, nie znalazłem, nie spotkałem. Wszystko na odwrót. Człowiek nie jest bohaterem. Wszyscy jesteśmy sprzedawcami apokalipsy. Wielkimi i małymi. Migają w pamięci strzępy... Obrazki... Przewodniczący kołchozu chce dwoma samochodami wywieźć rodzinę z rzeczami, meblami, a sekretarz partii żąda jednego dla siebie... Żeby było sprawiedliwie. W tym czasie przez kilka dni, sam byłem świadkiem, nie potrafili wywieźć dzieci ze żłobka. Bo nie było transportu. A tu dwóch samochodów im mało, żeby zmieścić wszystkie graty łącznie z trzylitrowymi słojami konfitur i marynat. Widziałem, jak następnego dnia to ładowali. Też nie sfilmowałem... (*Nagle zaczyna się śmiać*). Kupiliśmy tam w sklepie kiełbasę, konserwy, ale baliśmy się jeść. Woziliśmy te siatki ze sobą. Bo żal wyrzucić. (*I już poważniej*). Mechanizm zła będzie działał i podczas apokalipsy. Zrozumiałem to. Ludzie tak samo będą plotkować, schlebiać przełożonym, ratować telewizor i futro z karakułów. Nawet gdyby nastąpił koniec świata, człowiek pozostanie taki, jaki jest teraz. Zawsze.

Jakoś niezręcznie się czuję, że nie wywalczyłem dla swojej ekipy żadnych korzyści. Jeden z naszych chłopaków potrzebował mieszkania, więc idę do rady zakładowej. „Pomóżcie, pół roku siedzieliśmy w strefie. Należą się nam jakieś premie". „Dobrze – powiedzieli – przynieście zaświadczenia. Potrzebne są zaświadczenia z pieczątkami". Przyjeżdżamy do komitetu rejonowego, a po korytarzu chodzi jedna jedyna ciotka Nastia ze szczotką. Wszyscy pouciekali. A jest u nas reżyser, który ma cały stos zaświadczeń: gdzie był, co filmował. To dopiero bohater!

Został mi w pamięci długi serial, którego nie nakręciłem. Wieloodcinkowy... (*Milczy*). Wszyscy jesteśmy sprzedawcami apokalipsy...

Wchodzimy z żołnierzami do chałupy. Mieszka tam samotna babcia.

„No, babciu, jedziemy". „Pojedziemy, dzieci". „No to zbieraj się, babciu".

Czekamy na ulicy, palimy papierosy. No i ta babcia wychodzi, w rękach trzyma ikonę, kotka i węzełek. To wszystko, co zabiera ze sobą.

„Babciu, kota nie wolno. Zabronione. Ma radioaktywną sierść". „Nie, dzieci drogie, bez kotka nie pojadę. Jakże go tu zostawię samego? To moja rodzina".

No i od tamtej babci... Od tamtej kwitnącej jabłoni... Od nich się wszystko zaczęło... Filmuję teraz tylko zwierzęta... Mówiłem pani – teraz już znam sens życia...

Kiedyś pokazałem swoje tematy czarnobylskie dzieciom. Miały do mnie pretensje. Po co? Nie wolno. Nie trzeba. I tak ludzie żyją w tym strachu, wśród tych rozmów, mają zmiany w krwi, osłabiony układ immunologiczny. Spodziewałem się, że przyjdzie choćby kilkoro ludzi. Wypełnili salę do ostatka. Pytania były najróżniejsze, ale jedno dosłownie wryło mi się w pamięć. Jeden chłopiec, jąkając się i rumieniąc, widocznie z takich cichych, małomównych, zapytał: „A dlaczego nie można było pomóc zwierzętom, które tam zostały?". No dlaczego? Sam sobie takiego pytania nie stawiałem, toteż nie umiałem mu odpowiedzieć... Nasza sztuka zajmuje się tylko cierpieniem i miłością człowieka, a nie wszystkiego, co żyje. Wyłącznie człowieka! Nie zniżamy się do nich: do zwierząt, do roślin... Do innego świata... A przecież człowiek może wszystko zniszczyć. Wszystkich zabić. Teraz to już nie fantazja... Powiedziano mi, że w pierwszych miesiącach po awarii, kiedy omawiano pomysł przeniesienia ludzi, pojawił się projekt, żeby razem z ludźmi przenieść także zwierzęta. Ale jak? Jak przesiedlić wszystkie? Od biedy jeszcze można by zabrać stamtąd te, które żyją na ziemi, ale te, które są w ziemi, żuki, robaki? A te, które są w górze? Na niebie? Jak ewakuować wróbla albo gołębia? Co z nimi zrobić? Nie mamy sposobu, żeby przekazać im wiadomość.

Chcę nakręcić film... Będzie się nazywał *Zakładnicy*... O zwierzętach. Pamięta pani piosenkę: „Przez ocean wyspa gniada płynęła wpław..."*. Tonie okręt, ludzie wsiedli do szalup. A konie nie wiedziały, że w szalupach nie ma miejsca dla koni...

Współczesna przypowieść... Akcja toczy się na dalekiej planecie. Kosmonauta w skafandrze. W słuchawkach słyszy szum. Widzi, że napiera na niego coś olbrzymiego. Nieogarnionego.

* *Konie w oceanie* (*Łoszadi w okieanie*) – wiersz Borisa Słuckiego (1919–1986). Znany też jako piosenka z muzyką Wiktora Bierkowskiego. Cytat w przekładzie Wiktora Dąbrowskiego.

Dinozaur?! Jeszcze nie wiedząc, co to jest, strzela. Po chwili, znowu coś do niego się przybliża. I to też niszczy. Jeszcze po chwili – stado. Wtedy urządza rzeź. A okazuje się, że to był pożar, więc zwierzęta ratowały się, uciekały drogą, na której stał kosmonauta. Człowiek! A ze mną... Przyznam się pani... Ze mną stało się tam coś niezwykłego. Zacząłem patrzeć innymi oczami na zwierzęta... na drzewa... na ptaki... Jeżdżę do strefy... Przez te wszystkie lata... Z porzuconego i zrujnowanego domu wyskakuje dzik... Wychodzi łosza... To właśnie nakręciłem. Tego szukam... Chcę zrobić nowy film. I zobaczyć wszystko oczyma zwierzęcia... „Co ty kręcisz? – dziwią się koledzy. – Rozejrzyj się dookoła... W Czeczenii trwa wojna". Święty Franciszek wygłaszał kazania do ptaków. Rozmawiał z ptakami jak z równymi sobie. Ale może to ptaki rozmawiały z nim w swoim języku, a nie on się do nich zniżył. Rozumiał ich tajny język.

Pamięta pani... U Dostojewskiego... Tam człowiek bił kobyłę po łagodnych oczach. Szaleniec! Nie po kłębie, ale po łagodnych oczach...

Siergiej Gurin,
operator filmowy

Monolog bez nazwy – krzyk

Ludzie kochani... Zostawcie nas! Nie ruszajcie! Wy sobie tu pogadacie i pojedziecie, a my tu musimy żyć...

Leżą tu historie choroby... Codziennie biorę je do ręki. Czytam...

Ania Budaj, rok urodzenia 1985 – 380 rem*.
Witia Grinkiewicz, rok urodzenia 1986 – 785 rem.
Nastia Szabłowska, rok urodzenia 1986 – 570 rem.
Alosza Plenin, rok urodzenia 1985 – 570 rem.
Andriej Kotczenko, rok urodzenia 1987 – 450 rem.

* Rem (ang. *roentgen equivalent man* – biologiczny równoważnik rentgena) – używana dawniej jednostka określająca dawkę pochłoniętego promieniowania. Obecnie mierzy się ją w siwertach.

Jedna taka dziewczynka przyszła właśnie dzisiaj z mamą. „Co cię boli?" „Wszystko mnie boli, tak jak moją babcię: serce, plecy, w głowie mi się kręci".

Od dziecka znają słowo „łysienie", bo wiele z nich jest łysych. Nie mają włosów. Nie mają brwi, rzęs. Do tego wszyscy przywykli. Ale w naszej wsi są tylko klasy początkowe, od piątej dzieci są dowożone do wsi odległej o dziesięć kilometrów. Płaczą, nie chcą jechać. Bo tamte dzieci będą je wyśmiewać.

Sama pani widziała... Mam pełny korytarz chorych. Czekają. Każdego dnia słyszę coś takiego, że w porównaniu z tym wasze horrory w telewizji są śmiechu warte. Niech pani to powie władzom w stolicy. Śmiechu warte!

Moderna... Postmoderna... Nocą zerwano mnie w pilnej sprawie. Przyjeżdżam... Matka klęczy przy łóżeczku – umiera dziecko. Słyszę jej zawodzenie: „Syneczku, jeśli już to ma się zdarzyć, to wolałabym, żeby latem. Wtedy jest ciepło, kwiatki, ziemia jest miękka. A teraz zima. Poczekałbyś choćby do wiosny...". Tak pani napisze?

Nie chcę handlować ich nieszczęściem. Filozofować. Musiałbym wtedy spojrzeć na nie jak ktoś postronny. Ale nie mogę... Codziennie słyszę, co mówią, jak się skarżą i płaczą... Ludzie kochani... Chce pani znać prawdę? Niech pani siada przy mnie i nagrywa... Ale przecież nikt nie zechce czytać takiej książki...

Lepiej niech nas pani zostawi... My tu musimy żyć...

Arkadij Pawłowicz Bogdankiewicz,
felczer wiejski

Monolog na dwa głosy – męski i kobiecy

Nauczyciele Nina Konstantinowna i Nikołaj Prochorowicz Żarkowowie. On prowadzi zajęcia techniczne, ona jest filologiem.

Ona:

Tak często myślę o śmierci, że nie chcę na nią patrzeć. A pani słyszała kiedyś rozmowy dzieci o śmierci?

U mnie... Już w siódmej klasie kłócą się, chcąc rozstrzygnąć, czy jest straszna, czy nie. Jeśli niedawno małe dzieci ciekawe były, skąd się wzięły, to teraz przejmują się tym, co będzie po wojnie atomowej. Nie lubią już klasyki, kiedy recytuję Puszkina z pamięci – mają zimne, obojętne oczy... Pustka... Otacza je już inny świat... Czytają fantastykę, to je pociąga: tam człowiek odrywa się od ziemi, posługuje się czasem kosmicznym, żyje w różnych światach. Nie mogą bać się śmierci tak, jak boją się jej dorośli (na przykład ja), przejmują się nią jak czymś fantastycznym... Wędrówką w nieznane...

Zastanawiam się... Myślę o tym... Otaczająca nas śmierć zmusza do intensywnego myślenia. Uczę literatury rosyjskiej dzieci niepodobne do tych, które były dziesięć lat temu. W obecności tych dzisiejszych bez przerwy kogoś czy coś się grzebie, zakopuje w ziemi... Znajomych... Domy i drzewa... Wszystko się zakopuje... Kiedy te dzieci postoją na apelu kwadrans czy dwadzieścia minut, to mdleją, krew leci im z nosa. Nie sposób ich zadziwić, ale też ucieszyć. Zawsze są senne, zmęczone. Mają blade, szare twarze. Nie bawią się, nie wygłupiają. Nauczyciele wręcz się cieszą, kiedy dzieci się pobiją albo niechcący stłuką szybę. Nie krzyczą na nie, bo dzieci nie przypominają dzieci. I tak powoli rosną. Prosi się na lekcji, żeby dziecko coś powtórzyło – nie potrafi. Dochodzi do tego, że gdy każę powtórzyć zdanie, które przed chwilą powiedziałam, to nie pamięta. Tarmoszę dzieciaka. „Gdzie ty jesteś? No gdzie?". Myślę... Dużo myślę... Jakbym rysowała wodą na szkle – tylko ja wiem, co rysuję, nikt nie widzi, nikt się nie domyśla... Nikt sobie nie wyobraża...

Nasze życie obraca się wokół jednej rzeczy – Czarnobyla... Gdzie kto wtedy był, jak daleko mieszkał od reaktora? Co widział? Kto umarł? A kto wyjechał? Dokąd? Pamiętam, że w pierwszych miesiącach znowu zaczęły rozbrzmiewać gwarem restauracje, urządzano prywatki... „Żyje się raz..." „Jak umierać, to z muzyką..." Zjechało się pełno żołnierzy, oficerów... Teraz Czarnobyl nas nie opuszcza... Niespodziewanie umarła młoda kobieta w ciąży. Bez diagnozy, nawet patomorfolog jej nie postawił. Mała dziewczynka się powiesiła... Z piątej klasy... Ni stąd, ni zowąd. Rodzice odchodzą od zmysłów. Jest jedna diagnoza na wszystko – Czarnobyl. Cokolwiek się zdarzy, wszyscy mówią: Czarnobyl. Krytykuje się nas: „Chorujecie, bo się boicie. To ze strachu. Radiofobia". Ale dlaczego małe dzieci chorują i umierają? One nie znają strachu, nic jeszcze nie rozumieją.

Pamiętam tamte dni... Drapało w gardle, w całym ciele czuło się jakąś ociężałość. „Pani jest podejrzliwa – powiedziała lekarka. – Wszyscy zrobili się teraz podejrzliwi, bo zdarzył się Czarnobyl". „Jaka podejrzliwość? Wszystko mnie boli. Nie mam sił". Wstydziliśmy się z mężem przyznać sobie nawzajem, że zaczęły nam drętwieć nogi. Wszyscy dookoła skarżyli się, że kiedy dokądś idą, to mają nieodpartą ochotę się położyć. Położyć i zasnąć. Uczniowie kładli się na ławki, w czasie lekcji zasypiali. Wszyscy zrobili się okropnie smutni, ponurzy, przez cały dzień nie spotykało się ani jednej przyjaznej twarzy, nikt się nie uśmiechnął. Dzieci musiały siedzieć w szkole od ósmej do dziewiątej wieczór, surowo zabroniono im się bawić na ulicy, biegać. Wydano im odzież – dziewczynkom spódniczki i bluzki, chłopcom ubranka, ale potem dzieci wychodziły w tych rzeczach ze szkoły. Nie wiedzieliśmy, gdzie w nich były. Zgodnie z instrukcją mamy powinny były w domu codziennie tę odzież prać, żeby do szkoły dzieci przychodziły w czystej. Ale po pierwsze, dali tylko po jednym komplecie, a już drugiego na zmianę – nie; po drugie, mamy były obciążone obowiązkami domowymi – kury, krowa, prosię – no i poza tym nie rozumiały, że te rzeczy trzeba prać codziennie. Dla nich brud to atrament, ziemia, tłuste plamy, a nie żadne krótkożyciowe izotopy. Myślę, że z tego, co usiłowałam wytłumaczyć rodzicom, ci zrozumieli nie więcej, niż zrozumiałby jakiś czarownik z afrykańskiego plemienia. „A co to jest to promieniowanie? Nie słychać go i nie widać... Aha... A mnie pieniędzy nie starcza do następnej wypłaty. Ostatnie trzy dni zawsze siedzimy o mleku i kartoflach... Aha..." I matka macha ręką. A mleka nie wolno... Kartofli też. Do sklepu przywieźli chińską wieprzowinę i kaszę gryczaną, a za co je kupić? Trumienne... Wypłacają nam trumienne... Rekompensatę za to, że tu mieszkamy... Grosze... Wystarczy na dwie puszki konserw... Te instrukcje są dla kogoś wykształconego, wymagają pewnej kultury życia codziennego, a tu jej nie ma! Nie ma takich ludzi, dla których sporządzono te instrukcje. Poza tym nie jest tak łatwo każdemu wytłumaczyć, czym różnią się remy od rentgenów... Albo teorię małych dawek...

Z mojego punktu widzenia... Użyłabym tu słowa „fatalizm", taki nasz łatwy fatalizm. Na przykład w pierwszym roku nic z działek nie wolno było spożywać, ale i tak jedli, robili zapasy. Jeszcze tak świetnie wszystko obrodziło! No i spróbuj im, człowieku, powiedzieć, że nie wolno jeść ogórków i pomidorów... Co znaczy nie wolno?! Smakują przecież normalnie... Jedzą i brzuch nikogo nie boli... Po ciemku nikt się nie świeci... W zeszłym roku sąsiedzi położyli nową podłogę i deski wzięli stąd. Zmierzyli, a tło promieniowania sto razy wyższe od dopuszczalnego. Nikt nie rozebrał podłogi, no więc tak żyją. Wszystko, mówią, jakoś się ułoży, jakoś tam będzie. Samo się ułoży, bez nich, bez ich udziału. Początkowo nosili jedzenie do zbadania i okazywało się, że dziesiątki razy przekraczało normę. Potem przestali. „Nie słychać, nie widać. E tam, wymyślają ci uczeni!". Wszystko poszło swoim torem: zaorali, posiali, zebrali... Zdarzyło się coś przekraczającego ich pojęcie, ale ludzie żyją jak przedtem. Wyrzeczenie się ogórków z własnej działki było dla nich czymś gorszym od Czarnobyla. Dzieci przez całe lato trzymaliśmy w szkole, żołnierze umyli ją proszkiem do prania, zdjęli dookoła niej warstwę ziemi... A jesienią? Jesienią posłano dzieci do zbierania buraków. Uczniów z zawodówki też przywieziono na pole. Spędzili wszystkich. Co tam Czarnobyl, gdyby ziemniaki zostały na polu niewykopane, to dopiero byłoby coś strasznego...

Kto jest winien? No kto, jak nie my sami!

Kiedyś nie dostrzegaliśmy świata wokół nas; był jak niebo, jak powietrze, jakby ktoś dał go nam na wieki, a od nas wcale nie zależał. Będzie zawsze. Kiedyś lubiłam położyć się w lesie na trawie i podziwiać niebo, było mi tak dobrze, że zapominałam, jak się nazywam. A teraz? Las jest piękny, pełno czarnych jagód, ale nikt ich nie zbiera. Jesienią w lesie rzadko słychać ludzki głos. Strach czai się w uczuciach, na poziomie podświadomości... Zostały nam tylko telewizja i książki... Wyobraźnia... Dzieci rosną w domach... Bez lasu i rzeki... Patrzą przez okno. I to są całkiem inne dzieci. A ja do nich przychodzę z wierszem *Jesień*, z „oczarowaniem oczu" i tak dalej. Ciągle z tym samym Puszkinem, który wydawał mi się wieczny. Czasem przemknie mi przez głowę bluźniercza myśl: a może cała nasza kultura jest kufrem ze starymi rękopisami? Wszystko to, co kocham...

On:

Pojawił się inny wróg... Wróg stanął przed nami w innej postaci...

A nasze wychowanie było wojenne. Myślenie też wojenne. Nastawiono nas na odparcie ataku atomowego. Myśmy mieli zwalczać wojny chemiczne, biologiczne i atomowe. A nie usuwać radionuklidy z organizmu... Podliczać... Wykrywać cez i stront... Nie można tego porównywać do wojny, to nie jest to samo, ale wszyscy porównują. Jako dziecko przeżyłem blokadę Leningradu. Nie można tego porównywać. Tam żyliśmy jak na froncie, pod niekończącym się ostrzałem. Tam był głód, kilka lat głodu, kiedy człowiek zniża się do instynktów zwierzęcia. Do bestii w sobie. A tutaj proszę, wyszedł na działkę i widzi, że wszystko rośnie! Ani na polu nic się nie zmieniło, ani w lesie. To nie do porównania. Ale chciałem powiedzieć co innego... Straciłem wątek... Uciekł mi... Aha... Kiedy zaczyna się ostrzał – nie daj Boże! Może człowiek umrzeć nie kiedyś tam, ale zaraz, w tej chwili. Zimą zaczął się głód. Paliliśmy meble, wszystko, co było w mieszkaniu drewnianego, paliliśmy wszystkie książki, o ile pamiętam, nawet jakimiś starymi szmatkami paliliśmy. Człowiek idzie ulicą i nagle siada. Następnego dnia widać, że nadal siedzi, to znaczy zamarzł, siedzi tak przez tydzień, albo nawet do wiosny. Aż się ociepli. Nikt nie ma siły go wyrąbać z lodu. Z rzadka, jeśli ktoś upadał na ulicy, to podchodzili do niego i pomagali. Obok niego. Wszyscy pełzną obok. Pamiętam, że ludzie nie chodzili, ale pełzli, tak powoli chodzili. Tego nie da się z niczym porównać!

Kiedy wybuchł reaktor, żyła jeszcze mama, moja mama, która powtarzała: „Co było najstraszniejszego, synku, tośmy już przeżyli. Przeżyliśmy blokadę. Nie może się wydarzyć nic straszniejszego". Tak myślała...

Szykowaliśmy się do wojny, do wojny atomowej, budowaliśmy schrony przeciwatomowe. Chcieliśmy się schować przed atomem jak przed odłamkami pocisku. A on jest wszędzie... W chlebie, w soli... Oddychamy promieniowaniem, jemy promieniowanie... Potrafię zrozumieć, że może zabraknąć chleba i soli, a wtedy człowiek zje wszystko, mógłby nawet ugotować skórzany pas i najeść się samym jego zapachem. A tego nie potrafię... Wszystko jest zatrute... Teraz ważne jest, żeby uświadomić sobie, jak powinniśmy żyć. W pierwszych miesiącach panował strach, zwłaszcza lekarze, nauczyciele, krótko mówiąc inteligencja, co światlejsi ludzie, rzucali wszystko i wyjeżdżali. Chociaż nie chciano ich wypuścić, straszono... Dyscypliną wojskową... Wyrzuceniem z partii... A ja chciałbym zrozumieć... Kto jest winien? Żeby odpowiedzieć na pytanie, jak mamy tu żyć, musimy wiedzieć, kto jest winien. Kto? Uczeni, personel elektrowni? Czy też my sami, sposób, w jaki patrzymy na świat. Nie umiemy się zatrzymać w swoim pragnieniu posiadania... Używania... Znaleźli winnych – dyrektora, dyżurnych operatorów. Naukę. Ale dlaczego, niech mi pani powie, nie walczymy z samochodem jako tworem ludzkiego umysłu, a walczymy z reaktorem? Chcemy zamknąć wszystkie elektrownie atomowe, a inżynierów oddać pod sąd?! Przeklinamy! Ubóstwiam ludzką wiedzę i to wszystko, co człowiek stworzył. Wiedzę... Sama wiedza nie jest zbrodnicza... Uczeni dzisiaj też są ofiarami Czarnobyla. Chcę żyć, a nie umierać po Czarnobylu. Chcę wiedzieć, czego mógłbym się trzymać w swojej wierze. Co mi da siłę?

Wszyscy u nas o tym myślą... Ludzie teraz różnie reagują, mimo wszystko minęło dziesięć lat, a oni przykładają do tego miarę wojenną. Wojna trwała cztery lata... No to możemy przyjąć, że minęły dwie wojny... Wyliczę pani te reakcje: „Mamy już to wszystko za sobą", „Jakoś się nam uda", „Minęło dziesięć lat. Już nie jest strasznie", „Wkrótce wszyscy umrzemy! Wszyscy pomieramy!", „Chcę wyjechać za granicę", „Potrzebujemy pomocy", „A co mi tam! Trzeba żyć!". Zdaje się, że wszystko wymieniłem? To słyszymy każdego dnia... To się powtarza... Z mojego punktu widzenia... Jesteśmy materiałem do badań naukowych. Międzynarodowym laboratorium... W środku Europy... Nas, Białorusinów, jest dziesięć milionów, ponad dwa żyją na skażonej ziemi. Naturalne laboratorium... Można notować dane, eksperymentować. No i zjeżdżają się do nas zewsząd, z całego świata. Bronią dysertacji, piszą monografie. Z Moskwy i Petersburga... Z Japonii, Niemiec, Austrii... Jadą, bo się boją przyszłości... (*Długa przerwa w rozmowie*).

O czym myślałem? Znowu porównałem... Uświadomiłem sobie, że o Czarnobylu mogę mówić, a o blokadzie nie potrafię. Dostałem list z Leningradu... Przepraszam, ale słowo Petersburg w mojej świadomości się nie przyjęło, bo to w Leningradzie kiedyś umierałem... List zawierał zaproszenie na spotkanie „Dzieci blokady leningradzkiej". Pojechałem... Ale nie mogłem tam wydusić z siebie ani słowa. Po prostu opowiedzieć o strachu? Mało... Po prostu o strachu... A co on ze mną zrobił, ten strach? Dotąd nie wiem... W domu nigdy nie wspominaliśmy blokady, mama nie chciała, żebyśmy wspominali. A o Czarnobylu rozmawiamy... Nie... (*Przerywa*). Między sobą nie rozmawiamy, zaczynamy mówić, kiedy ktoś do nas przyjeżdża: cudzoziemcy, dziennikarze, krewni, którzy mieszkają gdzie indziej. Dlaczego nie rozmawiamy o Czarnobylu? Nie ma u nas takiego tematu... Ani w szkole z uczniami... Ani w domu... Temat jest zablokowany. Zamknięty. O tym rozmawia się z dziećmi w Austrii, we Francji, w Niemczech, tam, dokąd wysyłamy je na leczenie. Pytam dzieci, czego tamci chcą się od nich dowiedzieć, co ich interesuje. A one często nie pamiętają ani miasta, ani wsi, ani nazwiska ludzi, którzy ich gościli. Wyliczają prezenty, mówią, co jadły smacznego. Jedno dostało magnetofon, drugie nie. Przyjeżdżają w ubraniach, na które nie zapracowały ani one, ani ich rodzice. Tak jakby były gdzieś na wystawie. W dużym sklepie... Drogim supermarkecie... Cały czas czekają, żeby ich tam jeszcze raz zawieźć. Żeby pokazali, obdarowali. Do tego się przyzwyczajają. Przyzwyczaiły. To już ich sposób na życie, wyobrażenie o życiu. No i po ich wizycie w tym wielkim sklepie, zwanym zagranicą, po obejrzeniu przez nich tej drogiej wystawy mam iść do nich do klasy. Na lekcję. Idę i widzę, że to są już obserwatorzy... Obserwują, ale nie żyją. Powinienem im pomóc... Powinienem im wyjaśnić, że świat nie jest supermarketem, że to coś innego. Trudniejszego i piękniejszego. Prowadzę ich do swojej pracowni, gdzie stoją moje drewniane rzeźby. Podobają im się. Mówię: „To wszystko można zrobić ze zwykłego kawałka drewna. Spróbuj sam". Obudź się! Mnie to pomogło wyjść z blokady, wychodziłem stamtąd latami...

Świat się podzielił: my z Czarnobyla i oni, cała reszta ludzi. Zauważyła pani? U nas tu się nie podkreśla: jestem Białorusinem, Ukraińcem, Rosjaninem... Wszyscy mówią o sobie, że są z Czarnobyla. „Jesteśmy z Czarnobyla" „Jestem człowiekiem czarnobylskim". Jakbyśmy byli jakimś odrębnym plemieniem... Nowym narodem...

Monolog o tym, jak całkiem nieznana rzecz wpełza, włazi w człowieka

Mrówki... Malutkie mrówki pełzną po drzewie...

Dookoła dudni sprzęt wojskowy. Żołnierze. Krzyki, wymyślanie. Wulgarne słowa. Terkoczą śmigłowce. A one pełzną... Wracałem ze strefy i ze wszystkiego, co zobaczyłem przez cały dzień, w pamięci został mi ten jeden obraz... Ta chwila... Zatrzymaliśmy się w lesie, chciałem zapalić, stanąłem pod brzozą. Oparłem się o pień. A po nim, tuż przed moimi oczami, pełzały mrówki, nie słysząc nas, nie zwracając w ogóle na nas uwagi... Uparcie szły swoją drogą... My znikniemy, a one nawet tego nie zauważą. Coś takiego przemknęło mi przez myśl. A raczej strzępki myśli. Bo tyle było wrażeń, że nie mogłem myśleć. Patrzyłem na nie... Ja... Nigdy przedtem tak ich blisko nie widziałem... Tak blisko...

Najpierw wszyscy mówili „katastrofa", potem „wojna jądrowa". Czytałem o Hiroszimie i Nagasaki, widziałem zdjęcia dokumentalne. Straszne, ale zrozumiałe: wojna atomowa, promień wybuchu... To jeszcze mogłem sobie wyobrazić. Ale to, co się nam przydarzyło... Na to już jestem za mały... Nie ogarniają tego ani moja wiedza, ani wszystkie książki, które w ciągu życia przeczytałem. Wracałem z delegacji i ze zdziwieniem patrzyłem na półki z książkami w swoim gabinecie... Czytałem... Można było zresztą nawet nie czytać... Jakaś całkiem nieznana rzecz burzyła cały mój dotychczasowy świat. Wpełza, włazi w człowieka... Mimo jego woli... Pamiętam rozmowę z pewnym naukowcem: „To jest na tysiące lat – wyjaśniał. – Rozpad uranu to dwieście trzydzieści osiem półrozpadów. Przeliczmy to na czas: miliard lat. A jeśli chodzi o tor, to czternaście miliardów". Pięćdziesiąt... Sto... Dwieście lat... Ale dalej? Dalej blokada, szok! Już przestałem rozumieć, co to jest czas... Gdzie jestem?

Pisać o tym teraz, kiedy minęło dziesięć lat... To ledwie chwila... Pisać? Myślę, że to ryzykowne! Niepewne. Tak czy owak wszyscy zaczniemy wymyślać coś podobnego do naszego życia. Kalkować. Próbowałem... Nic nie wyszło... Po Czarnobylu pozostała mitologia Czarnobyla. Gazety i czasopisma prześcigają się, kto napisze coś straszniejszego. Grozę lubią zwłaszcza ci, którzy tam nie byli. Wszyscy czytali o grzybach z ludzką głową, ale nikt takich nie znalazł. O ptakach z dwoma dziobami... Dlatego nie warto pisać, ale zapisywać. Dokumentować. Proszę mi wskazać powieść fantastyczną o Czarnobylu... Nie ma jej! I nie będzie! Zapewniam panią! Nie będzie...

Mam odrębny notatnik... Prowadziłem notatki od pierwszych dni... Zapisywałem rozmowy, plotki, dowcipy. To jest najciekawsze i najbardziej wiarygodne. Dokładne odzwierciedlenie. Co zostało ze starożytnej Grecji? Mity starożytnej Grecji...

Oddam pani ten notatnik... U mnie zginie wśród stert papierów, no, może pokazałbym dzieciom, kiedy dorosną. Mimo wszystko to historia.

Z rozmów

„W radiu już trzeci miesiąc: «Sytuacja się stabilizuje... Sytuacja się stabilizuje... Sytuacja się sta...».

Błyskawicznie ożyło zapomniane słownictwo stalinowskie: «agenci zachodnich służb specjalnych», «szpiegowskie wypady», «akcja dywersyjna», «cios w plecy», «naderwanie nienaruszalnego sojuszu narodów Związku Radzieckiego». Wszyscy dookoła mówią o nasłanych szpiegach i dywersantach, nikt się słowem nie zająknie o profilaktyce jodowej. Każda nieoficjalna informacja traktowana jest jak obca ideologia.

Wczoraj z mojego reportażu redaktor wykreślił relację matki jednego ze strażników gaszących owej nocy pożar atomowy. Umarł w wyniku ostrej choroby popromiennej. Rodzice pochowali syna w Moskwie i wrócili do swojej wsi, którą wkrótce ewakuowano. A jesienią po kryjomu, lasami przedostali się do swojej zagrody, żeby zebrać worek ogórków i pomidorów. Matka była zadowolona: „Zrobiłam dwadzieścia słoików". Zaufanie do ziemi... Do wiecznego chłopskiego doświadczenia... Nawet śmierć syna nie zburzyła im świata, do którego przywykli...

Redaktor mnie wezwał: «Słuchasz Radia Swoboda»? Nic nie odpowiedziałem. «Nie potrzebuję panikarzy w gazecie. Napisz o bohaterach... Żołnierze weszli na dach reaktora...»

Bohater... bohaterowie... Kto jest dzisiaj bohaterem? Dla mnie jest nim lekarz, który, nie zważając na polecenia góry, mówi ludziom prawdę. I dziennikarz, i naukowiec. Ale jak powiedział na naradzie redaktor: «Zapamiętajcie! U nas nie ma lekarzy, nauczycieli, dziennikarzy ani naukowców. Wszyscy mamy teraz jeden zawód – człowiek radziecki».

Czy sam wierzył w to, co mówi? Czy własne słowa go nie przerażają? Moja wiara codziennie jest wystawiana na próbę".

„Przyjechali instruktorzy z KC. Ich trasa: z hotelu samochodem do komitetu partii i z powrotem, też samochodem. Sytuację poznają, czytając komplety miejscowych gazet. Torby pełne kanapek z Mińska. Herbatę gotują na wodzie mineralnej. Też przywiezionej ze sobą. Opowiadała o tym dyżurna z hotelu, gdzie mieszkali. Ludzie nie wierzą gazetom, telewizji i radiu, szukają wskazówek w zachowaniu władz. To jest najpewniejsze źródło.

Co robić z dzieckiem? Chciałoby się wziąć na ręce i uciekać. Ale mam w kieszeni legitymację partyjną. Nie mogę!"

„Najpopularniejsze powiedzonko w strefie: «Najlepsza na stront i cez jest wódka Stolicznaja».

W wiejskich sklepach niespodziewanie pojawiły się deficytowe towary. Słyszałem, jak przemawiał sekretarz komitetu obwodowego: «Stworzyliśmy wam rajskie życie. Tylko zostańcie i pracujcie. Zawalimy sklepy kiełbasą i kaszą. Będziecie mieli wszystko to samo, co w najlepszych sklepach specjalnych». To znaczy w bufetach komitetów partii. Stosunek do ludzi wyraża się tak: wystarczą im wódka i kiełbasa.

Ale niech ich diabli! Nigdy nie widziałem, żeby w sklepie wiejskim były trzy gatunki kiełbasy. Sam kupiłem tam żonie importowane rajstopy..."

„Dozymetry były w sprzedaży przez miesiąc i zniknęły. Nie wolno o tym pisać. Ile spadło radionuklidów i jakie – też nie wolno. Nie wolno także o tym, że we wsiach zostali sami mężczyźni. Kobiety i dzieci wywieziono. Przez całe lato mężczyźni sami prali, doili krowy, kopali na działkach. Oczywiście także pili. Bili się. Świat bez kobiet... Szkoda, że nie jestem scenarzystą. Temat do filmu... Gdzie jest Spielberg? Albo mój ulubiony Aleksiej German*? Napisałem o tym... Ale i tutaj nieubłagany czerwony ołówek redaktora: «Nie zapominajcie, że mamy wrogów. Wielu wrogów mamy za oceanem». I dlatego mamy same dobre rzeczy, a złych – wcale. Niezrozumiałych też u nas być nie może.

Ale gdzieś podstawia się specjalne składy, ktoś widział władze z walizkami..."

„Koło posterunku milicji zatrzymała mnie stara babcia: «Rzuć no tam okiem na moją chałupinę. Pora kartofle kopać, a żołnierze nie puszczają». Przesiedlono ich. Nakłamano, że na trzy dni. Bo inaczej by nie pojechali. Człowiek w próżni, człowiek bez niczego. Przedzierają się do swoich wsi przez blokady wojskowe... Leśnymi ścieżkami. Przez bagna... Nocami... Ścigają ich, łapią. Samochodami i helikopterami. Jak za Niemca, porównują starsi ludzie. Jak podczas wojny..."

„Widziałem pierwszego szabrownika. Młody chłopak, miał na sobie dwie futrzane kurtki. Wojskowemu patrolowi wmawiał, że leczy się w ten sposób na zapalenie korzonków. Kiedy go

* Aleksiej German ojciec (1938) – reżyser, scenarzysta i aktor filmowy, autor m.in. filmów *Dwadzieścia dni bez wojny*, *Mój przyjaciel Iwan Łapszyn*, *Chrustalow, samochód!*

przycisnęli, przyznał się: «Za pierwszym razem jest trochę strasznie, a potem się człowiek przyzwyczaja. Wypiłem kielicha i poszedłem». Przezwyciężył instynkt samozachowawczy. W normalnym stanie to niemożliwe. Tak nasz człowiek idzie, żeby dokonać wielkiego czynu. I tak samo – przestępstwa".

„Wchodzimy do pustej chaty, a na białym obrusie leży ikona… Ktoś powiedział: «Dla Boga»…

W innej stół był nakryty białym obrusem… Ktoś powiedział: «Dla ludzi»…"

„Pojechałem do rodzinnej wsi rok później. Psy zdziczały. Znalazłem naszego Reksa, wołam. Nie podchodzi. Nie poznał? Czy nie chce znać? Obraził się".

„W pierwszych tygodniach i miesiącach wszyscy przycichli. Milczeli. W prostracji. Trzeba wyjeżdżać, ale do ostatniego dnia – nie. Świadomość się wyłączyła. Nie pamiętam poważnych rozmów, pamiętam dowcipy: «Tak teraz u nas dobrze – każdy promienieje!". „Impotenci dzielą się na radioaktywnych i radiopasywnych». A potem dowcipy nagle znikły…"

„W szpitalu mała dziewczynka opowiada mamie: «Umarł jeden chłopiec, a wczoraj częstował mnie cukierkami»".

„W kolejce po cukier: «Oj, ludzie, a ileż grzybów w tym roku. I grzybów, i jagód! Zatrzęsienie!» «Są napromieniowane…» «Ale frajer… A kto ci to każe jeść? Trzeba zebrać, ususzyć i zawieźć na targ do Mińska. Można się dorobić milionów»".

„Czy można nam pomóc? I jak? Przenieść ludzi do Australii czy Kanady? Rzekomo takie pomysły gdzieś na samej górze od czasu do czasu się pojawiają".

„Miejsce na cerkiew wybierało dosłownie samo niebo. Pobożni ludzie miewali widzenia. Nim zaczęto budowę, działy się tajemnicze rzeczy. A elektrownię atomową zbudowano jak fabrykę czy standardową świńską fermę. Dach zalano asfaltem. Bitumem. Jak płonął, to się topił..."

„Czytałeś? Pod Czarnobylem znaleźli dezertera. Wykopał ziemiankę i przez rok mieszkał w pobliżu reaktora. Wchodził do porzuconych domów i żywił się tym, co znalazł – tu słoninę, tam słoik ogórków. Zastawiał pułapki na zwierzęta. Uciekł z wojska przed falą, dziadkowie bili prawie na śmierć. Przeżył dzięki Czarnobylowi..."

„Jesteśmy fatalistami. Nie zrobimy nic, bo wierzymy, że i tak co ma być, to będzie. Wierzymy w los. Taką mamy historię... Na każde pokolenie wypadała wojna... Krew... Dlaczego mielibyśmy być inni? Jesteśmy fatalistami..."

„Pojawiły się pierwsze psowilki, urodziły je wilczyce krzyżujące się z psami, które uciekły do lasu. Są większe od wilków, nie zwracają uwagi na flandry, nie boją się świata ani ludzi, nie biorą się na wabiki myśliwych. Zdziczałe koty też łączą się w stada i już nie boją się ludzi. Zanikła pamięć o tym, że niegdyś służyły człowiekowi. Kiedyś znajdą ślady niezwykłych pochówków. To cmentarzyska zwierząt. Dzisiejsze ołtarze ofiarne. Leżą tam tysiące rozstrzelanych psów, kotów, koni. Wszystkie bezimienne. Zaciera się granica między rzeczywistością a tym, co nierealne..."

„Wczoraj ojciec skończył osiemdziesiąt lat... Cała rodzina zebrała się przy stole. Patrzyłem na niego i myślałem, ile pomieściło się w jego życiu – stalinowskie łagry, wojna, a teraz – Czarnobyl. Wszystko wypadło na czasy jego pokolenia. Jednego pokolenia. A on lubi łowić ryby... Pracować w ogrodzie... Matka była zła, bo za młodu uganiał się za spódniczkami: «Żadnej w okolicy nie przepuścił». Nawet teraz zauważyłem, że spuszcza wzrok, kiedy z naprzeciwka idzie młoda ślicznotka...

Co wiemy o człowieku? O tym, co potrafi... Na ile go wystarcza..."

Z plotek

„Pod Czarnobylem budują obozy, w których będą trzymali napromieniowanych. Potrzymają, poobserwują i pogrzebią.

Ze wsi w pobliżu elektrowni już wywożą martwych autobusami na cmentarz. Tysiącami grzebią ich w bratnich mogiłach. Jak w Leningradzie podczas blokady..."

„Podobno w przeddzień wybuchu kilka osób widziało dziwne światło ponad elektrownią. Ktoś nawet je sfotografował. Na zdjęciu było widać, że to unosi się jakieś nieziemskie ciało..."

„W Mińsku umyto pociągi osobowe i towarowe. Całą stolicę wywiozą na Syberię. Tam już remontuje się baraki pozostałe po obozach stalinowskich. Zaczną od kobiet i dzieci. A Ukraińców już wywożą..."

„Wędkarze coraz częściej łapią ryby-płazy, które mogą żyć i w wodzie, i na ziemi. Po prostu człapią na płetwach. Zaczęli też łowić szczupaki bez głów i płetw. Tylko sam brzuch pływa..."

„To nie była żadna awaria, tylko trzęsienie ziemi. W podziemnej warstwie coś się stało. Wybuch geologiczny. Spowodowały to siły geo- i kosmofizyczne. Wojskowi wiedzieli o tym wcześniej, mogli uprzedzić, ale wszystko było ściśle tajne".

„Zwierzęta leśne cierpią na chorobę popromienną. Chodzą smutne, mają smutne oczy. Myśliwi boją się i nie chcą do nich strzelać. No więc zwierzęta przestały się bać człowieka. Lisy i wilki wchodzą do wsi i łaszą się do dzieci".

„Dzieci czarnobylan mają w żyłach nieznaną żółtą ciecz zamiast krwi. Według niektórych uczonych małpa dlatego stała się taka mądra, że była napromieniowana. Wszystkie dzieci, które się urodzą za parę pokoleń, będą Einsteinami. To jest taki eksperyment, który przeprowadzili na nas kosmici..."

Anatolij Szymanski, dziennikarz

Monolog o filozofii kartezjańskiej i o tym, jak człowiek zjada u kogoś skażoną kanapkę, bo wstydzi się odmówić

Żyłem wśród książek... Dwadzieścia lat wykładałem na uniwersytecie...

Wykładowca akademicki... To człowiek, który wybrał sobie ulubione miejsce w historii i tam żyje. Jest całkowicie pochłonięty nauką, pogrążony w swoim świecie. W teorii oczywiście... W teorii... Bo w tamtych czasach obowiązywała u nas filozofia marksistowsko-leninowska i tematy dysertacji musieliśmy wybierać tylko takie: „Rola marksizmu-leninizmu w rozwoju rolnictwa albo w zagospodarowywaniu nieużytków", „Rola wodza światowego proletariatu...". Nie było miejsca na żadne kartezjańskie dywagacje. Ale ja miałem szczęście... Moja rozprawa studencka trafiła na konkurs do Moskwy, skąd do nas zadzwoniono: „Zostawcie tego chłopaka w spokoju. Niech pisze". A pisałem o francuskim filozofie religii Malebranche'u, który zajmował się Biblią z racjonalnego punktu widzenia. Wiek XVIII, epoka oświecenia. Wiara w rozum. W to, że jesteśmy w stanie wyjaśnić świat. Teraz rozumiem, że miałem szczęście. Nie dostałem się w tryby... Nie przekręcili mnie przez maszynkę... Istny cud! Przedtem wielokrotnie mnie ostrzegano: jako temat rozprawy studenckiej Malebranche może być interesujący, ale praca magisterska to już poważniejsza sprawa, trzeba się zastanowić nad tematem. Chcemy panu dać asystenturę na katedrze filozofii marksistowsko-leninowskiej, a pan nam tu emigruje w przeszłość... Sam pan rozumie...

Zaczęła się pierestrojka Gorbaczowa... Czas, na który długo czekaliśmy. Pierwsze, co zauważyłem, to to, że od razu zaczęły się zmieniać twarze ludzi, skądś nagle wychynęły inne, dotąd niewidywane. Życie zmieniło coś w gestach, mimice, ludzie zaczęli już inaczej chodzić, częściej uśmiechali się do siebie. We wszystkim czuło się inną energię. Coś... Tak, coś się zupełnie zmieniło. Nawet teraz czuję zdumienie, jak szybko to się stało. No a mnie... Mnie też to wyrwało z życia kartezjańskiego. Wkrótce zamiast książek filozoficznych zaczęliśmy pochłaniać łapczywie świeże gazety i pisma, czekaliśmy z niecierpliwością na każdy numer pierestrojkowego „Ogonioka". Rano przed kioskami ustawiały się kolejki, ani przedtem, ani potem nigdy gazet nie czytano. Nigdy im tak bardzo nie dawano wiary. Spadła na nas lawina informacji... Ujawniono polityczny testament Lenina, przez pół wieku trzymany w archiwach specjalnych. U bukinistów można było kupić Sołżenicyna, po nim Szałamowa... Bucharina... Jeszcze niedawno za posiadanie takich książek trafiało się do więzienia, dostawało wyroki. Z zesłania powrócił akademik Sacharow*. Po raz pierwszy w telewizji pokazywano posiedzenia Zjazdu Deputowanych Ludowych ZSRR. Cały kraj wstrzymał oddech i siedział przy telewizorach. Rozmawialiśmy i rozmawiali... Mówiliśmy na głos o tym, o czym niedawno jeszcze szeptano po kuchniach. Ileśmy w tych kuchniach przesiedzieli! Przegadali! Przemarzyli! Ileż to pokoleń! W ciągu siedemdziesięciu z górą lat... Całej historii ZSRR... Teraz wszyscy chodzili na wiece. Na demonstracje. Coś podpisywali, przeciw czemuś głosowali. Pamiętam, jak w telewizji wystąpił jakiś historyk... Przyniósł do studia mapę obozów stalinowskich... Cała Syberia płonęła od czerwonych chorągiewek... Poznaliśmy prawdę o Kuropatach... Szok! Oniemienie w społeczeństwie! Białoruskie Kuropaty – to bratnia mogiła trzydziestego siódmego roku. Tam leżą razem Białorusini, Rosjanie, Polacy, Litwini... Dziesiątki tysięcy... Enkawudowskie rowy na dwa metry głębokie, ludzi układano paroma warstwami. Kiedyś to miejsce znajdowało się daleko za Mińskiem, a potem weszło w granice miasta. Stało się miastem. Można do niego dojechać tramwajem. W latach pięćdziesiątych obsadzono je młodym lasem, sosny podrosły, a mieszkańcy, nic nie podejrzewając, w wolne dni urządzali tam majówki. Zaczęły się badania... Władza... Komunistyczna władza kłamała. Wykręcała się. Nocą milicja zasypywała rozkopane groby, a w dzień znowu

* Andriej Sacharow (1921–1989) – fizyk, współtwórca radzieckiej bomby wodorowej. Później działał na rzecz rozbrojenia, a w latach sześćdziesiątych stał się jednym z przywódców opozycji. W 1975 roku otrzymał Pokojową Nagrodę Nobla. W 1980 roku został zesłany do miasta Gorki (ob. Niżny Nowogród).

je rozkopywano. Widziałem zdjęcia: szeregi czaszek oczyszczonych z ziemi... I w każdej dziura w potylicy...

Oczywiście żyliśmy z poczuciem, że uczestniczymy w rewolucji... W nowej historii...

Nie, nie odbiegłem od naszego tematu... Niech pani się nie irytuje... Chciałem przypomnieć, jacy byliśmy wtedy, gdy zdarzył się Czarnobyl. Bo w historii na zawsze pozostaną razem... Upadek socjalizmu i katastrofa czarnobylska. To się połączyło. Czarnobyl przyśpieszył rozpad Związku Radzieckiego. Wysadził imperium.

A ze mnie zrobił polityka...

Czwartego maja... Dziewiątego dnia po awarii przemówił Gorbaczow – to było oczywiście tchórzostwo. Konsternacja. Jak w pierwszych dniach wojny... W czterdziestym pierwszym... W gazetach pisano o wrogich knowaniach i histerii na Zachodzie. O antyradzieckiej akcji i prowokacyjnych plotkach, które szerzą u nas wrogowie z zagranicy. Wspominam siebie z tamtych dni... Strachu długo nie czułem, przez niemal miesiąc wszyscy wyczekiwali, że tylko patrzeć, jak nam ogłoszą: „Pod kierownictwem komunistycznej partii nasi uczeni... nasi bohaterscy strażacy i żołnierze... po raz kolejny pokonali żywioł. Odnieśli niesłychane zwycięstwo. Zapędzili kosmiczny ogień do probówki". Strach pojawił się nie od razu, myśmy go długo do siebie nie dopuszczali. Tak... właśnie było... Tak! Teraz to rozumiem... W naszej świadomości strach absolutnie nie godził się z pokojowym atomem z podręczników szkolnych, z książek... Nasz obraz świata wyglądał następująco: atom wojenny – złowieszczy grzyb aż do nieba, jak w Hiroszimie i Nagasaki, ludzie, którzy w jednej sekundzie zmienili się w popiół; oraz atom pokojowy – paląca się żarówka, absolutnie nieszkodliwa. Nasz obraz świata był dziecinny. Żyliśmy według elementarza. Nie tylko my, ale cała ludzkość zmądrzała po Czarnobylu... Wydoroślała... Wkroczyła w nowy etap życia.

Rozmowy z pierwszych dni: „Pali się elektrownia atomowa. Ale gdzieś daleko. Na Ukrainie". „Czytałem w gazetach: wysłano tam sprzęt wojskowy. Wojsko weszło do akcji. Zwyciężymy!" „Na Białorusi nie ma żadnej elektrowni atomowej. Jesteśmy spokojni".

Moja pierwsza wyprawa do strefy...

Jechałem i myślałem, że wszystko jest tam pokryte szarym popiołem. Czarną sadzą. Obraz Briułłowa *Ostatni dzień Pompei**. Tymczasem... Przyjeżdżam, a tam – prześlicznie! Cudownie! Kwitnące łąki, łagodna wiosenna zieleń lasów. Akurat lubię tę porę... Wszystko ożywa... Rośnie i śpiewa... Najbardziej uderzyło mnie to połączenie piękna i strachu. Wszystko na opak... Jakże to teraz rozumiem... Na opak ... Nieznane odczucie śmierci...

Przyjechaliśmy grupą... Nikt nas nie posyłał. Grupa młodych białoruskich radnych. Tamte czasy! To były czasy! Władza komunistyczna się wycofywała... Stawała się słaba, niepewna. Wszystko się chwiało. Ale miejscowa władza witała nas nieżyczliwie: „Macie zezwolenie? Macie prawo niepokoić ludzi? Zadawać pytania? Kto wam dał polecenie?". Powoływali się na instrukcję otrzymaną z góry: „Nie poddawać się panice. Czekać na polecenia". Wy nam tu, mówią, ludziom coś nagadacie, nastraszycie, a my musimy wykonywać plany. Zbioru zbóż, produkcji mięsa. Bali się nie o zdrowie ludzi, tylko o plany. Czy to w skali Białorusi, czy całego Związku Radzieckiego.... Bali się swoich przełożonych. A ci bali się tych wyższych przełożonych i tak dalej, aż do sekretarza generalnego. Jeden człowiek decydował o wszystkim, gdzieś tam na niebotycznej wysokości. Tak była zbudowana piramida władzy. Na samej górze – car. Wtedy akurat komunistyczny. „Wszystko jest tutaj skażone – wyjaśniamy. – Nic z tego, co produkujecie, nie będzie nadawało się do spożycia". „Jesteście prowokatorami. Skończcie z tą wrogą agitacją. Będziemy dzwonić... Meldować...". No i dzwonili. Meldowali tam gdzie trzeba...

Wieś Malinowka... Pięćdziesiąt dziewięć kiurów na metr kwadratowy...

Zajrzeliśmy do szkoły: „No i jak tu żyjecie?" „Wszyscy są wystraszeni, to jasne. Ale nas uspokoili: trzeba tylko umyć dachy, zakryć studnie folią, wyasfaltować ścieżki i można będzie żyć! Co prawda jakoś koty cały czas się drapią i koniom smarki wiszą aż do ziemi..."

* Karł Briułłow (1799–1852) – malarz rosyjski; jego najsławniejsze dzieło *Ostatni dzień Pompei* znajduje się obecnie w Państwowym Muzeum Rosyjskim w Petersburgu.

Zastępca dyrektora zaprosił nas do domu. Na obiad. Dom był nowy, dwa miesiące świętowali, mówiąc po białorusku *wchodziny* (niby że dopiero co weszli do domu). Obok domu spora szopa, piwnica. Kiedyś takie gospodarstwo nazywało się kułackim, takich ludzi zsyłano. Podziwiać i zazdrościć.

„Ale pan wkrótce będzie musiał stąd wyjechać". „Za nic w świecie! Tyle pracy w to włożyliśmy". „Niech pan spojrzy na dozymetr..." „Przyjeżdżają tu... Uczeni, wasza mać! Nie dają ludziom żyć spokojnie!"

Gospodarz machnął ręką i poszedł na łąkę po konia. Nawet się nie pożegnał.

Wieś Czudiany... Sto pięćdziesiąt kiurów na metr kwadratowy...

Kobiety kopią na działkach, dzieci biegają po ulicach. Na końcu wsi chłopi tną bierwiona na nowy dom. Zatrzymaliśmy się przy nich. Otoczyli samochód. Poprosili o papierosa.

„Jak tam w stolicy? Dają wódkę? Tutaj często nie dowożą. Na szczęście pędzimy własny bimber. Gorbaczow sam nie pije i nam nie pozwala". „Aaa... Znaczy się radni... Z tytoniem też u nas kijowo". „Panowie – zaczynamy im tłumaczyć. – Będziecie musieli wkrótce stąd wyjechać. To jest dozymetr... Patrzcie: w tym miejscu, gdzie stoimy, promieniowanie sto razy przekracza normę". „Czego to się im zachciewa... Eee... Na co tu komu dozymetr?! Ty sobie pojedziesz, a my zostaniemy. Gówno nam pomoże twój dozymetr".

Kilka razy oglądałem film o zagładzie Titanica. Przypomniał mi to, co widziałem na własne oczy, co sam przeżyłem w pierwszych dniach czarnobylskich... Było dokładnie tak, jak na Titanicu, ludzie zachowywali się identycznie. Ta sama psychologia. Poznawałem... Nawet porównywałem... Już przebite dno statku, woda zalewa dolne ładownie, przewraca beczki, skrzynie... Rozlewa się... Pokonuje przeszkody... A na górze palą się światła. Gra muzyka. Podają szampana. Ciągną się kłótnie rodzinne, zaczynają się romanse. Woda chlusta... Toczy się po schodach... Wlewa się do kajut...

Palą się światła. Gra muzyka. Podają szampana...

Nasza mentalność... To temat do oddzielnej rozmowy... Na pierwszym miejscu stawiamy uczucie. To daje rozmach, nadaje wzniosłość naszemu życiu, ale zarazem jest zgubne. A racjonalny wybór zawsze uważamy za niewłaściwy. Swoje czyny mierzymy sercem, nie rozumem. Zajdzie się we wsi na podwórze – o, gość przyszedł. Już się cieszą. Przeżywają... Kręcą głową: „Oj, nie ma świeżych rybek, nie mamy czego dać" albo „Mleczka się pan napije? Zaraz naleję kubek". Nie puszczają. Zapraszają do chałupy. Niektórzy się bali, a ja się zgadzałem. Wchodziłem do środka. Siadałem do stołu. Jadłem skażone kanapki, bo wszyscy jedzą. Wypijałem kielicha. Nawet czułem dumę, że taki jestem. Że się nie boję! Tak... Tak! Mówiłem sobie, że skoro nie potrafię nic zmienić w życiu tego człowieka, to wszystko, co mogę, to zjeść z nim skażoną kanapkę, żeby się nie wstydzić. Podzielić jego los. Taki jest u nas stosunek do własnego życia. A przecież mam żonę i dwoje dzieci, ponoszę za nich odpowiedzialność. Mam dozymetr w kieszeni... Teraz rozumiem... To nasz świat, to my. Dziesięć lat temu czułem dumę, a dzisiaj mi wstyd, że taki jestem. Ale i tak siądę do stołu i będę jadł przeklętą kanapkę. Myślałem... Myślałem o tym, jacy z nas ludzie. Ta przeklęta kanapka nie mogła mi wyjść z głowy. Trzeba ją jeść sercem, a nie rozumem. Ktoś dobrze napisał, że w XX... A teraz już w XXI wieku żyjemy tak, jak nas nauczyła dziewiętnastowieczna literatura. Boże! Często dręczą mnie wątpliwości... Omawiałem to z wieloma ludźmi... Kim jesteśmy? No kim?

Miałem ciekawą rozmowę z żoną, teraz już wdową po jednym z pilotów śmigłowców. Mądra kobieta. Długośmy z nią siedzieli. Też chciała zrozumieć... Znaleźć sens śmierci swojego męża i z nią się pogodzić. Nie mogła. Wielokrotnie czytałem w gazetach o tym, jak pracowali piloci nad reaktorem. Najpierw zrzucali ołowiane płyty, ale te bez śladu znikały w dziurze. Wówczas ktoś sobie przypomniał, że ołów paruje w temperaturze siedmiuset stopni, a tam przecież było dwa tysiące. Wobec tego zaczęto zrzucać worki z dolomitem i piachem. Pył natychmiast zaczął się unosić w górę, tak że zupełnie stracili widoczność. Słupy kurzu, po prostu ciemna noc. Żeby dokładnie trafić „bombą", otwierali okna kabin i oceniali na oko, jaki przechył nadać helikopterowi: w lewo czy w prawo, w dół czy w górę. Pochłaniali niesamowite dawki! Pamiętam tytuły w gazetach:

„Bohaterowie nieba", „Czarnobylskie sokoły". Ta kobieta... Przyznała mi się do swoich wątpliwości. „Teraz piszą, że mój mąż był bohaterem. Owszem, tak. Ale co to znaczy bohater? Wiem, że był uczciwym i obowiązkowym oficerem. Zdyscyplinowanym. Wrócił z Czarnobyla i po kilku miesiącach zachorował. Na Kremlu wręczyli mu order, tam zobaczył swoich kolegów. Wszyscy byli chorzy. Ale cieszyli się, że się spotkali. Przyjechał do domu szczęśliwy... Z orderem... Zapytałam go wtedy: «Czy w ogóle były szanse, żebyś tak bardzo nie ucierpiał? Zachował zdrowie?». «Pewnie były, gdybym więcej myślał – odpowiedział. – Gdybym włożył dobry kombinezon ochronny, specjalne okulary, maskę. A my nie mieliśmy ani pierwszego, ani drugiego, ani trzeciego. Sami też nie przestrzegaliśmy zasad bezpieczeństwa. Nie myśleliśmy»... Wszyscyśmy wtedy mało myśleli... Jaka szkoda, że przedtem mało myśleliśmy...". Zgadzam się z nią... W naszej kulturze myślenie o sobie jest przejawem egoizmu. Słabością ducha. Zawsze znajdzie się coś większego od nas. Od naszego życia.

Rok osiemdziesiąty dziewiąty... Dwudziestego szóstego kwietnia była trzecia rocznica katastrofy. Minęły trzy lata... Ludzi wysiedlono z trzydziestokilometrowej strefy, ale ponad dwa miliony Białorusinów nadal żyło w miejscach skażonych. Zapomniano o nich. Opozycja białoruska wyznaczyła na ten dzień, na sobotę, demonstrację, a władza w odpowiedzi ogłosiła czyn społeczny. W mieście rozwieszono czerwone flagi, pracowały bufety objazdowe z deficytowym wówczas asortymentem: wędzoną kiełbasą, czekoladowymi cukierkami, kawą rozpuszczalną. Wszędzie kręciły się samochody milicyjne. Chłopcy w cywilu też nie próżnowali... Fotografowali... Ale... Coś nowego! Nikt na nich już nie zwracał uwagi, nie bał się tak jak kiedyś. Ludzie zaczęli się zbierać koło parku Czeluskinowców... Nadchodzili coraz to nowi. Przed dziesiątą było już od dwudziestu do trzydziestu tysięcy (korzystam z milicyjnych danych, które później ogłoszono w telewizji), i z każdą chwilą tłum się powiększał. Sami czegoś takiego się nie spodziewaliśmy... Wszyscy byli podekscytowani... Kto mógłby się przeciwstawić takiemu morzu ludzi? Dokładnie o dziesiątej, tak jak planowaliśmy, kolumna ruszyła prospektem Lenina do centrum miasta, gdzie miał się odbyć wiec. Przez cały czas przyłączały się do nas nowe grupy, czekały na równoległych ulicach i przecznicach. W bramach. Rozeszły się słuchy, że milicja i wojskowe patrole zablokowały drogi do miasta, zawracając autobusy i samochody z demonstrantami z innych miejscowości, ale nikt nie uległ panice. Ludzie zostawili pojazdy i ruszyli pieszo w naszą stronę. Ogłoszono to przez megafon. Nad kolumną rozległo się gromkie „Hurraa!". Balkony są pełne ludzi, pootwierali okna na oścież, powchodzili na parapety. Machali do nas rękami. Powiewali chustkami, chorągiewkami. Wtedy zauważyłem... I wszyscy dookoła zaczęli o tym mówić... Gdzieś podziała się milicja, chłopcy w cywilu ze swoimi aparatami... Teraz się domyślam... Że dostali rozkaz i poszli na podwórza, powsiadali do samochodów, ukryli się pod plandekami. Władza się przyczaiła... Przestraszyła... Czekała... Ludzie szli i płakali, wszyscy trzymali się za ręce. Płakali, bo zwyciężyli własny strach. Uwalniali się od strachu...

Zaczął się wiec... I chociaż długo się do niego przygotowywaliśmy, ustalali listę mówców, nikt o tej liście nie pamiętał. Do naprędce skleconej trybuny sami podchodzili prości ludzie, którzy przyjechali z okolic Czarnobyla, i mówili bez żadnych kartek. Utworzyła się kolejka. Słuchaliśmy ich opowieści... Bo zeznawali naoczni świadkowie... Z osobistości publicznych na trybunę wszedł tylko akademik Wielichow, członek sztabu kierującego likwidacją awarii, ale nie pamiętam jego przemówienia. Zapamiętałem innych...

Matkę z dwojgiem dzieci... Dziewczynką i chłopczykiem...

Wzięła te dzieci ze sobą na trybunę: „One od dawna się nie śmieją. Nie bawią się. Nie biegają po podwórku. Nie mają sił. Są jak staruszkowie".

Likwidatorkę...

Kiedy podwinęła rękawy sukienki i pokazała ręce, wszyscy zobaczyli, że są całe w ranach. W strupach. „Prałam ubrania naszych mężczyzn, którzy pracowali w pobliżu reaktora – opowiadała. – Prałyśmy głównie ręcznie, bo mało nam przywieźli pralek. Prędko się popsuły, tak były przeciążone".

Młodego lekarza...

Na początku odczytał przysięgę Hipokratesa... Mówił, że wszystkie dane o zachorowaniach są ukryte jako „tajne" i „ściśle tajne". Medycynę i naukę wciąga się do polityki...

To był sąd czarnobylski.

Przyznam się... Nie ukrywam: najważniejszy dzień w moim życiu. Byliśmy szczęśliwi... Przyznaję...

A nazajutrz wezwano nas, organizatorów demonstracji, na milicję i skazano za to, że wielotysięczny tłum zajął cały prospekt, utrudniając w ten sposób ruch. Że transparenty niesiono bez zezwolenia. Każdemu z nas dano piętnaście dni z paragrafu „Złośliwe chuligaństwo". Sędziemu, który wydał wyrok, i milicjantom, którzy prowadzili nas do aresztu, było wstyd. Wszystkim im było wstyd. A myśmy się śmiali... Tak... Tak! To dlatego że byliśmy szczęśliwi...

Teraz przed nami stanęło pytanie: „Co możemy zrobić, co powinniśmy teraz zrobić?".

We wsi koło Czarnobyla pewna kobieta dowiedziała się, że jesteśmy z Mińska, i padła przed nami na kolana: „Ratujcie moje dziecko! Zabierzcie je ze sobą! Nasi lekarze nie wiedzą, co mu jest. A ono dusi się, sinieje. Ono umiera" (*Milknie*).

Przychodzę do szpitala... Chłopiec. Siedem lat. Rak tarczycy. Chciałem go jakoś zabawić, zacząłem żartować. A on odwrócił się do ściany: „Tylko niech pan nie opowiada, że nie umrę. Ja wiem, że umrę".

W Akademii Nauk... Chyba tam... Pokazano mi zdjęcie płuc człowieka, spalonych „gorącymi cząstkami". Płuca podobne były do rozgwieżdżonego nieba. „Gorące" to były najdrobniejsze mikroskopijne cząstki, które powstały, kiedy rozgrzany reaktor zasypano ołowiem i piaskiem. Cząsteczki ołowiu, grafitu i pierwiastków tworzących piasek zlepiały się i wskutek uderzeń wzlatywały wysoko w górę. Rozprzestrzeniały się na wielkim obszarze... W promieniu setek kilometrów... Trafiają teraz drogami oddechowymi do organizmu ludzkiego. Najczęściej giną traktorzyści i kierowcy, ci, którzy orzą, jeżdżą po wiejskich drogach. Każdy organ, do którego dostaną się te cząstki, na zdjęciach się „świeci". Setki dziurek, jak w drobnym sicie. Człowiek umiera... Spala się... My, ludzie, jesteśmy śmiertelni, ale „gorące cząstki" są praktycznie nieśmiertelne. Człowiek umrze i przez tysiąc lat zamieni się w ziemię, w kurz, a „gorące cząstki" będą żyły. Nawet ten kurz będzie jeszcze w stanie zabijać... (*Milknie*).

Wracałem z tych wypraw pełen... Opowiadałem... Moja żona, z wykształcenia lingwistka, nigdy nie interesowała się polityką, podobnie jak sportem, a wtedy ciągle zadawała mi to samo pytanie: „Co możemy zrobić? Co powinniśmy teraz zrobić?". Wzięliśmy się więc do pracy, która z punktu widzenia zdrowego rozsądku była nie do wykonania. Na coś podobnego człowiek jest w stanie zdecydować się tylko w chwili całkowitej wewnętrznej wolności. A wtedy taki czas był... Epoka Gorbaczowa... Pora nadziei! Wiary! Postanowiliśmy ratować dzieci. Pokazać światu, w jakim niebezpieczeństwie znajdują się dzieci na Białorusi. Prosić o pomoc. Krzyczeć. Bić we wszystkie dzwony!... Władza milczy, zdradziła swój naród, ale my nie będziemy milczeć. No i szybko... Bardzo szybko zebrał się krąg wiernych pomocników, ludzi o podobnych poglądach. Hasłem było: „Co czytasz? Sołżenicyna, Płatonowa... Chodź do nas...". Pracowaliśmy po dwanaście godzin na dobę. Musieliśmy wymyślić nazwę organizacji... Wariantów rozpatrzyliśmy dziesiątki, skończyliśmy na najprostszym – Fundacja „Dzieciom Czarnobyla". Teraz już nie potrafię wyjaśnić, ani nawet odtworzyć naszych wątpliwości... Naszych sporów... Obaw... Takich fundacji jak nasza nie sposób teraz zliczyć, ale przed dziesięcioma laty byliśmy pierwsi. Pierwsza inicjatywa obywatelska... Przez nikogo z góry niesankcjonowana... Reakcje wszystkich urzędników były jednakowe: „Fundacja? Jaka fundacja? Do tego celu powołane jest Ministerstwo Zdrowia".

Teraz to rozumiem... Czarnobyl nas uwolnił. Uczyliśmy się być wolnymi...

Przed oczami mam... (*Śmieje się*). Zawsze będę to miał przed oczami... Pierwsze chłodnie z pomocą humanitarną wjechały na podwórze naszego domu. Przysłali je na nasz adres domowy. Patrzyłem na nie ze swojego okna i nie miałem pojęcia, jak to wszystko rozładować, gdzie przechować. Dobrze pamiętam, że samochody były z Mołdawii. Jakieś siedemnaście do dwudziestu ton – soki, mieszanka owocowa, produkty dla dzieci. Już wtedy docierały do nas słuchy, że po to, by wyplenić promieniowanie, trzeba więcej owoców, trzeba dawać do jedzenia tę właśnie papkę. Obdzwoniłem przyjaciół – jedni byli na daczy, inni w pracy. Zaczęliśmy rozładunek we dwoje z żoną, ale stopniowo, jeden za drugim wychodzili z naszego domu ludzie (mieszkamy bądź co bądź w ośmiopiętrowym bloku), zatrzymywali się przypadkowi przechodnie: „Co to za samochody?". „Pomoc dla dzieci Czarnobyla". Rzucali swoje sprawy, przyłączali się do nas. Pod wieczór wszystkie samochody były rozładowane. Ładunek pochowaliśmy w piwnicach i garażach, dogadaliśmy się też z jakąś szkołą. Śmialiśmy się potem z siebie... A kiedy zawieźliśmy tę pomoc do skażonych rejonów... Zaczęliśmy rozdawać... Zazwyczaj ludzie gromadzili się w szkole albo w domu kultury. W rejonie wietkowskim... Właśnie sobie odświeżyłem w pamięci ten przypadek... Młoda rodzina... Dostali jak wszyscy słoiczki z przetworami dla dzieci, kartony z sokami. Mężczyzna usiadł wtedy i zapłakał. Te słoiczki, te kartony nie mogły ocalić jego dzieci, mógł machnąć ręką, że to głupstwo! Ale on płakał, bo okazało się, że o nich nie zapomniano. Ktoś o nich pamiętał. To znaczy, że jest nadzieja.

Odezwał się cały świat... Nasze dzieci zgodzono się przyjąć na leczenie we Włoszech, Francji, Niemczech... Lufthansa przewiozła je do Niemiec na swój koszt. Wśród niemieckich pilotów przeprowadzono konkurs, długo ich wybierano. Polecieli najlepsi. Kiedy dzieci szły do samolotów, rzucało się w oczy to, że wszystkie są strasznie blade. I ciche. Nie obeszło się bez kuriozów... (*Śmieje się*). Ojciec pewnego chłopca wdarł się do mojego gabinetu i zażądał zwrotu dokumentów syna: „Naszym dzieciom będą tam pobierać krew. Robić na nich eksperymenty!". Oczywiście pamięć o tamtej wojnie jeszcze się nie zatarła. Ludzie pamiętają... Ale jest i inny powód: długo żyliśmy za drutami. W obozie socjalistycznym. Baliśmy się innego świata... Nie znaliśmy go... Czarnobylskie mamy i tatusiowie to jeszcze jeden temat. Dalszy ciąg rozmowy o naszej mentalności... o radzieckiej mentalności. Upadł... Rozleciał się Związek Radziecki... A wszyscy jeszcze długo oczekiwali pomocy od wielkiego i potężnego kraju, którego już nie było. Moja diagnoza... Chce ją pani znać? Skrzyżowanie więzienia z przedszkolem – to właśnie jest socjalizm. Radziecki socjalizm. Człowiek oddawał państwu duszę, sumienie, serce, a w zamian dostawał kartkę żywnościową. Tutaj już różnie się ludziom wiodło: jeden dostał większy przydział, drugi – mniejszy. Jedno było wspólne – za kartkę musiał oddać duszę. Najbardziej baliśmy się, żeby nasza fundacja nie zaczęła się zajmować rozdawnictwem kartek. Czarnobylskich kartek. A ludzie już zdążyli przywyknąć do tego, by czekać i użalać się: „Jestem z Czarnobyla. Mnie się należy, bo jestem z Czarnobyla". Teraz to rozumiem... Czarnobyl to wielka próba także dla naszego ducha. Dla naszej kultury.

W pierwszym roku wysłaliśmy za granicę pięć tysięcy dzieci, w drugim już dziesięć tysięcy, a w trzecim – piętnaście...

A rozmawiała pani z dziećmi o Czarnobylu? Nie z dorosłymi, ale z dziećmi? Potrafią rozumować zupełnie zaskakująco. Jako filozofa zawsze mnie to ciekawi. Przykład... Jedna dziewczynka opowiadała mi, jak ich klasę posłano jesienią osiemdziesiątego szóstego roku w pole, do zbiórki buraków i marchwi. Wszędzie znajdowały zdechłe myszy. Dzieci się śmiały: „Wymrą myszy, chrząszcze, robaki, a potem zaczną umierać zające, wilki. Po nich my. Ludzie wymrą ostatni". Potem fantazjowały, jak będzie wyglądał świat bez zwierząt i ptaków. Bez myszy. Po jakimś czasie będą żyli tylko ludzie. Bez nikogo. Nawet muchy przestaną latać. Miały od dwunastu do piętnastu lat. Tak sobie wyobrażały przyszłość.

Rozmowa z inną dziewczynką... Pojechała na obóz pionierski i tam zaprzyjaźniła się z chłopcem. „Taki fajny chłopak – wspominała. – Cały czas spędzaliśmy razem". A potem, kiedy koledzy powiedzieli mu, że dziewczynka jest z Czarnobyla, ani razu już do niej nie podszedł. Z tą dziewczynką nawet korespondowałem. „Teraz, kiedy myślę o swojej przyszłości – pisała – marzę, że skończę szkołę i wyjadę gdzieś daleko, gdzie nikt nie będzie wiedział, skąd jestem. Tam mnie ktoś pokocha. Wtedy wszystko zapomnę...".

Niech pani nagrywa, proszę nagrywać... Tak... Tak! Wszystko to zniknie, zatrze się w pamięci. Żałuję, że nie notowałem... Jeszcze jedna historia... Przyjechaliśmy do skażonej wsi. Koło szkoły dzieci grają w piłkę. Piłka potoczyła się na klomb z kwiatami, dzieci okrążyły klomb, chodzą dookoła, ale boją się wyciągnąć piłkę. Z początku nie rozumiałem, o co chodzi. Niby wiedziałem, ale tylko w teorii, bo nie mieszkam tutaj, przyjechałem z normalnego świata. Nie wyrobiłem sobie odruchu, więc podszedłem do klombu. A dzieci jak nie krzykną: „Nie wolno! Nie wolno! Proszę pana, nie wolno!". Przez trzy lata przywykły do myśli, że nie wolno usiąść na trawie, nie wolno rwać kwiatów. Nie wolno wdrapywać się na drzewo. Trzeba było widzieć, jak niepewnie wchodziły do wody, jak głaskały trawę, kiedy wywieźliśmy je za granicę i mówili: „Idźcie do lasu, nad rzekę. Kąpcie się, opalajcie"... Ale potem... Potem... Jakież szczęście od nich biło! Można znowu nurkować, leżeć na piasku... Cały czas chodziły z bukietami, plotły wianki z kwiatów polnych. O czym myślę? O czym... Teraz już wiem o czym... Tak, możemy je wywieźć i podleczyć, ale jak im zwrócimy dawny świat? Jak im zwrócimy przeszłość? I przyszłość?

Jest pewien problem... Musimy sobie odpowiedzieć na pytanie: „Kim jesteśmy?". Bez tego nic się nie stanie i nie zmieni. Czym jest dla nas życie? I czym jest dla nas wolność? O wolności potrafimy tylko marzyć. Mogliśmy być wolni, ale wolni nie jesteśmy. Znowu nie wyszło. Siedemdziesiąt lat budowaliśmy komunizm, dzisiaj budujemy kapitalizm. Kiedyś modliliśmy się do Marksa, teraz do dolara. Pogubiliśmy się w historii. Kiedy myślimy o Czarnobylu, to wracamy tutaj, do tego punktu. Kim jesteśmy? Co zrozumieliśmy z siebie? Ze swojego świata? W naszych muzeach wojskowych, a mamy ich więcej niż muzeów sztuki, przechowujemy stare automaty, bagnety, granaty, na dziedzińcu stoją czołgi i granatniki. Prowadzi się tam na wycieczki szkolne i pokazuje – to jest wojna. Wojna jest taka... A ona jest już inna... Dwudziestego szóstego kwietnia tysiąc dziewięćset osiemdziesiątego szóstego roku przeżyliśmy jeszcze jedną wojnę. Która wcale się nie skończyła...

A my... Kim jesteśmy?

Hienadź Hruszawy,
poseł do parlamentu Białorusi,
prezes Fundacji „Dzieciom Czarnobyla"

Monolog o tym, że dawno zeszliśmy z drzewa i nie wymyślili takiego, które by od razu stało się kołem

– Niech pani siada... Proszę bliżej... Ale będę szczera: nie lubię dziennikarzy i oni też mnie nie oszczędzają.

– A to dlaczego?

– Nie wie pani? Nie zdążyli pani uprzedzić? No to teraz już wiem, dlaczego pani tutaj przyszła. Do mojego gabinetu. Bo ja jestem odrażającą postacią. Tak mnie raczył nazwać pani kolega. Wszyscy dookoła krzyczą: Nie można żyć na tej ziemi! A ja odpowiadam: można. Trzeba się nauczyć na niej żyć. Trzeba się odważyć. Mamy zamknąć skażony teren, ogrodzić go drutem (trzecią część kraju!), zostawić i uciekać? Bo ziemi nam jeszcze wystarczy? Nie! Nasza cywilizacja jest antybiologiczna, z jednej strony człowiek jest najstraszniejszym wrogiem natury, ale z drugiej jest twórcą. Przekształca świat. Weźmy taką wieżę Eiffla albo statek kosmiczny... Tyle że postęp wymaga ofiar, a im większy, tym ofiar jest więcej. Nie mniejszych niż wojna, to właśnie zrozumieliśmy. Zanieczyszczenie powietrza, zatrucie gleby, dziura ozonowa... Klimat na Ziemi się zmienia. To wszystko nas przeraziło. Ale wiedza sama w sobie nie może być winą ani zbrodnią. Czarnobyl... Kto jest winien? Reaktor czy człowiek? Nie podlega dyskusji, że człowiek. Źle go obsługiwał, dopuścił się potwornych błędów. Suma błędów. Nie zagłębiajmy się w kwestie techniczne... Ale to już potwierdzone... Pracowały setki komisji i ekspertów. Największa katastrofa technogenna w historii ludzkości, nasze straty są fantastyczne, materialne jeszcze jakoś można podliczyć. A niematerialne? Czarnobyl uderzył w naszą wyobraźnię. W naszą przyszłość... Przelękliśmy się przyszłości. No to trzeba było nie złazić z drzewa... Albo wymyślić coś takiego, żeby drzewo rosło od razu jako koło. Jeśli chodzi o liczbę ofiar, to nie katastrofa czarnobylska, ale samochód zajmuje pierwsze miejsce w świecie. Dlaczego nikt nie zabrania produkcji samochodów? Jazda na rowerze, czy też na ośle jest bezpieczniejsza... Albo wozem...

Tutaj moi oponenci milkną... Nic nie mówią...

Oskarżają mnie... Pytają: „A co pani myśli o tym, że dzieci piją tutaj radioaktywne mleko? Jedzą radioaktywne jagody?".

No, źle o tym myślę. Bardzo źle!... Ale przecież te dzieci mają ojców i matki; mamy też rząd, który powinien o tym myśleć. Przeciwna jestem jednemu... Przeciwna jestem temu, żeby ludzie, którzy nie znają tablicy Mendelejewa albo już ją zapomnieli, uczyli nas, jak mamy żyć. Zastraszali. Nasz naród i tak zawsze żył w strachu – rewolucja, wojna. Ten krwawy wampir... Diabeł! Stalin... Teraz – Czarnobyl... A potem się dziwimy, dlaczego ludzie u nas są tacy. Dlaczego nie są wolni, dlaczego boją się wolności? Przecież dla nich bardziej naturalne jest życie pod berłem cara. Cara ojczulka. Może nazywać się gensekiem czy prezydentem, co za różnica. Żadna. Ale ja nie jestem politykiem, jestem naukowcem. Całe życie myślę o ziemi, badam ziemię. Ziemia jest materią tak samo zagadkową jak krew. Niby wszystko o niej wiemy, a jakaś tajemnica zawsze zostaje. Podzieliliśmy się nie na tych, którzy chcą żyć tutaj, i tych, którzy nie chcą, ale na uczonych i nieuczonych. Jeśli pani zdarzy się atak ślepej kiszki i trzeba będzie operować, to do kogo się pani zwróci? Oczywiście do chirurga, a nie do entuzjasty społecznika. Będzie pani słuchała specjalisty. Nie jestem politykiem. Myślę... Co takiego mamy na Białorusi poza ziemią, wodą i lasem. Dużo nafty? A może diamentów? Nic nie ma. Dlatego trzeba chronić to, co mamy. Rekultywować. Tak... Oczywiście... Współczują nam, wielu ludzi na świecie chce pomóc, ale nie będziemy przecież bez końca żyć ochłapami z Zachodu. Liczyć na cudzą kieszeń. Kto chciał, ten już wyjechał. Zostali tylko ci, którzy chcą żyć, a nie umierać po Czarnobylu. Tu jest ich ojczyzna.

– Co pani proponuje? Jak tu człowiek może żyć?

– Człowiek się leczy... A zanieczyszczona ziemia też się leczy... Trzeba pracować. Myśleć. Niechby i małymi kroczkami, ale dokądś się gramolić. Iść naprzód. A my... Jak jest u nas? Z naszym potwornym słowiańskim lenistwem prędzej uwierzymy w cud niż w to, że można coś zrobić własnymi rękami. Niech pani popatrzy na przyrodę... Od niej trzeba się uczyć... Przyroda pracuje, oczyszcza się samorzutnie, pomaga nam. Zachowuje się rozsądniej od człowieka. Dąży do pierwotnej równowagi. Do wieczności.

Wzywają mnie do komitetu obwodowego... „Taką mamy niecodzienną sprawę... Proszę nas zrozumieć, Sławo Konstantinowna, nie wiemy, komu wierzyć. Dziesiątki naukowców twierdzą jedno, pani co innego. Czy pani słyszała coś o sławnej czarodziejce Parasce? Bo ona podejmuje się w ciągu lata zmniejszyć tło promieniowania gamma, postanowiliśmy więc ją zaprosić".

Pani się śmieje... A ja rozmawiałam z poważnymi ludźmi, ta Paraska miała podpisane umowy z niektórymi gospodarstwami. Zapłacono jej duże pieniądze. Przeżyliśmy fascynację... Zaćmienie umysłów... Ogólną histerię... Pamięta pani? Tysiące... Miliony siedziały przed telewizorami, i czarownicy (sami nazwali się „bioenergoterapeutami") – Czumak, a potem Kaszpirowski – „ładowali" wodę. Moi koledzy, posiadacze stopni naukowych, napełniali trzylitrowe słoje wodą i stawiali przed ekranami. Pili tę wodę, myli się... Bo uważano, że ma właściwości lecznicze. Czarownicy występowali na stadionach, gdzie przychodziło tylu widzów, że Ałła Pugaczowa mogłaby co najwyżej marzyć o takiej liczbie. Ludzie tam szli, jechali, czołgali się. Z niesamowitą wiarą! Za jednym ruchem czarodziejskiej różdżki wyleczymy się ze wszystkich chorób! A co? Nowy projekt bolszewicki... Publiczność pełna entuzjazmu... Głowy nabite nową utopią... Aha, myślę, teraz czarownicy będą nas ratować przed Czarnobylem.

Pytają mnie: „Jakie jest pani zdanie? Oczywiście, wszyscy jesteśmy ateistami, ale tu mówią... I w gazetach piszą... Zorganizować pani spotkanie?".

Spotkałam się z tą Paraską... Skąd się wzięła, nie wiem. Pewnie z Ukrainy. Już dwa lata wszędzie jeździła i zmniejszała tło promieniowania gamma.

„Co pani zamierza robić?" – spytałam. „Mam takie siły wewnętrzne... Czuję, że mogę zmniejszać tło gamma". „A co jest pani do tego potrzebne?" „Helikopter".

Wtedy już się rozzłościłam. I na Paraskę, i na naszych urzędasów, którzy z rozdziawionymi ustami gapili się, jak ta im robi wodę z mózgu. Pytam ją: „A po co od razu helikopter? My tutaj zaraz przywieziemy skażoną ziemię i nasypiemy na podłogę. Choćby na pół metra. I proszę, niech pani usuwa tło...".

Tak właśnie zrobiliśmy. Przywieziono ziemię... A ta zaczęła... Coś szeptała, popluwała. Odpędzała rękami jakieś duchy. I co? No co, udało się? Nic się nie udało. Paraska siedzi teraz gdzieś na Ukrainie w więzieniu. Za oszustwo. Inna czarodziejka... Obiecała przyspieszyć rozpad strontu i cezu na obszarze stu hektarów. Skąd się takie brały? Myślę, że zrodziło je nasze pragnienie cudu. Nasze oczekiwania. Publikowano ich zdjęcia, robiono z nimi wywiady. Ktoś przecież dawał im całe szpalty w gazetach, najcenniejszy czas w telewizji. Jeśli człowiek przestaje wierzyć w rozum, w jego duszy zalęga się strach, jak u dzikusa. Wyłażą upiory...

Tutaj moi oponenci milkną... Nic nie mówią...

Pamiętam tylko pewnego wyższego urzędnika, który zadzwonił do mnie i poprosił: „Przyjadę do pani instytutu, a pani mi wytłumaczy, co to są kiury. Co to jest mikrorentgen? Jak ten mikrorentgen przechodzi, powiedzmy, w impuls? Jeżdżę po wsiach, pytają mnie, a ja się czuję jak idiota. Jak sztubak". Tylko jeden taki się znalazł: Aleksiej Aleksiejewicz Szachnow... Niech pani zanotuje nazwisko... Większość naczelników nic nie chciała znać, żadnej fizyki ani matematyki. Wszyscy skończyli wyższą szkołę partyjną, dobrze uczyli ich tam tylko jednego przedmiotu – marksizmu. Budzić ducha, porywać masy. Taka komisarska mentalność... Nie zmieniła się od czasów Budionnego... Pamiętam, co mówił ten ulubiony dowódca Stalina: „A mnie tam wszystko jedno, kogo rąbię. Ja lubię szablą machać".

A co do zaleceń... Jak mamy żyć na tej ziemi? Boję się, że panią znudzę, tak jak wszystkich. Bo tu nie ma żadnych sensacji. Fajerwerków. Ileż razy występowałam przed dziennikarzami, opowiadałam jedno, a następnego dnia czytałam co innego. Czytelnik miał umierać ze strachu. Ktoś widział w strefie plantacje maku i osady narkomanów. A ktoś inny – kota z trzema ogonami... Chorągiew na niebie w dniu awarii...

Tutaj są opracowane przez nasz instytut programy. Wydrukowaliśmy instrukcje dla kołchozów i dla ludności. Mogę pani dać... Proszę to popularyzować...

Instrukcja dla kołchozów... (*Czyta*).

Co proponujemy? Nauczyć się kierować promieniowaniem tak jak elektrycznością, by omijało człowieka. Do tego niezbędna jest zmiana naszego typu gospodarowania... Korekta... Z produkcji mleka i mięsa przerzucić się na uprawy roślin niespożywczych. Ot, choćby rzepaku, z którego można produkować olej, w tym także silnikowy. Wykorzystywać jako paliwo w silnikach. Można siać albo sadzić. Nasiona specjalnie poddaje się napromieniowaniu w laboratoryjnych warunkach dla zachowania czystości klasy. Dla nich jest ono nieszkodliwe. To pierwsza z dróg. A jest i druga... Jeśli mimo wszystko produkujemy mięso... Nie mamy metod oczyszczania gotowego ziarna, znajdujemy wyjście – skarmiamy bydłem, przepuszczamy je przez zwierzęta. To jest tak zwana zoodezaktywacja. Przed ubojem na dwa do trzech miesięcy przestawiamy byczki na chów oborowy, zadajemy im „czyste" karmy. Wtedy się oczyszczają.

No, chyba wystarczy tego... Nie będę przecież pani robiła wykładu. Mówimy o ideach naukowych... Nazwałabym to nawet filozofią przetrwania...

Instrukcja dla indywidualnego rolnika...

Przyjeżdżam z tym na wieś do babć i dziadków... Odczytuję... A oni na mnie tupią. Nie chcą słuchać, chcą żyć tak, jak żyli ich dziadowie i pradziadowie. Praojcowie. Chcą pić mleko... A mleka nie wolno. Trzeba kupić separator i wyciskać twaróg, ubijać masło. Serwatkę wylewać, serwatkę do ziemi. Chcą suszyć grzyby. Grzyby najpierw trzeba wymoczyć – nasypać na noc do miski, zalać wodą, a potem suszyć. A najlepiej nie jeść grzybów w ogóle. Cała Francja jest zawalona pieczarkami, a przecież nie hoduje się ich na ulicy, tylko w szklarniach. Gdzie są nasze szklarnie? Domy na Białorusi są drewniane, od wieków Białorusini mieszkają wśród lasów, no więc lepiej je obudować cegłą. Cegła dobrze ekranuje, to znaczy rozprasza promieniowanie jonizujące (dwudziestokrotnie intensywniej niż drewno). Raz na pięć lat należy wapnować przyzagrodową działkę. Stront i cez działają podstępnie. Czekają na swoją porę. Nie wolno nawozić gnojem spod krówki, lepiej kupić nawozy mineralne...

– Żeby wprowadzić w życie pani plany, potrzebny jest inny kraj, inny człowiek i inny urzędnik. U nas starszym ludziom emerytura z trudem wystarcza na chleb i cukier, a pani im radzi kupować nawozy sztuczne. Kupić separator...

– Mogę na to odpowiedzieć... Teraz bronię nauki. Dowodzę pani, że nie nauka jest winna Czarnobylowi, ale człowiek. Nie reaktor, tylko człowiek. A z zagadnieniami politycznymi proszę się nie do mnie zwracać. Nie ten adres...

Zaraz... A niech to! Wyleciało mi z głowy, a nawet zanotowałam na kartce, żeby nie zapomnieć opowiedzieć... Przyjechał do nas z Moskwy młody uczony, mówiąc, że marzy o udziale w projekcie czarnobylskim. Jura Żuczenko... Przywiózł ze sobą żonę w ciąży... W piątym miesiącu... Wszyscy rozkładają ręce. Dlaczego? Po co? Swoi uciekają, a obcy przyjeżdża. Bo to jest właśnie prawdziwy uczony. Chce udowodnić, że wykształcony człowiek może tu mieszkać. Wykształcenie i dyscyplina to są akurat dwie cechy, które cenione są u nas najmniej. Bo my tylko gołą piersią na karabin maszynowy. Pobiec z pochodnią... A tu się im każe... Moczyć grzyby, odcedzać pierwszą wodę, kiedy ziemniaki zaczną się gotować... Pić regularnie witaminy... Nosić jagody do laboratorium, żeby zbadali. Popiół zakopywać w ziemi. Byłam w Niemczech i widziałam, jak tam każdy uważnie sortuje śmiecie na ulicy – do jednego kontenera białe szkło butelkowe, do drugiego czerwone... Pokrywkę od kartonu po mleku oddzielnie, tam gdzie plastik; a sam karton – tam gdzie papier. Bateryjki jeszcze gdzie indziej. Oddzielnie odpady organiczne... Człowiek pracuje... Nie wyobrażam sobie naszych rodaków przy takiej pracy: białe szkło, czerwone... Uznaliby ją za nudną i poniżającą. Eee, taka twoja mać. Człowiek by wolał odwracać bieg rzek na Syberii... Pal diabli wszystko! Hajda, trojka!... O, coś w tym rodzaju... Żeby jednak przetrwać, musimy się zmienić.

Ale to już nie moje problemy... Tylko wasze... To są zagadnienia kultury. Mentalności. Całego naszego życia.

Tutaj milkną moi oponenci... Nic nie mówią... (*Zamyśla się*).

Chciałoby się czasem pomarzyć... Że wkrótce zamkną elektrownię w Czarnobylu. Zlikwidują. A teren, na którym stoi, zmienią w zieloną łąkę.

Sława Konstantinowna Firsakowa,
docent nauk rolniczych

Monolog przy zabitej studni

Po wiosennych roztopach z trudem dobrnęłam do starego chutoru. Nasz stareńki milicyjny łazik ostatecznie wysiadł, na szczęście już koło zagrody, obsadzonej szerokimi dębami i klonami. Przyjechałam do znanej na Polesiu pieśniarki i bajarki Marii Fiedotowny Wieliczko.

Na podwórzu spotkałam jej synów. Przedstawiamy się sobie: starszy Matwiej jest nauczycielem, młodszy Andriej – inżynierem. Wesoło zaczynają rozmowę. Jak się okazuje, wszyscy są podekscytowani czekającymi ich przenosinami.

– Gość do dwora, gospodyni ze dwora. Zabieramy mamę do miasta. Czekamy na samochód… A pani jaką książkę pisze?

– O Czarnobylu.

– O Czarnobylu dzisiaj ciekawie się wspomina… Śledzę to, co się pisze w gazetach na jego temat. Książek jest na razie mało. Jako nauczyciel muszę to wiedzieć, a nikt nas nie uczy, jak rozmawiać o tym z naszymi dziećmi. Nie fizyka mnie interesuje… Uczę literatury, interesuję się więc następującymi problemami… Dlaczego akademik Legasow*, jeden z tych, którzy kierowali usuwaniem skutków awarii, popełnił samobójstwo. Wrócił do Moskwy, do domu i się zastrzelił. A główny inżynier elektrowni dostał pomieszania zmysłów… Cząstka beta, cząstka alfa… Cez, stront… Rozpadają się, rozmywają, przenoszą… Ale co z człowiekiem?

– A ja jestem za postępem! Za nauką! Nikt z nas już nie wyrzeknie się żarówki… Zaczęto handlować strachem… Sprzedają czarnobylski strach, bo nie mamy nic innego, co byśmy mogli sprzedać na światowym rynku. Nowy towar. Sprzedajemy własne cierpienia.

* Walerij Legasow (1936–1988) – profesor radiochemii i technologii chemicznej Uniwersytetu Moskiewskiego, jako członek komisji państwowej odegrał zasadniczą rolę podczas usuwania skutków awarii w Czarnobylu. Po dwóch latach od katastrofy znaleziono go powieszonego we własnym gabinecie.

– Przesiedlono setki wsi. Dziesiątki tysięcy ludzi… Wielką chłopską Atlantydę… Rozsypała się po byłym Związku Radzieckim, nie sposób tego na powrót zebrać. Nie sposób ocalić. Straciliśmy cały świat… Takiego świata już nie będzie, nie powtórzy się. Niech pani posłucha naszej mamy…

Rozmowa, która nieoczekiwanie przybrała tak poważny ton, na tym się, ku memu wielkiemu żalowi, skończyła. Moich rozmówców czekała już pilna praca. Ale dziwić się trudno – na zawsze mieli opuścić dom rodzinny.

Na progu pojawiła się gospodyni. Uściskała mnie jak krewniaczkę, ucałowała.

– Córeczko, ja tu dwie zimy przeżyłam. Ludzie tu nie zaglądali… A zwierzęta i owszem… Kiedyś zajrzał do środka lis, zobaczył mnie i się zdziwił. Zimą i dzień się ciągnie, i noc dłuży, jak życie. Zaśpiewałabym ci i bajek naopowiadała. Staremu człowiekowi smutno się żyje, a gadanie to jego praca. Kiedyś studenci ze stolicy przyjechali i nagrali mnie na magnetofon. Ale to dawno było… Przed Czarnobylem…

Co ci opowiedzieć? Czy aby zdążę… Niedawno tu wróżyłam z wody i wywróżyłam sobie drogę… Wyrywają z ziemi nasze korzenie. Dziadowie nasi, pradziadowie tutaj mieszkali. W lasach się rodzili i przez wieki jeden po drugim następował, a teraz takie czasy przyszły, że nieszczęście wypędza nas z naszej ziemi. Nie wiem, takiego nieszczęścia nawet w bajkach nie ma. Nieee…

A opowiem ci, córeczko, że jak dziewczyną jeszcze byłam, to wróżyłam… O dobrych rzeczach ci opowiem… O wesołych… Jak tu się moje życie zaczynało… Do siedemnastu lat wesoło u mamy i taty, a potem trzeba się zbierać za mąż. Wywróżyć sobie tego wybranego jedynego, czyli po naszemu „hukać". Latem z wody wróżyłyśmy, a zimą z dymu. W którą stronę dym z komina skręci, w tamtą stronę za mąż się pójdzie. Lubiłam wróżyć z wody… Nad rzeką… Woda pierwsza była na ziemi, woda wszystko wie, to może powiedzieć. Puszczałyśmy na wodę świeczki, lały wosk. Jak świeczka popłynie, to znaczy, że miłość rychło nadejdzie, a jak utonie, to tego roku w panienkach się zostanie. Gdzie mój los? Gdzie moje szczęście? Na różneśmy sposoby sobie wróżyły…

Brałyśmy lustro i szły do łaźni, siedziały tam przez noc, a jeśli się w lustrze co pojawiło, to od razu trzeba je było położyć na stole, żeby diabeł z niego nie wyskoczył. Diabeł lubi przez lustro przychodzić... Stamtąd... Było też wróżenie z cienia... Nad szklanką wody spalało się papier i patrzyło na ścianę. Jak się w cieniu krzyż pokaże, to na pogrzeb, a jak kopuła cerkwi, to na ślub. Jednej do płaczu, drugiej do śmiechu... Której jaki los pisany... Na noc, kiedy się zdejmowało buty, to jeden kładło się pod poduszkę. Jak przyjdzie w nocy ten wybrany i rozzuwać się zacznie, to popatrzysz na niego i zapamiętasz, jak wygląda. Do mnie inny jakiś przychodził, nie mój Andriej, ale taki wysoki, biały na twarzy. Bo mój Andriej był niewysoki, brwi miał czarne i śmiał się ciągle: „Ej, paniusiu ty moja...". (*Śmieje się*). Przeżyliśmy razem sześćdziesiąt lat... Trójkę dzieci na świat wydali... Nie ma dziadka... Na cmentarz synowie go zanieśli... Przed śmiercią ostatni raz mnie pocałował: „Ej, paniusiu ty moja, sama tu zostaniesz...". Co jeszcze wiem? Jak się długo żyje, to życie zaciera się w pamięci, i miłość także. Taak... Dalibóg! Jeszcze dziewczyny grzebyk pod poduszkę wsuwały. Włosy się rozpuszczało i tak spało. Przyjdzie we śnie ten jedyny. Poprosi, żeby mu dać się napić albo konia napoić...

Sypało się i mak przy studni... Dokolutka... A pod wieczór zbierałyśmy się i wołały do studni: „Hej, doloo ty mojaa, uuu!". Echo odpowiadało i po dźwięku odgadywałyśmy, której co pisane. Nawet teraz chciałam pójść do studni... Spytać swojej doli... Chociaż mało już mi jej zostało. Odrobinka. Jak to ziarenko suche. Ale u nas wszystkie studnie żołnierze zamknęli. Zabili deskami. Martwe studnie... Zabite... Został jeden żelazny hydrant przed biurem kołchozu. Była we wsi znachorka, ona potrafiła dolę wywróżyć, ale wyjechała do córki, do miasta. Worki... Dwa worki po ziemniakach napełniła ziołami i zabrała ze sobą... Dalibóg! Taaak... Stare skorupy, w których warzyła nalewki... Białe płótna... Komu one tam w mieście potrzebne? W mieście ludzie siedzą i oglądają telewizję albo czytają książki. To my tutaj... Jak te ptaki... Z ziemiśmy, z trawy, z drzew czytali. Jak ziemia wiosną długo się odsłania, nie chce tajać, to w lecie trzeba się spodziewać suszy. Jeśli księżyc świeci słaby, ciemny, to bydło nie będzie się rodziło. Jak żurawie wcześnie odleciały, to na mróz... (*Opowiadając, cicho kiwa się w takt własnych słów*).

Mam synów dobrych, i synowe grzeczne. I wnuki. Ale z kim w mieście na ulicy się pogada? Wszystko obcy. Puste miejsce dla serca. Co tu wspominać z obcymi? Lubiłam do lasu chodzić, z lasu żyliśmy, tam zawsze w towarzystwie, z ludźmi. Teraz do lasu nawet nie puszczają... Milicja stoi i tych promieni pilnuje...

Dwa lata... Dalibóg! Dwa lata prosili mnie synowie: „Mamo, zbieraj się do miasta". Koniec końców uprosili... A takie ładne u nas okolice, lasy dookoła, jeziora. Jeziora są czyste, żyją w nich rusałki. Starzy ludzie opowiadali, że dziewczęta, które wcześnie pomarły, zmieniają się w rusałki. Ludzie im zostawiali ubrania, babskie koszuliny. Wieszali na krzakach i w żytku na sznurze. A te wychodzą z wody i po żytku biegają. Wierzysz ty mi czy nie? Kiedyś ludzie we wszystko wierzyli... Słuchali... Wtedy telewizji nie było, jeszcze jej nie wymyślili (*Śmieje się*). Taaak... Piękna jest u nas ziemia! Żyliśmy na niej, a nasze dzieci już nie będą. Nieee... Lubię ten czas... Słonko wysoko na niebo weszło, przyleciały ptaki. Już się zima sprzykrzyła. Ale wieczorem z chaty się nie wyjdzie. Dzikie świnie po wsi biegają jak po lesie. Przebrałam kartofelki... Chciałam cebulę posadzić... Trzeba coś robić, nie ma co siedzieć z założonymi rękami i czekać na śmierć. Bo ona wtedy nigdy nie przyjdzie...

A jeszcze ci opowiem, córeczko... O domowym skrzacie... Od dawna u mnie żyje, gdzie żyje, to ci nie powiem, ale wyłazi spod pieca. Czarno ubrany, w czarnej czapce, a guziki na kubraczku się świecą. Ciała nie ma, a przecie chodzi. Kiedyś myślałam, że to mój chłop mnie odwiedza. Taaak... Ale nie, to duszek... Sama mieszkam, nie ma do kogo zagadać, to mu w nocy o całym dniu opowiadam: „Wyszłam raniutko... A słonko tak błyszczało, że stałam i spozierałam na ziemię. Radowałam się. I takie szczęście czułam w sercu...". A tu trzeba jechać... Porzucić swoje strony... W Palmową Niedzielę zawsze zrywałam palmy... Ojczulka nie ma, to chodziłam nad rzekę i sama święciłam. We wrota wtykałam. Przynosiłam, chałupę pięknie przystrajałam. Wtykałam w ściany, drzwi, pod sufitem, kładłam pod dachem. Chodziłam i mówiłam: „Żebyś ty, palemko, mojej krówki strzegła. Żeby żytko obrodziło i jabłka. Żeby się kury niosły i gęsi". Trzeba tak długo chodzić i powtarzać.

Kiedyś wiosnę witaliśmy radośnie... Bawiliśmy się. Śpiewali. Zaczynaliśmy w ten dzień, kiedy pierwszy raz gospodynie na łąkę krowy wyganiały. Trzeba wtedy odpędzić wiedźmy... Żeby krów nie psuły, mleka im nie odbierały, bo tak to krowy przyjdą do zagrody wydojone i wystraszone. Zapamiętaj, może to wszystko się jeszcze wróci, o tym w księgach cerkiewnych pisze. Kiedy u nas ojczulek służył, to nam czytał. Życie może się skończyć, a potem zacznie się od nowa. Słuchaj dalej... Mało kto już to pamięta, mało kto ci opowie. Przed pierwszym stadem... Trzeba rozścielić na drodze biały obrus, niech bydło po nim przebiegnie, a pastuchy niech idą za stadem. I niech mówią: „Gryź teraz kamień, wiedźmo niedobra. Gryź ziemię... A wy, krówki, spokojnie chodźcie po łąkach i błotach. Nikogo się nie bójcie, ani złych ludzi, ani zwierza srogiego". Wiosną nie sama trawa po ziemi się ściele, wszystko po niej pełza. Wszelakie paskudztwo też. A chowa się toto w ciemnym miejscu, w domu po kątach. W chlewie, gdzie jest ciepło. Na podwórze z jeziora przypełznie, rano pełza po rosie. Człowiek musi się bronić. Dobrze jest koło furtki zakopać ziemię z mrowiska, a najpewniej – stary zamek przed wrotami. Żeby zamknąć pyski wszystkim gadom... A ziemia? Ona nie tylko pługa i brony potrzebuje, jej też potrzebna ochrona. Od złych duchów. Pole trzeba obejść dwa razy, trzeba chodzić i powtarzać: „Sieję, sieję, aż posieję... Urodzaju czekam. I żeby myszy dużo ziarna nie zjadły...".

Co ci jeszcze opowiedzieć? Bocianowi, czyli po prostu boćkowi, też trzeba się wiosną pokłonić. Powiedzieć dziękuję za to, że wrócił na stare miejsce. Bociek broni od pożaru, dzieci małe przynosi. Wołają do niego „Bociek – kle, kle, kle! Do nas, do nas!". A młodzi, którzy niedawno się pożenili, proszą inaczej... „Kle, kle, kle... Żeby się nam kochanie udało, a dziatki rosły jako ta palma".

Na Wielkanoc wszyscy krasili jajka... Czerwone, niebieskie, żółte. A jeśli w czyjej chacie kto pomarł, to było jedno czarne, żałobne. Na smutek. A czerwone na miłość, sine, żeby żyć długo. Oj tak! Kiedyż ja... Żyję i żyję. Wszystko już wiem: i co będzie na wiosnę, i co w lecie... jesienią i w zimie... A po co żyję? Patrzę na ten świat… I nie powiem, żebym mu rada nie była. Córeczko… A jeszcze posłuchaj… Jak na Wielkanoc włożysz czerwone jajko do wody, niech ono tam sobie w wodzie leży, a ty wtedy się umyj. Twarz urodziwa się zrobi. Czysta. A jak chcesz, żeby ci się przyśnił ktoś bliski, kto pomarł, idź na cmentarz i turlaj to jajko po mogiłce. I mów tak: „Matusiu moja, przyjdź do mnie. Pożalić ci się chciałam". Wtedy wszystko jej powiesz. O swoim życiu. Jeśli mąż cię krzywdzi, to ona ci coś poradzi. Ale zanim poturlasz jajko, potrzymaj je w ręku. Zamknij oczy i pomyśl… A grobów się nie bój, bo strasznie jest tylko wtedy, gdy wiozą nieboszczyka. Ludzie zamykają wtedy okna i drzwi, żeby śmierć nie wleciała. Ona zawsze jest w bieli, cała w bieli i z kosą. Sama nie widziałam, ale ludzie mówili… Byli tacy, co ją spotkali… Lepiej się jej nie pchać przed oczy. Śmieje się: „Cha, cha".

Jak idę na groby, to niosę wtedy dwa jajka, czerwone i czarne. Jedno żałobne. Siadam koło męża. Tam na pomniku jest jego zdjęcie, ani młody, ani stary, taki w sam raz. „Przyszłam, Andrieju. Pogadajmy sobie". I wszystko mu opowiem. Wtedy ktoś mnie woła… Skądsiś głos dolatuje: „Ej, paniusiu ty moja…". Jak nawiedzę Andrieja, to idę do córki… Córka umarła, kiedy jej ledwie czterdziestka stuknęła, rak ją dopadł… Do kogośmy jej nie wozili, nic nie pomogło. Młoda poszła do ziemi… Ładna była… Na tamtym świecie też różni potrzebni: i starzy, i młodzi. I ładni, i brzydcy. Nawet ci najmniejsi. Ale kto tych małych tam wzywa? No, co oni tam mogą o tym świecie opowiedzieć? Tego nie wyrozumiem… Ja nie wyrozumiem, ale i mądrzy ludzie nie wiedzą. Profesorowie z miasta. Może tylko ojczulek w cerkwi wie. Jak go spotkam, to zapytam. Taaak… Z córką tak rozmawiam: „Córeczko! Śliczności moje! Z jakimi to ptaszętami przylecisz z dalekiego kraju? Czy ze słowikami, czy z kukułkami? Z której cię strony mam wypatrywać?…". Tak śpiewam jej i czekam. A nuż się pojawi… Da mi znak… Ale na grobach zostawać do nocy nie wolno. O piątej, po obiedzie trzeba odejść… Słońce powinno jeszcze stać wysoko, ale jak zacznie się toczyć w dół… Wtedy trzeba się pożegnać… Oni tam wolą pobyć sami… Podobnie jak my. Tak samo… Nieboszczycy mają swoje życie tak jak my swoje. Nie wiem, ale tak myślę… Domyślam się… Bo… Jeszcze ci powiem... Kiedy człowiek umiera i długo się męczy, a w chałupie zebrało się dużo ludzi, to wszyscy powinni wyjść na dwór, żeby został sam. Nawet mama z tatą wyjść muszą, i dzieci też.

Od świtu chodzę dzisiaj po podwórzu, po ogrodzie i wspominam swoje życie. Synowie mi wyrośli jak te dęby. Miałam i szczęście, ale mało go było, całe życie tylko pracowałam. Ile te moje ręce samych kartofli przebrały? Przeniosły? Orałam, siałam... (*Powtarza*). Orałam, siałam... Teraz też... Wyniosę sito z ziarnami. Zostały mi ziarna bobu, słonecznika, buraka... I rzucę je tak, na gołą ziemię. Niech żyją. I kwiatki po podwórzu rozrzucę... Kwiaty, po prostu kwiatuszki... A wiesz, jak pachną ponętki jesienną nocą? Zwłaszcza przed deszczem mocno pachną. I groszek... Ale taki czas nastał, że próżno brać nasiona do ręki i rzucać w ziemię. Nasionko wyrasta, siły nabiera, ale nie dla człowieka. Taki czas... Pan Bóg daje nam znak... A tamtego dnia, kiedy ten przeklęty Czarnobyl się stał, śniły mi się pszczoły, dużo, dużo pszczół. Lecą dokądś i lecą. Rój za rojem. A pszczoły to na pożar. Ziemia się zapali... Pan Bóg dał znak, że gościem jest człowiek na ziemi, nie u siebie żyje, ale w gości przyszedł. Tylko w gości... (*Płacze*).

– Mamo! – woła nagle któryś z synów. – Mamo! Samochód przyjechał...

Monolog o tęsknocie do roli i akcji

Napisano już dziesiątki książek... Kręcono filmy. Komentowano. A wydarzenie i tak nas przerasta, jest ponad wszystkie komentarze...

Kiedyś usłyszałem albo przeczytałem, że problem Czarnobyla stoi przed nami głównie jako problem samopoznania. Z tym się zgodziłem, bo mam takie same odczucia. Cały czas czekam, aż ktoś mądry mi to wszystko wytłumaczy... Rozłoży... Tak jak tłumaczą mi teraz, oświecają mnie w kwestii Stalina, Lenina czy bolszewizmu. Albo bez końca trąbią: „Rynek! Rynek! Wolny rynek!". A my... My, którzy wyrośliśmy w świecie bez Czarnobyla, żyjemy z Czarnobylem.

Właściwie jestem specjalistą w dziedzinie rakiet, konkretnie – paliw rakietowych. Służyłem w Bajkonurze. Programy „Kosmos", „Interkosmos" to duży kawał mojego życia. Cudowne czasy! Podbijemy niebo! Podbijemy Arktykę! Podbijemy nieużytki! Podbijemy kosmos! Cały świat radziecki poleciał w kosmos, oderwał się od Ziemi razem z Gagarinem... My wszyscy! Do tej pory jestem w nim zakochany! Naprawdę piękny człowiek, Rosjanin! I tak pięknie się uśmiechał! Nawet śmierć jego była w jakiś sposób wyreżyserowana. Marzenia o lotach, wzlotach, o swobodzie... Pragnienie, żeby się dokądś wyrwać... To były cudowne czasy! Z powodów rodzinnych musiałem się przenieść na Białoruś i tu skończyłem służbę. Kiedy przyjechałem, pogrążyłem się w tę czarnobylską przestrzeń, ona skorygowała moje uczucia... Nie mogłem czegoś podobnego sobie wyobrazić, chociaż zawsze miałem do czynienia z najnowocześniejszym sprzętem, kosmicznym... Trudno na razie to wyrazić... Wyobraźnia tego nie ogarnia... Coś takiego... (*Zamyśla się*). A sekundę temu wydawało się, że uchwyciłem sens... Przed sekundą... Czuję chętkę, żeby pofilozofować. Z kimkolwiek zacznie się mówić o Czarnobylu, wszystkich do tego ciągnie.

Lepiej jednak opowiem pani o swojej pracy. Czego my już tu nie robimy! Budujemy cerkiew... Czarnobylska cerkiew na cześć ikony Matki Bożej Ratunku Ginących. Zbieramy ofiary, odwiedzamy chorych i umierających. Piszemy kronikę. Tworzymy muzeum. Przez jakiś czas myślałem, że z moim sercem nie podołam pracy w takim miejscu. Dano mi pierwsze polecenie: „Masz pieniądze i rozdziel je między trzydzieści pięć rodzin. Na trzydzieści pięć wdów". Mężowie ich wszystkich byli likwidatorami. Dzielić trzeba sprawiedliwie. Ale jak? Jedna wdowa ma małą córeczkę, chorą, druga – dwójkę dzieci, trzecia sama choruje, tamta mieszka w wynajętym mieszkaniu, a jeszcze inna ma czwórkę dzieci. Nocą budzę się z myślą: „Jak to zrobić, żeby nikogo nie skrzywdzić?". Myślałem i liczyłem, liczyłem i myślałem. Wyobraża sobie pani? No i nie udało się... Rozdaliśmy pieniądze wszystkim po równo, według listy. Ale moim dzieckiem jest muzeum. Muzeum Czarnobyla. (*Milknie*). Czasem jednak wydaje mi się, że tutaj będzie nie muzeum, ale zakład pogrzebowy.

Należę do drużyny grabarzy! Dzisiaj rano nie zdążyłem nawet zdjąć palta, a tu otwierają się drzwi, kobieta od progu szlocha bez przerwy i krzyczy: „Zabierzcie jego medal i wszystkie dyplomy! Zabierzcie wszystkie premie! Tylko męża mi oddajcie!". Krzyczała długo. Zostawiła jego medal, zostawiła dyplomy. Będą leżały w muzeum, pod szkłem... Zwiedzający będą je oglądać... Ale tego krzyku, jej krzyku nikt poza mną nie słyszał; ja jeden podczas wykładania tych dyplomów będę go pamiętał.

Właśnie umiera pułkownik Jaroszuk... Chemik-dozymetrysta. Tęgi był z niego chłop, a teraz leży sparaliżowany. Żona przewraca go jak poduszkę... Karmi go łyżeczką... Jaroszuk ma kamienie w nerkach, trzeba je rozdrobnić, ale nie mamy pieniędzy na operację. Jesteśmy żebrakami, żyjemy za to, co nam dadzą. A państwo zachowuje się jak oszust, państwo porzuciło tych ludzi. Kiedy pułkownik umrze, jego imię nada się ulicy, szkole albo jednostce wojskowej. Ale to dopiero wtedy, gdy umrze... Pułkownik Jaroszuk... Chodził po strefie i na piechotę wytyczał granice obszaru największego skażenia... Użyto go dosłownie jako biorobota. On był tego świadom, ale szedł, poczynając od samej elektrowni, promieniście, sektorami. Pieszo, z przyrządami dozymetrycznymi w rękach. Kiedy znalazł „plamę", to chodził wzdłuż granicy tej „plamy", żeby dokładnie nanieść ją na mapę...

A żołnierze, którzy pracowali na dachu reaktora? W sumie do usuwania skutków awarii rzucono dwieście dziesięć jednostek, około trzystu czterdziestu tysięcy wojskowych. W największe piekło wpadli ci, którzy oczyszczali dach... Wydawano im ołowiane fartuchy, ale nie byli zasłonięci od dołu. Mieli zwykłe buty ze sztucznej skóry... Dziennie od półtorej do dwóch minut na dachu... Kiedy zwalniano ich z wojska, wręczano każdemu list pochwalny i premię – sto rubli. Potem znikali gdzieś na bezkresnych przestrzeniach naszej ojczyzny. Z dachu usuwali paliwo i grafit reaktorowy, kawały betonu i uzbrojenia... Mieli od dwudziestu do trzydziestu sekund, żeby załadować nosze, i tyle samo, żeby zrzucić „śmieci" na dół. Same te nosze ważyły czterdzieści kilo. Proszę więc sobie wyobrazić: ołowiany fartuch, maski, te nosze i straszliwie mało czasu... Wyobraża sobie pani? W muzeum w Kijowie znajduje się atrapa grafitu wielkości czapki wojskowej, mówią, że gdyby był prawdziwy, ważyłby szesnaście kilo, taki jest ciężki. Zdalnie sterowane roboty często odmawiały posłuszeństwa albo wykonywały coś zupełnie innego, niż miały, bo silne pola niszczyły ich układy elektroniczne. Najefektywniejszymi „robotami" byli żołnierze, nazwano ich nawet „zielonymi robotami", od koloru munduru. Przez dach zniszczonego reaktora przewinęło się trzy tysiące sześciuset żołnierzy. Spali w pałatkach na gołej ziemi. Wszyscy opowiadają, jak początkowo musieli rozściełać sobie słomę. A brali ją ze stogów w pobliżu reaktora.

Młodzi chłopcy... Też teraz umierają, ale mają świadomość, że gdyby nie oni... To jeszcze są ludzie szczególnej kultury. Kultury ofiarności. Ofiary.

W pewnej chwili powstało niebezpieczeństwo wybuchu jądrowego. Trzeba było spuścić wodę gruntową spod reaktora, żeby nie dostała się tam mieszanina stopionego uranu i grafitu, które razem z wodą stworzyłyby masę krytyczną. Wybuch o mocy trzech do pięciu megaton. Nie dosyć że Kijów i Mińsk uległyby wtedy zniszczeniu, to także na olbrzymiej połaci Europy nie dałoby się żyć. Wyobraża sobie pani?! Katastrofa na skalę kontynentu. Pytają ludzi: „Kto zanurkuje do wody i otworzy klapę spustową?". Obiecano takiemu samochód, mieszkanie, daczę i utrzymanie rodziny do końca życia. Szukano ochotników. I ochotnicy się znaleźli! Chłopcy nurkowali, nurkowali wiele razy i otworzyli tę klapę, a dostali za to siedem tysięcy rubli na całą drużynę. Obiecanych samochodów i mieszkań nikt oczywiście na oczy nie zobaczył. Ale nie dla nich tam nurkowali! Nie nurkowali z powodów materialnych, to się najmniej liczyło. Człowiek nie jest taki prosty... Taki przejrzysty... I na powierzchni... (*Bardzo przejęty*).

Tych ludzi już nie ma... Są tylko dokumenty w naszym muzeum... Nazwiska... Ale gdyby tego nie zrobili? Ta nasza gotowość do poświęceń... Pod tym względem nie mamy sobie równych...

Kłóciłem się tu z jednym takim... Tłumaczył mi to wszystko faktem, że u nas życie ceni się bardzo nisko. Taki azjatycki fatalizm. Człowiek, który składa siebie w ofierze, nie czuje się wyjątkową, niepowtarzalną jednostką, taką, jakiej nigdy więcej nie będzie. Tęsknota za rolą. Kiedyś był statystą, człowiekiem bez tekstu. Nie miał własnego wątku, służył jako tło. No i nagle stał się jedną z postaci działających. Tęsknota za sensem. Czym jest nasza propaganda? Nasza ideologia? Dostajemy propozycję: umrzyjcie, a za to wasza śmierć nabierze sensu. Nadają nam wzniosłość. Przydzielają rolę! Śmierć ma wielką wartość, bo daje wieczność. Tak mi tłumaczył. Dawał przykłady... Ale ja się z nim nie zgadzam. Absolutnie! Zgoda, wychowano nas na żołnierzy. Tak właśnie nas uczono. Zawsze zmobilizowani, zawsze gotowi do czegoś niemożliwego. Kiedy po szkole chciałem pójść na uczelnię cywilną, mój ojciec był wstrząśnięty. „Jestem zawodowym oficerem, a ty chcesz chodzić w garniturze? Trzeba bronić ojczyzny!". Nie rozmawiał ze mną przez kilka miesięcy, póki nie złożyłem dokumentów do szkoły wojskowej. Ojciec walczył na wojnie, teraz już nie żyje. Cóż, podobnie jak całe jego pokolenie nie dorobił się właściwie żadnych dóbr materialnych. Nic po sobie nie zostawił: ani domu, ani samochodu, ani ziemi... Co odziedziczyłem? Wojenne ordery w oficerskiej torbie polowej, którą ojciec dostał przed kampanią fińską. Mam jeszcze w reklamówce trzysta listów z frontu, poczynając od czterdziestego pierwszego roku, matka je przechowała. To wszystko, co zostało... Ale ja uważam, że to bezcenny kapitał!

Teraz rozumie pani, jak widzę nasze muzeum? O, tam w puszce jest garść ziemi... z Czarnobyla... To kask górniczy... Też stamtąd... Chłopskie sprzęty ze strefy skażonej... Dozymetryści nie mają tutaj wstępu. Promieniuje! Tak, ale to wszystko musi być autentyczne! Żadnych atrap! Ludzie powinni nam wierzyć. A uwierzą tylko temu, co prawdziwe, bo zbyt wiele było kłamstwa wokół Czarnobyla. Było i jest. Niektórzy szydzą, że atom można wykorzystać nie tylko w celach wojennych czy pokojowych, ale i w osobistych. Obrośliśmy fundacjami, instytucjami komercyjnymi...

Skoro pani pisze taką książkę, powinna pani zobaczyć nasz unikatowy materiał wideo. Montujemy go z kawałków. Może pani być pewna, że nie istnieje żadna kronika z Czarnobyla! Nie pozwolono jej nakręcić, wszystko było utajnione. Jeśli komuś coś się udało uwiecznić, to odpowiednie organy od razu zabierały materiał i zwracały rozmagnesowane taśmy. Nie utrwaliliśmy więc tego, jak ewakuowano ludzi, wywożono bydło... Nie wolno było filmować tragedii, filmowano bohaterstwo! Czarnobylskie albumy mimo wszystko zostały wydane, choć tyle razy operatorom kina i telewizji rozbijano kamery! Wzywano ich do różnych instancji... Żeby uczciwie opowiedzieć o Czarnobylu, trzeba było odwagi... Ba, nawet teraz jest potrzebna! Może mi pani wierzyć. Ale pani powinna zobaczyć... Te kadry... Czarne jak grafit twarze pierwszych strażaków. A ich oczy? To są oczy ludzi wiedzących już, że od nas odchodzą. Na jednym z filmów widać nogi kobiety, która rankiem po katastrofie wyszła kopać ogródek koło elektrowni. Szła po trawie, na której leżała rosa... Nogi przypominają sito, aż po kolana są całe w dziurach... To trzeba zobaczyć, skoro pisze pani taką książkę...

Przychodzę do domu i nie mogę wziąć na ręce swojego małego synka. Muszę wypić pięćdziesiątkę czy setkę, żeby wziąć dziecko na ręce...

Cały oddział muzeum poświęcony jest pilotom helikopterów... Pułkownik Wołodażski... Bohater Rosji, pochowany na Białorusi, we wsi Żukow Ług. Kiedy otrzymał dawkę krytyczną, powinien był odejść, natychmiast się ewakuować, ale został i wyuczył jeszcze trzydzieści trzy załogi. Sam wykonał sto dwadzieścia lotów, zrzucił od dwustu do trzystu ton ładunku. Cztery czy pięć lotów w ciągu doby, na wysokości trzystu metrów nad reaktorem, temperatura w kabinie do sześćdziesięciu stopni. A co się działo na dole, kiedy worki z piachem zlatywały? Wyobraża sobie pani?... Piekło... Promieniowanie sięgało tysiąca ośmiuset rentgenów na godzinę. Pilotom robiło się niedobrze w powietrzu. Żeby dobrze zrzucić, trafić w cel, czyli w ognistą gardziel, wysuwali głowy z kabiny... Patrzyli w dół... Innego sposobu nie było... Na posiedzeniach komisji rządowej spokojnie meldowano: „To będzie kosztowało życie dwóch, trzech ludzi. A to jednego". Zwyczajnie, bez emocji...

Pułkownik Wołodażski umarł. W historii choroby lekarze napisali, że latając nad reaktorem, otrzymał dawkę... siedem rem. A w rzeczywistości było ich sześćset!

A czterystu górników, którzy dniem i nocą wiercili tunel pod reaktorem? Trzeba było wykopać tunel, żeby wlać tam ciekły azot i zamrozić poduszkę ziemną, tak to się nazywa w języku inżynierów. Inaczej paliwo wyciekłoby do wód gruntowych... Górnicy z Moskwy, Kijowa, Dniepropietrowska... Nigdzie o nich nie czytałem. A oni tam pchali wagoniki nadzy, na czworakach, w temperaturze przeszło pięćdziesięciu stopni. Tam... Znowu setki rentgenów...

Teraz umierają... Ale gdyby tego nie zrobili? Moim zdaniem to są bohaterowie, a nie ofiary wojny, której niby nie było. Nazywają ją awarią, katastrofą. To jednak była wojna... Nasze czarnobylskie pomniki podobne są zresztą do tych z wojny...

Są rzeczy, o których u nas się nie rozmawia, taka słowiańska wstydliwość. Pani powinna wiedzieć... Taką książkę pani pisze... Ci, którzy pracowali przy reaktorze albo w bezpośredniej jego bliskości, z reguły mają porażony... Podobne symptomy występują u rakietowców, to znana sprawa... Z reguły mają porażony układ moczopłciowy. Męskość... Ale o tym się u nas głośno nie mówi... Nie ma tego zwyczaju... Kiedyś oprowadzałem angielskiego dziennikarza, który miał przygotowane bardzo ciekawe pytania. Akurat dotyczące tego tematu, interesowała go ludzka strona problemu. Jak po tym wszystkim funkcjonuje człowiek w domu, w życiu codziennym, intymnym? Poprosił, żeby mu zorganizować spotkanie... Na przykład z pilotami śmigłowców... Żeby mógł pogadać w męskim towarzystwie... Przyjechali... Niektórzy są już rencistami w wieku trzydziestu pięciu czy czterdziestu lat, jednego przywieziono ze złamaną nogą, to była starcza łamliwość – promieniowanie zmiękcza kości. Musieli go przywieźć... Anglik pyta ich: „Jak wy teraz w rodzinie żyjecie, macie przecież młode żony?". Piloci milczą, bo myśleli, że będą opowiadać, jak to wylatywali po pięć razy na dobę. A tutaj... O żonach? O takich rzeczach... No to on ich po kolei wyciąga na spytki... Odpowiadają zgodnie: zdrowie w porządku, państwo ich docenia, a w rodzinie panuje miłość... Ani jeden... Ani jeden się nie otworzył... Pojechali, a ja czuję, że Anglik jest przybity: „Teraz rozumiesz – mówi do mnie – dlaczego wam nikt nie wierzy? Bo sami się oszukujecie". A to spotkanie było w kawiarni, obsługiwały nas dwie ładniutkie kelnerki, zaczęły już sprzątać ze stolików. No więc on do nich: „Nie zechciałyby panie odpowiedzieć na kilka pytań?". I te dziewczyny wszystko mu wyjaśniły. On: „Chcą panie wyjść za mąż?". „Tak, ale nie tutaj. Każda z nas marzy o tym, żeby wyjść za cudzoziemca, żeby urodzić zdrowe dziecko". No to on już śmielej: „No, a czy mają panie partnerów? Jak tam z nimi? Czy są panie zadowolone z nich? Rozumieją panie, co mam na myśli?". Tamte się śmieją: „O, tutaj właśnie siedzieli z panem faceci, piloci helikopterów. Chłopy prawie dwumetrowe. Brzęczeli medalami. Ale dobrzy są do stołu prezydialnego, nie do łóżka". Wyobraża sobie pani?... Sfotografował te dziewczyny, a mnie powtórzył to zdanie: „Teraz rozumiesz – mówi do mnie – dlaczego wam nikt nie wierzy? Bo sami się oszukujecie".

Pojechaliśmy z nim do strefy. Znana statystyka: wokół Czarnobyla jest osiemset mogilników. Spodziewał się jakichś fantastycznych urządzeń, a to są zwykłe doły. Leży w nich „rudy las", wyrąbany wokół reaktora na stu pięćdziesięciu hektarach (w pierwszych dniach po awarii sosny i świerki stały się czerwone, potem rude). Leżą tam tysiące ton metalu, drobne rury, ubrania ochronne, konstrukcje betonowe... Pokazał mi zdjęcie z angielskiego magazynu. Panoramiczne. Z góry... Tysiące pojazdów – traktorów, śmigłowców... Wozy strażackie i karetki pogotowia... Największy mogilnik koło reaktora. Chciał go sfotografować teraz, po dziesięciu latach. Obiecano mu za to zdjęcie wielkie pieniądze. A my z nim krążymy i jeden kierownik odsyła do drugiego – to nie ma karty, to zezwolenia. I tak się pętamy, dopóki sobie nie uświadomiłem, że tego mogilnika w rzeczywistości nie ma, istnieje już tylko w sprawozdaniach. Dawno wszystko posprzedawali na targowiskach, na części dla kołchozów i po swoich zagrodach. Rozkradli, rozwieźli. Anglik nie mógł tego zrozumieć. Nie uwierzył mi! Kiedy powiedziałem mu całą prawdę, nie uwierzył! Ja sam teraz, czytając nawet najodważniejszy artykuł, nie wierzę, zawsze w podświadomości kręci się myśl: „A może to też kłamstwo? Albo jakieś banialuki". Wspominanie tragedii stało się banałem! Obiegowym frazesem! Straszną bajką! (*Kończy zrozpaczony i na długo milknie*).

Zanoszę to wszystko do muzeum... Zbieram... Ale czasem myślę: „Rzucić to! Uciec!". No bo jak tu wytrzymać?!

Rozmawiałem kiedyś z młodym kapłanem...

Staliśmy przy świeżo wykopanym grobie Saszy Gonczarowa... Z tych, którzy byli na dachu reaktora... Śnieg. Wiatr. Okropna pogoda. Kapłan odprawia panichidę. Czyta modlitwę. Z odkrytą głową. „Ksiądz zdaje się nie odczuwał zimna?" – spytałem potem. – „Nie – odpowiedział. – W takich chwilach jestem wszechmocny. Żaden obrzęd cerkiewny nie daje mi tyle energii co panichida". Zapamiętałem te słowa człowieka, który jest zawsze blisko śmierci. Niejednokrotnie pytałem zagranicznych dziennikarzy, którzy nas odwiedzają, wielu z nich było tu już po kilka razy, dlaczego przyjeżdżają, napraszają się do strefy. Głupio byłoby sądzić, że tylko dla pieniędzy albo kariery. „Podoba nam się u was – przyznawali. – Dostajemy tutaj silny ładunek energii". Wyobraża sobie pani... Zaskakująca odpowiedź, prawda? Dla nich z pewnością tutejsi mieszkańcy – ich uczucia, ich świat – to jest coś jeszcze niezbadanego. Zagadkowa dusza rosyjska... Sami też lubimy wypić i rozprawiać o tym w kuchni... Jeden z moich przyjaciół kiedyś powiedział: „Będziemy syci i oduczymy się cierpieć. Komu wtedy będziemy potrzebni?". Nie mogę tych słów zapomnieć... Ale nie wiem jeszcze, co innym się u nas podoba. My sami? Czy to, co można o nas napisać? A może dzięki nam zrozumieć?

Dlaczego nieustannie obracamy się wokół śmierci?

Czarnobyl... Nie będziemy już mieli innego świata... Najpierw, kiedy wyrywaliśmy glebę spod nóg, wychlustywaliśmy ten ból otwarcie, a teraz przyszła świadomość, że innego świata nie ma i nie ma dokąd uciec. Poczucie tragicznej osiadłości na tej czarnobylskiej ziemi, całkiem inne odczuwanie świata. „Stracone pokolenie" wraca z wojny... Pogubiliśmy się... Niezmienne zostało tylko ludzkie cierpienie... Nasz jedyny kapitał. Niewyczerpany!

Wracam do domu... Po wszystkim... Żona mnie słucha! A potem cicho mówi: „Kocham cię, ale syna ci nie oddam. Nikomu go nie oddam. Ani Czarnobylowi, ani Czeczenii... Nikomu!"... W niej już zagnieździł się ten strach...

Siergiej Wasiljewicz Sobolew,
zastępca prezesa zarządu stowarzyszenia „Tarcza dla Czarnobyla"

Chór ludowy

Kławdia Grigoriewna Barsuk, żona likwidatora; Tamara Wasiljewna Biełooka, lekarka; Jekatierina Fiodorowna Bobrowa, wysiedlona z miasta Prypeć; Andriej Burtys, dziennikarz; Iwan Naumowicz Wiergiejczik, pediatra; Jelena Iljiniczna Worońko, mieszkanka osiedla miejskiego Brahin; Swietłana Gowor, żona likwidatora; Natalia Maksimowna Gonczarenko, wysiedlona; Tamara Iljiniczna Dubikowska, mieszkanka osiedla miejskiego Narowla; Albiert Nikołajewicz Zaricki, lekarz; Aleksandra Iwanowna Krawcowa, lekarka; Eleonora Iwanowna Ładutienko, radiolog; Irina Jurjewna Łukaszewicz, akuszerka; Antonina Maksimowna Łariwonczik, wysiedlona; Anatolij Iwanowicz Poliszczuk, hydrometeorolog; Marija Jakowlewna Sawieljewa, matka; Nina Chancewicz, żona likwidatora.

„Od dawna nie widziałam szczęśliwych kobiet w ciąży... Szczęśliwych mam...

Dopiero co urodziła. Doszła do siebie... Woła: «Panie doktorze, proszę mi pokazać! Przynieść!». Dotyka główki, czółka, ciała. Liczy paluszki... Na nogach, na rękach... Sprawdza. Chce się upewnić: «Panie doktorze, czy moje dziecko jest normalne? Wszystko w porządku? Przynoszą jej do karmienia. Boi się. «Mieszkam niedaleko Czarnobyla... Trafiłam pod czarny deszcz...».

Opowiadają sny: to że urodziła cielę z ośmioma nóżkami, to że szczeniaka z głową jeża... Takie dziwne sny. Kiedyś kobiety takich snów nie miewały. Nie słyszałam.

Mam trzydzieści lat akuszerskiego stażu".

„Całe życie żyję w słowie... Ze słowem...

Uczę w szkole języka rosyjskiego i literatury. To było, zdaje się, na początku czerwca, kiedy odbywały się egzaminy. Nagle dyrektor szkoły zbiera nas i ogłasza: «Jutro wszyscy mają przyjść z łopatami». Okazało się, że musimy zdjąć wierzchnią, skażoną warstwę ziemi wokół budynków szkolnych, a potem przyjdą żołnierze i położą asfalt. Pytania: «Co dostaniemy do ochrony?», «Czy przywiozą nam specjalną odzież, maski?». Odpowiedź brzmiała: «Nie. Weźmiecie państwo łopaty i będziecie kopać». Tylko dwóch młodych nauczycieli odmówiło, pozostali poszli i kopali. Przygnębienie, a równocześnie poczucie spełnionego obowiązku – to w nas żyje: być tam, gdzie jest trudno, niebezpiecznie, bronić ojczyzny. Przecież to właśnie wpajałam swoim uczniom, tylko to: iść, rzucić się w ogień, bronić, ponosić ofiary. Literatura, której uczyłam, nie mówi o życiu, tylko o wojnie. O śmierci. Szołochow, Sierafimowicz, Furmanow, Fadiejew... Boris Polewoj... Tylko dwóch młodych nauczycieli odmówiło udziału... Ale oni są już z nowego pokolenia. To już inni ludzie...

Kopaliśmy ziemię od rana do wieczora. Kiedy wracaliśmy do domu, wydawało się dziwne, że w mieście sklepy są otwarte, kobiety kupują pończochy, perfumy. W nas już żyły uczucia wojenne. Dla nas było o wiele bardziej zrozumiałe to, że nagle pojawiły się kolejki po chleb, sól, zapałki... Wszyscy rzucili się do robienia sucharów... Myliśmy podłogę po pięć, sześć razy dziennie, uszczelniali okna. Cały czas słuchaliśmy radia. To zachowanie wydało mi się czymś znajomym, chociaż urodziłam się po wojnie. Starałam się analizować swoje uczucia i byłam zdumiona, jak szybko moja psychika się przestawiła, jak niepostrzeżenie zdobyłam doświadczenie wojny. Umiałam sobie wyobrazić, jak porzucę dom, jak wyjedziemy z dziećmi, jakie rzeczy zabierzemy, co napiszę mamie. Chociaż dookoła toczyło się zwykłe życie, w telewizji nadawano komedie.

Pamięć nam podpowiadała... Zawsze żyliśmy w strachu, umiemy żyć w strachu, to nasze naturalne środowisko.

W tym nikt naszemu narodowi nie dorówna..."

„Nie byłam na wojnie... Ale to mi ją przypominało...

Żołnierze wchodzili do wsi i ewakuowali ludzi. Wiejskie ulice były pełne wojskowych pojazdów: transporterów, ciężarówek z plandekami, nawet czołgów. Ludzie porzucali swoje domy w obecności żołnierzy, to było przygnębiające, zwłaszcza dla tych, którzy przeżyli wojnę. Najpierw obwiniali Rosjan – to oni winni, to ich elektrownia... Potem zaraz: „Komuniści winni...". Serce waliło, zapanował niesamowity strach...

Oszukano nas. Obiecano, że po trzech dniach wrócimy. Zostawiliśmy dom, łaźnię, rzeźbioną w drzewie studnię, stary sad. Nocą przed wyjazdem wyszłam do sadu i zobaczyłam, jak otwarły się kwiaty. A rano wszystkie opadły. Mama nie mogła znieść wysiedlenia. Po roku umarła. A mnie się ciągle śnią dwa sny... Pierwszy – widzę nasz pusty dom, a drugi – przy naszej furtce wśród georginii stoi mama... Żywa... I uśmiecha się...

Cały czas porównujemy to z wojną. Ale wojnę można zrozumieć. O wojnie opowiadał ojciec, czytałam książki... A tutaj? Z naszej wsi zostały trzy cmentarze: jeden stary, na którym leżą ludzie, drugi – rozstrzelanych psów i kotów, które porzuciliśmy, i trzeci – naszych domów.

Nawet nasze domy pogrzebano..."

„Codziennie... Codziennie chodzę po swoich wspomnieniach...

Tymi samymi ulicami, koło tych samych domów. Nasze miasteczko było takie ciche. Żadnych fabryk, jedna wytwórnia cukierków. Jest niedziela... Leżę, opalam się. Przybiega mama: «Dziecinko, Czarnobyl wybuchł, ludzie po domach się chowają, a ty na słońcu». A ja w śmiech – z Narowli do Czarnobyla jest czterdzieści kilometrów.

Wieczorem koło naszego domu zatrzymał się żyguli, wysiada z niego znajoma z mężem: ona w domowym szlafroku, on w sportowym trykocie i w jakichś starych kapciach. Przez las, wiejskimi drogami uciekli z Prypeci... Uciekli... Na drogach stały posterunki wojskowe, milicja, nikogo nie wypuszczali. Od razu do mnie krzyknęła: «Trzeba zaraz szukać mleka i wódki! Natychmiast!». Krzyczała bez przerwy: «Dopiero kupiliśmy nowe meble, nową lodówkę. Uszyłam sobie futro. Wszystko zostawiliśmy, obwiązali celofanem... Całą noc nie spaliśmy... Co to będzie? Co będzie?». Mąż ją uspokajał. Opowiadał, że nad miastem krążą helikoptery, a po mieście jeżdżą samochody wojskowe i polewają ulice jakąś pianą. Mężczyzn zabierają na pół roku do wojska, jak na wojnę. Całymi dniami siedzieliśmy przed telewizorem i czekali, kiedy przemówi Gorbaczow. Władza milczała...

Dopiero kiedy skończyły się uroczystości pierwszomajowe, Gorbaczow powiedział: «Towarzysze, zachowajcie spokój, sytuacja jest pod kontrolą... To jest pożar, zwykły pożar... Nic specjalnego... Ludzie tam żyją, pracują...».

A my wierzyliśmy..."

„Takie obrazy... Bałam się w nocy spać... Zamknąć oczy...

Pędzono bydło... Całe bydło z wysiedlonych wsi pędzono do nas, do miasta rejonowego, do punktów odbioru. Oszalałe krowy, owce, prosięta biegały po ulicach... Kto chciał, ten łapał... Z zakładów mięsnych samochody z tuszami jeździły na stację Kalinowicze, stamtąd wysyłano je w kierunku Moskwy. Moskwa nie przyjmowała. I te wagony, wtedy już mogilniki, wracały do nas. Całe składy. Tutaj mięso zakopywano. Zapach gnijącego mięsa prześladował mnie po nocach... «Czyż tak pachnie wojna atomowa? – myślałam. – Wojna powinna pachnąć dymem...»

W pierwszych dniach nasze dzieci wywożono w nocy, żeby mniej ludzi to widziało. Chowano, ukrywano nieszczęście. A ludzie i tak widzieli. Na drogę, do naszych autobusów wynosili bańki z mlekiem, piekli bułki.

Jak podczas wojny... Do czego to jeszcze porównać?"

„Narada w komitecie obwodowym... Nastrój wojenny...

Wszyscy czekają na przemówienie naczelnika obrony cywilnej, bo jeśli ktoś nawet pamiętał coś o promieniowaniu, to tylko jakieś urywki z podręcznika fizyki do dziesiątej klasy. A on wychodzi na trybunę i zaczyna mówić to, co napisano w książkach o wojnie jądrowej: kiedy żołnierz wchłonie dawkę pięćdziesięciu rentgenów, powinien zostać wycofany z walki; jak budować schrony, jak korzystać z masek, o promieniu wybuchu... Ale tu nie Hiroszima i Nagasaki, tutaj wszystko jest inaczej... Już się domyślamy...

Do skażonej strefy polecieliśmy helikopterem. Ekwipunek zgodny z instrukcją: nie ma bielizny osobistej, kombinezon bawełniany jak u kucharza, na nim folia ochronna, rękawice, opaska z gazy. Obwieszeni przyrządami. Lądujemy koło wsi, a tam dzieci kąpią się w piachu jak wróble. W ustach kamień, gałązka. Małe chodzą bez majtek. Z gołymi pupkami... A my tu mamy rozkaz: z ludźmi się nie kontaktować, nie siać paniki...

No i teraz z tym żyję..."

„W telewizji nagle zaczęły się pojawiać programy...

Jeden z tematów: babka wydoiła krowę, nalała mleka do bańki, podchodzi reporter z wojskowym dozymetrem, przesuwa po bańce... Komentator mówi: «Proszę patrzeć, wszystko jest w normie, chociaż odległość od reaktora – dziesięć kilometrów». Pokazują rzekę Prypeć... Ludzie kąpią się, opalają... W oddali widać reaktor i kłęby dymu nad nim... Komentator: «Zachodnie rozgłośnie sieją u nas panikę, rozpowszechniają jawne kłamstwa na temat awarii». I znowu z tym dozymetrem – to przykładają go do talerza zupy rybnej, to do czekoladki, to do pączków w otwartym kiosku. To było oszustwo. Dozymetry, w które wówczas było wyposażone nasze wojsko, nie nadawały się do kontroli żywności, tylko do mierzenia tła.

Masa kłamstwa wiążącego się w naszej świadomości z Czarnobylem równa jest chyba tylko tej, którą wpajano nam w czterdziestym pierwszym roku... Za Stalina..."

„Chciałam, żeby moje dziecko poczęło się z miłości...

Oczekiwaliśmy pierworodnego. Mąż wolał chłopczyka, ja dziewczynkę. Lekarze mnie namawiali: «Trzeba usunąć ciążę. Pani mąż przez długi czas przebywał w Czarnobylu». Jest kierowcą, ściągnięto go tam od razu w pierwszych dniach. Woził piasek i beton. Ale ja nie wierzyłam nikomu. Nie chciałam wierzyć. Czytałam w książkach, że miłość wszystko zwycięża. Nawet śmierć.

Dziecko urodziło się martwe. Nie miało dwóch paluszków. To była dziewczynka. Płakałam. No niechby przynajmniej miała wszystkie paluszki. Przecież to dziewczynka..."

„Nikt nie uświadamiał sobie, co się właściwie stało.

Zadzwoniłam do komendy uzupełnień, bo cała służba zdrowia miała obowiązek zgłoszenia się do wojska. Zaofiarowałam pomoc. Nie pamiętam nazwiska, tylko stopień, to był major. Odpowiedział: «Potrzebujemy młodych». Próbowałam go przekonywać: «Po pierwsze, młodzi lekarze nie mają odpowiedniego przygotowania, a po drugie, grozi im wielkie niebezpieczeństwo, młody organizm jest mniej odporny na promieniowanie». Odpowiedź: «Mamy rozkaz brać młodych».

Pamiętam... Chorym zaczęły coraz gorzej zabliźniać się rany. A także... Tamten pierwszy deszcz radioaktywny, po którym kałuże zaczęły żółknąć. W słońcu były żółte. Teraz ten kolor zawsze mnie przeraża. No cóż, po pierwsze nigdy nie jest się gotowym na coś takiego, a po drugie byliśmy przekonani, że jesteśmy najlepsi, najbardziej niezwykli, nasz kraj jest największy. Mój mąż, człowiek z wyższym wykształceniem, poważnie mnie zapewniał, że to był akt terrorystyczny. Wroga dywersja. Tak myśleliśmy... Tak byliśmy wychowani... Ale mnie się przypomniało, jak jechałam w pociągu z pewnym działaczem gospodarczym, który opowiadał mi o budowie elektrowni atomowej w Smoleńsku: ile cementu, desek, gwoździ, piasku wędrowało z obiektu do najbliższych wsi. Za pieniądze, za butelkę wódki...

Do wsi... Do fabryk... Przyjeżdżali pracownicy komitetów rejonowych partii, spotykali się z ludźmi, przemawiali. Ale żaden z nich nie był w stanie odpowiedzieć na pytania, co to jest dezaktywacja, jak chronić dzieci, jakie są współczynniki przejścia radionuklidów do łańcucha pokarmowego. O cząstkach alfa, beta i gamma, o radiobiologii, promieniowaniu jonizującym, nie mówiąc o izotopach. Dla nich to były rzeczy z innego świata. Wygłaszali odczyty o heroizmie ludzi radzieckich, o symbolach wojennego męstwa, knowaniach zachodnich wywiadów...

Zabrałam głos na zebraniu partyjnym: gdzie są profesjonaliści? Fizycy? Radiolodzy? Zagrożono mi odebraniem legitymacji partyjnej...

Było mnóstwo niewyjaśnionych zgonów... Niespodziewanych...

Moja siostra chorowała na serce... Kiedy usłyszała o Czarnobylu, powiedziała: «Wy to przeżyjecie, ja nie». Umarła po kilku miesiącach... Lekarze nic nie wyjaśnili. A z jej chorobą można było żyć jeszcze długo...

Opowiadają, że u staruszek pojawiało się mleko w piersiach, jak u położnic... W medycynie to zjawisko nazywa się relaktacją. A dla chłopów? To kara boża... Zdarzyło się coś takiego staruszce, która mieszkała sama. Bez męża i dzieci. Dostała pomieszania zmysłów. Chodziła po wsi i kołysała coś na rękach, brała polano albo obwiązywała chustką dziecięcą piłkę... «Luli luli» – śpiewała..."

„Boję się żyć na tej ziemi...

Dali mi dozymetr, ale po co mi on? Upiorę bieliznę, mam bielusieńką, a dozymetr brzęczy. Przygotuję jedzenie, upiekę pieróg – brzęczy. Pościelę łóżko – brzęczy. Po co mi to? Kiedy karmię dzieci – płaczę. «Czemu płaczesz, mamusiu?».

Mam dwójkę dzieci – dwóch chłopców. Cały czas chodzę z nimi po szpitalach. Po lekarzach. Ten starszy: ni to dziewczynka, ni to chłopiec. Zupełnie łysy. Chodzę z nim i do profesorów, i do znachorów. Do wróżek, do zamawiaczek. Jest najmniejszy w klasie. Nie wolno mu biegać, bawić się, jeśli ktoś niechcący go uderzy, pocieknie krew i chłopiec może umrzeć. To choroba krwi, nawet nie umiem powtórzyć nazwy. Leżę z nim w szpitalu i myślę: «Umrze». Potem zrozumiałam, że tak nie wolno myśleć, bo śmierć usłyszy. Płakałam w toalecie. Żadna mama nie płacze w sali, tylko w toalecie, w łazience. Wracam wesoła. «Już ci policzki poróżowiały. Wracasz do zdrowia». «Mamusiu, zabierz mnie ze szpitala. Ja tutaj umrę. Tu wszystkie dzieci umierają».

Gdzie mam płakać? W toalecie? Tam przecież kolejka... Wszystkie tam są takie jak ja..."

„Na Radunicę... Na święto zmarłych...

Puszczają nas na cmentarz. Na groby... Ale nie wolno nam zajrzeć do swojej zagrody, milicja zabrania. Latają nad nami w helikopterach. No to chociaż z daleka popatrzymy na swoje chałupy... Przeżegnamy je...

Przywiozę gałązkę bzu z rodzinnej okolicy, potem przez rok u mnie stoi..."

„Powiem pani, co to znaczy nasz człowiek… Radziecki…

W «brudnych» rejonach… W pierwszych latach sklepy zawalono kaszą gryczaną, chińską wieprzowiną. Ludzie się cieszyli, chwalili się, że teraz już nas stąd nie wygonią. Nam tu jest dobrze! Gleba była skażona nierównomiernie, w jednym kołchozie są i czyste, i brudne pola. Ci, którzy pracują na brudnych, dostają wyższą zapłatę, więc wszyscy się tam napraszają. Na czyste nie chcą jechać…

Niedawno przyjechał do mnie w gości brat z Dalekiego Wschodu. «Wy – mówi – jesteście jak te czarne skrzynki…» Takie, jakie są w każdym samolocie, zapisują wszystkie informacje dotyczące lotu. Kiedy nastąpi katastrofa, szuka się czarnych skrzynek.

A my myślimy, że żyjemy tak jak inni… Chodzimy, pracujemy… Zakochujemy się… Nie! Zapisujemy informacje dla przyszłości…"

„Jestem lekarzem pediatrą…

U dzieci wszystko jest inne niż u dorosłych. Dzieci na przykład nie mają pojęcia, że rak oznacza śmierć. Takie skojarzenie u nich nie powstaje. Wiedzą o sobie wszystko: diagnozę, nazwy wszystkich zabiegów, lekarstw. Wiedzą więcej niż ich mamy. A w co się bawią? Biegają po salach, ścigają się i wołają: «Uciekajcie, bo idzie promieniowanie! Uwaga!». Wydaje mi się, że kiedy umierają, mają na twarzach wyraz zdziwienia… Niedowierzanie.

I tak leżą, nie dowierzając…"

„Lekarze mnie uprzedzili, że mój mąż umrze… Ma białaczkę…

Zachorował, kiedy wrócił ze strefy czarnobylskiej. Po dwóch miesiącach. Wysłali go tam z fabryki. Wraca do domu z nocnej zmiany. «Rano wyjeżdżam…» «Co ty tam będziesz robił?» «Pracował w kołchozie».

Grabili siano w strefie piętnastokilometrowej. Zbierali buraki. Kopali kartofle.

Wrócił. Pojechaliśmy do jego rodziców. Pomagał ojcu tynkować piec. I tam upadł. Wezwaliśmy pogotowie, zawieźli do szpitala – śmiertelny poziom leukocytów. Wysłano go do Moskwy.

Wrócił stamtąd z jedną myślą: «Umrę». Coraz częściej milczał. A ja przekonywałam, prosiłam. Nie wierzył moim słowom. Wtedy urodziłam córkę, żeby uwierzył. Nie rozumiem swoich snów... To wiozą mnie na szafot, to cała jestem w bieli... Nie czytam sennika... Budzę się rano, patrzę na niego i myślę, co ja zrobię sama. Żeby chociaż córeczka podrosła i go zapamiętała. Jest malutka, niedawno zaczęła chodzić. Biegnie do niego... «Ta-a...». Odpędzam te myśli...

Gdybym wiedziała... Zamknęłabym wszystkie drzwi, stanęłabym w progu. Zamknęłabym dom na cztery spusty".

„Już dwa lata mieszkamy z moim chłopczykiem w szpitalu...

Małe dziewczynki w salach szpitalnych bawią się lalkami. Ich lalki zamykają oczy... Tak umierają...

«Dlaczego lalki umierają?» «Bo to są nasze dzieci, a nasze dzieci nie będą żyły. Urodzą się i umrą».

Mój Artiomek ma siedem lat, a dają mu ledwie pięć.

Zamyka oczy, a mnie się wydaje, że zasnął. Płaczę i myślę, że on tego nie widzi.

A on wtedy się odzywa: «Mamo, czy już umieram?». Zasypia i prawie nie oddycha. Wtedy klęczę przed nim, przy łóżku. «Artiomku, otwórz oczy... Powiedz coś... Jesteś jeszcze cieplutki...» – mówię sobie w duchu.

Otwiera oczy. Znowu zasypia. I tak cicho. Jakby umarł.

«Artiomku, otwórz oczka...»

Nie pozwalam mu umrzeć..."

„Niedawno świętowaliśmy Nowy Rok... Stół bogato zastawiony. Wszystko domowe: wędliny, słonina, mięso, marynowane ogórki, tylko chleb ze sklepu. Nawet wódka swojska. Swoje, jak u nas się podśmiewają – czarnobylskie. Z cezem, strontem do smaku. A co innego dostaniemy? Sklepy we wsi mają puste półki, a jeśli coś się pojawi, to z naszymi zarobkami i emeryturami nie ma co się pchać.

Przyszli goście. Nasi dobrzy sąsiedzi. Młodzi. Jeden to nauczyciel, drugi – mechanik kołchozowy z żoną. Wypiliśmy. Zagryźli. Wtedy zaczęły się śpiewy. Nie umawiając się, zaczęliśmy śpiewać pieśni rewolucyjne. Pieśni o wojnie. I moją ulubioną: «Świt różowi Kremla ściany...»*. Przyjemnie spędziliśmy ten wieczór. Tak jak kiedyś.

Napisałam o tym synowi. Studiuje w stolicy. Dostałam odpowiedź: «Mamo, wyobraziłem sobie ten obraz – ziemia czarnobylska. Nasz dom. Świeci się noworoczna choinka ... A ludzie przy stole śpiewają pieśni rewolucyjne i wojenne, jakby nie mieli za sobą ani łagrów, ani Czarnobyla...».

Wtedy poczułam się strasznie – nie o siebie mi chodzi, ale o syna. Bo on nie ma dokąd wrócić..."

* *Moskwa* (*Moskwa majskaja*), muz. Dmitrij i Daniił Pokrassowie, sł. Wasilij Lebiediew-Kumacz, przekł. Leopold Lewin.

Rozdział 3

Zachwycenie smutkiem

Monolog o tym, czegośmy nie wiedzieli: że śmierć może być taka piękna

W pierwszych dniach najważniejsze było pytanie: „Kto zawinił?". Musieliśmy mieć winnego...

Potem kiedy dowiedzieliśmy się więcej, zaczęliśmy się zastanawiać, co robić. Jak się uratować? Teraz, pogodziwszy się z myślą, że to nie na rok czy dwa, ale na wiele pokoleń, zaczęliśmy wracać wspomnieniami, przewracać kartkę za kartką...

To zdarzyło się w nocy, z piątku na sobotę... Rano nikt niczego nie podejrzewał. Wysłałam syna do szkoły, mąż poszedł do fryzjera. Gotuję obiad. Mąż prędko wrócił... Wrócił ze słowami: „W elektrowni jakiś pożar. Kazali nie wyłączać radia". Zapomniałam powiedzieć, że mieszkaliśmy w Prypeci, niedaleko reaktora. Do tej pory mam przed oczyma jaskrawomalinową łunę, reaktor świecił się jakoś tak od wewnątrz. Nie palił się zwyczajnie, raczej się jarzył. Niesamowite światło. Piękne. Bo jeśli nie brać pod uwagę reszty, to było bardzo ładne. Nic podobnego w kinie nie widziałam, z niczym nie da się tego porównać. Wieczorem ludzie wylegli na balkony; kto nie miał balkonu, ten szedł do przyjaciół, znajomych. Mieszkamy na ósmym piętrze, dobrze widać z okna. Trzy kilometry w linii prostej. Ludzie wynosili dzieci, podnosili na rękach: „Popatrz! Zapamiętaj!". I to ci sami, którzy pracowali przy reaktorze... Inżynierowie, robotnicy... Nawet nauczyciele fizyki... Stali w czarnym pyle... Rozmawiali... Oddychali... Podziwiali... Niektórzy przyjeżdżali dziesiątki kilometrów samochodami, na rowerach, żeby popatrzeć. Nie wiedzieliśmy, że śmierć może być taka piękna. Ale nie powiedziałabym, że nie miała zapachu. Miała – nie wiosenny, nie jesienny, nawet nie zapach ziemi, ale jakiś całkiem inny... Nie... Drapało w gardle, łzy płynęły z oczu. Nie spałam całą noc i słyszałam, jak na górze chodzą sąsiedzi, oni też nie spali. Coś tam przenosili, stukali, może pakowali rzeczy. Zaklejali okna. Ból głowy łagodziłam cytramonem. Rano, kiedy świtało, rozejrzałam się dookoła i pomyślałam... Nie, nie później, po wszystkim, ale właśnie wtedy pomyślałam: coś jest nie tak, coś się zmieniło. Na zawsze. O ósmej rano ulicami już chodzili wojskowi w maskach. Kiedy ujrzeliśmy żołnierzy i sprzęt wojskowy na ulicach miasta, nie przestraszyliśmy się, ale przeciwnie, uspokoili. Skoro wojsko przyjechało na pomoc, to wszystko będzie w porządku. Nie mieliśmy pojęcia, że pokojowy atom też zabija, że całe miasto mogło się tej nocy nie obudzić... Pod oknami ktoś się śmiał, grała muzyka.

Po obiedzie w radiu zaczęto ogłaszać, żebyśmy szykowali się do wyjazdu: zostaniemy ewakuowani na trzy dni, wówczas umyją nas i skontrolują. Do dziś słyszę głos spikera: „Ewakuacja do najbliższych wsi", „Nie zabierać zwierząt domowych", „Należy zgromadzić się przed bramami domów". Dzieciom powiedziano: „Koniecznie zabrać ze sobą podręczniki". Mąż jednak włożył do teczki dokumenty i nasze zdjęcia ślubne. A ja... Jedno, co zabrałam, to chustkę z gazy na wypadek złej pogody...

Od pierwszych dni poczuliśmy, że jesteśmy czarnobylanami, teraz już odtrąconymi. Że się nas boją. Autobus, którym jechaliśmy, zatrzymał się na noc w jakiejś wsi. Ludzie spali na podłodze w szkole, w klubie. Nie było gdzie szpilki wetknąć. Wtedy pewna kobieta zaprosiła nas do siebie: „Chodźcie, pościelę łóżko. Żal mi waszego chłopca". A druga, stojąca obok, odpychała ją od nas: „Zwariowałaś! Są zarażeni". Kiedy przenieśliśmy się już do Mohylewa i syn poszedł do szkoły, pierwszego dnia od razu przybiegł do domu z płaczem... Bo posadzili go razem z dziewczynką, a ta nie chciała siedzieć z napromieniowanym, bo boi się umrzeć. Syn chodził do czwartej klasy, w której był jedynym uczniem z Czarnobyla. Wszyscy się go bali, nazywali „świetlikiem"...

„Czarnobylskim jeżem"... Przeraziło mnie to, że tak szybko skończyło się jego dzieciństwo.

Kiedy wyjeżdżaliśmy z Prypeci, z naprzeciwka jechały wojskowe kolumny. Sprzęt opancerzony. Wtedy poczuliśmy się strasznie. Baliśmy się i nic nie rozumieli. Przy tym nie mogłam się pozbyć wrażenia, że to wszystko przytrafia się nie mnie, ale komuś innemu. Sama płakałam, szukałam jedzenia, noclegu, ściskałam i uspokajałam syna, a w środku nawet nie myśl, ale nieustanne uczucie, że jestem widzem... Patrzę przez szybę... Widzę kogoś innego... Dopiero w Kijowie dano nam pierwsze pieniądze, ale nic nie można było za nie kupić – przywieziono setki tysięcy ludzi, wszystko wykupione, zjedzone. Wielu miało zawały, wylewy, od razu tam, na dworcach, w autobusach. Mnie uratowała mama. W ciągu swojego długiego życia nieraz traciła dom, pierwszy raz w latach trzydziestych, kiedy była represjonowana, zabrali im wszystko – krowę, konia, chałupę. Drugi raz – pożar, tylko mnie, małą, wyrwała z ognia: „Trzeba to przetrwać – pocieszała mnie. – Przecież żyjemy".

Przypomniałam sobie... Wsiadamy do autobusu. Płaczemy. Mężczyzna na pierwszym siedzeniu głośno krzyczy na żonę: „Jakaś ty głupia! Każdy coś tam zabrał, a my dźwigamy tylko trzylitrowe słoje". Bo żona stwierdziła, że skoro jadą autobusem, to po drodze odda matce puste słoje po marynatach. Koło nich leżały olbrzymie pękate siatki, przez całą drogę się o nie potykaliśmy. I tak z tymi słojami przyjechali do Kijowa.

Teraz śpiewam w chórze cerkiewnym. Czytam Ewangelię. Chodzę do cerkwi, bo tylko tam mówi się o życiu wiecznym. To daje człowiekowi pociechę. Nigdzie indziej już się tych słów nie usłyszy, a tak chciałoby się usłyszeć. Kiedy jechaliśmy z Prypeci i po drodze widzieli jakąś cerkiew, to zaraz wszyscyśmy tam szli. Nie można się było dopchać. Ateiści czy komuniści – wszyscy.

Często mi się śni, że chodzę z synem po słonecznej Prypeci. Teraz to już miasto widmo. Idziemy i przyglądamy się różom, bo w Prypeci było wiele róż, takie wielkie kwietniki z samymi różami. Sen... Całe tamto życie jest już snem. Byłam wtedy taka młoda. Syn był mały... Kochałam...

Ale to wszystko już minęło, stało się wspomnieniem. Znowu jestem jakby widzem...

Nadieżda Pietrowna Wyhowska,
wysiedlona z miasta Prypeć

Monolog o tym, jak łatwo stać się ziemią

Prowadziłem dziennik...

Starałem się zapamiętać tamte dni... Było wiele nowych doznań. No i strach oczywiście... Wyrwaliśmy się w nieznane, jak na Marsa... Pochodzę z Kurska, niedaleko nas w sześćdziesiątym dziewiątym roku zbudowano elektrownię atomową. W mieście Kurczatow. Z Kurska jeździło się tam na zakupy. Po kiełbasę. Bo atomowców zaopatrywano według najwyższej kategorii. Zapamiętałem wielki staw, w nim łowiło się ryby. W pobliżu reaktora... Po Czarnobylu często to wspominałem... Teraz coś takiego jest niemożliwe...

No więc było tak: wręczają mi wezwanie, a ja jako człowiek zdyscyplinowany tego samego dnia stawiam się w komendzie uzupełnień. Komendant kartkuje moją „sprawę". „Ani razu – mówi – nie byłeś na ćwiczeniach. A tutaj potrzeba chemików. Nie chciałbyś pojechać na dwadzieścia pięć dni na obóz pod Mińsk?". Pomyślałem, czemu nie odsapnąć trochę od rodziny, od pracy... Trochę sobie pobiegam na świeżym powietrzu. Dwudziestego drugiego czerwca tysiąc dziewięćset osiemdziesiątego szóstego roku o godzinie jedenastej z ubraniami, menażką i szczoteczką stawiłem się w miejscu zbiórki. Zdziwiło mnie, że było nas trochę za dużo jak na czas pokoju. Przemknęły przez głowę jakieś wspomnienia z filmów wojennych. I dzień też był szczególny: dwudziesty drugi czerwca... Początek wojny... To każą stanąć w szeregu, to się rozejść, i tak do wieczora. Do autobusów powsiadaliśmy dopiero, kiedy zaczęło się ściemniać. Dowódca: „Kto zabrał alkohol, może pić". W nocy ładujemy się do pociągu, rano będziemy w jednostce. Żeby mi każdy wysiadł świeży jak skowronek i bez zbędnego bagażu". Wiadoma sprawa. Hałasowaliśmy całą noc.

Rano znaleźliśmy w lesie swoją jednostkę. Znowu zbiórka w szeregu i wyczytują według alfabetu. Wydawanie odzieży ochronnej. Dali jeden komplet, drugi, trzeci... No, myślę sobie – poważna sprawa. Wydają też szynel, czapkę, materac, poduszkę, a wszystko zimowe. A tu na dworze lato i za dwadzieścia pięć dni mają nas zwolnić. „Eee tam, chłopaki – śmieje się kapitan, który nas wiózł. – Dwadzieścia pięć? Na pół roku traficie do Czarnobyla". Zdumienie. Agresja. Wtedy tamci dalej nas namawiać: kto znajdzie się bliżej niż dwadzieścia kilometrów od reaktora – podwójne pobory; kto bliżej niż dziesięć – potrójne, a przy samym reaktorze – sześciokrotnie większe. Jeden zaczyna liczyć, że za sześć miesięcy wróci własnym samochodem, drugi chciałby zwiać, ale cóż – dyscyplina wojskowa. Co to jest promieniowanie? Nikt nie słyszał. A ja akurat na krótko przedtem skończyłem kursy obrony cywilnej, karmili nas tam wiedzą sprzed trzydziestu lat: pięćdziesiąt rentgenów – dawka śmiertelna. Uczyli, jak padać, żeby fala uderzeniowa przeszła nad człowiekiem, nie czyniąc mu szkody. Promieniowanie cieplne, przenikliwe... Ani słowa o tym, że najbardziej szkodliwe jest promieniotwórcze skażenie terenu. Nawet ci zawodowi oficerowie, którzy wieźli nas do Czarnobyla, niezbyt dużo wiedzieli. Poza jednym – że trzeba jak najwięcej wódki, to pomaga na promieniowanie. Sześć dni staliśmy pod Mińskiem, sześć dni pili. Kolekcjonowałem etykietki napojów alkoholowych. Najpierw piliśmy wódkę, potem zaczęły się jakieś dziwne napoje – nitchinol i różne inne środki czyszczące. Ciekawiło mnie to nawet jako chemika. Po nitchinolu nogi miało się jak z waty, a głowę trzeźwą, można sobie było wydać komendę: „Wstać!". A potem... upaść.

Jestem inżynierem chemikiem, doktorem, w chwili powołania kierowałem laboratorium dużego zjednoczenia produkcyjnego. A jak mnie wykorzystano? Dano do ręki łopatę, praktycznie było to moje jedyne narzędzie. Od razu zrodziło się powiedzonko „Z łopatą na atom". Były też środki ochronne: maski i półmaski, ale nikt z nich nie korzystał, bo upał był do trzydziestu stopni, a jak się je włoży, można od razu umrzeć. Potwierdziliśmy odbiór jak za dodatkową amunicję, i zapomnieli. Jeszcze jedna charakterystyczna rzecz. Kiedy jechaliśmy... Z autobusów przesiedliśmy się na pociąg, miejsc do siedzenia w wagonie trzydzieści pięć, a nas było siedemdziesięciu. Spaliśmy na zmianę. To teraz sobie przypomniałem... No więc co to był ten Czarnobyl? Sprzęt wojskowy i żołnierze. Specjalne myjnie. Sytuacja jak podczas wojny. Zakwaterowano nas w namiotach, po dziesięciu w każdym. Jedni zostawili w domu dzieci, inni żony przed porodem, jeszcze ktoś nie miał mieszkania. Nikt nie narzekał. Jak trzeba, to trzeba. Ojczyzna wezwała, ojczyzna kazała. Tacy są u nas ludzie...

Dookoła namiotów piętrzyły się wielkie góry konserw. Całe Alpy! Wyciągnięte z magazynów żelazne rezerwy. Sądząc po etykietkach, przechowywane przez jakieś dwadzieścia czy trzydzieści lat... Na wypadek wojny. Mielonka, kasza perłowa... Ryby... Dookoła stada kotów... Jak muchy... Wsie wysiedlone, ludzi nie ma. Kiedy wiatr zawiał i zaskrzypiała furtka, momentalnie się odwracaliśmy i szukaliśmy wzrokiem człowieka. A tu zamiast człowieka – kot...

Zdejmowaliśmy skażoną wierzchnią warstwę ziemi, ładowali na samochody i wywozili do mogilników. Myślałem, że taki mogilnik to jakaś skomplikowana konstrukcja, a to był zwyczajny kurhan. Zrywaliśmy ziemię i zwijali w wielkie rulony... Jak dywan... Zieloną darń, z trawą, kwiatami, korzeniami... Pająkami, robakami... Praca dla wariatów. Nie sposób przecież zedrzeć całej ziemi, zdjąć z niej wszystko, co żyje. Gdybyśmy nie pili na umór każdej nocy, wątpię, żebyśmy wytrzymali. Wysiadłaby psychika. Setki metrów obdartej, bezpłodnej ziemi. Domy, szopy, drzewa, szosy, przedszkola, studnie – zostawały jak nagie... Wśród piasku, na piasku. Rano trzeba się ogolić, a człowiek boi się spojrzeć do lusterka, zobaczyć własną twarz. Bo w głowach kłębiły się najróżniejsze myśli... Najróżniejsze... Jakoś trudno sobie było wyobrazić, że ludzie tam wrócą i znowu zacznie się życie. A myśmy tymczasem wymieniali eternit, myli dachy. To, że praca jest bezużyteczna, wiedzieli wszyscy. Tysiące ludzi. Ale co ranka wstawaliśmy i znowu ją wykonywali. Absurd! Zobaczył nas niepiśmienny dziadek i mówi: „Rzućcie, synkowie, tę głupią robotę. Siadajcie do stołu. Zjedzcie obiad". Wiatr wieje.

Chmury płyną. Reaktor nie jest zamknięty... Zdjęliśmy warstwę, za tydzień wracamy, a tu można właściwie zaczynać od nowa. Tylko zdejmować już nie ma czego. Piasek się sypie... Raz tylko dostrzegłem jakiś sens, kiedy ze śmigłowców rozpryskiwano specjalny roztwór, żeby powstała powłoka polimerowa, niepozwalająca sypkiemu gruntowi się przemieszczać. To akurat rozumiałem, ale myśmy kopali i kopali...

Ludzi ewakuowano, ale w niektórych wsiach zostawali staruszkowie. No właśnie... Można wejść do zwykłej chaty i usiąść do obiadu... Bodaj przez pół godziny zaznać normalnego ludzkiego życia... Tego rytuału... Chociaż do jedzenia nic się nie nadawało. Nie wolno tam było jeść. Ale tak się chciało posiedzieć za stołem... W starej chałupie...

Zostawały po nas tylko kurhany... Niby potem mieli je okładać betonowymi płytami, ogradzać drutem kolczastym. Porzucaliśmy tam wywrotki, łaziki, dźwigi, na których pracowaliśmy, bo metal ma zdolność gromadzenia promieniowania, pochłaniania go. Ale ludzie mówią, że nic z tego się nie ostało. Rozkradli. Wierzę w to, bo u nas wszystko może się zdarzyć. Raz mieliśmy alarm: dozymetryści stwierdzili, że w stołówce promieniowanie jest wyższe niż tam, gdzie pracowaliśmy. A my jedliśmy w niej już od dwóch miesięcy! Tacy są u nas ludzie... Stołówką zresztą nazywano deski poprzybijane do słupków, tak że „stoły" sięgały nam do piersi. Jedliśmy na stojąco... Myliśmy się wodą z beczki... Ubikacją był długi okop w szczerym polu... W rękach łopata... A obok reaktor...

Po dwóch miesiącach coś już zaczęło do nas docierać. Zaczęliśmy wypytywać: „Nie jesteśmy skazańcami. Pobyliśmy dwa miesiące, wystarczy. Czas na zmianę". Generał-major Antoszkin, który z nami rozmawiał, był szczery: „Taka zmiana byłaby dla nas niekorzystna. Daliśmy wam jeden komplet odzieży, drugi, trzeci. Wy już macie odpowiednie nawyki. Nowa zmiana to nowe koszty, kłopoty". I podkreślił, że jesteśmy bohaterami. Raz na tydzień tym, którzy się wyróżnili w kopaniu, wręczano dyplomy. Najlepszy grabarz Związku Radzieckiego. Czy to nie wariactwo?

Puste wsie... Żyły w nich kury i koty. Zajdzie się do szopy, a tam pełno jajek. Smażyliśmy je. Żołnierze to dzielne chłopaki.

Złapią kurę. Ognisko. Butla samogonu. Codziennie w namiocie wypijaliśmy wspólnie taką trzylitrową butlę. Jedni grają w szachy, inni brzdąkają na gitarze. Człowiek przywyknie do wszystkiego. Jeden się upije i buch do łóżka, drugi ma ochotę wrzeszczeć. Bić się. Dwaj pijani siedli za kierownicą. Rozbili się. Wyciągnęli ich, spawarką wycięli ze zgniecionej stali. Ja ratowałem się, pisząc do domu długie listy i prowadząc dziennik. Zauważył to szef wydziału politycznego, zaczął na mnie polować. Gdzie przechowuję to, co napisałem? Namówił sąsiada, żeby mnie śledził. Ten mnie ostrzegł: „Co tam piszesz?". Ja: „Obroniłem doktorat. Piszę teraz habilitację". Śmieje się: „Dobrze, tak powiem pułkownikowi. A ty to schowaj". Przyzwoite były chłopaki. Już mówiłem, nie było ani jednego marudzącego. Tchórza. Niech pani wierzy: nikt nas nie pokona. Nigdy! Oficerowie nie wychodzili z namiotów. Leżeli w kapciach. Pili. A my to mamy gdzieś! Kopiemy. Niech tamci sobie naszywają nowe gwiazdki na naramienniki. Kichać na nich! Tacy są u nas ludzie...

Dozymetryści to bogowie. Wszyscy do nich się cisną: „No, synek, ile mam tych promieni?". Jeden przedsiębiorczy żołnierz wpadł na pomysł: wziął zwykły kij, owinął go drutem. Zapukał do chałupy i po ścianie wodzi tym kijem. Babcia za nim: „Synku, co tam u mnie?". „Tajemnica wojskowa, babciu". „Powiedzże, synku. Ja ci za to bimberku szklankę naleję". „Dobra, nalej!". Wypił. „U ciebie, babciu, wszystko w porządku". I poszedł dalej...

Kiedy upłynęła połowa pobytu, wydano wreszcie każdemu po dozymetrze, takim małym pudełeczku z kryształem w środku. Niektórzy zaczęli kombinować: trzeba go jutro zawieźć do mogilnika i zostawić, a pod koniec dnia zabrać. Im więcej promieniowania, tym szybciej dadzą urlop. Albo więcej pieniędzy. Jeden zawiesił na bucie, na paseczku, żeby było bliżej ziemi. Teatr absurdu! Absurd! Te czujniki nie były naładowane; żeby zaczęły działać, należało je naładować pierwszą dawką promieniowania. Ot, takie zabawki, fintifluszki – dali je nam, żeby zamydlić oczy. Taka psychoterapia. Później okazało się, że to urządzenia krzemowe, które poniewierały się w magazynach przez pięćdziesiąt lat. Pod koniec pobytu każdemu wpisano do książeczki wojskowej jednakową liczbę – średnią dawkę promieniowania pomnożyli przez liczbę dni. Przeciętną dawkę zmierzyli w namiotach, tam, gdzieśmy mieszkali.

Czy to dowcip, czy naprawdę się zdarzyło? Dzwoni żołnierz do dziewczyny. Ona się denerwuje: „Co ty tam robisz?". On chciał się pochwalić: „Dopiero co spod reaktora wylazłem, umyłem ręce". A wtedy w słuchawce – pii pii pii. Rozmowa się urwała. KGB podsłuchuje...

Dwie godziny na odpoczynek. Położy się człowiek pod drzewkiem i dojrzałą już wiśnię, taką dużą, słodką, obetrze i kładzie do ust. Morwa... Pierwszy raz jadłem morwę...

Kiedy nie było pracy, kazali nam maszerować. Po skażonej ziemi... Absurd! Wieczorami oglądaliśmy filmy. Indyjskie. O miłości. Do trzeciej czy czwartej nad ranem. Kucharz zaspał, kasza nieugotowana. Przywozili gazety. Tam pisano, żeśmy bohaterowie. Ochotnicy! Następcy Pawki Korczagina*! Zamieszczano zdjęcia. Żeby tak spotkać tego fotografa...

Niedaleko stacjonowali Tatarzy z Kazania. Widziałem ich samosąd. Pędzili przed szeregiem żołnierza i kopali go, jeśli tylko się zatrzymał albo odbiegł na bok. Bo łaził po chatach i kradł. Znaleźli torbę ze skradzionymi rzeczami. Osobno kwaterowali Litwini. Po miesiącu zbuntowali się i zażądali, żeby ich odesłać do domu.

Było kiedyś zamówienie specjalne: pilnie umyć dom w pustej wsi. Absurd! „Po co?!". „Bo jutro tam będzie wesele". Polaliśmy z węży dach, drzewa, zeskrobaliśmy ziemię. Skosili krzaki kartofli, cały ogród, trawę na podwórzu. Dookoła – pustka. Następnego dnia przywieźli pana młodego i pannę młodą. Przyjechał autobus z gośćmi. Z muzyką... Prawdziwi, a nie filmowi państwo młodzi. Już mieszkali w innym miejscu, przesiedleni, ale namówiono ich, żeby tu przyjechali, żeby sfilmować się dla historii.

* Pawieł (Pawka) Korczagin – radziecki wzorzec wychowawczy, bohater autobiograficznej w znacznym stopniu powieści *Jak hartowała się stal* (Kak zakalałas' stal) Nikołaja Ostrowskiego (1904–1936), ociemniałego i sparaliżowanego weterana rewolucji, heroicznie zmagającego się ze swym kalectwem.

Propaganda pracowała. Fabryka marzeń... Pielęgnowano nasze mity: my wszędzie przetrwamy, nawet na martwej ziemi...

Tuż przed wyjazdem wezwał mnie dowódca: „Coś ty pisał?". „Listy do młodej żony" – odpowiedziałem. – „Ty uważaj..." – padła komenda.

Co pozostało w pamięci z tamtych dni? Że kopaliśmy. Kopali... Gdzieś w dzienniku zapisałem to, co tam zrozumiałem. Od pierwszych dni... Zrozumiałem, jak łatwo stać się ziemią...

Iwan Nikołajewicz Żmychow,
inżynier chemik

Monolog o symbolach i tajemnicach wielkiego kraju

Wspominam to jak wojnę...

Już pod koniec maja, około miesiąca od awarii, zaczęły do nas przychodzić do kontroli produkty żywnościowe z trzydziestokilometrowej strefy. Instytut pracował przez całą dobę. Jak w czasie wojny. Na całej Białorusi tylko my mieliśmy wówczas fachowców i specjalną aparaturę. Przywożono wnętrzności zwierząt – domowych i dzikich. Badaliśmy mleko. Po pierwszych próbach było jasne, że otrzymujemy nie mięso, ale odpady radioaktywne. Stada w strefie wypasano systemem wachtowym. Pastuchowie przyjeżdżali i wyjeżdżali, dojarki przywożono tylko do dojenia. Fermy mleczne wykonywały plany. Sprawdziliśmy. To samo – nie mleko, tylko odpady radioaktywne. Mleko w proszku i puszki skondensowanego mleka z zakładów mlecznych w Rogaczowie długo wykorzystywaliśmy na wykładach jako materiał dydaktyczny. A w tym samym czasie sprzedawano je w sklepach... We wszystkich kioskach spożywczych... Kiedy ludzie widzieli na etykietce, że mleko jest z Rogaczowa, to go nie kupowali, i wtedy nagle pojawiły się butelki bez etykietek. Raczej nie z braku papieru. Myślę, że po prostu ludzi oszukiwano. Państwo ich oszukiwało. Cała informacja stała się tajemnicą „za siedmioma pieczęciami", żeby nie szerzyć paniki". I to w pierwszych tygodniach... Właśnie wtedy, kiedy krótko żyjące pierwiastki dawały twarde promieniowanie i wszystko się „świeciło".

Bez przerwy pisaliśmy notatki służbowe... Nieustannie... Ale powiedzieć otwarcie o wynikach... Stracić stopień naukowy, albo nawet legitymację partyjną. (*Zaczyna się denerwować*). Ale tu nie o strach... Nie o strach chodzi, chociaż o to oczywiście też... Byliśmy ludźmi tamtych czasów, naszego radzieckiego kraju. Wierzyliśmy w niego, chodzi głównie o tę wiarę. Naszą wiarę... (*Zapala nerwowo papierosa*). Niech mi pani wierzy, nie ze strachu... Nie tylko ze strachu... Mówię szczerze. Muszę być szczery, żebym mógł potem szanować samego siebie. No więc chcę...

Pierwszy wyjazd do strefy – w lesie promieniowanie pięcioczy sześciokrotnie wyższe od tego na polu czy w drodze. Wszędzie duże dawki. Traktory orzą... Chłopi kopią w ogródkach... W kilku wsiach zbadano tarczycę u dorosłych i dzieci: sto, dwieście, nawet trzysta razy wyżej niż dopuszcza norma. W naszej grupie była też pani radiolog. Wpadła w histerię, kiedy zobaczyła dzieci, które siedziały i bawiły się w piasku. Puszczały stateczki w kałużach. Otwarte były sklepy i jak zwykle u nas na wsi, produkty spożywcze i tekstylne leżały razem: ubrania, sukienki obok kiełbasy i margaryny. Leżały swobodnie, nawet nieprzykryte celofanem. Bierzemy kiełbasę, jajka... Robimy zdjęcie rentgenowskie – znowu radioaktywne odpady. Siedzi młoda kobieta na ławce przed domem, karmi piersią dziecko... Sprawdziliśmy – jej mleko było radioaktywne. Matka Boska Czarnobylska...

Pytaliśmy: „Co robić?". Odpowiedziano nam: „Róbcie pomiary. Oglądajcie telewizję". W telewizji Gorbaczow uspokajał ludzi: „Podjęliśmy pilne działania"... Wierzyłem... Inżynier z dwudziestoletnim stażem, dobrze znający prawa fizyki. Przecież wiedziałem, że wszystko, co żyje, powinno uciekać z tych okolic. Choćby na pewien czas. Ale myśmy sumiennie robili pomiary i oglądali telewizję. Przywykliśmy wierzyć. Jestem z pokolenia powojennego, które w tej wierze wyrosło. Skąd się brała? Stąd, że zwyciężyliśmy w takiej strasznej wojnie. Przed nami chylił głowy wtedy cały świat. Bez przesady, naprawdę! W Kordylierach, na skale wyryto nazwisko „Stalin"! Czym ono było? Symbolem! Symbolem wielkiego kraju.

To jest odpowiedź na pani pytanie. Dlaczego wiedzieliśmy o tym i milczeli? Dlaczego nie wyszliśmy na plac, nie krzyczeli?

Meldowaliśmy... Mówiłem, że pisaliśmy notatki służbowe. Ale milczeliśmy i bez szemrania podporządkowywali się poleceniom, bo należeliśmy do partii i obowiązywała nas dyscyplina partyjna. Nie pamiętam, żeby ktokolwiek z naszych pracowników zląkł się o siebie samego i odmówił wyjazdu do strefy. Nie ze strachu, że go wyrzucą z partii, ale dlatego że wierzyliśmy. Przede wszystkim wiara, że życie jest u nas piękne i sprawiedliwe, a człowiek stoi ponad wszystkim, że jest miarą wszechrzeczy. Ta wiara runęła w gruzy, co dla wielu skończyło się zawałem albo samobójstwem. Strzałem w serce jak u akademika Legasowa... Dlatego że kiedy się traci wiarę, zostaje się bez niej, wówczas jest się nie uczestnikiem, ale po prostu wspólnikiem, i wtedy nie ma usprawiedliwienia. Tak go rozumiem.

Jest pewien znak... W byłym Związku Radzieckim w każdej elektrowni atomowej przechowywano w sejfie plan usuwania skutków awarii. Typowy plan. Tajny. Bez takiego planu nie wydano by zezwolenia na uruchomienie elektrowni. Wiele lat przed katastrofą opracowano go właśnie na podstawie Czarnobyla. Co robić i jak? Kto za to odpowiada? Gdzie się znajduje? Wszystko w najdrobniejszych szczegółach... I nagle tam, w tej wzorcowej elektrowni dochodzi do katastrofy... Czy to przypadkowa zbieżność? Tajemnica? Gdybym był wierzący... Kiedy ktoś chce dociec sensu, czuje się wtedy człowiekiem religijnym. A ja jestem inżynierem. Człowiekiem innej wiary. Mam inne symbole...

No i co teraz... Co mam teraz zrobić ze swoją wiarą?

Marat Filippowicz Kochanow,
były główny inżynier Instytutu Energetyki Jądrowej Akademii Nauk Białorusi

Monolog o tym, że w życiu to, co straszne, przebiega po cichu i zupełnie naturalnie

Od samego początku...

Gdzieś coś się stało. Nie usłyszałam nawet nazwy, gdzieś daleko od naszego Mohylewa... Przybiegł ze szkoły brat i woła, że wszystkim dzieciom rozdają jakieś tabletki. Widocznie rzeczywiście coś się stało. Ajajaj! I tyle. Dzień pierwszy maja spędziliśmy bardzo miło, oczywiście w plenerze. Wróciliśmy późno wieczorem, a w moim pokoju wiatr otworzył okno... To przypomniałam sobie później...

Pracowałam w inspekcji ochrony przyrody. Czekano tam na jakieś polecenia, ale te się nie pojawiały... Czekamy... W inspekcji prawie nie było fachowców, zwłaszcza w kierownictwie. Sami pułkownicy rezerwy, byli pracownicy aparatu partyjnego, emeryci albo ludzie niewygodni. Jak ktoś coś gdzieś przeskrobał, to dawali go do nas. Potem siedział taki i przewracał papiery. Tacy właśnie podnieśli szum po przemówieniu w Moskwie naszego białoruskiego pisarza Alesia Adamowicza, który zaczął bić na alarm. Jakże oni go nienawidzili! Coś niesłychanego! Chociaż ich dzieci, wnuki mieszkają tutaj, to nie oni, tylko pisarz krzyczy na cały świat: „Ratunku!". Wydawałoby się, że powinien się w nich odezwać instynkt samozachowawczy. Na zebraniach partyjnych, w palarniach w kółko gadali o grafomanach. Wtykają nos w nie swoje sprawy! Rozbisurmanili się! Instrukcje! Subordynacja! Co on może wiedzieć? Nie jest fizykiem! Mamy przecież KC, mamy sekretarza generalnego. Wtedy chyba po raz pierwszy zrozumiałam, czym był rok trzydziesty siódmy. Jak to wyglądało...

W tamtym czasie moje wyobrażenia o elektrowni atomowej były całkiem idylliczne. W szkole, w instytucie uczono nas, że są to bajkowe „fabryki energii z niczego", gdzie ludzie w białych fartuchach siedzą i naciskają guziki. Tłem eksplozji w Czarnobylu była nieprzygotowana świadomość, bezgraniczna wiara w technikę, a w dodatku – brak wszelkiej informacji. Sterty papierów z napisem „Ściśle tajne": „Utajnić informacje o awarii", „Utajnić informacje o wynikach leczenia", „Utajnić informacje o stopniu napromieniowania personelu uczestniczącego w likwidacji skutków"... Krążyły słuchy: ktoś czytał w gazecie, ktoś coś gdzieś słyszał, komuś mówiono... Z bibliotek zniknęła cała żałosna (jak się potem okazało) makulatura z dziedziny obrony cywilnej. Ktoś słuchał rozgłośni zachodnich, bo tylko one w tamtym czasie informowały, jakie tabletki zażywać, jak należy je dawkować. Ale reakcja najczęściej była taka: wrogowie się cieszą, ale u nas wszystko jest w porządku. Dziewiątego maja weterani pójdą na defiladę... Będzie grała orkiestra dęta. Nawet ci, którzy gasili reaktor, jak się potem okazało, musieli się opierać na plotkach. Podobno niebezpiecznie jest brać grafit rękami... Podobno...

Nie wiadomo skąd pojawiła się w mieście wariatka. Chodziła po bazarze i mówiła: „Widziałam te promienie. Są niebieskie, ale co chwila zmieniają kolor...". Ludzie przestali kupować na rynku mleko, twaróg. Stoi babcia z mlekiem, ale nikt go nie kupuje. „Nie bójcie się – przekonuje babcia – ja krowy w pole nie wyprowadzam, sama jej trawę przynoszę". Jak się wyjechało za miasto, to wzdłuż drogi widać było jakieś dziwadła: pasie się krowa, obwiązana celofanem, a obok baba, też cała w celofanie. Nie wiadomo – śmiać się czy płakać. Nas też zaczęto wysyłać do kontroli. Skierowano mnie do przedsiębiorstwa produkcji leśnej. Leśnikom nie zmniejszono wcale norm dostaw drewna, plan, jaki był, taki został. W magazynie włączyliśmy licznik, a on pokazuje diabli wiedzą co. Koło desek niby normalnie, a obok przygotowanych mioteł wyskakuje poza skalę. „Skąd te miotły?". „Z Krasnopolja" (potem się okazało, że to jest najbardziej skażony rejon w obwodzie mohylewskim). To już ostatnia partia. Resztę wysłaliśmy". Jak ich teraz szukać w innych miastach?

O czym to jeszcze bałam się zapomnieć? O czymś ważnym... A! Przypomniałam sobie. Czarnobyl... Nagle doświadczyliśmy nowego, nieznanego uczucia, że każdy ma swoje własne życie – przedtem było jakby niepotrzebne. A tu ludzie zaczęli się zastanawiać, co jedzą, czym karmią dzieci. Co jest bezpieczne dla zdrowia, a co nie? Wynieść się gdzieś indziej czy zostać? Każdy musiał podjąć decyzję. A jak przywykliśmy żyć? Całą wsią, gromadą. Zakładem, kołchozem. Byliśmy ludźmi radzieckimi. Na przykład ja – byłam człowiekiem radzieckim. I to bardzo! Studiowałam, a każdego lata wyjeżdżałam z oddziałem. Był taki ruch młodzieżowy – studenckie oddziały komunistyczne. Pracowaliśmy po to, żeby zarobione pieniądze przekazać jakiejś latynoamerykańskiej partii komunistycznej. Nasz oddział wspierał partię w Urugwaju...

Zmieniliśmy się. Wszystko się zmieniło. Musimy się zdobyć na wielki wysiłek, żeby zrozumieć. Oderwać się od tego, do czego byliśmy przyzwyczajeni... Jestem biologiem. Moja praca dyplomowa dotyczyła zachowania os. Dwa miesiące spędziłam na bezludnej wyspie. Miałam tam własne gniazdo os. Przyjęły mnie do rodziny, ale najpierw obserwowały mnie przez tydzień. Nikogo nie dopuszczały bliżej niż na trzy metry, a ja już po tygodniu mogłam podejść do nich na odległość dziesięciu centymetrów. Karmiłam je wprost w gnieździe, zapałką podawałam konfiturę. „Nie niszcz mrowiska, to dobra forma życia obcego gatunku" – to było ulubione powiedzonko naszego wykładowcy. Gniazdo os związane jest z całym lasem, więc sama też stopniowo stałam się częścią krajobrazu. Podbiega myszka i siada na brzegu mojego adidasa, dzika mysz, leśna, ale już mnie traktuje jako element krajobrazu. Siedziałam wczoraj, siedzę dzisiaj, będę siedziała jutro...

Po Czarnobylu... Na wystawie dziecięcych rysunków: bocian chodzi po czarnym polu... I podpis: „Bocianowi nikt nic nie powiedział". Takie były moje ówczesne uczucia. A poza tym – praca. Codzienna praca... Jeździliśmy po obwodzie, pobierali próbki wody, gleby i odwozili do Mińska. Nasze dziewczyny burczały: „Wozimy gorące pierożki". Żadnej ochrony, żadnego ubrania, nic. Siedzi się na przednim siedzeniu, a za plecami „świecą się" próbki. Sporządzaliśmy świadectwa pogrzebu radioaktywnego gruntu. Grzebaliśmy ziemię w ziemi... Nowe ludzkie zajęcie... Nikt tego nie mógł zrozumieć... Zgodnie z instrukcją pogrzeb winien nastąpić po uprzednim rozpoznaniu geologicznym. Głębokość zalegania wód gruntowych wynosić miała co najmniej cztery metry, czy nawet sześć, a głębokość pochówku nie powinna być duża. Ściany i dno jamy należało wyścielić powłoką polietylenową. Ale to w instrukcji, a w życiu oczywiście inaczej. Jak zwykle. Żadnych poszukiwań geologicznych. Pokażą palcem: „Tutaj kop!". Koparka kopie. „Na jaką głębokość wykopałeś?". „A diabli wiedzą! Jak się woda pokazała, to przestałem". Wrzucali wprost do wód gruntowych...

Mówią, że ludzie są niewinni, tylko rząd jest zbrodniczy... Potem powiem pani, co o tym myślę... O naszych ludziach i o sobie...

Najpoważniejszą wyprawę odbyłam do rejonu krasnopolskiego, już mówiłam, że ten był najgorszy. Żeby zapobiec spływaniu radionuklidów z pól do rzek, należało znowu działać zgodnie z instrukcją: wyorać podwójne bruzdy, potem odstęp i jeszcze raz podwójne bruzdy, i dalej w takich samych odstępach. Musiałam przejechać wzdłuż wszystkich rzeczek. Skontrolować je. Do Krasnopola dotarłam autobusem, a potem oczywiście potrzebowałam samochodu. Idę do przewodniczącego komitetu rejonowego. Siedzi w gabinecie i trzyma się rękami za głowę. Nikt nie odwołał planu, nikt nie zmienił struktury upraw – jak siali groch, tak sieją, chociaż wiedzą, że groch, tak zresztą jak wszystkie strączkowe, najbardziej wchłania promieniowanie. A tam miejscami dochodzi do czterdziestu i więcej kiurów. Przewodniczący nie ma czasu się mną zajmować. Z przedszkoli pouciekały kucharki i pielęgniarki. Dzieci chodzą głodne. Na operację wyrostka trzeba człowieka wieźć karetką do sąsiedniego rejonu, sześćdziesiąt kilometrów drogą jak tarka do prania. Wszyscy chirurdzy wyjechali. Jaki samochód?! Jakie podwójne bruzdy? Czym ja mu tu głowę zawracam?! Poszłam wtedy do wojskowych. Młode chłopaki, odsłużyli tam po pół roku. Teraz strasznie chorują. Dali mi transporter opancerzony z załogą, nawet nie transporter, tylko pancerny samochód zwiadowczy z karabinem maszynowym. Bardzo żałuję, że nie zrobiłam sobie zdjęcia na tym samochodzie. Na pancerzu. Odezwała się ta dawna romantyka. Chorąży, który dowodził samochodem, cały czas łączył się z bazą: „Sokół! Sokół! Kontynuujemy pracę". Jedziemy... Drogi są nasze, lasy nasze, a my samochodem wojskowym... Pod płotem stoją kobiety. Stoją i płaczą. Ostatni raz widziały taki pojazd w czasie drugiej wojny światowej. Boją się więc, że znowu wybuchła wojna.

Traktory przeznaczone do orania tych bruzd zgodnie z instrukcją powinny mieć hermetyczne kabiny ochronne. Widziałam taki traktor, kabina rzeczywiście hermetyczna. Traktor stał, a traktorzysta leżał na trawie. Odpoczywał. „Pan zwariował? Nie uprzedzili pana?". „No przecież głowę przykryłem waciakiem" – odpowiedział. Ludzie nie rozumieli. Cały czas ich straszono, szykowano do wojny atomowej. Ale nie do Czarnobyla...

Okolice tam były niesłychanie piękne. Las zachował się pierwotny, prastary. Nie sadził go człowiek. W lesie wiją się rzeczułki, woda w nich ma kolor herbaty i jest przezroczysta. Trawa – zielona. Ludzie nawołują się w lesie... Dla nich to naturalne jak wyjście do ogrodu. ... A ja już wiem, że tu wszystko jest zatrute – grzyby, jagody. Wiewiórki uwijają się w leszczynie...

Spotkaliśmy staruszkę. „Dzieci, a mleczko od własnej krowy można pić?"

My oczy w ziemię, mamy rozkaz zbierać dane, ale nie kontaktować się bezpośrednio z ludnością.

Pierwszy odpowiedział chorąży: „A ile macie lat, babciu?". „No, już z osiemdziesiątkę, albo i więcej. Papiery spaliły się we wojnę". „No to może babcia pić".

Ludzi ze wsi zawsze najbardziej żal, bo ucierpieli niewinnie, jak dzieci. Przecież to nie chłop wymyślił Czarnobyl, związek chłopa z naturą oparty jest nie na podboju, ale na wzajemnym zaufaniu, tak jak przed stu laty, przed tysiącem. Jak w Bożym zamyśle... Chłopi nie rozumieli więc, co się stało. Uczonym, każdemu wykształconemu człowiekowi chcieli wierzyć jak księdzu. A słyszeli: „Wszystko w porządku. Nic strasznego. Tylko myjcie ręce przed jedzeniem". Nie od razu, ale po kilku latach zrozumiałam, żeśmy tam wszyscy brali udział w zbrodni... (*Milknie*).

Nie jest pani w stanie sobie wyobrazić, w jakich ilościach wywożono samochodami ze strefy wszystko, co tam uprzednio wysłano jako pomoc, jako zadośćuczynienie dla jej mieszkańców: kawę, konserwy, wędliny, pomarańcze. Skrzyniami, furgonami. Wówczas takich towarów nie było nigdzie. Korzystali miejscowi sprzedawcy, ale i kontrolerzy, wszyscy ci urzędnicy niskiego i średniego szczebla. Człowiek jest gorszy, niż myślałam. Ja sama też... Też jestem gorsza... Teraz wiem to o sobie... (*Zamyśla się*). Oczywiście przyznaję się... To jest ważne dla mnie samej... No i znowu przykład... W pewnym kołchozie jest, powiedzmy, pięć wiosek. Trzy „czyste", dwie „brudne", jedna od drugiej oddalona o parę kilometrów. Dwóm płacą „trumienne", trzem – nie. W „czystej" wsi buduje się kompleks hodowlany. Niby że będą czyste pasze. A skąd je brać? Wiatr niesie kurz z jednego pola na drugie. Przecież to ta sama ziemia. Żeby zbudować kompleks, potrzebne są papiery. Komisja je podpisuje, ja jestem w tej komisji, chociaż każdy z nas wie, że nie należy podpisywać. To przestępstwo! Koniec końców, znalazłam sobie usprawiedliwienie: problem czystych pasz nie jest sprawą inspektora ochrony przyrody. Jestem małym człowieczkiem. Cóż mogę poradzić?

Każdy znajdował jakieś usprawiedliwienie dla siebie. Wytłumaczenie. Przeprowadziłam na sobie taki eksperyment... A w ogóle to zrozumiałam, że w życiu straszne rzeczy przebiegają po cichu i zupełnie naturalnie...

Zoja Daniłowna Bruk,
inspektor ochrony przyrody

Monolog o tym, że ludzie w Rosji zawsze chcą w coś wierzyć

A pani nie zauważyła, że między sobą nawet o tym nie rozmawiamy? Po dziesięcioleciach, po stuleciach to będą lata mityczne. Te strony zaludnią się bajkami i mitami... Legendami...

Boję się deszczu – to właśnie Czarnobyl. Boję się śniegu. Lasu. Boję się chmur. Wiatru... Tak! Skąd wieje? Co niesie? To nie abstrakcja, nie wynik rozumowania, ale autentyczne uczucie. Czarnobyl jest w moim domu... W najdroższej dla mnie istocie, w moim synu, który urodził się wiosną osiemdziesiątego szóstego... Jest chory. Zwierzęta, nawet karaluchy, wiedzą, kiedy i ile dzieci można urodzić. Ludzie tak nie potrafią, stwórca nie dał im daru przeczuwania. Niedawno w gazetach napisano, że w dziewięćdziesiątym trzecim roku tylko na Białorusi kobiety usunęły dwieście tysięcy ciąż. Główna przyczyna – Czarnobyl. My już wszyscy żyjemy z tym strachem... Natura jakby skurczyła się w oczekiwaniu. Wyczekiwaniu. „Biada mi! Gdzie się podział czas?" – zawołałby Zaratustra.

Wiele rozmyślałem. Szukałem sensu... Odpowiedzi... Czarnobyl to katastrofa rosyjskiej mentalności. Nie zastanawiała się pani nad tym? Oczywiście zgadzam się, kiedy piszą, że to nie reaktor eksplodował, ale cały dawny system wartości. Czegoś jednak mi w tym wyjaśnieniu brakuje...

Ja bym wskazał na to, o czym pierwszy powiedział Czaadajew*. Na naszą wrogość wobec postępu. Naszą antytechnologiczność, naszą antyinstrumentalność. Proszę spojrzeć na Zachód. Poczynając od epoki odrodzenia, żyje pod znakiem instrumentalnego stosunku do świata. Rozumnego, racjonalnego. To szacunek dla rzemieślnika, dla narzędzia w jego rękach. Jest takie świetne opowiadanie Leskowa *Żelazny charakter***. Jaki to charakter? Ano, rosyjski – jakoś to będzie. Lejtmotyw rosyjskiej historii. Niemiecki charakter stawia na narzędzie, na maszynę. U nas... U nas? Z jednej strony próba przezwyciężenia, okiełzania chaosu, a z drugiej – wrodzona żywiołowość. Niech pani pojedzie dokądkolwiek, choćby na wyspę Kiży. Co pani usłyszy, o czym z dumą zawoła każdy przewodnik? Że cerkiew Prieobrażeńską zbudowano wprawdzie siekierami, ale bez jednego gwoździa! Zamiast zrobić dobrą drogę, Rosjanin woli podkuć pchłę. Koła wozu ugrzęzły w błocie, ale my trzymamy w dłoniach ognistego ptaka. Po drugie... Myślę... Tak! Że to zapłata za szybką industrializację po rewolucji. Po Październiku... Za ten skok. Znowu porównajmy z Zachodem – tam był wiek przędzarki, manufaktur... Maszyna i człowiek szli razem i zmieniali się razem. Formowała się świadomość technologiczna, odpowiednie myślenie. A u nas? Co ma nasz chłop w swoim obejściu poza dwojgiem rąk? I to do tej pory! Siekierę, kosę, nóż – i tyle. Na tym trzyma się cały jego świat. No, ma jeszcze łopatę. Jak u nas człowiek rozmawia z maszyną? Wulgarnie jej wymyśla. Tłucze ją młotkiem albo kopie. Nie lubi jej, nienawidzi maszyny, gardzi nią w istocie, nie do końca rozumie, co ma w ręku, jaka to jest siła. Gdzieś czytałem, że personel elektrowni atomowych często nazywa reaktor garnkiem, samowarem,

* Piotr Czaadajew (1794–1856), myśliciel rosyjski, autor ośmiu *Listów filozoficznych*. Niezwykły rozgłos uzyskał pierwszy z nich, wyrażający bardzo pesymistyczne poglądy na Rosję.

** Zapewne chodzi tu o opowiadanie *Żeleznaja wola* (Żelazna wola, 1876) Nikołaja Leskowa (1831–1895). W dłuższym opowiadaniu tego pisarza *Lewsza* (Mańkut, 1881) zdolności ludu rosyjskiego uosabia majster z Tuły, który dorabia podkowy skonstruowanej w Anglii mechanicznej pchle naturalnej wielkości.

piecykiem. Fajerką. To już przejaw pychy: usmażymy jajecznicę na słońcu! Wśród tych, którzy pracowali w czarnobylskiej elektrowni, było wielu ludzi ze wsi. W dzień pracowali przy reaktorze, a wieczorem na działce albo u rodziców w sąsiedniej wsi, gdzie kartofle do dziś jeszcze sadzi się łopatą, nawóz rozrzuca widłami... A wygrzebuje te kartofle – rękami... Ich świadomość miotała się nieustannie między epoką kamienną a epoką atomu. Tkwiła w obu epokach naraz. Człowiek kołysał się jak wahadło. Niech pani sobie wyobrazi linię kolejową, zbudowaną przez świetnych inżynierów, po której pociąg prowadzą maszyniści – wczorajsi dorożkarze. Stangreci. To los Rosji – podróżować w dwóch kulturach. Między atomem a łopatą. A dyscyplina technologiczna? Dla naszego ludu to część przemocy, dybów, łańcucha. Lud jest żywiołowy, swobodny. Marzył zawsze nie o wolności, ale o samowoli. Dla nas dyscyplina jest środkiem represji. Jest coś szczególnego w naszej ciemnocie, coś bliskiego ciemnocie wschodniej...

Jestem historykiem... Kiedyś dużo się zajmowałem lingwistyką, filozofią języka. Nie tylko my myślimy językiem, ale i język myśli nami. Kiedy miałem osiemnaście lat, może nawet wcześniej, kiedy zacząłem czytać samizdat i odkryłem Szałamowa, Sołżenicyna, zrozumiałem nagle, że całe moje dzieciństwo, dzieciństwo mojej ulicy, a wyrosłem w rodzinie kulturalnej (pradziad – kapłan, ojciec – profesor uniwersytetu w Petersburgu), było przesiąknięte świadomością łagrową. I cały słownik mojego dzieciństwa był słownikiem zeków, więźniów. Dla nas wyrostków to było całkiem naturalne: ojca nazywali *pachan*, matkę *machana*. Powiedzonko „Na chytrą d.... dobry ch.. z gwintem" przyswoiłem sobie, kiedy miałem dziewięć lat. Tak! Ani jednego cywilnego słowa. Nawet zabawy, zagadki były łagrowe. Bo zekowie to nie odrębny świat, który istniał gdzieś w więzieniach, daleko. To wszystko mieliśmy pod nosem. Jak pisała Achmatowa: „Pół kraju wsadzało, pół kraju siedziało". Myślę, że ta nasza łagrowa świadomość musiała nieuchronnie zderzyć się z kulturą. Z cywilizacją, z synchrofazotronem...

No, a poza tym oczywiście byliśmy wychowani w wyjątkowym radzieckim pogaństwie: człowiek jest władcą, koroną stworzenia. I ma prawo robić ze światem wszystko, czego zapragnie. Miczurinowska formuła: „Nie możemy oczekiwać żadnych darów od natury, wyrwać je naturze – oto nasze zadanie". Próba zaszczepienia ludziom tych właściwości, tych cech, których nie mają. Marzenie o światowej rewolucji jest marzeniem o tym, żeby przekształcić człowieka i cały świat dookoła. Przekształcić wszystko. Tak! Słynne bolszewickie hasło: „Żelazną ręką zapędzimy ludzkość ku szczęściu!". Psychologia gwałciciela. Materializm jaskiniowy. Wyzwanie rzucone historii i wyzwanie rzucone przyrodzie. I to się nie kończy... Wali się jedna utopia, zastępuje ją inna. Teraz wszyscy nagle zaczęli mówić o Bogu. O Bogu i o rynku równocześnie. Dlaczego nie szukano go w Gułagu, w więzieniach trzydziestego siódmego roku, na zebraniach partyjnych w trzydziestym ósmym, kiedy potępiano kosmopolitów, albo za Chruszczowa, kiedy burzono cerkwie? Dzisiejsze rosyjskie poszukiwanie Boga jest kłamliwe i przewrotne. Bombardują spokojne domy w Czeczenii, niszczą mały i dumny naród... A w cerkwi stoją ze świeczkami... My potrafimy tylko z mieczem. Automat Kałasznikowa zastępuje nam słowo. Spalonych czołgistów rosyjskich sprzątają w Groznym łopatami i widłami... To, co z nich zostało... Zaraz potem prezydent i jego generałowie się modlą... Kraj ogląda to w telewizji.

Czego potrzebujemy? Odpowiedzi na pytanie, czy naród rosyjski zdolny jest do takiej globalnej rewizji całej swojej historii, do jakiej po drugiej wojnie światowej okazali się zdolni Japończycy i Niemcy. Czy wystarczy nam intelektualnego męstwa? O tym się milczy. Mówi się o rynku, o voucherach, o czekach... Po raz kolejny staramy się przetrwać, cała energia na to idzie. A duszę porzucono... Człowiek znowu jest sam... A w takim razie po co to wszystko? Pani książka? Moje bezsenne noce? Jeśli nasze życie jest jak potarcie zapałką o pudełko? Na to może być kilka odpowiedzi. Prymitywny fatalizm. Mogą paść wielkie odpowiedzi. Człowiek rosyjski zawsze chce w coś wierzyć: w kolej, w żabę (jak Bazarow u Turgieniewa), w Bizancjum, w atom... No a teraz – w rynek...

Bułhakow w *Zmowie świętoszków*: „Całe życie grzeszyłam. Byłam aktorką". Świadomość grzeszności sztuki. Jej niemoralnej natury. Zaglądania do cudzego życia. Ale sztuka jest jak surowica, może nam zaszczepić cudze doświadczenie. Czarnobyl to temat Dostojewskiego. Próba usprawiedliwienia człowieka. A może wszystko jest bardzo proste: wejść w ten świat na palcach i zatrzymać się w progu?!

Zdziwić się temu boskiemu światu... I tak żyć...

Aleksandr Riewalski,
historyk

Monolog o tym, jak bezbronne jest małe życie w wielkim czasie

Niech pani mnie nie pyta... Nie chcę... Nie chcę o tym... (*Chwila nieobecności*).

Nie, mogę z panią pomówić, żeby zrozumieć... Jeśli mi pani pomoże... Tylko nie trzeba się nade mną litować, nie trzeba mnie pocieszać. Proszę! Nie trzeba! Nie... Cierpieć tak bez sensu – nie sposób, nie sposób tyle przemyśleć. To niemożliwe! Niemożliwe! (*Podnosi głos do krzyku*). Znowu żyjemy w rezerwacie, znowu w obozie... W czarnobylskim łagrze... Na wiecach krzyczą, niosą transparenty. Piszą w gazetach... Czarnobyl rozwalił imperium, wyleczył nas z komunizmu... Uwolnił od czynów przypominających samobójstwo... Od strasznych idei... Ja już rozumiem... Czyn to słowo, które wymyśliło państwo... Dla takich jak ja... Ale ja nie mam nic więcej, nic innego, wyrosłam wśród takich słów i takich ludzi. Wszystko zniknęło, to życie zniknęło. Czego się uchwycić? W czym szukać ocalenia? Cierpieć tak bez sensu – nie sposób. (*Milczy*). Jedno wiem, że nigdy już nie będę szczęśliwa...

On przyjechał stamtąd... Kilka lat żył jak w malignie... Opowiadał i opowiadał. Ja starałam się zapamiętać...

Na środku wsi – czerwona kałuża. Gęsi i kaczki ją omijają.

Leżą na trawie żołnierzyki, opalają się. Rozzuci, rozebrani. „Wstawajcie, do cholery, bo zginiecie!". A oni: „Cha, cha!".

Ze wsi wielu wyjeżdżało własnymi samochodami. Samochody były skażone. Pada rozkaz: „Wysiadać!", a samochód zrzuca się do specjalnego dołu. Ludzie stoją, płaczą. A w nocy po kryjomu wykopują...

„Nina, jak to dobrze, że mamy dwójkę dzieci...".

Lekarze powiedzieli mi: serce powiększone półtora raza, nerki powiększone półtora raza, wątroba powiększona półtora raza.

Kiedyś nocą spytał: „Nie boisz się mnie?". Zaczął już bać się czułości...

Sama nie wypytywałam. Rozumiałam go, słuchałam duszą... Chciałam panią zapytać... Chciałam powiedzieć... Często się wydaje... Niekiedy jest mi tak niedobrze, że nie chcę tego znać. Nienawidzę wspomnień! Nienawidzę! (*Znowu głos przechodzi w krzyk*). Kiedyś... Kiedyś zazdrościłam bohaterom. Tym, którzy brali udział w wielkich wydarzeniach, byli w chwilach przełomu, na przełęczy. Tak wtedy mówiliśmy, tak śpiewaliśmy. Piękne pieśni. (*Intonuje*). „Orlątko, orlątko..."*. Teraz zapomniałam słów... „Leć wyżej niż skrzydła...". Zdaje się, że tak to szło? Jakie piękne! Jakie piękne słowa miały nasze piosenki. Marzyłam! Żałowałam, że nie urodziłam się w tamtych czasach, że nie zdążyłam ani na rok siedemnasty, ani na czterdziesty pierwszy... A teraz myślę inaczej: nie chcę żyć historią, w historycznych czasach. Moje małe życie od razu byłoby bezbronne. Wielkie wydarzenia rozdepczą je, nawet nie zwróciwszy na nie uwagi. Nie zatrzymają się nawet... (*Zamyśla się*). Zostanie po nas tylko historia... Zostanie Czarnobyl... A gdzie jest moje życie? Moja miłość?

Opowiadał i opowiadał. A ja zapamiętywałam...

Gołębie, wróble... Bociany... Bocian biegnie po polu, biegnie, chce wzbić się w górę, ale nie może. A wróbel tylko skacze po ziemi, nie fruwa, nie wzleci wyżej niż płot.

Ludzie uciekli, w domach pozostały tylko ich zdjęcia...

Ktoś jedzie przez porzuconą wieś i widzi obrazek jak z bajki: siedzą na ganku staruszek i staruszka, a dookoła biegają jeżyki. Jest ich tak wiele, jak kurcząt. Bez ludzi we wsi jest

* *Orlątko* (*Orlionok*) – pieśń masowa z roku 1936, pierwotnie napisana w jidysz przez Marka Daniela. Muz. Wiktor Biełyj, sł. ros. Jakow Szwiedow. W tekście orlątko wzlatywało „wyżej niż słońce".

cicho jak w lesie, jeże przestały się bać, podchodzą i proszą o mleko. Podobno przybiegają też lisy i łosie. Któryś z chłopaków nie wytrzymał: „Przecież jestem myśliwym!". „Coś ty! – Staruszkowie zaczęli machać rękami. – Zwierząt nie wolno ruszać! Myśmy się z nimi spokrewnili. Teraz jesteśmy jedną rodziną".

Wiedział, że umiera... że umrze... I dał sobie słowo – żyć tylko przyjaźnią i miłością. Pracowałam w dwóch miejscach, bo z jego emerytury nie mogliśmy wyżyć, ale on poprosił: „Sprzedajmy samochód, nie jest nowy, ale zawsze coś za niego dostaniemy. Bądź w domu. Będę więcej na ciebie patrzył". Zapraszał przyjaciół, rodzinę. Przyjeżdżali i mieszkali u nas przez dłuższy czas... Coś zrozumiał... Czegoś się tam dowiedział o życiu, co przedtem do niego nie docierało. Mówił już innymi słowami...

„Nina, jak to dobrze, że mamy dwójkę dzieci. Dziewczynkę i chłopca...".

Zadaję pytanie: „Myślałeś o mnie i o dzieciach? O czym tam myślałeś?" „Widziałem chłopca, który urodził się dwa miesiące po wybuchu. Dali mu na imię Anton. A wszyscy mówili Atomek". „Myślałeś..." „Tam wszystkich szkoda. Nawet meszek żal czy wróbla. Niech wszystko żyje. Niech muchy fruwają, osy żądlą, karaluchy pełzają... Dzieci rysują Czarnobyl... Drzewa rosną do góry korzeniami. Woda w rzekach jest czerwona albo żółta. Narysują i potem płaczą".

A jego przyjaciel... Jego przyjaciel opowiadał mi, że tam było strasznie ciekawie, wesoło. Recytowali wiersze, śpiewali, przygrywając na gitarze. Przyjechali tam najlepsi inżynierowie, uczeni. Elita moskiewska i leningradzka. Filozofowali... Śpiewała dla nich Pugaczowa... W polu... „Jeśli wy, chłopcy, nie zaśniecie, będę wam śpiewała do rana". Nazwała ich bohaterami... Jego przyjaciel... Umarł pierwszy... Tańczył na weselu córki, wszystkich bawił dowcipami. Wziął kieliszek, żeby wygłosić toast, i upadł... Nasi mężczyźni... Umierają jak na wojnie, ale w czasie pokoju. Nie chcę! Nie chcę wspominać! ... (*Zasłania oczy i kiwa się*). Nie chcę mówić... Umarł i było tak strasznie, taki czarny las...

„Nina, jak to dobrze, że mamy dwójkę dzieci. Dziewczynkę i chłopca. Oni zostaną..."

(*Mówi dalej*).

Co chcę zrozumieć? Sama nie wiem... (*Mimo woli się uśmiecha*). Jego przyjaciel oświadczył mi się... Jeszcze podczas studiów się do mnie zalecał. Potem ożenił się z moją przyjaciółką, ale prędko się rozeszli. Jakoś im nie wyszło. Przyszedł z bukietem kwiatów. „Będziesz żyła jak królowa". Ma sklep, ma eleganckie mieszkanie w mieście, dom za miastem. Odmówiłam... Obraził się. „Minęło pięć lat. Czy w ogóle nie zapomnisz swojego bohatera?! Cha, cha!... Żyjesz z pomnikiem...". (*Podnosi głos do krzyku*). Wypędziłam go! Wyrzuciłam! „Idiotka! A żyj sobie za nauczycielską pensję, za swoje sto dolarów". Żyję... (*Uspokaja się*). Czarnobyl wypełnił moje życie i moja dusza się rozszerzyła... Boli ją... Cudowny kluczyk... Po bólu zaczyna się mówić, dobrze się mówi. Tak... Takim językiem mówiłam tylko wtedy, kiedy kochałam. Teraz też... Gdybym nie wierzyła, że on jest w niebie, jak bym to przeżyła?

On opowiadał... Ja zapamiętywałam... (*Mówi, jakby w transie*).

Płyną chmury... Traktory w polu. Kobiety z widłami. Dozymetr trzeszczy...

Ludzi nie ma i czas biegnie inaczej... Dzień dłuży się jak w dzieciństwie...

Liści nie wolno było palić... Liście zakopywano...

Cierpieć tak bez sensu – nie sposób. (*Płacze*). Bez znanych, pięknych słów. Nawet bez medalu, który mu przyznano. Leży w szafie... Zostawił go nam...

Ale wiem jedno: że już nigdy nie będę szczęśliwa.

Nina Prochorowna Litwina,
żona likwidatora

Monolog o fizyce, w której kiedyś wszyscy się kochaliśmy

Jestem właśnie tym człowiekiem, który jest pani potrzebny... Nie omyliła się pani...

Od wczesnej młodości miałem nawyk zapisywania wszystkiego. Na przykład kiedy Stalin umarł – co działo się na ulicach, o czym pisano w gazetach. Czarnobyl też zapisywałem, od pierwszego dnia, wiedziałem, że minie czas i o wielu sprawach się zapomni, znikną bezpowrotnie. I tak właśnie było. Moi przyjaciele, fizycy jądrowi, byli w centrum wydarzeń, ale zapomnieli, co wtedy czuli, o czym ze mną rozmawiali. A ja mam wszystko zapisane...

Tamtego dnia... Jestem kierownikiem laboratorium Instytutu Energetyki Jądrowej Białoruskiej Akademii Nauk. Przyjechałem do pracy, instytut mieścił się za miastem, w lesie. Cudowna pogoda! Wiosna. Otworzyłem okno. Powietrze czyste, świeże. Zdziwiłem się – jakoś dzisiaj nie przylatują sikorki, które karmiłem całą zimę, wywieszając za oknem kawałki kiełbasy. Czyżby znalazły lepsze przysmaki?

A w tym samym czasie w naszym reaktorze instytutowym panika: przyrządy dozymetryczne wskazują na wzrost promieniowania, na filtrach powietrza podniosło się dwustukrotnie. Moc dawki koło portierni – około trzech milirentgenów na godzinę. Sytuacja więc bardzo poważna. W pomieszczeniach niebezpiecznych ze względu na radiację, przy pracy nie dłuższej niż sześć godzin, taka moc to górna granica normy. Pierwsze przypuszczenie – w strefie aktywnej rozhermetyzowała się koszulka któregoś z prętów paliwowych. Sprawdziliśmy – wszystko w porządku. A może z laboratorium radiochemicznego wieźli pojemnik i tak potrząsnęli nim po drodze, że uszkodzili osłonę wewnętrzną i skazili otoczenie? No i spróbuj, człowieku, wymyć plamę na asfalcie! Co się stało? A tutaj jeszcze przez radiowęzeł ogłaszają, że pracownikom zaleca się nie wychodzić z budynku. Między korpusami zrobiła się pustka. Ani żywej duszy. Nieprzyjemnie jakoś. Dziwnie.

Dozymetryści sprawdzili mój gabinet – „świeci" biurko, „świeci" ubranie, ściany... Wstaję, nie mam ochoty nawet siedzieć na krześle. Wymyłem głowę nad umywalką. Popatrzyłem na dozymetr – nie ma wątpliwości. Czyżby to jednak u nas, awaria w naszym instytucie? Wyciek? Jak teraz dezaktywować autobusy, które rozwożą nas po mieście? Pracowników? Trzeba łamać głowę... Bardzo byłem dumny z naszego reaktora, przestudiowałem każdy jego milimetr sześcienny...

Dzwonimy do elektrowni w Ignalinie, jest tuż obok. Tam też panika, przyrządy to samo wyrabiają... Dzwonimy do Czarnobyla... Nie odpowiada żaden telefon... Przed obiadem już wiadomo. Nad całym Mińskiem unosi się obłok radioaktywny. Ustaliliśmy – aktywność jodowa. Awaria któregoś z reaktorów...

Pierwsza reakcja: zadzwonić do żony, ostrzec ją. Ale wszystkie telefony w instytucie są na podsłuchu. O ten wieczny, wtłaczany nam przez dziesięciolecia strach! Ale przecież oni tam nic nie wiedzą... Córka po zajęciach w konserwatorium spaceruje z przyjaciółkami po mieście. Je lody. Zadzwonić?! Mogą być nieprzyjemności. Nie dopuszczą mnie do tajnych prac... Mimo wszystko nie wytrzymałem, podnoszę słuchawkę. „Słuchaj mnie uważnie". „O co ci chodzi"? – pyta głośno żona. „Cicho. Zamknij lufciki, wszystkie produkty żywnościowe wsadź do worków foliowych. Włóż gumowe rękawiczki i przetrzyj mokrą szmatką wszystko co się da. Szmatkę też do torby foliowej i schowaj jak najdalej. Jeśli suszysz na balkonie bieliznę, to daj do prania jeszcze raz. Nie kupuj chleba. I w żadnym wypadku ciastek na ulicy..." „Co się u was stało?" „Cicho. Rozpuść dwie krople jodyny w szklance wody. Umyj głowę..." Nie dałem jej dokończyć, odłożyłem słuchawkę. Powinna się domyślić, sama jest pracowniczką naszego instytutu. A jeśli kagebista słuchał, to na pewno zapisał dla siebie i rodziny zbawienne rady.

O piętnastej trzydzieści dowiedzieliśmy się, że to awaria czarnobylskiego reaktora.

Wieczorem wracamy do Mińska służbowym autobusem. Przez pół godziny, które zajmuje nam droga, milczymy albo mówimy o rzeczach mało istotnych. Boimy się mówić głośno o tym, co się stało. Każdy ma legitymację partyjną w kieszeni...

Przed drzwiami mieszkania leżała mokra szmata. Widać, że żona wszystko zrozumiała. Wchodzę, w przedpokoju zrzucam garnitur, koszulę, rozbieram się do majtek. Nagle ogarnia mnie wściekłość... Do diabła z tą tajemniczością! Z tym strachem! Biorę książkę telefoniczną... Notesy córki, żony... Zaczynam dzwonić do wszystkich po kolei, że jestem pracownikiem Instytutu

Fizyki Jądrowej, że nad Mińskiem wisi chmura radioaktywna... A potem wyliczam, co należy przedsięwziąć: umyć głowę mydłem gospodarczym, pozamykać lufciki... Co trzy, cztery godziny przecierać podłogę mokrą szmatą. Bieliznę z balkonu ponownie wyprać... Wypić roztwór jodowy. Jak prawidłowo zażyć... Reakcja ludzi: „Dziękuję". Żadnego wypytywania, żadnego lęku, nic. Myślę, że mi nie uwierzyli albo nie byli w stanie ogarnąć skali tego, co się stało. Nikt się nie przestraszył. Ciekawa reakcja. Zdumiewająca!

Wieczorem telefon od przyjaciela. Fizyk jądrowy, docent... Co za beztroska! Z jaką wiarą żyliśmy! Dopiero teraz to rozumiemy... Dzwoni i mówi, że na majowe święta chciałby wyjechać... Do teściów, na Homelszczyznę, skąd do Czarnobyla jest dosłownie parę kroków. A on jedzie z małymi dziećmi. „Znakomity pomysł! – wrzasnąłem. – Chyba oszalałeś!". To właśnie nasz profesjonalizm. I nasza wiara. Darłem się. On dzisiaj pewnie nie pamięta, że uratowałem jego dzieci... (*Po pauzie*).

My... Mówię o nas wszystkich... Nie zapomnieliśmy o Czarnobylu, tylko go nie zrozumieliśmy. Co dzikusy mogą zrozumieć z błyskawicy?

W eseju Alesia Adamowicza jest rozmowa z Andriejem Sacharowem o bombie atomowej... „A wie pan, jak pięknie pachnie ozonem po wybuchu jądrowym?" – zapewniał go akademik, ojciec radzieckiej bomby wodorowej. W tych słowach pobrzmiewa romantyka... Którą odczuwam ja... Całe moje pokolenie... Proszę wybaczyć, po twarzy widzę reakcję... Pani myśli, że zachwycamy się tym koszmarem na skalę światową... A nie ludzkim geniuszem... To teraz energetyka jądrowa została poniżona, okryta hańbą. Moje pokolenie... W czterdziestym piątym roku, kiedy eksplodowała pierwsza bomba, miałem siedemnaście lat. Lubiłem fantastykę, marzyłem o locie na inne planety, wierzyłem, że energia jądrowa zaniesie nas w kosmos. Rozpocząłem studia w instytucie energetyki w Moskwie i tam dowiedziałem się o istnieniu ściśle tajnego wydziału fizyczno-energetycznego. Lata pięćdziesiąte, sześćdziesiąte... Fizycy jądrowi... Elita... Wszyscy zachwyceni przyszłością... Humanistów odsuwa się na bok... Nauczyciel w szkole opowiadał nam, że trzy kopiejki zawierają energię, zdolną uruchomić elektrownię. Aż dech w piersiach zapierało! Zaczytywałem się książkami Amerykanina Smytha*, który opisywał, jak wynaleziono bombę atomową, prowadzono badania, podawał szczegóły wybuchu. U nas wszystko trzymano w tajemnicy. Czytałem... Wyobrażałem sobie... Powstał film o radzieckich badaczach atomu *Dziewięć dni jednego roku***. Był bardzo popularny. Wysokie pensje i tajemniczość wzmagały romantyczną atmosferę wokół tej profesji. Kult fizyki! Epoka fizyki! Nawet wtedy gdy w Czarnobylu już walnęło... Jakże wolno rozstawaliśmy się z tym kultem... Wezwaliśmy uczonych... Przylecieli do reaktora specjalnym samolotem, wielu nie wzięło ze sobą nawet przyborów do golenia, myśleli, że lecą na kilka godzin. Zaledwie na kilka godzin. Chociaż powiedziano im, że w elektrowni atomowej nastąpił wybuch. Oni jednak wierzyli w swoją fizykę, wszyscy byli z pokolenia owej wiary. Epoka fizyki skończyła się w Czarnobylu...

Pani już inaczej patrzy na świat... U mojego ulubionego filozofa Konstantina Leontjewa*** wyczytałem, że rezultaty rozpusty fizykochemicznej zmuszą kiedyś rozum kosmiczny do ingerencji w nasze ziemskie sprawy. A nam, wychowanym w czasach Stalina, na myśl nie przychodziło nawet istnienie jakichkolwiek sił ponadnaturalnych. Światów równoległych... Dopiero potem przeczytałem Biblię... I ożeniłem się dwa razy z jedną i tą samą kobietą. Odszedłem i wróciłem. Jeszcze raz się spotkaliśmy... Kto mi ten cud wytłumaczy? Życie to rzecz zdumiewająca! Zagadkowa! Teraz wierzę... W co wierzę? Że trójwymiarowy świat jest już zbyt ciasny dla współczesnego człowieka... Dlaczego dzisiaj tak się interesujemy inną rzeczywistością? Nową wiedzą... Człowiek odrywa się od ziemi... Operuje innymi kategoriami

* Henry DeWolf Smyth (1898–1986) – fizyk z Uniwersytetu Princeton, na zlecenie władz wojskowych opisał przebieg prac nad amerykańską bronią jądrową. Raport Smytha *Atomic energy for military purposes*, opublikowano w 1945 r. tuż po zrzuceniu bomb na Hiroszimę i Nagasaki. Przekład rosyjski ukazał się w 1946 roku.

** Rok produkcji 1962, reż. Michaił Romm.

*** Konstantin Leontjew (1831–1891) – konserwatywny myśliciel rosyjski.

czasu, nie samą Ziemią, ale różnymi światami. Apokalipsa... Zima nuklearna... W sztuce Zachodu wszystko to już opisano... Namalowano... Nakręcono... Szykowano się na spotkanie przyszłości... Wybuch wielkiej ilości broni jądrowej doprowadzi do potężnych pożarów. Atmosfera nasyci się dymem. Promienie słoneczne nie zdołają przebić się do Ziemi, a poza tym nastąpi reakcja łańcuchowa – będzie zimno, coraz zimniej. Tę wersję o „końcu świata" wpaja się ludziom od czasu osiemnastowiecznej rewolucji przemysłowej. Ale bomby atomowe nie znikną nawet wtedy, kiedy zniszczona zostanie ostatnia głowica nuklearna. Pozostanie wiedza...

Pani milczy... A ja się z panią cały czas wykłócam... To jest spór międzypokoleniowy... Zauważyła pani? Historia atomu to nie tylko tajemnica wojskowa, nie tylko zagadka, przekleństwo. To nasza młodość, nasza epoka... Nasza religia... A teraz? Teraz i mnie się wydaje, że światem rządzi ktoś inny, a my ze swoimi armatami i statkami kosmicznymi jesteśmy jak dzieci. Ale do pewności jeszcze mi daleko... Jeszcze się w tej wierze nie utwierdziłem... Życie to zdumiewająca sprawa! Kochałem fizykę i myślałem, że niczym poza fizyką nigdy nie będę się interesował, a teraz chcę pisać. Na przykład o tym, że nauka nie jest zadowolona z człowieka – człowiek, żywy człowiek jej przeszkadza. Mały człowiek ze swoimi małymi problemami. Albo o tym, jak kilku fizyków może zmienić cały świat. O nowej dyktaturze. Dyktaturze fizyków i matematyków... Odsłoniło mi się jeszcze jedno życie...

Przed operacją... Już wiedziałem, że mam raka... Myślałem, że moje dni są już policzone, że zostało mi ich niewiele, no i strasznie nie chciałem umierać. Nagle zacząłem dostrzegać każdy listek, barwę kwiatów, czyste niebo, jasnoszary asfalt, pęknięcia na nim, a w nich snujące się mrówki. Nie, myślę teraz, muszę je omijać. Szkoda ich. Po co mają umierać? Zapach lasu mnie wręcz oszałamiał... Zapach odbierałem jeszcze silniej niż kolor. Leciutkie brzozy... Ciężkie świerki... I tego wszystkiego mam już nie zobaczyć? Chcę żyć! O sekundę, o minutę dłużej! Dlaczego tyle czasu, tyle godzin, tyle dni przesiedziałem przed telewizorem, wśród stert gazet? Najważniejsza sprawa to życie i śmierć. Nic innego nie istnieje. Niczego innego nie można rzucić na szalę...

Zrozumiałem, że sens ma tylko żywy czas... Nasz żywy czas...

Walentin Aleksiejewicz Borisewicz,
były kierownik laboratorium Instytutu Energetyki Jądrowej Akademii Nauk Białorusi

Monolog o tym, co prześcignęło Kołymę, Auschwitz i Holocaust

Muszę się przed kimś wygadać... Tyle uczuć mnie wypełnia...

W pierwszych dniach odczucia miałam mieszane... Pamiętam dwa najsilniejsze: strach i poczucie krzywdy. Wszystko to było faktem, a żadnej informacji – władza milczy, służby medyczne nic nie mówią. Żadnych odpowiedzi. W rejonie czekano na wytyczne z obwodu, w obwodzie – na wytyczne z Mińska, a w Mińsku – z Moskwy. Bardzo długi łańcuch... W rzeczywistości jednak byliśmy bezbronni. To było najważniejsze uczucie w tamtych dniach. Gdzieś daleko... Gorbaczow... I jeszcze kilku... Parę osób decydowało o naszym losie. Decydowali za wszystkich. O losie milionów ludzi. Kilka osób mogło nas zabić... Nie maniacy i nie terroryści ze zbrodniczym planem w głowie, ale zwyczajni operatorzy dyżurni w elektrowni atomowej. Na pewno nieźli ludzie. Kiedy to zrozumiałam, doznałam strasznego wstrząsu. Odkryłam coś takiego... Zrozumiałam, że Czarnobyl to coś, co prześcignęło Kołymę i Auschwitz... Prześcignęło Holocaust... Czy jasno się wyrażam? Człowiek z toporem i łukiem, nawet człowiek z granatnikiem i komorami gazowymi, nie mógł zabić wszystkich. Ale człowiek z atomem... Teraz... Cała Ziemia jest zagrożona...

Nie jestem filozofem, nie będę tu filozofowała. Opowiem o tym, co pamiętam...

Panika w pierwszych dniach: jedni rzucili się do aptek i wykupili jodynę, inni przestali chodzić na rynek, kupować tam mleko, mięso, zwłaszcza wołowinę. Nasza rodzina w tym czasie starała się nie oszczędzać, kupowaliśmy drogą kiełbasę, mając nadzieję, że robią ją z dobrego mięsa. Ale prędko się dowiedzieliśmy, że właśnie do drogiej kiełbasy dodawano skażone mięso, kierując się zasadą: „Skoro jest droga, to ludzie nie kupują jej dużo i mniej zjadają". Okazaliśmy się bezbronni. Ale to wszystko już pani oczywiście wie. Chcę mówić o czymś innym. O tym, że byliśmy pokoleniem radzieckim.

Przyjaźnię się z nauczycielami, lekarzami. Z miejscową inteligencją. Mamy własną paczkę. Zebraliśmy się u mnie w domu. Pijemy kawę. Siedzą dwie wielkie przyjaciółki, jedna z nich jest lekarką. Obie mają małe dzieci.

Pierwsza: „Jutro jadę do rodziców. Wywiozę dzieci. Jeśli zachorują, to nigdy tego sobie nie wybaczę".

Druga: „W gazetach piszą, że za kilka dni sytuacja wróci do normy. Posłali tam wojsko. Helikoptery, wozy pancerne. Przez radio informowali...".

Pierwsza: „Tobie też radzę zabrać stąd dzieci! Wywież je! Ukryj! Zdarzyło się... coś gorszego od wojny... Nawet nie umiemy sobie wyobrazić co".

Niespodziewanie obie przeszły na wysokie tony i skończyło się kłótnią. Wzajemnymi oskarżeniami: „Gdzie jest twój instynkt macierzyński? Fanatyczka!" „Jesteś zdrajczynią! Co by się z nami stało, gdyby każdy robił tak jak ty? Czy zwyciężylibyśmy w wojnie?"

Kłóciły się dwie młode kobiety, do szaleństwa kochające swoje dzieci. Coś tu się powtarzało... Znajoma partytura...

Wszyscy, którzy tam byli, ja także, mieliśmy takie wrażenie, że ta kobieta niepotrzebnie panikuje. Wytrąca nas z równowagi. Odbiera nam zaufanie do wszystkiego, czemu ufaliśmy. Trzeba czekać, dopóki nie powiedzą. Dopóki nie ogłoszą. Ona była lekarką, wiedziała więcej: „Własnych dzieci nie potraficie ochronić! Nikt wam nie zagraża? A wy i tak się boicie!".

Jakże gardziliśmy nią wtedy, nienawidzili jej wręcz! Zepsuła nam cały wieczór. Czy jasno się wyrażam? Nie tylko władze nas oszukiwały, my sami nie chcieliśmy znać prawdy. Gdzieś tam... W głębokiej podświadomości... Oczywiście teraz nie chcemy się do tego przyznać, wolimy kląć na Gorbaczowa... Na komunistów... To oni są winni, a my jesteśmy w porządku. Jesteśmy ofiarami.

Następnego dnia ona wyjechała, a myśmy wystroili dzieci i poszli na pochód pierwszomajowy. Mogliśmy iść, mogliśmy też nie iść. Mieliśmy wybór. Nikt nas nie zmuszał, nikt tego nie żądał. Myśmy to jednak uznali za swój obowiązek. No bo jakże?! W taki czas, takiego dnia... Wszyscy powinniśmy być razem... Uciekliśmy na ulicę, w tłum...

Na trybunie stali wszyscy sekretarze komitetu rejonowego partii, obok pierwszego sekretarza stała jego mała córeczka, i to tak, żeby ją widziano. Miała na sobie płaszcz i czapeczkę, chociaż świeciło słońce, a on był ubrany w wojskową pałatkę. Ale stali... To pamiętam... „Skażona" została nie tylko nasza ziemia, ale i świadomość. Też na wiele lat.

Zmieniłam się przez te lata bardziej, niż przez całe swoje poprzednie, trwające czterdzieści lat życie. W strefie byliśmy zamknięci... Osiedlenie zakończono. I żyjemy jak w Gułagu... Czarnobylskim Gułagu... Pracuję w bibliotece dziecięcej. Dzieci czekają na rozmowę – Czarnobyl jest wszędzie, jest dookoła, nie mamy więc wyboru, musimy się nauczyć z nim żyć. Szczególnie te ze starszych klas zadają pytania. No bo jakże? Gdzie się o tym dowiedzą? Gdzie przeczytają? Nie mamy książek, filmów, nie ma nawet bajek ani mitów. Uczę miłością, chcę zwyciężyć strach miłością. Stoję przed dziećmi i mówię: „Kocham naszą wieś, kocham naszą rzeczkę, nasze lasy... Te naj-naj-naj... Naj! Nie ma dla mnie lepszych niż one". Nie oszukuję. Uczę miłością. Czy jasno się wyrażam?

Przeszkadza mi nauczycielskie doświadczenie... Zawsze mówię i piszę trochę górnolotnie, z niemodnym dzisiaj patosem. Ale odpowiadam na pani pytanie: dlaczego jesteśmy bezsilni? Ja jestem bezsilna... Była kultura sprzed Czarnobyla, ale nie ma kultury po Czarnobylu. Nasze ideowe otoczenie to wojna, krach socjalizmu i nieokreślona przyszłość. Brakuje nam nowych wyobrażeń, celów, myśli. Gdzie są nasi pisarze, filozofowie? Nie mówię już o tym, że inteligencję, która najbardziej ze wszystkich oczekiwała wolności i która ją przygotowała, dzisiaj odsunięto na bok. Żyje w biedzie i poniżeniu. Okazaliśmy się niepotrzebni. Nie wykorzystano nas. Nie mogę kupić nawet najniezbędniejszych książek, a książki to moje życie. Mnie... nam... nowe książki potrzebne są jak nigdy dotąd, bo dookoła toczy się nowe życie. Tyle że jesteśmy w nim obcy. Nie mogę się z tym pogodzić. Cały czas tkwi we mnie to pytanie: „Dlaczego?". Kto nas zastąpi? Telewizor nie nauczy dzieci, powinien to robić nauczyciel. Ale to już osobny temat.

Powspominałam... Chodziło mi o prawdę tamtych dni i naszych uczuć. Żeby nie zapomnieć, jak się zmienialiśmy... My i nasze życie.

Ludmiła Dmitrijewna Polanska,
wiejska nauczycielka

Monolog o wolności i marzeniu o zwyczajnej śmierci

To była wolność... Tam czułem się wolnym człowiekiem

Pani się dziwi? Widzę, że tak... Pani jest zdziwiona... To rozumie tylko ten, kto był na wojnie. Słuchałem tych, którzy walczyli – ci, jak wypiją i zaczną wspominać, to widać, że i dzisiaj tęsknią. Za tamtą wolnością, za tamtym wzlotem. „Ani kroku w tył!" – tak brzmiał rozkaz Stalina. Oddziały zaporowe. Jasna sprawa. To już historia... Człowiek jednak strzela, unika śmierci, dostaje przydziałowe sto gramów, machorkę... Tysiąc razy mógłby zginąć, rozlecieć się na kawałki, ale jeśli się postara, przechytrzy – diabła, starszynę, dowódcę batalionu, człowieka w nieprzyjacielskim hełmie i z nieprzyjacielskim bagnetem – jeśli zagada samego Boga, to może przeżyć! Byłem na reaktorze... Tam jest jak w okopie na pierwszej linii. Strach i wolność! Żyje się na pełny regulator... Jeśli człowiek żyje tak zwyczajnie, to nie wie, jak to jest. Nigdy tego nie zrozumie. Pamięta pani? Cały czas przygotowywali nas do wojny. A okazało się, że nasza świadomość nie jest przygotowana na to, co się stało. Ja też nie byłem gotowy... Tamtego dnia... Wieczorem mieliśmy z żoną iść do kina... Ale do zakładu przyszło dwóch wojskowych. Wezwali mnie: „Solarkę od benzyny odróżnisz?". Pytam: „Dokąd mnie posyłacie?". „Dokąd, dokąd... Na ochotnika do Czarnobyla!". Moja specjalność wojskowa – specjalista od paliwa rakietowego. To tajna specjalność. Wzięli mnie prosto z fabryki, w podkoszulku i sportowym polo, nie pozwolili wstąpić do domu. Prosiłem: „Muszę powiadomić żonę". „Sami ją powiadomimy". W autobusie zebrało się nas piętnastu, wszystko oficerowie rezerwy. Faceci mi się spodobali. Jak trzeba jechać, to jadą, jak pracować, to pracują... Kiedy pognali nas na reaktor, wleźli na dach reaktora...

W pobliżu wysiedlonych wsi widać było wieże strażnicze, stali na nich żołnierze z bronią. Naładowaną. Szlabany. Tabliczki: „Pobocze skażone. Wjazd i postój surowo zabronione". Szarobiałe drzewa oblane płynem dezaktywacyjnym. Białym jak śnieg. Od razu mózg się ścina! W pierwszych dniach baliśmy się siadać na ziemi, na trawie. Nie chodziliśmy, tylko biegali; ledwie przejechał jakiś samochód, od razu nakładaliśmy półmaski. A po zmianie siedzieliśmy w pałatkach. Cha, cha! Po paru miesiącach... To już było coś normalnego, przynajmniej jakieś własne życie. Zrywaliśmy śliwki, łowili ryby brodnią, a szczupaki były, że ho ho! I leszcze. Leszcze suszyliśmy, żeby mieć jako zakąskę do piwa. Pewnie już o tym pani słyszała? Graliśmy w piłkę. Kąpali się! Cha, cha! (*Znowu się śmieje*). Wierzyliśmy, że los będzie łaskawy. W głębi duszy wszyscy jesteśmy fatalistami, a nie aptekarzami. Nie racjonalistami. Słowiańska mentalność... Wierzyłem w swoją gwiazdę! Cha, cha! Inwalida drugiej grupy... Zachorowałem od razu. Diabelna choroba popromienna... Jasna sprawa... A ja przedtem nawet kartoteki w przychodni nie miałem. Ale co tam! Nie ja jeden... Mentalność...

Jestem żołnierzem, zamykałem cudzy dom, wchodziłem do cudzego mieszkania. To jest takie uczucie... Jakby się kogoś szpiegowało... Albo ziemia, na której nie wolno siać... Krowa uderza pyskiem o furtkę, a furtka zamknięta, dom zamknięty na kłódkę. Mleko kapie na ziemię... Uczucie nie do opisania! We wsiach, których jeszcze nie ewakuowano, chłopi pędzili samogon i tak zarabiali. Sprzedawali nam. A myśmy mieli pełno forsy – potrójne pensje z pracy i potrójne dniówki. Potem wydano rozkaz: tego, kto będzie pił, zostawić na następną turę. A z tą wódką... Pomaga czy nie? No, przynajmniej na psychikę... Tam święcie wierzono w tę receptę... Jasna sprawa... Chłopskie życie toczyło się zwyczajnie: coś posadził, wyhodował, zebrał, a cała reszta dzieje się poza nim. Nie obchodzi go car, władza... Sekretarz generalny KC, prezydent... Statki kosmiczne... Ani elektrownie atomowe, ani wiece w stolicy. Nie mogli więc uwierzyć, że jednego dnia świat zmienił się całkowicie, a oni żyją teraz w innym... Czarnobylskim... Przecież nigdzie dotąd nie wyjeżdżali. Wstrząs był taki, że zaczynali chorować... Nie godzili się na to, chcieli żyć tak, jak zawsze żyli. Zbierali po kryjomu drwa, zrywali zielone pomidory, marynowali. Jak słoiki pękały, gotowali jeszcze raz. Jakże to im niszczyć, zakopywać, zmieniać w nawóz? A my właśnie to robiliśmy. Likwidowaliśmy ich pracę, odwieczny sens ich życia. Byliśmy dla nich wrogami... Ja wyrywałem się do samego reaktora. „Nie śpiesz się – ostrzegali mnie. – W ostatnim miesiącu, przed cywilem, wszystkich zapędzają na dach". Odsłużyliśmy sześć miesięcy. No i faktycznie po pięciu miesiącach przeniesiono nas już pod reaktor. Żartowaliśmy, ale i na serio mówili, że przejdziemy przez dach... No, żeby choć pięć lat potem jeszcze pociągnąć... Siedem... Dziesięć... Jasna sprawa... Najczęściej wymieniano jakoś tę liczbę „pięć". Skąd się ta piątka wzięła? Bez hałasu, bez paniki. „Ochotnicy, wystąp!". Wystąpiła cała kompania. Dowódca pokazuje monitor, włącza, a na ekranie – dach reaktora: kawałki grafitu, stopiony bitum. „Patrzcie, chłopcy, tam są odłamki. Musicie to oczyścić. A tutaj, w tym kwadracie, przebijecie otwór". Czasu na to mieliśmy od czterdziestu do pięćdziesięciu sekund. Zgodnie z instrukcją. Ale tego się nie dało zrobić, potrzeba było przynajmniej kilku minut. Tam i z powrotem, bieg i skok. Jedni załadowali nosze, inni zrzucili. Tam, do dziury, w ruiny. Zrzuciliśmy, ale patrzeć do środka nam zabronili. A my i tak zaglądaliśmy. Gazety pisały: „Powietrze nad reaktorem jest czyste". Czytaliśmy i śmiali się. Klęliśmy. Może i czyste, tylko dlaczego wchłaniamy takie niesamowite dawki. Wydano nam dozymetry. Jeden na pięć rentgenów, od pierwszej chwili brakowało skali; drugi jak wieczne pióro, na setkę rentgenów, też w niektórych miejscach promieniowanie wykraczało poza skalę. Powiedzieli, że przez pięć lat nie wolno nam mieć dzieci... Jeśli przez pięć lat nie umrzemy... Cha, cha! (*Śmieje się*). Różne żarciki... Ale bez hałasu, bez paniki. Pięć lat... Przeżyłem już dziesięć... Cha, cha! (*Śmieje się*). Wręczali nam dyplomy. Ja mam dwa... Ze wszystkimi tymi obrazkami: Marks,

Engels, Lenin... Czerwone flagi... Jeden chłopak zniknął, myśleliśmy, że uciekł. Po dwóch dniach znaleźli go w krzakach. Powiesił się. Może się pani domyślać, jak się wszyscy czuliśmy... Wtedy zebrał nas polityczny i powiedział, że samobójca dostał list z domu – żona go zdradziła. Kto tam wie? Za tydzień wychodziliśmy do cywila. A jego znaleźli w krzakach... Był u nas kucharz, ten tak się bał, że nie chciał mieszkać w namiocie, tylko w magazynie, wykopał sobie norę pod skrzyniami z masłem i wieprzowiną. Przeniósł tam materac, poduszkę... Mieszkał pod ziemią... Przysyłają zlecenie: zebrać nową drużynę i wszystkich na dach. A wszyscy już tam byli. Znaleźć ludzi! No i zgarnęli go. Tylko raz właził... Teraz ma drugą grupę inwalidzką... Często do mnie dzwoni. Nie tracimy kontaktu, wspieramy się wzajemnie... Podtrzymujemy wspólną pamięć, ona będzie żyła tak długo, jak my sami. Tak niech pani napisze...

W gazetach są kłamstwa... Same kłamstwa... Nikt nigdzie nie napisał, jak szyliśmy sobie kolczugi. Ołowiane koszule. Majtki. Wydawano nam gumowe fartuchy pokryte ołowiem. Ale kąpielówki skombinowaliśmy sobie ołowiane... O te sprawy dbaliśmy... Wiadoma rzecz... W pewnej wsi pokazano nam dwa tajne domy schadzek... Mężczyźni oderwani od domu, sześć miesięcy bez kobiet, sytuacja ekstremalna. Wszyscy tam jeździli. A miejscowe dziewczęta się puszczały, litowały się, że i tak prędko umrzemy. Kąpielówki ołowiane... Nakładaliśmy na spodnie... Niech pani to napisze... Wymyślaliśmy dowcipy. O, na przykład taki. Amerykańskiego robota wysłano na dach, popracował pięć minut i stop. Rosyjski pracuje dwie godziny. Polecenia wydawane są drogą radiową: „Szeregowy Iwanow, możecie zejść na papierosa". Cha, cha! (*Śmieje się*).

Zanim weszliśmy na dach, dowódca daje instrukcję... Przed frontem... Kilku chłopaków się zbuntowało: „Myśmy tam już byli, powinni nas odesłać do domu". Moja działka na przykład to paliwo, benzyna, a też posyłano mnie na dach. Ale nic nie mówiłem. Sam chciałem iść, ciekawiło mnie to. A ci się zbuntowali. Dowódca: „U nas na dach pójdą ochotnicy, a reszta wystąp, porozmawia z wami prokurator". No i ci postali trochę, naradzili się i zgodzili. Składałeś, bracie, przysięgę, klękałeś przed sztandarem, całowałeś... No to musisz, nie ma rady... Chyba nikt z nas nie wątpił, że mogą ich wsadzić i wlepić wyrok. Rozpuścili wieści, że dają parę lat. Jeśli żołnierz wchłonął więcej niż dwadzieścia pięć rentgenów, to dowódcę mogli wsadzić za to, że napromieniował podkomendnych. No i nikt nie miał więcej niż dwadzieścia pięć rentgenów, wszyscy mniej... Rozumie pani? Ale ludzie mi się podobali. Dwóch zachorowało, ale znalazł się jeden, powiedział: „To ja pójdę". A tego dnia już raz był na dachu. No, szacunek. Premia pięćset rubli. Inny na górze wiercił dziurę, trzeba już było uciekać, a on nadal wiercił. Machamy do niego. „Złaź!". A on klęka i dalej wierci tę dziurę. Trzeba było przebić dach w tym miejscu, żeby wstawić zsyp do zrzucania gruzu. Nie wstał, dopóki go nie przebił. Premia tysiąc rubli. Za te pieniądze można było wtedy kupić dwa motocykle. A teraz ma pierwszą grupę inwalidzką... Jasna sprawa... Ale za strach płacili od razu... A teraz on... umiera... Strasznie się męczy... W weekend pojechałem do niego... Mówi: „Wiesz o czym marzę?". „O czym?". „O zwyczajnej śmierci". Ma czterdzieści lat. Lubił kobiety... Ma ładną żonę...

Idziemy do rezerwy. Ładujemy się na samochody. Wciskaliśmy klakson w ciągu całej jazdy przez strefę. Oglądam się wstecz, na tamte dni... Byłem tuż obok czegoś... czegoś fantastycznego. Ale te słowa – „gigantyczne", „fantastyczne" – nie oddają wszystkiego. Było takie uczucie... Jakie? (*Zastanawia się*).

Takiego uczucia nie znałem nawet w miłości...

Aleksandr Kudriagin,
likwidator

Monolog o potworku, który mimo wszystko będzie kochany

Niech pani się nie krępuje... I pyta... O nas już tyle napisano, że jesteśmy przyzwyczajeni. Czasem nawet przyślą nam gazetę z autografem. Ale ja nie czytam. Kto nas zrozumie... Tutaj trzeba żyć...

Moja córka niedawno powiedziała: „Mamo, jeśli urodzę potworka, to i tak będę go kochała". Wyobraża pani sobie?! Chodzi do dziesiątej klasy, a już ma takie myśli. Jej koleżanki... Wszystkie o tym myślą... Naszym znajomym urodził się chłopiec... wyczekiwane, pierwsze dziecko. Przystojna młoda para. A chłopiec ma usta aż do uszu, jednego uszka brak... Już teraz do nich nie chodzę. Nie mam siły... Córka raz czy drugi poleci... Ciągnie ją tam, przygląda się, czy może przymierza... A ja nie potrafię...

Oboje z mężem moglibyśmy stąd wyjechać, ale rozmyśliliśmy się i zrezygnowali. Boimy się innych ludzi. A tutaj wszyscy jesteśmy czarnobylscy. Nie boimy się, jeśli ktoś częstuje nas jabłkami albo ogórkami z własnego ogrodu czy działki, bierzemy i jemy, nie chowamy wstydliwie do kieszeni czy do torebki, żeby potem wyrzucić. Mamy wspólną pamięć... Jednakowy los... A w każdym innym miejscu zawsze bylibyśmy obcy. Zerkają na nas krzywo, z obawą... Wszyscy przywykli do słów: „Czarnobyl", „z Czarnobyla", „czarnobylskie dzieci"... To przykleiło się do całego naszego życia. Ale wy nic o nas nie wiecie. Boicie się nas... Uciekacie... Gdyby nas przestali stąd wypuszczać, postawili kordony milicyjne, wielu z was pewnie by się uspokoiło. (*Przerywa*). Proszę mnie o niczym nie przekonywać... Nie tłumaczyć! Dowiedziałam się tego i przeżyłam w pierwszych dniach... Wzięłam córkę i pognałam do Mińska, do siostry... Moja rodzona siostra nie wpuściła nas do domu, bo miała małe dziecko, karmiła je piersią. W koszmarnym śnie bym sobie tego nie wyobraziła! Nie wymyśliłabym czegoś takiego. No więc przyszło nocować na dworcu. Szaleńcze myśli przychodziły mi do głowy... Dokąd mamy uciekać? Może lepiej skończyć ze sobą, żeby się nie męczyć... To były pierwsze dni... Wszyscy wyobrażaliśmy sobie jakieś straszliwe choroby. Niesamowite. A przecież jestem lekarką. Można tylko się domyślać, co przeżywali inni... Plotki są straszniejsze od najgorszej prawdy. Najgorszej! Patrzę na nasze dzieci: dokądkolwiek pojadą, będą się czuły odrzucone. Jakby ożywione postaci z horroru... Obiekt szyderstw... Na obozie pionierów, na który pojechała moja córka, bano się jej dotknąć. „Czarnobylski świetlik. Świeci w ciemnościach". Wieczorem wołali ją na dwór, żeby zobaczyć, czy to prawda. Czy się świeci, czy nie ma nad głową aureoli?

Mówią: „wojna"... Wojenne pokolenie... Porównują... Wojenne? Ono było szczęśliwe! Miało Zwycięstwo. Oni zwyciężyli! To dało im, mówiąc dzisiejszym językiem, potężną energię życiową, silniejszą wolę przetrwania. Niczego się nie bali. Chcieli żyć, uczyć się, mieć dzieci. A my? My się wszystkiego boimy... Boimy się o dzieci... o wnuki, których jeszcze nie ma... Ich nie ma, a nas już strach bierze... Ludzie mniej się uśmiechają, nie śpiewają w święta jak kiedyś. Kiedy lasy i zagajniki zarastają pola uprawne, zmienia się nie tylko krajobraz, ale i charakter narodowy. Powszechna depresja... Rezygnacja... Dla innych Czarnobyl jest metaforą. Hasłem. A tutaj jest – naszym życiem. Po prostu życiem.

Czasem myślę, że lepiej byłoby, żeby pani o nas nie pisała. Nie obserwowała nas z boku... Nie stawiała diagnoz: radiofobia czy co tam jeszcze, nie oddzielała od reszty. Wtedy mniej by się nas bano. W domu chorego na raka nie mówi się przecież o tej strasznej chorobie. A w celi, w której odsiaduje się dożywocie, nikt nie mówi o wyroku... (*Milczy*). Tyle nagadałam, nie wiem, czy to wszystko pani potrzebne, czy nie. Zje pani obiad, nakryć do stołu? Czy się pani boi? Proszę powiedzieć uczciwie, my już się nie obrażamy. Myśmy tu wszystko widzieli. Odwiedził nas kiedyś dziennikarz... Widzę, że chce mu się pić. Przynoszę kubek wody, a on wyjmuje z teczki swoją, mineralną. Wstydzi się, usprawiedliwia... Z rozmowy oczywiście nic nie wyszło, nie umiałam z nim rozmawiać szczerze. Przecież nie jestem robotem ani komputerem. Jestem człowiekiem! On pije własną wodę mineralną, boi się dotknąć mojego kubka, a ja mam mu wykładać duszę na stół... Oddać mu swoją duszę...

(*Już siedzimy przy stole. Jemy obiad. Rozmawiamy o różnych rzeczach. I...*)

Przepłakałam wczoraj całą noc... Mąż wspominał: „Byłaś taka ładna". Wiem, o czym chciał... Patrzę przecież do lustra... Każdego ranka... Mam czterdzieści lat, a można by mi dać sześćdziesiąt; tutaj ludzie szybko się starzeją. Dlatego dziewczyny śpieszą się z zamążpójściem. Ich młodość potrwa krótko, więc nie chcą jej marnować. (*Wybucha*). No i co pani wie o Czarnobylu? Co pani może nagrać? Przepraszam... (*Milknie*).

Jak można nagrać moją duszę? Jeśli ja sama nie zawsze ją słyszę...

Nadieżda Afanasjewna Burakowa,
mieszkanka osiedla miejskiego Chojniki

Monolog o tym, że do zwykłego życia trzeba coś dodać, żeby je zrozumieć

Pani potrzebuje faktów, szczegółów tamtych dni? Czy też potrzebna jest pani moja historia?

Zostałem tam fotografem... Nigdy przedtem nie zajmowałem się fotografią, a tam przypadkowo miałem ze sobą aparat i nagle zacząłem robić zdjęcia. Myślałem, że tylko tak, dla siebie, a teraz to jest mój zawód. Nie potrafiłem uwolnić się od nowych uczuć, których doznałem, nie były to krótkie przeżycia, ale cała historia duchowa. Zmieniłem się... Świat zobaczyłem inaczej... Mój sens życia... Rozumie pani?

(*Mówi i na stole, na krzesłach, na parapecie rozkłada fotografie: olbrzymi słonecznik, o średnicy koła od wozu, gniazdo bocianie w pustej wsi, samotny wiejski cmentarz, a przed bramą tabliczka: „Wysokie promieniowanie. Wejście i wjazd zabronione", wózek dziecięcy na podwórzu domu z zabitymi oknami, na wózku jak na gnieździe siedzi wrona, odwieczny klucz żurawi nad zdziczałymi polami...*)

Pytają mnie: „Dlaczego nie fotografujesz na taśmie barwnej? W kolorze!". Ale przecież Czarnobyl... jest czarny... Reszta barw nie istnieje... Moja historia? To komentarz do tego... (*Pokazuje na zdjęcia*). Dobrze. Spróbuję. Ale wie pani, wszystko jest tutaj (*Znowu pokazuje zdjęcia*)... W tamtym czasie pracowałem w fabryce, a równocześnie studiowałem na uniwersytecie, na wydziale historycznym. Ślusarz drugiej kategorii. Zebrano nas w grupę i wysłano w trybie pilnym. Jak na wojnę.

„Dokąd jedziemy?" „Tam, gdzie każą". „Co mamy robić?" „To, co każą". „Ale my jesteśmy budowlańcy". „No to będziecie budować. Odbudowywać".

Budowaliśmy pomieszczenia pomocnicze: pralnie, magazyny, wiaty. Mnie przydzielono do rozładowywania cementu. Ładowaliśmy i wyładowywali. Cały dzień macha się łopatą, pod wieczór widać tylko błyskające zęby. Człowiek z cementu. Szary. I człowiek, i ubranie przesiąknięci cementem. Wieczorem się je wytrzepie, a rano znowu trzeba wkładać. Prowadzono z nami dyskusje polityczne. Bohaterowie, wyczyn, na pierwszej linii...

Słownictwo wojskowe... A co to jest rem? Co to kiur? Co milirentgen? Zadajemy pytania, a dowódca nie umie odpowiedzieć, na uczelni wojskowej tego go nie uczyli. Mili, mikro... Chińszczyzna. „Po co macie wiedzieć? Wykonujcie rozkazy. Tutaj jesteście żołnierzami". Żołnierzami, ale nie więźniami.

Przyjechała komisja. „No – uspokajają – wszystko u was w porządku. Tło normalne. Za to o cztery kilometry stąd nie da się żyć, będziemy wysiedlać ludzi. A u was tu spokojnie". Mieli ze sobą dozymetrystę, wziął i włączył skrzynkę, którą miał na ramieniu, i tym długim kijem przejechał po naszych butach. I aż odskoczył, mimo woli tak zareagował...

Tutaj zaczyna się rzecz najciekawsza, zwłaszcza dla pani jako pisarki. Jak pani sądzi, jak długo wspominaliśmy ten incydent? Może kilka dni. Nasz człowiek nie potrafi myśleć tylko o sobie, o własnym życiu, być takim układem zamkniętym. Nasi politycy nie cenią ludzkiego życia, ale sami ludzie też nie. Rozumie pani? Tak już jesteśmy urządzeni. Ulepieni z jakiejś innej gliny. Oczywiście wszyscyśmy tam pili, i to zdrowo. Wieczorami nie było trzeźwych, ale piliśmy, nie żeby się upić, tylko porozmawiać. Po pierwszych dwóch kieliszkach kogoś ogarnęła tęsknota, zaczynał wspominać żonę i dzieci, opowiadać o swojej pracy. Wymyślać na przełożonych. Ale potem, po jednej, po dwóch butelkach zaczynały się rozmowy wyłącznie o losach kraju i wszechświata. Spory o Gorbaczowa, o Ligaczowa*. O Stalina. Czy jesteśmy wielkim mocarstwem, czy nie, prześcigniemy Amerykanów czy nie? Rok osiemdziesiąty szósty... Czyje samoloty są lepsze, a statki kosmiczne bezpieczniejsze? No, wprawdzie Czarnobyl eksplodował, ale za to nasz człowiek pierwszy poleciał w Kosmos! Rozumie pani, aż do rana, do zachrypnięcia. A dlaczego nie mamy dozymetrów, dlaczego nie dostajemy żadnych proszków na wypadek, gdyby coś się stało, gdzie są pralki, żeby prać odzież ochronną codziennie, a nie dwa razy w miesiącu? – o tym rozmawialiśmy dopiero na końcu. Mimochodem. No, rozumie pani, tak jesteśmy urządzeni. Niech to diabli!

* Jegor Ligaczow (1920) – członek Biura Politycznego KC KPZR, głośny w czasie pierestrojki przeciwnik zmian i oponent Michaiła Gorbaczowa.

Wódkę ceniliśmy wyżej niż złoto. Nie można jej było kupić. W okolicznych wsiach wypito wszystko: wódkę, samogon, lotion, dobrali się do lakierów, aerozoli... Na stole stała trzylitrowa butla z samogonem albo woda kolońska Chypre... No i rozmowy, rozmowy. Wśród nas byli nauczyciele, inżynierowie... Totalna międzynarodówka: Rosjanie, Białorusini, Kazachowie, Ukraińcy. Rozmowy filozoficzne... O tym, że jesteśmy jeńcami materializmu, a materializm więzi nas w świecie przedmiotów. Czarnobyl jest wyjściem w nieskończoność. Pamiętam, że dyskutowaliśmy o rosyjskiej kulturze, o jej ciążeniu do tego, co tragiczne. Bez cienia śmierci nie można jej zrozumieć. Tylko na gruncie kultury rosyjskiej można będzie nadać sens katastrofie... Tylko ona jest do tego gotowa... Żyła przeczuciem... Bano się bomby, grzyba atomowego, a czym się to skończyło?... Hiroszima jest straszna, ale ją rozumiemy... A tutaj... Wiemy, jak płonie dom od zapałki albo pocisku, no a to do niczego nie jest podobne. Dochodziły nas słuchy, że ogień był nieziemski, nawet nie ogień, ale światło. Migotanie. Zorza. Nie niebieska, ale błękitna. Dymu też nie było. Uczeni dotąd zajmowali miejsce bogów, a teraz są jak upadłe anioły. Demony! Ludzka natura jak była dla nich tajemnicą, tak nią pozostała. Jestem Rosjaninem, z Briańszczyzny. Mieszka u nas, wie pani, taki staruszek. Chałupa krzywa, prędko się rozleci, a on siedzi na progu i filozofuje, urządza świat na nowo. W każdej fabrycznej palarni zawsze musi się znaleźć jakiś Arystoteles. W barze piwnym. A my – tuż obok reaktora...

Wpadali do nas reporterzy z gazet. Robili zdjęcia. Tematy wydumane. Fotografują okno porzuconego domu, kładą przed nim skrzypce... i nazywają to „Czarnobylska symfonia". A tam nic nie trzeba było wymyślać. Chciałoby się utrwalić w pamięci wszystko: globus na dziedzińcu szkolnym rozjechany przez traktor, poczerniałą wypraną bieliznę, która wisi już kilka lat na balkonie, lalki, które się postarzały na deszczu... Porzucone bratnie mogiły... Trawa na nich zakrywa gipsowe posągi żołnierzy, a na gipsowych automatach ptaki uwiły gniazda. Drzwi domu wyważone, już go spenetrowali szabrownicy, a zasłonki na oknach – zaciągnięte. Ludzie uciekli, żyją teraz tylko na wiszących na ścianach zdjęciach. Niczym ich dusze. Nie było tam żadnych nieważnych rzeczy. Wszystko chciałoby się zapamiętać dokładnie, w szczegółach: porę dnia, kiedy to zobaczyłem, kolor nieba, własne wrażenia. Rozumie pani? Człowiek opuścił te okolice na zawsze. A co to znaczy? Że jesteśmy pierwszymi ludźmi, którzy przeżyli to „na zawsze". Nie wolno przegapić żadnego drobiazgu... Twarze starych chłopów, podobne do ikon... Oni najmniej rozumieli z tego, co się wydarzyło. Nigdy nie porzucali swojej zagrody, swojej ziemi. Przychodzili na świat, kochali, w pocie czoła zdobywali chleb powszedni, przedłużali ród... Z nadzieją, że się doczekają wnuków... A kiedy przeżyli życie, w pokorze porzucali tę ziemię, odchodząc do niej, stając się nią. Chata białoruska! To tylko dla nas, mieszczuchów, dom jest maszyną do życia. Dla nich – całym światem. Kosmosem. Jedzie się przez puste wsie... I tak chciałoby się spotkać człowieka... Obrabowana cerkiew... Weszliśmy: pachniało woskiem... Zapragnęliśmy się pomodlić...

Chciałem wszystko to zapamiętać. Zacząłem fotografować. To właśnie moja historia...

Niedawno pochowałem znajomego, z którym tam byłem. Umarł na białaczkę. Stypa. Zgodnie ze słowiańskim obyczajem wypiliśmy, zagryźli, wie pani. Zaczęły się rozmowy do północy. Najpierw o nim, o tym, który odszedł. A potem? Potem znowu o losach kraju i o naprawie wszechświata. Wyjdą wojska rosyjskie z Czeczenii czy nie wyjdą? Zacznie się druga wojna kaukaska czy już się zaczęła? Jakie szanse ma Żyrynowski na prezydenturę? A jakie Jelcyn? O koronie angielskiej i księżniczce Dianie. O monarchii w Rosji. O Czarnobylu. Teraz już różne domysły... Jeden z nich taki, że przybysze z innych planet wiedzieli o katastrofie i nam pomogli. Inny, że to był eksperyment kosmiczny i że za pewien czas zaczną się rodzić niezwykle zdolne dzieci. Genialne. A może Białorusini znikną, tak jak kiedyś znikały inne narody: Scytowie, Chazarowie, Sarmaci, Kimerowie? Jesteśmy metafizykami... Żyjemy nie na ziemi, ale w marzeniach, w rozmowach. W słowach... Do zwykłego życia musimy coś dodać, żeby je zrozumieć. Nawet jeśli tuż obok jest śmierć...

To moja historia... Opowiedziałem pani... Dlaczego zacząłem fotografować? Bo nie znajdowałem słów.

Wiktor Łatun, fotograf

Monolog o niemym żołnierzu

Do samej strefy już nie pojadę, chociaż przedtem mnie ciągnęło. Jeśli ją zobaczę, to zacznę o niej myśleć, zachoruję i umrę... Umrą moje fantazje...

Pamięta pani, był taki film *Idź i patrz**. Nie byłam w stanie obejrzeć go do końca, zemdlałam. Pokazywali tam zabicie krowy. I źrenicę tej krowy – na cały ekran... Samą źrenicę... Potem już nie patrzyłam, jak zabijali ludzi... Nie! Sztuka to miłość, jestem o tym absolutnie przekonana! Nie chcę włączać telewizora, czytać dzisiejszych gazet. Tam tylko zabijają i zabijają... W Czeczenii, Bośni... W Afganistanie... Tracę rozsądek, wzrok mi się psuje. Okropność... Horror stał się już czymś zwyczajnym, banalnym nawet. Tak się w dodatku zmieniliśmy, że dzisiejszy horror na ekranie musi być straszniejszy od wczorajszego. Bo inaczej już nie przeraża. Przekroczyliśmy granicę...

Wczoraj jechałam trolejbusem. Widziałam taką scenę: chłopiec nie ustąpił miejsca staruszkowi. Ten go poucza: „Jak będziesz stary, to też ci nie ustąpią". „Nigdy nie będę stary" – odpowiada chłopiec. „Dlaczego?" „Bo wszyscy niedługo umrzemy".

Wszędzie rozmowy o śmierci. Dzieci myślą o śmierci. A przecież śmierć to coś takiego, nad czym zastanawiamy się pod koniec życia, a nie na początku.

Widzę świat w scenkach... Ulica jest dla mnie teatrem, dom jest teatrem. Nigdy nie zapamiętuję wydarzenia w całości. Ale w szczegółach, w gestach...

W mojej pamięci wszystko pokręciło się, przemieszało. Z kina, z gazet... A może gdzieś to zobaczyłam, usłyszałam... Podpatrzyłam?

* Film z 1985 roku (reż. Elem Klimow), ukazujący masakrę jednej z wsi białoruskich, dokonaną podczas II wojny przez hitlerowców.

Widziałam, jak przez opustoszałą wieś szedł obłąkany lis. Był spokojny, dobrotliwy. Jak dziecko... Łasił się do zdziczałych kotów, kur...

Cisza... Tam jest taka cisza! Całkiem inna niż tutaj... I nagle w tej ciszy słychać dziwną ludzką mowę: „Dobry Gosza. Dobry Gosza". Na starej jabłoni kołysze się zardzewiała klatka z otwartymi drzwiczkami. Oswojona papuga mówi sama do siebie.

Zaczyna się ewakuacja... Opieczętowano szkołę, biuro kołchozowe, radę wiejską. Żołnierze wywożą sejfy i dokumenty. A w nocy mieszkańcy wsi rabują szkołę, wynoszą to, co jeszcze zostało. Wynoszą książki z biblioteki, lustra, krzesła, urządzenia sanitarne, wielki globus... Ktoś ostatni przybiegł nad ranem, już było pusto... No więc zabrał naręcze pustych probówek z laboratorium.

Chociaż wszyscy wiedzą, że za trzy dni ich też stąd wywiozą. Wszystko zostanie.

Po co ja to wszystko gromadzę? Przecież nigdy nie wystawię spektaklu o Czarnobylu, podobnie jak nie zrobiłam żadnego na temat wojny. Nigdy na scenie nie pokażę martwego człowieka. Nawet martwego zwierzęcia czy ptaka. W lesie patrzę, a pod sosną leży coś białego... Myślałam, że to grzyby, a to były martwe wróble... Brzuszkami do góry. Tam, w strefie... Nie rozumiem śmierci. Zatrzymuję się przed nią, żeby nie oszaleć. Nie przejść... na tamtą stronę życia... Wojnę trzeba pokazywać tak strasznie, żeby człowiek wymiotował. Żeby chorował. To nie widowisko...

W pierwszych dniach nie pokazano jeszcze żadnego zdjęcia, a ja już sobie wyobrażałam: rozwalone stropy, zburzone ściany, dym, rozbite szyby. Dokądś wywożą przerażone dzieci. Sznur samochodów. Dorośli płaczą, dzieci nie. Nie opublikowano jeszcze ani jednego zdjęcia... Gdybym zaczęła wypytywać ludzi, to pewnie i oni nie mieliby innych wyobrażeń na temat horroru: wybuch, pożar, trupy, panika. Zapamiętałam to z dzieciństwa... (*Milknie*). Ale o tym potem... Osobno... A tutaj... Wydarzyło się coś nieznanego... To inny strach... Nie słychać go, nie widać, nie ma zapachu ani barwy, a przecież fizycznie i psychicznie się zmieniamy. Zmienia się skład krwi, zmienia się kod genetyczny, zmienia się krajobraz... I cokolwiek byśmy myśleli czy robili...

Rano wstaję, piję herbatę. Idę na próbę do studentów... A to wisi nade mną... Jak znak. Jak pytanie. Z dzieciństwa zapamiętałam coś zupełnie odmiennego...

Widziałam jeden tylko dobry film o wojnie. Tytuł wyleciał mi z pamięci. Film o niemym żołnierzu. Milczał przez cały czas. Wiózł ciężarną Niemkę, w ciąży z żołnierzem rosyjskim. Urodziło się dziecko, urodziło się w drodze, na wozie. Podniósł je w rękach i trzyma, a chłopiec siusia na jego automat... Mężczyzna się śmieje... To jest jak mowa, ten jego śmiech. Patrzy na dziecko, na swój automat i się śmieje... Koniec filmu.

Nie ma w filmie Rosjan, nie ma Niemców. Jest tylko potwór – wojna. I jest cudo – życie. Ale teraz, po Czarnobylu, wszystko się zmieniło. I to także. Zmienił się świat, już nie wydaje się wieczny, tak jak do niedawna. Ziemia jakby się zmniejszyła, zmalała. Straciliśmy nieśmiertelność – oto, co się z nami stało. Utraciliśmy poczucie wieczności. A w telewizji widzę, jak każdego dnia się zabija. Strzela. Jeden człowiek zabija drugiego... Po Czarnobylu...

Widzę coś bardzo niewyraźnie, jak gdyby z daleka... Miałam trzy lata, kiedy wywieźli nas z mamą do Niemiec... Do obozu... To, co zapamiętałam, jest ładne... Może już w taki specyficzny sposób patrzę. Pamiętam wysoką górę... Padał ni to śnieg, ni to deszcz. Olbrzymim czarnym półkolem stoją ludzie, wszyscy mają numery. Numery na butach... Tak wyraźnie, jaskrawożółtą farbą namalowane na butach... Na plecach... Wszędzie numery, numery... Druty kolczaste. Na wieży stoi człowiek w hełmie, biegają psy, strasznie głośno szczekają. I żadnego strachu. Dwaj Niemcy, jeden duży, gruby w czarnym, a drugi mały w brązowym garniturze. Ten w czarnym pokazuje gdzieś ręką... Z ciemnego półkola wychodzi czarny cień i staje się człowiekiem. Niemiec w czerni zaczyna go bić... A ten śnieg czy deszcz nadal pada... Pada...

Pamiętam wysokiego przystojnego Włocha! Ten cały czas śpiewał... Moja mama płakała, inni ludzie też. A ja nie mogłam zrozumieć, dlaczego wszyscy płaczą, kiedy on śpiewa tak ładnie.

Robiłam etiudy o wojnie. Próbowałam. Nic nie wychodziło. Nigdy nie zrobię przedstawienia o wojnie. Bo też mi nie wyjdzie.

Do strefy czarnobylskiej zawieźliśmy wesoły spektakl „Daj wody, studnio". Bajkę. Przyjechaliśmy do Chocimska, miasta rejonowego. Tam jest sierociniec, tych dzieci nigdzie nie wywieziono.

Przerwa. Dzieci nie klaszczą. Nie wstają. Milczą. Drugi akt. Przedstawienie się kończy. Znowu nie klaszczą. Nie wstają. Milczą.

Moi studenci w płacz. Zebrali się za kulisami. Co z nimi? Potem zrozumieliśmy – dzieci wierzyły we wszystko, co się działo na scenie. Tam przez cały spektakl czeka się na cud. Zwyczajne dzieci, mające domy, rozumieją, że to jest teatr. A te czekały na cud...

My, Białorusini, nigdy nie mieliśmy nic wiecznego. Nie mieliśmy nawet wiecznej ziemi, cały czas ją ktoś zabierał, zacierał nasze ślady. My też nie mogliśmy żyć wiecznością, jak napisane jest w Starym Testamencie: ten zrodził tego, tamten tamtego... Łańcuch, ogniwa... Nie wiemy, co robić z tą wiecznością, nie umiemy z nią żyć. Nie potrafimy nadać jej sensu. No i w końcu nam ją darowano. Nasza wieczność to Czarnobyl. To się u nas pojawiło... A my? My się śmiejemy... Jak w starej przypowieści... Ludzie współczują człowiekowi, któremu spaliły się dom, stodoła... Wszystko spłonęło... A on z uśmiechniętą gębą odpowiada: „A za to ile myszy pozdychało!". I bęc czapką o podłogę. W tym jest cały Białorusin! Śmiech przez łzy.

A nasi bogowie się nie śmieją. Nasi są męczennikami. To u starożytnych Greków byli śmiejący się bogowie, weseli. A co, jeśli fantazje, sny, dowcipy są też tekstami, które mówią, kim jesteśmy? Tylko nie umiemy ich odczytać... Wszędzie słyszę tę samą melodię... Która się ciągnie i ciągnie... Nie melodia, nie piosenka, ale zawodzenie. To zaprogramowanie naszego narodu na każde nieszczęście. Nieustanne oczekiwanie nieszczęścia. A szczęście? Szczęście to rzecz tymczasowa, nieoczekiwana. Ludzie mówią: „Jedna bieda – żadna bieda", „Od nieszczęścia kijem się nie obronisz", „Co weźmie, to po gębie", „Nic mi po świecie, kiedy bieda gniecie". Poza cierpieniem nic innego nie mamy. Nie mamy innej historii, innej kultury...

A moi studenci zakochują się, mają dzieci. Ale te dzieci są ciche, słabe. Po wojnie wróciłam z obozu... żywa! Wtedy wystarczyło przeżyć, moje pokolenie do tej pory się dziwi, że przeżyło. Mogłam jeść śnieg zamiast wody, latem nie wyłazić z rzeczki, nurkować po sto razy. Ich dzieci nie mogą jeść śniegu. Nawet najczystszego, najbielszego... (*Zatapia się w myślach*).

Jak wyobrażam sobie przedstawienie? Przecież myślę o nim... Cały czas myślę...

Ze strefy przywieziono mi jeden temat... Współczesną bajkę...

Zostali we wsi staruszek i staruszka. Zimą stary umarł. Stara kobieta sama go pochowała. Przez tydzień kopała dół na cmentarzu. Owinęła go w ciepły kożuch, żeby nie marzł, położyła na dziecięcych sankach i zawiozła. Przez całą drogę wspominała swoje życie z nim...

Ostatnią kurę upiekła na stypę. Wtedy głodny szczeniak poczuł zapach i przywlókł się do staruszki. Miała więc z kim pogadać i popłakać...

Kiedyś nawet przyśnił mi się przyszły spektakl...

Widzę pustą wieś, kwitnące jabłonie. Kwitnie czeremcha. Wspaniale. Bujnie. Kwitnie dzika grusza na cmentarzu...

Po zarośniętych ulicach biegają koty z podniesionymi ogonami. Nie ma nikogo. Koty uprawiają miłość. Wszystko kwitnie. Piękno i cisza. Nagle koty wybiegają na drogę, wypatrują kogoś. Na pewno jeszcze pamiętają człowieka...

My Białorusini nie mamy Tołstoja. Nie mamy Puszkina... Mamy Jankę Kupałę... Jakuba Kołasa*... Oni pisali o ziemi... Nie jesteśmy ludźmi nieba, ale ziemi. Mamy monokulturę – sadzimy kartofle, wykopujemy i cały czas patrzymy w ziemię. W dół! A jeśli nawet człowiek podniesie głowę, to nie patrzy wyżej niż gniazdo bocianie. Już i ono jest dla niego wysoko, to właśnie jego niebo. A nieba, które nazywa się kosmosem, nie mamy, nie istnieje w naszej świadomości. Wtedy bierzemy coś z literatury rosyjskiej... Z polskiej... Norwegom potrzebny był Grieg, Żydom – Szolem Alejchem, żeby mogli się zjednoczyć i rozpoznać siebie. Każdy z nich był zarodkiem krystalizacji, jak by powiedzieli chemicy. U nas takim zarodkiem jest Czarnobyl...

* Janka Kupała (właśc. Iwan Łucewicz, 1882–1942), Jakub Kołas (właśc. Kanstancin Mickiewicz, 1882–1956) – klasycy literatury białoruskiej.

Co z nas tworzy?... Teraz staliśmy się narodem... Narodem czarnobylskim. A nie drogą z Rosji na Zachód, czy też z Zachodu do Rosji. Dopiero teraz...

Sztuka to wspominanie... Wspominanie, tego, że byliśmy... Boję się... Boję się jednego – że strachu w naszym życiu jest więcej niż miłości...

Lilija Michajłowna Kuzmienkowa,
wykładowca Mohylewskiej Szkoły Oświaty Ludowej,
reżyserka

Monolog o tym, co odwieczne i przeklęte, oraz o tym, co robić i kto jest winien

Jestem człowiekiem swego czasu, jestem wierzącym komunistą...

Nie możemy dojść do głosu... Modne jest... Modne jest pomstowanie na komunistów... Teraz to my jesteśmy wrogami ludu, wszyscy jesteśmy zbrodniarzami. Teraz odpowiadamy za wszystko, nawet za prawa fizyki. Byłem wtedy pierwszym sekretarzem komitetu rejonowego partii. W gazetach piszą, że to oni, komuniści, są winni, bo budowali złe, tanie elektrownie atomowe, a nie liczyli się z życiem ludzkim. Nie myśleli o człowieku, dla nich to piach, nawóz historii. Dalejże na nich! Huzia! Przeklęte problemy: co robić i kto jest winien? Odwieczne. Niezmienne w naszej historii. Wszyscy niecierpliwi, chcą zemsty. Krwi! Dalej na nich! Huzia! Chcą, żeby głowy poleciały... Chleba i igrzysk!...

Inni milczą, ale ja powiem... Pani pisze... No, nie pani konkretnie, ale w gazetach tak piszą, że komuniści oszukiwali naród, ukrywali przed nim prawdę. Ale my musieliśmy... Były telegramy z KC, z komitetu obwodowego... Postawiono przed nami zadanie: nie dopuścić do wybuchu paniki. A panika to naprawdę straszna rzecz. Tylko w czasie wojny oczekiwano tak komunikatów z frontu, jak czekano na wieści o Czarnobylu. Strach i plotki. Ludzie byli przybici nie promieniowaniem, ale wydarzeniem. Musieliśmy... Naszym obowiązkiem było... Nie powiem, żebyśmy od razu wszystko ukrywali, bo na początku nikt nie ogarniał skali tego, co się działo. Kierowaliśmy się wyższymi względami politycznymi. Ale jeśli odrzucić emocje, odrzucić politykę… Trzeba przyznać, że nikt nie wierzył w to, co się stało. Nawet uczeni nie mogli uwierzyć! Dotąd nie było ani jednego takiego przypadku… Nie tylko u nas, ale na całym świecie… Uczeni na miejscu, w samej elektrowni badali sytuację i od razu podejmowali decyzje. Niedawno oglądałem audycję „Chwila prawdy" z Aleksandrem Jakowlewem, członkiem Biura Politycznego, głównym ideologiem partii w tamtych czasach. Obok Gorbaczowa… Co wspomina? Że oni tam, na górze, też nie mieli pełnego obrazu… Na posiedzeniu Biura Politycznego któryś z generałów tłumaczył: „Co tam promieniowanie! Na poligonie… Po eksplozji atomowej… Wieczorem każdy wypił po butelce czerwonego wina. I nic nam nie było!". Mówili o Czarnobylu jak o awarii, zwyczajnej awarii…

Gdybym wtedy powiedział, że nie wolno ludzi wyprowadzać na ulice… „O czym wy mówicie – żeby nie świętować Pierwszego Maja?". To sprawa polityczna. Oddajcie legitymację… (*Trochę się uspokaja*). Myślę, że to, co pani powiem, nie jest dowcipem, ale prawdą. To autentycznym zdarzenie. Podobno kiedy Szczerbina, przewodniczący komisji rządowej, przyjechał do elektrowni w pierwszych dniach po wybuchu, zażądał od razu, żeby go zawieziono na miejsce zdarzenia. Tłumaczą mu: nie można, tam są zawały grafitowe, szalone pola promieniowania, wysoka temperatura. „Co wy mi tu z fizyką wyjeżdżacie? Muszę wszystko zobaczyć na własne oczy! – krzyczał do podwładnych. – Wieczorem na politbiurze muszę złożyć meldunek!". To jest wojskowy stereotyp zachowań. Innegośmy nie znali… Myśmy nie rozumieli, czym właściwie jest fizyka… Reakcja łańcuchowa… I że ani rozkazy, ani decyzje rządowe tej fizyki nie zmienią. Że świat opiera się na niej, a nie na ideach Marksa. Ale gdybym wtedy oświadczył, że odwołujemy pochód pierwszomajowy? (*Znowu zaczyna się denerwować*). W gazetach piszą… Tak jakbyśmy wysłali ludzi na ulice, a sami siedzieli w podziemnych bunkrach! Stałem na trybunie dwie godziny w tym słońcu… Bez nakrycia głowy, bez płaszcza. A dziewiątego maja w Dzień Zwycięstwa… Maszerowałem z kombatantami… Grała harmonia. Tańczyliśmy. Piliśmy. Wszyscy byliśmy częścią tego systemu. Wierzyliśmy!

Wierzyliśmy we wzniosłe ideały. W nasze zwycięstwo! Zwyciężymy Czarnobyl! Rzucimy się do ataku i zwyciężymy. Upajaliśmy się, czytając o heroicznej walce z reaktorem, który wymknął się spod ludzkiej kontroli. Prowadziliśmy dyskusje polityczne. Nasz człowiek bez idei? Bez wielkiego marzenia? To też jest straszne... Niech pani popatrzy, co się teraz dzieje. Rozpad. Anarchia. Dziki kapitalizm... Ale to na przeszłość wydano wyrok... Na całe nasze życie... Pozostał z niego tylko Stalin... Archipelag Gułag... Ale jakie wtedy były filmy! Jakie piosenki! Ile w nich szczęścia! Niech pani powie dlaczego... Proszę odpowiedzieć... Pomyśleć i odpowiedzieć... Dlaczego teraz nie ma takich filmów? Takich piosenek? Człowieka należy poderwać, natchnąć. Potrzebne są ideały... Wówczas dopiero państwo jest silne. Kiełbasa nie może być ideałem, pełna lodówka to nie ideał. Nawet mercedes. Ideały muszą przyświecać. I takie ideały mieliśmy.

W gazetach... W radiu i telewizji krzyczano: „Prawdy, prawdy!". Na wiecach żądano prawdy! Źle jest, bardzo źle... Bardzo źle! Wkrótce wszyscy umrzemy! Zniknie naród! Komu jest potrzebna taka prawda? Czy kiedy do Konwentu wdarły się tłumy i żądały ścięcia Robespierre'a, to miały wtedy rację? Podporządkować się tłumowi, stać się tłumem... Nie mogliśmy dopuścić do paniki... Moja praca... Obowiązek... (*Milknie*). Jeśli jestem zbrodniarzem, to dlaczego moja wnuczka... Moje dziecko... Też jest chore... Córka urodziła ją tamtej wiosny, przywiozła w pieluszkach do nas do Sławgorodu*. W wózku. Przyjechali kilka tygodni po wybuchu w elektrowni... Helikoptery latają, samochody wojskowe na drogach... Żona prosiła: „Trzeba ich wysłać do krewnych. Wywieźć stąd". Byłem pierwszym sekretarzem komitetu rejonowego... Zabroniłem kategorycznie: „Co ludzie pomyślą, jeśli wywiozę córkę z małym dzieckiem? Przecież ich dzieci tutaj zostaną". Ci, którzy uciekali, ratowali własną skórę... Wzywałem do komitetu, na posiedzenie: „Jesteś komunistą czy nie?". Ludzie musieli przejść próbę. Jeśli jestem zbrodniarzem, to dlaczego

* Chodzi oczywiście o Sławgorod (białorus. *Słauharad*) na Białorusi, w obwodzie mohylewskim. Miasto o tej samej nazwie znajduje się również w azjatyckiej części Rosji, w Kraju Ałtajskim.

zabijałem też własne dziecko? (*Dalej bezładnie*). Ja sam... Ona... U mnie w domu... (*Po jakimś czasie się uspokaja*). Pierwsze miesiące... Na Ukrainie alarm, a u nas na Białorusi wszystko spokojnie. Kampania siewna w pełni. Nie kryłem się, nie przesiadywałem w gabinecie, ale uganiałem się po polach, po łąkach. Ludzie orali, siali. Pani zapomina, że przed Czarnobylem atom nazywano pokojowym pracownikiem. Byliśmy dumni z tego, że żyjemy w erze atomowej. Nie pamiętam strachu przed atomem... Wtedy nie baliśmy się jeszcze przyszłości... No co to znaczy pierwszy sekretarz komitetu rejonowego partii? Zwykły człowiek ze zwykłym dyplomem uczelni, najczęściej inżynier albo agronom. Ktoś czasem jeszcze kończył wyższą szkołę partyjną. Wiedziałem o promieniowaniu tyle, ile nam zdążyli powiedzieć na kursie obrony cywilnej. Nie słyszałem tam ani słowa o cezie w mleku, o stroncie... Wieźliśmy mleko z cezem do kombinatów mlecznych. Oddawaliśmy mięso. Kosili trawę z czterdziestoma kiurami... Wykonywali plany... Z pełną odpowiedzialnością... Wyciskałem je z ludzi. Nikt nie zwalniał nas z wykonania planu...

Podam przykład... Jeden, ale znamienny... W pierwszych dniach ludzi ogarnął nie tylko strach, ale także zapał do działania. Jestem człowiekiem pozbawionym instynktu samozachowawczego. To normalne, jeśli się ma mocne poczucie obowiązku. Takich wtedy było wielu, nie ja jeden... Na moim biurku leżały dziesiątki zgłoszeń: „Proszę o skierowanie do Czarnobyla". To był poryw serca! Ludzie gotowi byli złożyć siebie w ofierze, bez namysłu, i nie żądali niczego w zamian. Cokolwiek by tam pisano, ale ten radziecki charakter był. Był też człowiek radziecki. Cokolwiek by pisali, nie wiadomo jak się odżegnywali... Jeszcze pani będzie żałować tego człowieka... Przypomni pani sobie o nim...

Przyjeżdżali do nas naukowcy, toczyli spory podniesionym głosem. Krzyczeli, dopóki całkiem nie ochrypli. Podchodzę do jednego i mówię: „Nasze dzieci bawią się w napromieniowanym piasku!". A on wsiadł na mnie: „Panikarze! Dyletanci! Co wy tam wiecie o promieniowaniu! Jestem fizykiem jądrowym. Doszło do wybuchu atomowego. Godzinę jechałem łazikiem do epicentrum. Po roztopionej ziemi. A pan co tu panikę szerzy?". No to im wierzyłem. Wzywałem ludzi do gabinetu: „Ja mogę uciec, wy możecie uciec. Ale co ludzie o nas pomyślą? Mają mówić, że komuniści zdezerterowali?". Apelowałem do rozumu, do uczuć, a jak nie przekonałem, to sięgałem po inne argumenty: „Jesteś patriotą czy nie? Jeśli nie, to oddawaj legitymację partyjną! Natychmiast!". Byli tacy, którzy oddawali...

Zacząłem coś podejrzewać... Czegoś się domyślać... Podpisaliśmy umowę z Instytutem Fizyki Jądrowej na przebadanie naszych gruntów. Biorą trawę, biorą warstwy czarnoziemu i wiozą do siebie, do Mińska. Robią tam analizy. A potem dzwonią do mnie: „Niech pan zorganizuje transport i zabierze waszą glebę z powrotem". „Chyba żartujecie, towarzysze! Do Mińska jest czterysta kilometrów... – Omal nie wypuściłem słuchawki z rąk. – Wieźć ziemię z powrotem?" „Nie, nie żartujemy – odpowiadają. – U nas te próbki zgodnie z instrukcją powinny trafić na składowisko w podziemnym bunkrze żelbetowym. Od miesiąca zwożą je do nas z całej Białorusi. Nie mamy już miejsca w bunkrze". Rozumie pani? A my na tej ziemi orzemy i siejemy. Nasze dzieci się na niej bawią... Żąda się od nas wykonania planu dostaw mleka i mięsa. Z ziarna pędziliśmy spirytus. Jabłka, gruszki, wiśnie szły na soki...

Ewakuacja... Gdyby ktoś popatrzył z góry, pomyślałby, że zaczęła się trzecia wojna światowa... Jedną wieś wywożą, drugą uprzedzają: „Ewakuacja za tydzień!". I przez cały ten tydzień układają tam słomę w stogi, koszą trawę, kopią w ogródkach, rąbią drwa... Życie jak życie. Ludzie nie rozumieją, co się dzieje. A po tygodniu wywozi się ich wojskowymi samochodami... Narady, delegacje, pompowanie, bezsenne noce. Tyle było tego... Przed komitetem miejskim partii w Mińsku, pamiętam, stał człowiek z plakatem: „Dajcie ludziom jodynę". Gorąco. A on w płaszczu...

(*Wraca do początku naszej rozmowy*).

Zapomniała pani?... Co wtedy... Że elektrownie atomowe to przyszłość... Nieraz przemawiałem... Agitowałem... Byłem w jednej z takich elektrowni: cisza, podniosły nastrój. Czysto. Czerwone sztandary i proporce: „Bohater Pracy Socjalistycznej". Nasza przyszłość... Żyliśmy w szczęśliwym społeczeństwie. Powiedziano nam, że jesteśmy szczęśliwi, to byliśmy szczęśliwi. Byłem wolny i nawet nie rozumiałem, że ktoś może tę wolność uznać za niewolę. A teraz historia nas spisała na straty, całkiem jakby nas nie było. Czytam teraz Sołżenicyna... Myślę... (*Milknie*). Moja wnuczka ma białaczkę... Zapłaciłem za wszystko... Drogo zapłaciłem...

Jestem człowiekiem swojego czasu... Nie zbrodniarzem...

Władimir Matwiejewicz Iwanow,
były pierwszy sekretarz komitetu rejonowego KPZR
w Sławgorodzie

Monolog obrońcy władzy radzieckiej

Eeee... Taka mać... Eeee! (*Następuje teraz wiązanka przekleństw*). Stalina na was trzeba. Żelaznej ręki...

Co pani tu nagrywa? Kto dał pani zezwolenie? Pani fotografuje... Proszę zabrać to swoje cacko... I schować... Bo rozbiję. Patrzcie, przyjechali tu... A my żyjemy. My cierpimy, a wy będziecie tu pisać. Pismaki! Ludziom w głowach mieszacie... Buntujecie ludzi... Wypytujecie nie o to, co trzeba. Nie ma teraz porządku! Nie ma! Patrzcie ich, nazjeżdżali się... Z magnetofonem...

Tak, bronię! Bronię władzy radzieckiej. Naszej władzy. Ludowej! Za władzy radzieckiej byliśmy silni, wszyscy się nas bali. Cały świat na nas patrzył! Jedni trzęśli się ze strachu, a inni zazdrościli. K.... mać! A teraz co? No co? Za demokracji... Przywożą do nas snickersy i zleżałą margarynę, przeterminowane leki i używane dżinsy, jak dla dzikusów, którzy dopiero zeszli z drzewa. Z palmy. Szkoda wielkiego kraju! Patrzcie, nazjeżdżało ich się... To było mocarstwo! K.... mać! Dopóki Gorbaczow się władzy nie dochrapał. Póki carem nie został... Z diabelskim znamieniem! Gorbi... Gorbi działał zgodnie z ich planem, z planem CIA... Co pani mnie tutaj przekonuje? Patrzcie ich... Wysadzili Czarnobyl... CIA i demokraci... Czytałem w gazetach... Gdyby Czarnobyl nie wyleciał w powietrze, toby państwo nie upadło. Potężne państwo! K.... mać! (*Kolejna wiązanka przekleństw*). Patrzcie ich... Bułka za komunistów kosztowała dwadzieścia kopiejek, a teraz dwa tysiące. Za trzy ruble dostało się butelkę wódki, jeszcze na zagrychę starczyło... A za demokracji? Drugi miesiąc nie mogę sobie portek kupić! Chodzę w podartym waciaku. Rozprzedali wszystko! Zastawili! Nasze wnuki się nie wypłacą...

Nie jestem pijany, jestem za komunistami! Bo dbali o nas, zwykłych ludzi. Nie chcę słuchać bajek! Demokracja... Znieśli cenzurę, pisz, co chcesz. Wolny człowiek... K.... mać! A jak umrze ten wolny człowiek, to go nie będzie za co pochować. Umarła tutaj staruszka. Mieszkała samotnie, bez dzieci. Dwa dni leżała biedaczka w chałupie... W starej bluzie... Pod ikonami... Nie mogliśmy kupić trumny... Kiedyś stachanowska przodownica. Dwa dni nie wychodziliśmy w pole. Urządziliśmy wiec. K.... mać! Dopóki przewodniczący kołchozu nie przemówił... Do ludzi. I nie obiecał, że teraz, kiedy człowiek umrze, kołchoz przydzieli bezpłatnie drewnianą trumnę, jak my mówimy – *trunę*, cielaka albo prosię i dwie skrzynki wódki na stypę. Za demokratów... Dwie skrzynki wódki bezpłatnie! Butelka na chłopa to pijaństwo, pół butelki – leczenie. Z promieniowania...

Czemu pani tego nie nagrywa? Moich słów? Tylko to, co dla was korzystne. Ludziom w głowach mącicie... Buntujecie... Potrzebny kapitał polityczny? Napchać kieszenie dolarami? My tutaj żyjemy... Cierpimy... A winnych nie ma! Niech mi pani powie, kto jest winien! Jestem za komunistami! Oni wrócą i od razu znajdą winnych... K.... mać! Patrzcie ich, przyjeżdżają tu... nagrywają...

Eeee... Taka mać... (*Kończy wiązanką przekleństw*).

Nie chciał podać nazwiska

Monolog o tym, jak dwa anioły powitały małą Oleńkę

Mam materiał... Wszystkie półki z książkami w domu zastawione są wielkimi teczkami. Wiem tak dużo, że już nie jestem w stanie pisać...

Przez siedem lat zbierałam wycinki z gazet, instrukcje. Ulotki... Własne notatki... Mam liczby. Wszystko to pani dam... Mogę walczyć, organizować demonstracje, pikiety, zdobywać lekarstwa, odwiedzać chore dzieci, ale nie pisać. Niech pani się tym zajmie... Bo we mnie samej kłębi się tyle uczuć, że sobie z nimi nie dam rady, paraliżują mnie. Przeszkadzają mi. Czarnobyl ma już swoich „stalkerów"*... Swoich pisarzy... Ale ja nie chcę wchodzić w krąg tych, którzy ten temat eksploatują. Trzeba napisać uczciwie. Wszystko napisać... (*Zamyśla się*).

Ciepły deszcz kwietniowy... Od siedmiu lat mam w pamięci tamten deszcz... Krople zlatywały jak rtęć. Mówią, że promienie nie mają barwy... Ale kałuże były zielone albo jasnożółte. Sąsiadka mi szepnęła, że w radiu Swoboda słyszała o awarii w elektrowni czarnobylskiej. W ogóle się tym nie przejęłam. Miałam absolutną pewność, że gdyby to było coś poważnego, toby nas poinformowali. Mamy specjalny sprzęt, specjalną sygnalizację, schrony przeciwatomowe. Ostrzegliby nas. Byliśmy o tym przekonani! Wszyscy przechodziliśmy kursy obrony cywilnej. Sama prowadziłam tam zajęcia... Egzaminowałam... Ale wieczorem tego dnia sąsiadka przyniosła jakieś proszki. Dostała je od swojego krewnego, który wytłumaczył, jak to zażywać (pracował w Instytucie Fizyki Jądrowej), ale kazał jej przysiąc, że nikomu nie powie. Jak ryba! Jak głaz! Bał się zwłaszcza rozmów przez telefon...

W tym czasie mieszkał u mnie mały wnuczek... A ja? Ja i tak nie uwierzyłam. Myślę, że nikt z nas nie zażył tych proszków. Byliśmy wtedy bardzo ufni... Nie tylko starsze pokolenie, młode także.

Wspominam pierwsze wrażenia, pierwsze plotki... Przechodzę z jednego czasu w drugi... Stąd – tam... Jako człowiek piszący zastanawiałam się nad tymi przejściami, interesowały mnie. Są we mnie jakby dwie osoby – przedczarnobylska i czarnobylska. Ale to „przed" trudno teraz wiarygodnie odtworzyć. Moje spojrzenie jest teraz inne...

Jeździłam do strefy od pierwszych dni... Pamiętam, zatrzymaliśmy się w jakiejś wsi, a wówczas uderzyła mnie panująca

* Stalker – w powieści Arkadija i Borisa Strugackich *Piknik na skraju drogi* mianem tym określano ludzi wynoszących nielegalnie z tzw. strefy cenne przedmioty pozostawione przez obcą cywilizację. Słowo dodatkowo spopularyzował oparty na książce film Andrieja Tarkowskiego *Stalker*.

tam cisza! Nawet ptaków nie słychać, nic... Idzie się ulicą... Cisza. No dobrze – chaty wymarłe, ludzi nie ma, wyjechali, ale i wszystko dookoła umilkło, żadnego ptaka. Ziemię bez ptaków widziałam po raz pierwszy... Bez komarów... Nic w powietrzu nie latało...

Przyjechaliśmy do wsi Czudiany – sto pięćdziesiąt kiurów... We wsi Malinowka pięćdziesiąt dziewięć kiurów... Ludzie pochłaniali dawki setki razy większe niż żołnierze ochraniający poligony, na których dokonuje się próbnych eksplozji nuklearnych. Setki razy! Dozymetr trzeszczy, wskazania wykraczają poza skalę... A w kołchozowych biurach wiszą ogłoszenia, podpisane przez rejonowych radiologów, że cebulę, sałatę, pomidory, ogórki – wszystko to można jeść. Wszystko rośnie, wszystko jedzą.

I co teraz mówią ci radiolodzy? Sekretarze komitetów rejonowych? Jak się usprawiedliwiają?

W każdej wsi widzieliśmy mnóstwo pijanych. Pijane chodziły nawet kobiety, zwłaszcza dojarki, oborowe. Śpiewały piosenkę z filmu *Brylantowa ręka**... Modną w tamtym czasie „A nam jest wszystko jedno... A nam jest wszystko jedno...". Bo same wszystko już miały w nosie.

W tejże wsi Malinowka (rejon czerykowski) weszliśmy do przedszkola. Dzieci biegają po podwórzu... Maluchy bawią się w piaskownicy... Kierowniczka tłumaczy, że piasek zmienia się co miesiąc. Skądś go przywożą. No, można sobie wyobrazić, skąd go mogli przywieźć! Dzieci są smutne... Żartujemy, a one się nie uśmiechają... Wychowawczyni zaczęła płakać: „Niech pani da z tym sobie spokój. Nasze dzieci się nie śmieją. Za to płaczą przez sen". Spotkaliśmy na ulicy kobietę z niemowlęciem. „Kto pani pozwolił tu urodzić dziecko? Tu jest pięćdziesiąt kiurów...". „No, była lekarka, radiolog".

Namawiali ludzi, żeby nie wyjeżdżali, żeby zostawali. No bo jakże? To jest siła robocza. Nawet kiedy przesiedlili wsie... Ewakuowali... Na zawsze... To i tak przywozili ludzi do prac kołchozowych. Na wykopki...

* *Brylantowa ręka* – popularna komedia z 1969 roku (reż. Leonid Gajdaj).

I co teraz mówią? Ci sekretarze komitetów rejonowych, obwodowych? Jak się usprawiedliwiają? Kogo obwiniają?

Zachowałam wiele instrukcji… Ściśle tajnych. Mogę je pani dać… Instrukcja obróbki skażonych tuszek kurzych… W wydziale ich obróbki obowiązywało ubranie takie jak na terenie skażonym przy kontakcie z pierwiastkami promieniotwórczymi: w gumowych rękawicach i gumowych fartuchach, butach itd. Jeśli tam jest tyle a tyle kiurów, trzeba gotować w słonej wodzie, odlać wodę do kanalizacji, a mięso dodać do pasztetów, kiełbas. Jeśli tyle kiurów – do mączki kostnej, do karmienia bydła… Tak wykonywano plany produkcji mięsa. Cielęta ze skażonych terenów sprzedawano za taniochę w innych miejscach. W czystych. Kierowcy, którzy takie cielęta wozili, opowiadali, że te zwierzęta były śmieszne – sierść do ziemi i takie głodne, że jadły wszystko – i szmaty, i papier. Łatwo było je karmić! Sprzedawali do kołchozów, ale jeśli kto chciał, mógł sobie zabrać. Do swojego gospodarstwa. To zbrodnia! Kryminał!

Spotkaliśmy po drodze samochód… Ciężarówkę… Jechała wolno, jak na pogrzebie… Zatrzymujemy ją. Za kierownicą siedzi młody chłopak. Pytam: „Pewnie źle się czujesz, że tak wolno jedziesz?". „Nie, wiozę radioaktywną ziemię". A upał był straszny! I kurz! „Zwariowałeś?! Przed tobą jeszcze ożenek, dzieci!". „A gdzie indziej zarobię pięć dych za przejazd?". Za pięćdziesiąt rubli wtedy można było kupić dobry garnitur. O dopłatach mówili więcej niż o promieniowaniu. O dopłatach i jakichś nędznych dodatkach… Nędznych, bo to była cena życia…

Tragedia sąsiadowała z groteską…

Na ławkach przed domem siedzą staruszki. Obok biegają dzieci. Zmierzyliśmy – siedemdziesiąt kiurów… „Skąd są te dzieci?" „Z Mińska. Przyjechały na lato…" „Przecież tu jest duże promieniowanie!" „Co ty tu nam będziesz gadała o promieniowaniu! Toć my je widziały!" „Przecież promieniowania nie widać!" „Popatrz pani o, tam – stoi nieukończona chałupa, ludzie zostawili i wyjechali. Dostali stracha. A my poszły wieczorem i patrzymy… Przez okno… A to promieniowanie siedzi pod belką. Czarniusieńkie takie… I złe, oczy mu się świecą…" „Niemożliwe!" „Toć możemy przysiąc. Krzyżem świętym się przeżegnać!"

No i żegnają się. Uśmiechnięte. Śmieją się z siebie czy może z nas?

Zbieramy się w redakcji po takich wyprawach. „No i jak?" – pytamy się nawzajem. – „Wszystko w porządku!". „Wszystko? Popatrz no do lustra, jesteś siwy!". Pojawiły się dowcipy czarnobylskie. Najkrótszy: „Białorusini... Oj, to byli dobrzy ludzie".

Dostałam zadanie – napisać o ewakuacji... Na Polesiu jest taki zwyczaj: jeśli chcesz wrócić do domu z dalekiej drogi, posadź drzewo. Wracam... Wchodzę do jednej zagrody, do drugiej... Wszędzie sadzą drzewa. Weszłam do trzeciej, usiadłam i zapłakałam. A gospodyni pokazuje: „Córka z zięciem posadzili śliwę, druga córka – czarną jarzębinę, najstarszy syn – kalinę, a najmłodszy – wierzbę. A my z moim chłopem – jabłonkę". Żegnamy się, ona prosi: „Mam tyle truskawek – całe podwórze. Weź ode mnie". Chciała, żeby coś zostało, jakiś ślad jej życia...

Niewiele zdążyłam zapisać. Mało... Ciągle odkładałam: usiądę kiedyś i przypomnę sobie. Pojadę na urlop...

A tu... Mignęło w pamięci... Wiejski cmentarz... Na bramie znak: „Wysokie promieniowanie. Wjazd i wejście zabronione". Jak to się mówi, nawet na tamten świat niełatwo trafić. (*Nagle się śmieje. Po raz pierwszy w ciągu długiej rozmowy*).

A mówili pani, że fotografowanie koło reaktora było surowo zabronione? Tylko za specjalnym zezwoleniem. Zabierano ludziom aparaty. Kiedy żołnierze, którzy tam służyli, wyjeżdżali, to zrobiono im rewizję, jak w Afganistanie, żeby broń Boże nie wywieźli żadnego zdjęcia. Żadnej poszlaki. Ludziom z telewizji zabierano taśmy do KGB. Wracały naświetlone. Ileż dokumentów zniszczono! Ile świadectw. Dla nauki są stracone. Dla historii też. Żeby tak znaleźć tych, którzy kazali to robić...

Jak by się usprawiedliwiali? Co by wymyślili?...

Ja nigdy ich nie usprawiedliwię... Nigdy!! To z powodu pewnej dziewczynki... Tańczyła w szpitalu, tańczyła dla mnie poleczkę. Tamtego dnia skończyła dziewięć lat... Dwa miesiące później zadzwoniła jej mama: „Oleńka umiera!". Owego dnia zabrakło mi siły, żeby pójść do szpitala. A potem już było za późno. Oleńka miała młodszą siostrzyczkę. Ta obudziła się rano i mówi:

„Mamusiu, śniło mi się, że przyleciały dwa anioły i zabrały naszą Oleńkę. Powiedziały, że Oleńce będzie tam dobrze. Nic ją nie będzie bolało. Mamusiu, naszą Oleńkę zabrały dwa anioły...".

Nikogo nie potrafię usprawiedliwić...

Irina Kisielowa,
dziennikarka

Monolog o bezgranicznej władzy jednego człowieka nad drugim

Nie jestem humanistą, jestem fizykiem. Dlatego – fakty, tylko fakty...

Za Czarnobyl ktoś kiedyś będzie musiał odpowiedzieć... Nadejdzie taki czas, że trzeba będzie odpowiedzieć, jak za trzydziesty siódmy rok. Niechby i po pięćdziesięciu latach! Nawet gdyby byli starzy... Gdyby już nie żyli... Ale muszą odpowiedzieć, bo są zbrodniarzami! (*Po chwili milczenia*). Trzeba gromadzić fakty... Fakty! Do wykorzystania...

Tamtego dnia, dwudziestego szóstego kwietnia... Byłem w Moskwie, na delegacji. Tam się dowiedziałem o awarii.

Dzwonię do Mińska. Do pierwszego sekretarza KC Białorusi, Sluńkowa, dzwonię raz, drugi raz, trzeci, ale mnie nie łączą. Udaje mi się złapać jego pomocnika (który mnie dobrze znał): „Dzwonię z Moskwy. Połączcie mnie ze Sluńkowem, mam pilną wiadomość. Awaryjną!".

Dzwonię z telefonu rządowego, ale już wszystko utajnione. Kiedy tylko zaczyna się mówić o awarii, od razu rozłączają. Bez wątpienia kontrolują... Podsłuchują. Odpowiednie organy... Państwo w państwie... A przecież dzwonię do pierwszego sekretarza KC... No a sam jestem dyrektorem Instytutu Energetyki Jądrowej Akademii Nauk Białorusi. Profesor, członek korespondent... Ale i mnie utajnili...

Potrzebowałem dwóch godzin, żeby Sluńkow podniósł wreszcie słuchawkę. Melduję: „Awaria jest poważna. Według moich obliczeń (a ja już z tym i owym w Moskwie rozmawiałem i obliczyłem) radioaktywny słup przesuwa się w naszym kierunku.

Na Białoruś. Trzeba niezwłocznie przeprowadzić profilaktykę jodową ludności i wysiedlić wszystkich mieszkających w pobliżu elektrowni. Wywieźć ludzi i zwierzęta z całego obszaru w promieniu stu kilometrów". „Już mi doniesiono – mówi Slunkow – tam był pożar, ale go ugasili".

Nie wytrzymałem: „To oszustwo! Jawne oszustwo! Każdy fizyk wam powie, że grafit spala się z szybkością mniej więcej pięciu ton na godzinę. Wyobrażacie sobie, jak długo będzie się palił?!". Pierwszym pociągiem pojechałem do Mińska. Bezsenna noc. Rano jestem w domu. Mierzę tarczycę u syna – sto osiemdziesiąt mikrorentgenów na godzinę! Tarczyca była wtedy idealnym dozymetrem. Potrzebny był jodek potasu. Zwyczajna jodyna. Na pół szklanki kisielu dwie, trzy krople dla dziecka, dla dorosłego – trzy, cztery. Reaktor palił się dziesięć dni, przez dziesięć dni trzeba było tak robić. Ale nikt nas nie słuchał! Uczonych, lekarzy. Naukę i medycynę wciągnięto w politykę. A jakże! Nie należy zapominać o sytuacji, w jakiej to wszystko się działo, jaką świadomość mieliśmy w tamtym czasie, dziesięć lat temu. Działało KGB, tajne służby. Zagłuszano „wrogie rozgłośnie". Tysiące tabu, partyjnych i wojskowych tajemnic... Instrukcji... W dodatku wszystkich nas utrzymywano w przekonaniu, że pokojowy atom radziecki jest równie bezpieczny jak torf czy węgiel. Byliśmy spętani strachem i przesądami. Zabobonną wiarą... Ale skupmy się na faktach; fakty, nic więcej...

Tamtego dnia... Dwudziestego siódmego kwietnia postanawiam wyjechać do obwodu homelskiego, graniczącego z Ukrainą, do Brahina, Chojnik, Narowli (od nich do elektrowni jest ledwie kilkadziesiąt kilometrów). Potrzebuję pełnej informacji. Biorę przyrządy, chcę mierzyć tło. A tło było następujące: w Brahinie trzydzieści tysięcy mikrorentgenów na godzinę, w Narowli – dwadzieścia osiem tysięcy... A ci sieją, orzą. Szykują się do Wielkanocy... Malują pisanki, pieką baby... Jakie znowu promieniowanie? Co to jest? Nie było żadnego rozkazu. Góra żąda komunikatów: jak przebiega siew, w jakim tempie? Gapią się na mnie jak na wariata. „Czego? O czym pan mówi, profesorze?". Rentgeny, mikrorentgeny... Język przybysza z innej planety...

Wracamy do Mińska. Na prospekcie najspokojniej sprzedają pierożki, lody, farsz mięsny, bułeczki. Pod obłokiem radioaktywnym...

Dwudziestego dziewiątego kwietnia. Wszystko dokładnie pamiętam... Co do dnia... O ósmej rano już siedziałem u Sluńkowa w poczekalni. Szturmuję gabinet. Nie przyjmują mnie. Czekałem tak do wpół do szóstej wieczorem. Wpół do szóstej z gabinetu Sluńkowa wychodzi nasz znany poeta. Znałem go zresztą osobiście.

„Omawialiśmy z towarzyszem Sluńkowem problemy kultury białoruskiej". „Wkrótce nie będzie dla kogo tej kultury tworzyć – wybuchnąłem. – Nie będzie kto miał czytać pańskich książek, jeśli natychmiast nie wysiedlimy ludzi spod Czarnobyla! Jeśli ich nie ocalimy!" „No co też pan?! Tam już wszystko zgasili".

W końcu jednak przedarłem się do Sluńkowa. Nakreśliłem pospiesznie obraz, jaki wczoraj widziałem. Trzeba ratować ludzi! Na Ukrainie (tam już dzwoniłem) zaczęła się ewakuacja... „Czemu pańscy dozymetryści (tzn. z mojego instytutu) biegają po mieście, sieją panikę! Naradzałem się z Moskwą, z akademikiem Iljinem. Wszystko w porządku... Do akcji rzucono żołnierzy, sprzęt wojskowy. W elektrowni pracuje komisja rządowa. Prokuratura. Tam prowadzą dochodzenie... Nie wolno zapominać, że toczy się zimna wojna. Otaczają nas wrogowie..."

Na naszej ziemi leżały już tysiące ton cezu, jodu, ołowiu, cyrkonu, kadmu, berylu, boru, nieznana ilość plutonu (w uranowo-grafitowych reaktorach kanałowych wielkiej mocy typu czarnobylskiego wyrabiano pluton używany do produkcji bomb jądrowych) – w sumie czterysta pięćdziesiąt typów radionuklidów. Ich liczba była równa trzystu pięćdziesięciu bombom zrzuconym na Hiroszimę. Trzeba było mówić o fizyce. O prawach fizyki. Ale mówiono o wrogach. Szukano wrogów.

Prędzej czy później ktoś musi za to odpowiedzieć. „Kiedyś będziecie się tłumaczyć z tego – mówiłem do Sluńkowa – że jesteście budowniczym traktorów i na promieniotwórczości się nie znacie, a ja jestem fizykiem i mam jakieś pojęcie o skutkach awarii". Ale co z tego! Jakiś profesor, jacyś fizycy ośmielają się uczyć KC? Nie, ci ludzie nie byli zbrodniczą bandą. Myślę, że to było połączenie ciemnoty i myślenia korporacyjnego. Zasada życiowa aparatu, wyuczony odruch – nie wyrywać się przed szereg. Odgadywać życzenia góry. Slunkow właśnie spodziewał się awansu, lada dzień mieli wziąć go do Moskwy. Myślę, że zadzwonili z Kremla... Gorbaczow... Mówił pewnie: wy tam, na Białorusi, nie panikujcie, Zachód i bez tego robi dosyć krzyku. A reguły gry są takie, że jeśli człowiek nie dogodzi wyższej instancji, to nie dostanie awansu, nie dadzą mu takiej delegacji, jak chciał, przydzielą gorszą daczę... Trzeba się spodobać... Gdybyśmy nadal byli układem zamkniętym, za żelazną kurtyną, to ludzie po staremu mieszkaliby przy samej elektrowni. Wszystko by utajniono! Proszę sobie przypomnieć: Kysztym*, Semipałatyńsk**... Kraj stalinowski. Nadal jeszcze kraj stalinowski...

W sytuacji zagrożenia awarią jądrową czy atakiem jądrowym instrukcje nakazują przeprowadzić natychmiast akcję profilaktyczną wśród ludzkości – podać preparat jodowy. To w sytuacji zagrożenia... A tutaj było... Trzy tysiące mikrorentgenów na godzinę!... Ale oni boją się nie o ludzi, tylko o władzę. To jest kraj władzy, a nie ludzi. Priorytet państwa nie podlega dyskusji. A życie ludzkie ma zerową wartość. Ale były też inne sposoby! Proponowaliśmy... Bez ogłoszeń, bez paniki... Po prostu dodawać preparat jodowy do wody pitnej, do mleka. Co najwyżej ludzie poczuliby zmieniony smak wody... Inny smak mleka... W mieście było przygotowane siedemset kilo preparatu.

* W 1957 roku w zakładach atomowych Majak na Uralu doszło do awarii, nazwanej później katastrofą kysztymską (od nazwy najbliższego ze znanych miast – Kysztym; same zakłady zbudowano w tajnym mieście o kryptonimie Czelabińsk-40). Był to najpoważniejszy z radzieckich wypadków jądrowych przed eksplozją czarnobylską, oficjalnie jednak potwierdzono ten fakt dopiero po upadku ZSRR.

** Semipałatyńsk (obecnie Semej) – miasto w północnym Kazachstanie. W jego pobliżu od 1949 roku funkcjonował główny radziecki poligon nuklearny (zdetonowano tam m.in. pierwsze radzieckie bomby – atomową i wodorową). W 1991 roku po ujawnieniu rozmiarów i następstw skażenia radioaktywnego władze niepodległego Kazachstanu zamknęły poligon.

No i zostało w magazynach... W rezerwie. Gniewu z góry lękano się bardziej niż atomu. Każdy czekał na telefon, na rozkaz, ale sam nic nie robił. Bali się odpowiedzialności. Nosiłem z sobą dozymetr, w teczce... Po co? Bo nie dopuszczali mnie do wysoko postawionych ludzi – tym obrzydłem ze szczętem... Wówczas wyjmowałem dozymetr i przykładałem go do tarczycy sekretarkom, kierowcom, którzy siedzieli akurat w gabinecie. Tamtych ogarniał strach i to czasem pomagało – wpuszczali mnie. „No i czemuż, profesorze, urządza pan sceny? Czy to pan jeden troszczy się o naród białoruski? Człowiek i tak przecież na coś musi umrzeć – jeden, bo dużo palił, drugi w wypadku samochodowym, trzeci popełnił samobójstwo". Śmiali się z Ukraińców. Ci na kolanach pielgrzymują na Kreml, wypraszają pieniądze, lekarstwa, aparaturę dozymetryczną (tej brakowało), a nasz (czyli Sluńkow) po kwadransie zameldował o sytuacji: „Wszystko w porządku. Poradzimy sobie własnymi siłami". A tam go pochwalili: „Brawo, bracia Białorusini!".

Ile ludzkich istnień kosztowała ta pochwała?!

Mam informację, że samo naczalstwo jod zażywało. Kiedy badali ich pracownicy naszego instytutu, wszyscy oni mieli „czystą" tarczycę. Bez zażycia roztworu jodu to byłoby niemożliwe. Swoje dzieci też po cichu wywieźli jak najdalej. A kiedy jechali w delegację, mieli półmaski, odzież ochronną. Wszystko to, czego zabrakło dla innych. Od dawna też nie jest tajemnicą, że pod Mińskiem hodowano specjalne stado. Każda krowa miała numerek i przydzielona była indywidualnie. Osobiście. Specjalne ziemie, specjalne parniki... Speckontrola... To było najbardziej odrażające... (*Po chwili milczenia*). Za to jeszcze nikt nie odpowiedział...

W końcu przestali mnie przyjmować. Wysłuchiwać. Wtedy zacząłem zarzucać ich listami. Raportami. Rozsyłałem mapy, liczby. Po wszystkich instancjach. Zebrało się tego cztery teczki po dwieście pięćdziesiąt kartek. Fakty, same fakty... Na wszelki wypadek kopiowałem dwa egzemplarze, jeden znajdował się w moim gabinecie w pracy, druki trzymałem w domu. Żona schowała. Dlaczego robiłem kopie? Bo mam dobrą pamięć i wiem, w jakim kraju żyjemy... Gabinet zawsze zamykałem sam. Wracam z delegacji – teczki zniknęły... Wszystkie cztery grube teczki... Ale ja wyrosłem na Ukrainie, moi dziadowie byli Kozakami. Mam kozacki charakter. Pisałem więc nadal. Przemawiałem. Trzeba ratować ludzi! Pilnie ewakuować! Byliśmy w nieustającej podróży służbowej. Nasz instytut sporządził pierwszą mapę „zanieczyszczonych" rejonów. Całe południe zaznaczone na czerwono... Południe płonęło.

To już historia. Historia zbrodni...

Odebrano instytutowi całą aparaturę do kontroli promieniowania. Skonfiskowano. Bez wyjaśnień. Telefony do domu z groźbami: „Profesorze, przestań straszyć ludzi! Bo wyślemy cię do białych niedźwiedzi. Nie domyślasz się? Zapomniałeś? Szybko zapomniałeś!". Naciski na pracowników instytutu. Zastraszanie...

Napisałem do Moskwy...

Wzywa mnie prezes naszej Akademii Płatonow: „Naród białoruski kiedyś cię wspomni, że dużo dla niego zrobiłeś, szkoda tylko, że napisałeś do Moskwy. To bardzo źle! Chcą, żebym cię zwolnił ze stanowiska. Po coś to zrobił? Nie wiesz, na kogo się porwałeś?".

Ja mam mapy, liczby. A oni? Mogli mnie wsadzić do psychuszki... Odgrażali się. Mogłem mieć wypadek samochodowy... Ostrzegali. Mogli mi wytoczyć sprawę kryminalną. Za propagandę antyradziecką. Albo nawet za skrzynkę gwoździ, niewpisanych do ewidencji instytutu...

Sprawę mi rzeczywiście wytoczyli...

Dopięli swego. Dostałem zawału... (*Milknie*).

Wszystko jest w teczkach... Fakty i liczby... Zbrodnicze liczby...

Pierwszego roku...

Milion ton zanieczyszczonego ziarna przerobiono na pasze, karmiono nim bydło (a mięso trafiło potem na stoły mieszkańców). Drób i świnie karmili kośćmi ze strontem...

Wsie ewakuowano, a pola zasiewano. Według danych naszego instytutu, trzecia część kołchozów i sowchozów miała ziemie zanieczyszczone cezem-137, gęstość zanieczyszczenia nierzadko przewyższała piętnaście kiurów na kilometr kwadratowy. O czystej produkcji mowy być nie mogło, tam nawet przebywanie przez dłuższy czas powinno być zabronione. Na wielu obszarach osiadł stront-90.

We wsiach ludzie żywią się tym, co wyhodują na działkach przyzagrodowych, ale kontroli nie ma w ogóle. Nikt ich nie oświecił, nie pouczył, jak teraz mają gospodarować. Nie było nawet takiego programu. Kontrolowano tylko to, co szło na wywóz... Dostawy do Moskwy... Do Rosji...

Zbadaliśmy wybiórczo dzieci wiejskie... Kilka tysięcy chłopców i dziewcząt. Mieli tysiąc pięćset, dwa tysiące, trzy tysiące mikrorentgenów. Powyżej trzech tysięcy. Te dziewczynki nikogo już nie urodzą. Są genetycznie napiętnowane...

Tyle lat minęło... A ja czasem się budzę i nie mogę zasnąć...

Widzę traktor w polu... Pytam towarzyszącego nam pracownika komitetu rejonowego: „Czy traktorzysta ma przynajmniej półmaskę?". „Nie, pracują bez półmasek". „Co, nie dowieźli wam?" „Nie, co też pan! Przywieźli tyle, że starczy do dwutysięcznego roku. Ale nie wydajemy, bo się zacznie panika. Wszyscy pouciekają! Rozjadą się!". „Co wy najlepszego wyrabiacie?". „Panu łatwo mówić, profesorze! Jak pana wyrzucą z pracy, to znajdzie pan inną. A gdzie ja się podzieję?"

Co to za władza! Nieograniczona władza jednego człowieka nad drugim. To już nie oszustwo, tylko wojna z niewinnymi...

Wzdłuż biegu Prypeci... Stoją namioty, ludzie odpoczywają rodzinami. Kąpią się, opalają. Nie wiedzą, że już kilka tygodni kąpią się i opalają pod obłokiem radioaktywnym. Surowo zabraniano się z nimi kontaktować. Ale widzę dzieci... Podchodzę i tłumaczę im... Zdziwienie... Niedowierzanie: „A dlaczego w radiu i telewizji nic o tym nie mówią?". Towarzyszący nam... Zazwyczaj towarzyszył nam ktoś z miejscowej władzy, z komitetu rejonowego – tak było przyjęte... Nic nie mówi... Mogłem wyczytać z jego twarzy, jakie uczucia w nim się zmagają: zameldować czy nie? Bo równocześnie szkoda mu ludzi! Przecież to normalny facet... Tyle że nie wiem, które z uczuć zwycięży, kiedy wrócimy... Doniesie czy nie? Każdy dokonywał wyboru sam... (*Milczy przez pewien czas*).

Ciągle jeszcze jesteśmy krajem stalinowskim... Stalinowski człowiek nadal żyje.

Pamiętam dworzec w Kijowie... Pociągi jeden za drugim wywoziły tysiące wystraszonych dzieci. Mężczyźni i kobiety płaczą. Po raz pierwszy pomyślałem: „Komu potrzebna jest taka fizyka? Taka nauka? Jeśli płaci się tak wielką cenę...". Teraz wiadomo... Pisano... W jakim stachanowskim tempie budowano elektrownię w Czarnobylu. Budowano ją po radziecku. Japończycy takie obiekty uruchamiali w ciągu dwunastu lat, u nas wystarczały dwa czy trzy. Jakość, bezpieczeństwo obiektu specjalnego – takie jak w przypadku kombinatu hodowlanego. Kurzej fermy! Kiedy czegoś brakowało, machali ręką na projekt i zastępowali tym, co mieli akurat pod ręką. No więc dach hali maszyn zalany był bitumem. Ten właśnie dach gasili strażacy. A kto kierował elektrownią atomową? W dyrekcji nie było ani jednego fizyka jądrowego. Byli energetycy, specjaliści od turbin, pracownicy polityczni, ale żadnego specjalisty. Ani jednego fizyka...

Człowiek wymyślił technikę, do której jeszcze nie dorósł. Nie dorównał jej. Czy można dziecku dawać do rąk pistolet? Jesteśmy głupimi dziećmi. Ale to są emocje, nie mogę pozwalać sobie na emocje...

Na ziemi... W ziemi, w wodzie leżą radionuklidy, dziesiątki radionuklidów. Potrzebni są radioekolodzy... Ale na Białorusi ich nie było, wzywano ich z Moskwy. Kiedyś w naszej Akademii Nauk pracowała profesor Czerkasowa, zajmowała się problematyką małych dawek, wewnętrznego promieniowania. Pięć lat przed Czarnobylem zlikwidowano jej laboratorium – u nas przecież nie może być żadnych katastrof. O czym państwo mówią? Radzieckie elektrownie atomowe są przodujące, najlepsze na świecie. Jakie małe dawki? Jakie wewnętrzne napromieniowanie? Radioaktywne produkty żywnościowe... Laboratorium zlikwidowano, profesor poszła na emeryturę. Zatrudniła się gdzieś jako szatniarka, podawała płaszcze...

I nikt za nic nie odpowiedział...

Po pięciu latach... Liczba zachorowań na raka tarczycy u dzieci zwiększyła się trzydziestokrotnie. Wzrosła liczba wad wrodzonych, przypadków cukrzycy dziecięcej, chorób nerek, serca...

Po dziesięciu latach... Przeciętna długość życia Białorusinów zmniejszyła się do pięćdziesięciu pięciu–sześćdziesięciu lat...

Wierzę w historię... W sąd historii... Czarnobyl się nie skończył, on się dopiero zaczyna...

Wasilij Borisowicz Niestierienko,
były dyrektor Instytutu Energetyki Jądrowej Akademii Nauk Białorusi

Monolog o ofiarach i kapłanach

Człowiek wstaje wczesnym rankiem... Zaczyna dzień...

Nie myśli o sprawach wiecznych, myśli o chlebie powszednim. A pani chce zmusić ludzi, żeby myśleli o wieczności. To błąd wszystkich humanistów...

Co to jest Czarnobyl?

Przyjeżdżamy na wieś... Mamy nieduży niemiecki autobus (dar dla naszej fundacji), dzieci otaczają nas: „Ciociu! Wujku! Jesteśmy z Czarnobyla. Co przewieźliście? Dajcie nam coś. Dajcie!".

To właśnie Czarnobyl...

Po drodze do strefy spotykamy staruszkę w świątecznej, wyszywanej spódnicy, w fartuchu, z węzełkiem za plecami. „Dokąd to, babciu? W gości?" „Do Marek idę... Do swojej zagrody..."

A tam – sto czterdzieści kiurów! Musi iść dwadzieścia pięć kilometrów. Idzie cały dzień tam i cały dzień z powrotem. Przyniesie trzylitrową bańkę, która dwa lata wisiała u niej na płocie. Ale była na swoim podwórzu...

To właśnie jest Czarnobyl...

Co pamiętam z pierwszych dni? Jak to było? Mimo wszystko trzeba najpierw o tamtym... Żeby opowiedzieć o swoim życiu, trzeba zacząć od dzieciństwa. Tak samo tutaj... Ja mam własny punkt wyjścia. Wspominam coś na pozór innego... Wspominam czterdziestą rocznicę Zwycięstwa. Kiedy odbył się pierwszy pokaz sztucznych ogni w naszym Mohylewie. Po oficjalnych uroczystościach ludzie nie rozeszli się, jak zazwyczaj, tylko zaczęli śpiewać piosenki. Całkiem nieoczekiwanie. Pamiętam to poczucie wspólnoty. Czterdzieści lat po wojnie zaczęli mówić wszyscy, wreszcie przyszło zrozumienie. A przedtem starali się żyć, odbudowywać, wydawać na świat dzieci. Tak samo z Czarnobylem... Jeszcze wrócimy do niego, odsłoni nam się bardziej. Stanie się świętym miejscem. Ścianą płaczu. A na razie nie ma na to wzoru. Nie ma! Nie ma pomysłów. Kiury, remy, siwerty to nie jest żadne zrozumienie. To nie jest filozofia. Ani światopogląd. U nas człowiek zawsze – albo z karabinem, albo z krzyżem. Przez całą historię... Innego człowieka dotąd nie było... Na razie go nie ma...

Mama pracowała w sztabie obrony cywilnej miasta, dowiedziała się jedna z pierwszych. Wszystkie przyrządy odnotowały zwiększone promieniowanie. Zgodnie z instrukcją wiszącą w każdym gabinecie należało od razu powiadomić ludność, wydać półmaski, maski gazowe i tak dalej. Otworzyli tajne magazyny, opieczętowane, zalakowane, ale okazało się, że wszystko tam jest w opłakanym stanie, nie do użytku, w ogóle do niczego. W szkołach maski gazowe były przedwojennego typu i nawet nie pasowały na dzieci. Wskazania przyrządów wykraczały poza skalę, ale nikt nie wiedział, co to znaczy, bo nigdy się coś takiego nie zdarzyło. Po prostu wyłączyli przyrządy. Mama się usprawiedliwiała: „Gdyby wybuchła wojna, to wiedzielibyśmy, co robić. Mamy instrukcje. A tak?". Kto u nas dowodził obroną cywilną? Generałowie rezerwy, pułkownicy, dla których wojna zaczyna się tak: w radio nadają komunikaty rządu, alarm lotniczy, fugasy, bomby zapalające... Nie docierało do nich, że zmieniła się epoka. Potrzebny był przełom w sposobie myślenia... W końcu nastąpił... Teraz wiemy, że będziemy siedzieli, pili herbatę przy świątecznym stole... Będziemy rozmawiali, śmiali się, a wojna już będzie się toczyła... Nawet nie zauważymy, kiedy znikniemy...

A obrona cywilna to taka zabawa, w którą bawili się dorośli panowie. Odpowiadali za defilady, za ćwiczenia... Kosztowało to miliony... Zabierano nas z pracy na trzy dni. Na ćwiczenia wojskowe, bez żadnych wyjaśnień. Ta zabawa nazywała się: „Na wypadek wojny jądrowej". Mężczyźni – wojskowi i strażacy, kobiety – sanitariuszki. Wydawano kombinezony, buty, torby medyczne, pakiety bandaży, jakichś leków. No bo jak inaczej? Naród radziecki musi dać wrogowi godną odprawę. Tajne mapy, plany ewakuacji – wszystko to było zalakowane i przechowywane w ogniotrwałych sejfach. Według tych planów należało w ciągu kilku minut zebrać ludzi i wywieźć do lasu, do strefy bezpieczeństwa... Wyje syrena... Uwaga! Wojna...

Wręczano puchary, sztandary. Potem odbywał się bankiet w plenerze. Mężczyźni pili za nasze przyszłe zwycięstwo! I oczywiście za kobiety!

A niedawno... Tydzień temu... Ogłoszono alarm w mieście. Uwaga! Obrona cywilna!... Ludzi ogarnął strach, ale inny. Już nie Amerykanie napadli ani Niemcy, ale co tam w Czarnobylu? Czyżby znowu?

Rok osiemdziesiąty szósty... Kim jesteśmy? Jakich nas zastała ta technologiczna wersja końca świata? Ja? My? To miejscowa inteligencja, tworzyliśmy krąg znajomych. Żyliśmy swoim własnym życiem, izolując się od tego, co działo się wokół nas. Taka forma protestu. Mieliśmy swoje reguły: nie czytaliśmy „Prawdy", za to „Ogoniok" przekazywaliśmy sobie z rąk do rąk. Jak tylko się coś poluzowało, byliśmy wniebowzięci. Czytaliśmy samizdat, w końcu trafił do nas, na naszą prowincję. Czytaliśmy Sołżenicyna, Szałamowa... Wieniczkę Jerofiejewa... Odwiedzaliśmy się nawzajem, w kuchniach prowadziliśmy niekończące się rozmowy. Tęskniliśmy do czegoś. Do czego? Gdzieś tam mieszkają aktorzy, gwiazdy... Będę jak Catherine Deneuve... Włożę na siebie idiotyczną chlamidę, włosy zakręcę sobie fantazyjnie... Tęsknota do wolności... Ale i to było zabawą. Ucieczką od rzeczywistości. Ktoś z naszego kółka załamał się, rozpił, wstąpił do partii, zaczął się wspinać po szczeblach kariery. Nikt nie wierzył, że ten mur kremlowski można nadwerężyć. Przebić. A już w to, że się rozwali... Nie, za naszego życia na pewno nie! No a skoro tak, to gwizdać na to, co się u was dzieje, my będziemy żyli tutaj... W naszym iluzorycznym świecie...

Czarnobyl... Na początku zareagowaliśmy tak samo. A co nas to obchodzi? Niech się władza martwi... To oni mają Czarnobyl... I to daleko. Nawet na mapę nie spojrzeliśmy. Nie ciekawiło nas to. Już nie potrzebowaliśmy prawdy... Ale kiedy na butelkach z mlekiem pojawiły się etykiety: „Mleko dla dzieci" i „Mleko dla dorosłych"... No to wtedy już... O! Coś się zbliża...

Nie, nie należałam do partii, ale tak czy owak jestem człowiekiem radzieckim. Poczuliśmy strach. „Dlaczego rzodkiewka ma w tym roku liście jak buraki?". Ale wieczorem włączamy telewizor, słyszymy: „Nie należy ulegać prowokacjom". I to rozwiało wszystkie wątpliwości... A pochód pierwszomajowy? Nikt nam nie kazał iść, mnie przynajmniej nikt do tego nie zmuszał. Mieliśmy wybór. Ale z niego nie skorzystaliśmy. Nie pamiętam tak licznego, tak radosnego pochodu jak owego roku. Było niespokojnie, no więc oczywiście zapragnęliśmy być razem ze wszystkimi... Poczuć wspólnotę... Zbić się w stado. Chcieliśmy komuś nawymyślać... Kierownictwu... Rządowi... Komunistom... Teraz ciągle się zastanawiam... Szukam... Dlaczego się nie udało? Co nie zadziałało? I kiedy? A nie działało od samego początku... Przyczyną było nasze zniewolenie... Szczytem odwagi – pytanie: „Można jeść rzodkiewkę czy nie?". Brak wolności w nas samych...

Pracowałam jako inżynier w fabryce Chimwołokno; mieliśmy tam grupę niemieckich specjalistów. Uruchamiali nowe urządzenia. Zobaczyłam, jak zachowują się inni ludzie, z innego narodu... Z innego świata... Kiedy dowiedzieli się o awarii, od razu zażądali, żeby przyszedł lekarz, żeby wydano im dozymetry, żeby skontrolowano jedzenie. Słuchali swojego radia, wiedzieli więc, jak należy postępować. Oczywiście nic nie dostali. Wówczas spakowali walizki i chcieli wyjeżdżać. Kupcie nam bilety! Odeślijcie nas do domu! Wracamy, skoro nie umiecie zapewnić nam bezpieczeństwa... Strajkowali, słali depesze do swojego rządu... Do prezydenta... Walczyli o swoje żony, dzieci (mieszkali u nas z rodzinami). O własne życie! A my? Jak się zachowywaliśmy? Ach, co też ci Niemcy, jakieś awantury urządzają! Tchórze! Mierzą promieniotwórczość w barszczu, w kotletach... Boją się bez potrzeby wychodzić na ulicę... Sto pociech! Nasi mężczyźni to są dopiero mężczyźni! Odważni! Walczą z reaktorem! Nie drżą o własną skórę! Wchodzą na roztopiony dach z gołymi rękami, w brezentowych rękawicach (to już widzieliśmy w telewizji)! A nasze dzieci z chorągiewkami idą na pochód! I nasi kombatanci!... Stara gwardia! (*Namyśla się*). To jest jakaś forma barbarzyństwa, ten brak strachu o siebie... Zawsze mówimy: „my", nigdy: „ja". „Zademonstrujemy radzieckie bohaterstwo", „Okażemy radziecki charakter". Całemu światu! Ale tutaj chodzi o „ja"! Ja nie chcę umierać... Ja się boję...

Z ciekawością obserwuję dzisiaj samą siebie. Swoje uczucia. Jak się zmieniały. Śledzę je, analizuję. Dawno przyłapałam się na tym, że uważniej niż kiedyś przyglądam się światu. Dokoła siebie i w sobie. Po Czarnobylu to samo się zaczęło. Zaczęliśmy się uczyć mówić „ja"... Ja się boję! Ja nie chcę umierać!... A wtedy? Włączam telewizor: wręczają czerwony sztandar dojarkom, które zwyciężyły we współzawodnictwie pracy socjalistycznej. Zaraz, ale to przecież u nas? Pod Mohylewem? We wsi, która znajduje się w samym środku „plamy" cezowej? Wkrótce ją ewakuują... Za chwilę... Głos spikera: „Ludzie pracują ofiarnie, nie zważając na żadne przeszkody", „Cuda męstwa i heroizmu". Tak, rewolucyjnym krokiem! Po nas choćby potop! Nie należałam do partii, ale mimo wszystko byłam człowiekiem radzieckim. „Towarzysze, nie ulegajcie prowokacjom!" – dniem i nocą huczy telewizor. To rozwiewa wszystkie wątpliwości...

(*Dzwoni telefon. Pół godziny potem wracamy do rozmowy*).

Ciekawi mnie każdy nowy człowiek. Wszyscy, którzy o tym myślą...

Czeka nas jeszcze zrozumienie Czarnobyla jako filozofii. Dwa państwa, rozdzielone drutem kolczastym: jedno to sama strefa, drugie – cała reszta. Nadgniłe słupy wokół strefy, a na nich jak na krzyżach wiszą białe ruszniki... Nasz obyczaj... Ludzie idą tam jak na cmentarz... Świat po technologii... Czas się cofnął... Tutaj pochowany jest nie tylko ich dom, ale cała epoka. Epoka wiary! W naukę! W ideę sprawiedliwości społecznej! Wielkie imperium rozlazło się w szwach. Rozleciało się. Najpierw był Afganistan, a potem Czarnobyl. A kiedy się rozleciało, zostaliśmy sami. Boję się to powiedzieć, ale... kochamy Czarnobyl. Pokochaliśmy go, bo na nowo nadaje sens naszemu życiu... Naszemu cierpieniu. Jak wojna. O nas, Białorusinach, świat dowiedział się po Czarnobylu. To było nasze okno na Europę. Jesteśmy równocześnie i jego ofiarami, i jego kapłanami. Strach to powiedzieć... Niedawno to zrozumiałam...

W samej strefie... Tam nawet dźwięki są inne... Wchodzi się do domu i ma się takie wrażenie, jakby się wchodziło do śpiącej królewny. Pozostawione fotografie, meble, sprzęty domowe... Jeśli ich jeszcze nie rozkradli... Gdzieś obok powinni być ludzie. I niekiedy ich znajdujemy... Nie mówią o Czarnobylu, mówią o tym, że ich oszukano. Obchodzi ich tylko, czy dostaną wszystko, co im przysługuje, i czy aby inni nie dostali więcej. Nasz naród ciągle ma poczucie, że jest oszukiwany. Na każdym z „etapów budowy komunizmu". Z jednej strony negacja, czy wręcz nihilizm, z drugiej – fatalizm. Nie wierzą władzy, nie wierzą uczonym i lekarzom, ale sami nie wykażą inicjatywy. Niewinni i obojętni. W samym cierpieniu znaleźli sens i usprawiedliwienie, reszta już jakby się nie liczyła. Wzdłuż pól stoją tablice „Wysoki poziom promieniowania"... A na polach orka... Trzydzieści kiurów... Pięćdziesiąt... Traktorzyści siedzą w otwartych kabinach (dziesięć lat minęło, a dotąd nie ma traktorów z hermetycznie zamykanymi kabinami), wdychają kurz radioaktywny... Po dziesięciu latach! Kim właściwie jesteśmy? Żyjemy na zanieczyszczonej ziemi, orzemy, siejemy. Płodzimy dzieci. Jaki zatem jest sens naszego cierpienia? Po co ono jest? Dlaczego jest go tyle? Dużo się o to teraz kłócimy z przyjaciółmi. Często omawiamy. Bo strefa to nie remy, kiury czy mikrorentgeny. Strefa to naród. Nasz naród... Czarnobyl „pomógł" naszemu ginącemu już systemowi... Znowu sytuacja nadzwyczajna... Rozdzielnik. Kartki. Jak niegdyś wbijano nam do głów, że „gdyby nie wojna, to ho, ho!", tak teraz można zwalać wszystko na Czarnobyl. „Gdyby nie Czarnobyl...". I od razu przymykają oczy... Cierpimy. Dajcie nam! Dajcie! Żeby było co dzielić. Koryto! Wentyl!

Czarnobyl to już historia. Ale zarazem – moja praca... I życie codzienne... Jeżdżę... Widuję... Była sobie patriarchalna wieś białoruska. Białoruska chata. Bez ubikacji i ciepłej wody, za to z ikoną, drewnianą studnią, ruszników, serwetami. Z gościnnością. Weszliśmy do takiej chałupiny napić się wody, a gospodyni z kufra, starego jak ona sama, wyciąga ręcznik i daje mi: „To dla ciebie na pamiątkę po naszej zagrodzie". Był las, było pole. Zachowała się wspólnota i resztki wolności: działka przydomowa, gospodarstwo, własna krowa. Z Czarnobyla zaczęto ich przesiedlać do „Europy", do osiedli typu zachodniego.

Można zbudować lepszy, wygodniejszy dom, ale przecież nie da się w nowym miejscu odbudować tego całego olbrzymiego świata, z którym ci ludzie byli złączeni. Złączeni pępowiną! Dla psychiki człowieka to niesamowity cios. Zerwanie z tradycją, z całą odwieczną kulturą. Kiedy się przyjeżdża do tych nowych osiedli, wyglądają jak jakaś fatamorgana. Pomalowane – błękitne, granatowe, żółto-czerwone. Nazwy mają – Majowe, Słoneczne. Zachodnie domki jednorodzinne są o wiele wygodniejsze niż tamte chałupy. To już gotowa przyszłość. Ale w przyszłość nie wolno zrzucać ludzi na spadochronie... Ludzi zmieniono w Papuasów... Siedzą na ziemi i czekają, aż przyleci samolot, aż przyjedzie autobus i przywiezie pomoc humanitarną. Nie cieszą się z uzyskanej szansy. „Wyrwano mnie z piekła, mam dom, czystą ziemię i powinienem ratować swoje dzieci, które mają już Czarnobyl we krwi, w genach". Nie, czekają na cud... Chodzą do cerkwi. Wie pani, o co proszą Boga? O to właśnie – o cud... Nie, nie o zdrowie i siły, żeby mogli sami coś zdobyć. Przywykli do proszenia, więc proszą... Czy to zagranicę, czy niebo...

Mieszkają w tych domkach jak w wolierach. Domy rozwalają się, rozsypują. Mieszka tam człowiek pozbawiony wolności. Skazaniec. Żyje w poczuciu krzywdy, w strachu i nawet gwoździa sam nie wbije. Pragnie komunizmu. Czeka... Strefie jest potrzebny komunizm... We wszystkich wyborach głosują tam zawsze za silną ręką, tęsknią do stalinowskiego, wojennego porządku. Dla nich to synonim sprawiedliwości. Nawet żyją po wojennemu: posterunki milicyjne, ludzie w mundurach, system przepustek, kartek. Urzędnicy rozdzielający pomoc humanitarną. Na paczkach po niemiecku i po rosyjsku jest napisane: „Nie do wymiany. Nie na sprzedaż". A sprzedawane są bez przerwy, na każdym kroku. W każdym kiosku...

I znowu jak zabawa... *Show* reklamowe... Wiozę pomoc humanitarną. Obcy ludzie... Cudzoziemcy... Przyjeżdżają do nas w imię Chrystusa w imię czegoś tam... A wśród błota i kałuż, w waciakach, w kufajkach stoi moje plemię... W buciorach ze sztucznej skóry... W ich oczach czytam taki tekst: „Nic nie chcemy! Bo i tak rozkradną!". Ale równocześnie widzę...

Nadzieję, że dostanie paczkę, skrzynkę czegoś z zagranicy. Już wiemy, gdzie jaka staruszka mieszka... Jak w rezerwacie... I ta wstrętna, szalona nadzieja... Żal! Nagle mówię: „A my państwu zaraz coś pokażemy! Mamy tu coś! Coś takiego, że w żadnej Afryce państwo tego nie zobaczą! Dwieście kiurów, trzysta kiurów...". Obserwuję, jak zmieniają się same staruszki, niektóre zostały po prostu „gwiazdami" filmowymi. Wyuczyły się już stosownych monologów i nawet łzę uronią w tym miejscu, w którym wypadałoby zapłakać. Kiedy przyjeżdżali pierwsi obcokrajowcy, nic nie mówiły, tylko płakały. Teraz już nauczyły się mówić. Może guma do żucia dla dzieci by się znalazła, może dodatkowe pudło z odzieżą... Może... A przecież równocześnie mają własną głęboką filozofię, są po swojemu związani ze śmiercią, z czasem. I przecież swoich chałup, swoich cmentarzy trzymają się wcale nie po to, żeby dostawać niemiecką czekoladę... Czy gumę do żucia...

Wracamy... Pokazuję: „Jaka piękna ziemia!". Słońce opadło niziuteńko. Oświetliło las, pole. Na nasze pożegnanie. „Tak – odpowiada któryś z Niemców, mówiących po rosyjsku. – Piękna, ale zatruta". Niemiec ma w rękach dozymetr.

Wtedy już wiem, że ten zachód słońca tylko dla mnie jest drogi. Bo to moja ziemia.

Natalia Arseniewna Rosłowa,
przewodnicząca mohylewskiego komitetu kobiet
„Dzieci Czarnobyla"

Chór dzieci

Alosza Bielski – 9 lat, Ania Bogusz – 10 lat, Natasza Dworiecka – 16 lat, Lena Żudro – 15 lat, Jura Żuk – 15 lat, Ola Zwoniak – 10 lat, Snieżana Ziniewicz – 16 lat, Ira Kudriaczowa – 14 lat, Jula Kasko – 11 lat, Wania Kowarow – 12 lat, Wadim Krasnosołnyszko – 9 lat, Wasia Mikulicz – 15 lat, Anton Naszywankin – 14 lat, Marat Tatarcew – 16 lat, Jula Taraskina – 15 lat, Katia Szewczuk – 14 lat, Boris Szkirmankow – 16 lat

„Leżałam w szpitalu...
Tak mnie bolało... Prosiłam mamę: «Mamusiu, nie mogę dłużej! Lepiej mnie zabij!»".

„Taka czarna chmura... Taka ulewa...
Kałuże były żółte... Zielone... Jakby ktoś nalał do nich farby... Mówili, że to pyłek kwiatowy... Nie biegaliśmy po kałużach, tylko na nie patrzyliśmy. Babcia zamykała nas w piwnicy, a sama klękała i się modliła. Nam też mówiła: «Módlcie się! To koniec świata. Kara boska za nasze grzechy». Braciszek miał osiem lat, ja sześć. Zaczęliśmy przypominać sobie grzechy: brat rozbił słoik z konfiturą z malin... A ja się nie przyznałam mamie, że zaczepiłam się o płot i rozdarłam nową sukienkę... Schowałam ją do szafy...
Mama często ubiera się w czarne rzeczy. Czarną chustkę na głowę. Na naszej ulicy ciągle kogoś chowają... Płaczą. Jak usłyszę muzykę, to biegnę do domu i się modlę. Odmawiam Ojcze nasz.
Modlę się za mamę i tatę".

„Przyjechali po nas żołnierze w samochodach. Pomyślałem, że wybuchła wojna...
Żołnierze mieli przewieszone przez ramię prawdziwe automaty. Mówili niezrozumiałe słowa: dezaktywacja, izotopy... Po drodze przyśniło mi się, że był wybuch! A ja żyję! Nie mam domu, nie mam rodziców, nie ma nawet wróbli i wron. Budziłem się i przerażony zrywałem się z łóżka... Rozsuwałem zasłonki... Patrzyłem, czy nie ma tego koszmarnego grzyba.
Pamiętam, jak żołnierz gonił kota... Na kocie dozymetr terkotał jak karabin maszynowy: ter ter. Za nimi chłopiec i dziewczynka... Bo to był ich kotek... Chłopiec nic nie mówił, a dziewczynka wołała: «Nie oddam go!». Biegała i krzyczała: «Kotku, uciekaj! Uciekaj, kochany!».
Żołnierz miał duży celofanowy worek..."

„W domu zostawiliśmy mojego chomika, zamkniętego. Zostawiliśmy mu jedzenia na dwa dni.
A wyjechaliśmy na zawsze".

„Pierwszy raz jechałam pociągiem...

W pociągu było pełno dzieci. Małe beczały, mazały się. Jedna wychowawczyni przypadała na dwadzieścioro, a wszystkie maluchy płaczą: «Mama! Gdzie jest mama? Chcę do domu!». Miałam dziesięć lat, takie dziewczynki jak ja pomagały uspokajać małe dzieci. Kobiety czekały na peronach i jak pociąg przyjeżdżał, robiły znak krzyża. Przynosiły domowe ciasto, mleko, ciepłe kartofle...

Wieziono nas do obwodu leningradzkiego. Tam też, kiedy dojeżdżaliśmy do stacji, ludzie robili znak krzyża, ale już patrzyli z daleka. Bali się naszego pociągu, myli go na każdej stacji, i to długo. Kiedy na jednej wyskoczyliśmy z wagonu i pobiegli do bufetu, nikogo już tam potem nie wpuszczali: «Tutaj dzieci z Czarnobyla jedzą lody». Bufetowa mówiła do kogoś przez telefon: «Jak wyjadą, to umyjemy podłogę chlorkiem i wyparzymy szklanki». Myśmy to słyszeli...

Czekali na nas lekarze. Mieli maski gazowe i gumowe rękawice... Zabrali nam ubrania, wszystkie rzeczy, nawet koperty, ołówki i długopisy, włożyli do celofanowych toreb i zakopali w lesie.

Myśmy się tak wystraszyli... Potem długo myśleliśmy, że zaraz zaczniemy umierać..."

„Mama i tata się pocałowali, a potem ja się urodziłam.

Kiedyś myślałam, że nigdy nie umrę. A teraz już wiem, że umrę. W szpitalu obok mnie leżał chłopiec... Wadik Korinkow... Rysował mi ptaszki. Domki. Potem umarł. Umierać nie jest strasznie. Będziemy długo, długo spali i nigdy się nie obudzimy. Wadik mówił, że kiedy umrze, będzie długo żył w innym miejscu. Powiedział mu to któryś ze starszych chłopców. Wadik się nie bał.

Raz śniło mi się, że umarłam. We śnie słyszałam, jak płacze moja mama. Wtedy się obudziłam".

„Wyjeżdżaliśmy...

Chciałam opowiedzieć, jak babcia żegnała się z naszym domem. Poprosiła tatę, żeby przyniósł ze spiżarni worek kaszy, i rozrzuciła ją po ogrodzie: „To dla ptaszków bożych". Zebrała na sito jajka i wysypała na podwórzu: „Dla naszego kota i psa".

Nakroiła im słoniny. Wysypała ze wszystkich swoich woreczków nasiona: marchwi, tykwy, ogórków, cebuli... Różnych kwiatów... Rozsypała wszystko po ogrodzie... Ukłoniła się przed szopą... Obeszła wszystkie jabłonie i każdej się ukłoniła...

A dziadek zdjął czapkę, kiedy wychodziliśmy..."

„Byłem mały...

Miałem chyba sześć, nie, osiem lat. Tak, równe osiem. Teraz policzyłem. Pamiętam, że bałem się wielu rzeczy. Na przykład biegania boso po trawie. Mama nastraszyła mnie, że umrę. Kąpiel, nurkowanie – wszystko to budziło we mnie strach. Bałem się też zrywać orzechy laskowe. Wziąć chrząszcza do ręki... Przecież chrząszcz chodzi po ziemi, a ona jest skażona. Mama wspomina, jak w aptece radzono jej, żeby mi dawała jodynę łyżeczką od herbaty! Trzy razy dziennie. Ale mama się przestraszyła...

Czekaliśmy na wiosnę. Czy na pewno znowu wyrosną rumianki? Jak kiedyś? Wszyscy u nas mówili, że świat się zmieni... W radiu, w telewizji... Rumianek się zmieni... W co? W coś innego... A lisowi wyrośnie drugi ogon, jeże urodzą się bez igieł, róże bez płatków. Pojawią się ludzie podobni do humanoidów, będą żółci. Bez włosów, bez rzęs. Same oczy. A zachód słońca nie będzie czerwony, tylko zielony.

Byłem mały... Miałem osiem lat...

Wiosna... Wiosną z pączków jak zawsze wyrosły listki. Zielone. Zaczęły kwitnąć jabłonie. Białe. Zaczęła pachnieć czeremcha. Kwitł rumianek. Taki sam jak zeszłego roku. Wtedy pobiegliśmy nad rzekę do wędkarzy. Czy płotki mają głowy i ogony jak dawniej? A szczupaki? Sprawdzaliśmy domki dla ptaków. Czy przyleciały szpaki? Będą miały młode?

Mieliśmy bardzo dużo do roboty... Wszystko musieliśmy sprawdzić..."

„Dorośli szeptali... Słyszałem...

Z tamtego roku (osiemdziesiątego szóstego) nie ma we wsi żadnych chłopców ani dziewczynek. Jestem tylko ja. A lekarze nie pozwalali... Straszyli mamę... Coś tam takiego... A mama uciekła ze szpitala i schowała się u babci. I wtedy ja... Znalazłem się... No, urodziłem się. Wszystko to podsłuchałem...

Nie mam brata ani siostry. A bardzo bym chciał. Skąd się biorą dzieci? Poszedłbym i poszukał sobie brata.

Babcia mówi różne rzeczy: «Bociek przynosi w dziobie. A innym razem wyrośnie na polu dziewczynka. Chłopców znajduje się w jagodach, jak którego ptak upuści».

Mama mówi co innego: «Spadłeś mi z nieba». «Jak?» «Zaczął padać deszcz, a ty wtedy spadłeś mi na ręce».

Pani jest pisarką? Jak to jest, że mogło mnie nie być? A gdzie wtedy byłem? Gdzieś wysoko, w niebie? A może na innej planecie?..."

„Kiedyś lubiłam chodzić na wystawy... Oglądać obrazy...

Do naszego miasta przywieźli wystawę o Czarnobylu... Biegnie lasem źrebak i ma same nogi, osiem czy dziesięć... Cielę z trzema głowami... Łyse króliki w klatce wyglądają, jakby były z plastiku... Ludzie spacerują po łące w skafandrach... Drzewa są wyższe od cerkwi, a kwiaty – jak drzewa... Nie obejrzałam wszystkiego, nie wytrzymałam. Zobaczyłam taki obraz: chłopiec wyciąga ręce (może po dmuchawiec, a może do słońca), a zamiast nosa ma... trąbę. Chciało mi się płakać, krzyczeć: «Nie chcemy takich wystaw! Nie przywoźcie takich! I tak dookoła wszyscy mówią o śmierci. O mutantach. Nie chcę!». Pierwszego dnia na wystawę jeszcze ktoś przyszedł, potem już nie było nikogo. W Moskwie, w Petersburgu odwiedzały ją tłumy, jak pisano w gazetach. A u nas – pusta sala.

Pojechałam do Austrii na leczenie. Są tam ludzie, którym nie przeszkadzałoby takie zdjęcie w domu. Chłopiec z trąbą... Albo z płetwami zamiast rąk... Mogliby codziennie na nie patrzeć, żeby nie zapomnieć o tych, którym źle się dzieje. Ale kiedy się mieszka tutaj... Wtedy to nie jest żadna fantastyka ani sztuka, tylko życie. Moje życie... Gdybym miała wybierać, wolałabym powiesić w swoim pokoju ładny pejzaż, żeby wszystko było tam normalne: i drzewa, i ptaki. Zwyczajne. Radosne...

Chcę myśleć o tym, co jest ładne..."

„W pierwszym roku po awarii...

Z naszego osiedla zniknęły wróble... Leżały wszędzie: w ogrodach, na asfalcie. Uprzątano je i wywożono w kontenerach razem z liśćmi. Tamtego roku nie pozwalano palić liści, bo były radioaktywne. Zakopywano je.

Po dwóch latach pojawiły się znowu. Cieszyliśmy się, opowiadali sobie: «Wiesz, wczoraj widziałem wróbla... Wróciły...».

A chrabąszcze gdzieś się podziały. Nie ma ich do dzisiaj. Może, jak mówi nasz nauczyciel, wrócą za sto, albo nawet za tysiąc lat. To nawet ja ich nie zobaczę... Chociaż mam dziewięć lat...

No, a moja babcia?... Przecież jest bardzo stara..."

„Pierwszy września... Apel w szkole...

Nigdzie ani jednego bukietu. Już wiedzieliśmy, że w kwiatach jest dużo promieniowania. Przed rozpoczęciem roku do szkoły nie przyszli, tak jak kiedyś, stolarze ani malarze, tylko żołnierze. Kosili kwiaty, zdejmowali ziemię, ładowali na ciężarówki z przyczepami i dokądś wywozili. Wycięli wielki stary park. Stare lipy.

Babcia Nadia... Ludzie zawsze zapraszali ją do domu, kiedy ktoś umierał. Żeby lamentowała. I odmawiała modlitwy. «Piorun nie uderzył... Susza nie napadła... Morze nie zalało... Leżą jak te trumny czarne... – nad drzewami płakała tak jak nad ludźmi. – Mój ty biedny dąbku... Moja ty jabłonko...».

Rok później wszystkich nas wywieźli, a całą wieś zakopali. Mój tato był kierowcą, jeździł tam i potem opowiadał. Najpierw kopią wielki dół... Głęboki na pięć metrów... Podjeżdżają strażacy... Sikawkami myją dom od fundamentów aż po komin, żeby nie wzbijać radioaktywnego kurzu. Wszystko myją – okna, dach, próg. A potem dźwig podnosi dom i opuszcza do tego dołu... Poniewierają się słoiki, książki, lalki... Spychacz to wszystko wyrównuje... Zasypują całość piaskiem, gliną i ubijają ziemię. Ze wsi robi się szczere pole. Tam leży nasz dom. I szkoła, i rada wiejska... Jest tam też mój zielnik i dwa albumy ze znaczkami, a tak chciałam je zabrać.

Miałam też rower... Krótko przedtem mi go kupili..."

„Mam dwanaście lat...

Cały czas siedzę w domu, jestem inwalidą. W całym naszym domu jest dwoje takich, którym listonosz przynosi rentę – ja i dziadek. Kiedy dziewczęta w klasie dowiedziały się, że mam białaczkę, bały się ze mną siedzieć. Nawet dotknąć mnie się bały. A ja patrzyłam na swoje ręce... Na teczkę i zeszyty... Nic się nie zmieniło. Dlaczego się mnie boją?

Lekarze powiedzieli, że jestem chora, bo mój tato pracował w Czarnobylu. A ja się urodziłam potem.

Ale ja kocham tatę..."

„Nigdy nie widziałam tylu żołnierzy...

Żołnierze myli drzewa, domy, dachy domów... Myli krowy z kołchozu... Myślałam: «Te zwierzęta w lesie są biedne! Nikt ich nie umyje. Wszystkie umrą. Samego lasu nikt nie myje. On też umrze».

Nauczycielka powiedziała: «Narysujcie promieniowanie». Narysowałam, jak pada żółty deszcz... I płynie czerwona rzeka".

„Od dzieciństwa lubiłem technikę... Marzyłem, że jak dorosnę, to zajmę się techniką jak tata. On to uwielbiał. Cały czas we dwójkę coś konstruowaliśmy. Budowali.

Tato wyjechał... Nie słyszałem, jak się wybierał. Spałem. Rano zobaczyłem zapłakaną mamę: «Nasz tato jest w Czarnobylu».

Czekaliśmy, aż wróci, jakby z wojny...

Wrócił i znowu zaczął chodzić do fabryki. Nic nie opowiadał. A w szkole wszystkim się chwaliłem, że mój tato wrócił z Czarnobyla, że był likwidatorem, a likwidatorzy to są ci, którzy likwidowali skutki awarii. Bohaterowie! Koledzy mi zazdrościli.

Po roku tato zachorował...

Chodziliśmy po skwerze przed szpitalem... To było po drugiej operacji... Wtedy pierwszy raz zaczął ze mną rozmawiać o Czarnobylu...

Pracowali niedaleko reaktora. Mówił, że było ładnie, spokojnie, cicho. A w tym czasie coś się działo. Sady kwitły. Ale dla kogo? Ludzie uciekli ze wsi. Kiedy przejeżdżali przez Prypeć, widział wiszącą na balkonie bieliznę, doniczki z kwiatami. Pod krzakiem stał rower z brezentową torbą listonosza, pełną gazet i listów. A na torbie ptak uwił gniazdo. Zupełnie jak na jednym filmie...

Czyścili to, co powinni byli zostawić. Zdejmowali grunt skażony cezem i strontem. Następnego dnia znowu wszystko terkotało. «Na pożegnanie ściskali nam ręce i wręczali zaświadczenia z wyrazami wdzięczności za ofiarność...». Ojciec wspominał i wspominał. Kiedy ostatni raz wrócił ze szpitala, powiedział do nas: «Jeśli przeżyję, to nie chcę żadnej fizyki, żadnej chemii. Odejdę z fabryki... Co najwyżej będę pastuchem...».

Zostaliśmy z mamą we dwoje. Nie chcę iść do szkoły technicznej, o której marzy mama. Do tej, w której studiował tato..."

„Mam małego brata...

Brat lubi się bawić w Czarnobyl. Buduje schron atomowy, zasypuje piaskiem reaktor... Albo wkłada na siebie jakieś szmaty, biega za wszystkimi i straszy: «Uuuu! Idzie promieniowanie! Uuu... Idzie promieniowanie!».

Nie było go jeszcze na świecie, kiedy to się stało".

„Nocami mogę latać...

Świeci tam jakieś ostre światło... To nie jest ani rzeczywistość, ani tamten świat. To jest i jedno, i drugie, i nawet trzecie. We śnie wiem, że mogę w ten świat wejść, pobyć w nim... Może pozostać? Z trudem obracam językiem, mam kłopoty z oddechem, ale nie muszę tam z nikim rozmawiać. Coś podobnego kiedyś już mi się zdarzyło. Ale kiedy? Nie pamiętam... Rozpiera mnie chęć połączenia się z innymi, ale nikogo nie widzę... Tylko światło... Mam wrażenie, że mogę go dotknąć... Jestem taki ogromny! Jestem ze wszystkimi, ale gdzieś z boku, oddzielnie od nich. Sam. W bardzo wczesnym dzieciństwie miałem takie kolorowe wizje, jakie mam teraz... W tym śnie... Nadchodzi moment, kiedy już o niczym innym nie potrafię myśleć. Tylko... Nagle otwiera się okno... Niespodziewany poryw wiatru. Co to jest? Skąd? Czuję więź... Kontakt... Z kimś. Tylko te szare ściany szpitala mi przeszkadzają. Jestem jeszcze taki słaby... Zasłaniam światło głową, bo przeszkadza mi patrzeć... Wyciągam się, wyciągam... Zacząłem patrzeć wyżej...

Przyszła wtedy mama. Wczoraj powiesiła w sali ikonę. Coś szepcze tam w kącie, klęka. Nikt mi nic nie mówi: profesor, lekarze, siostry. Myślą, że nie podejrzewam... Nie wiem, że wkrótce umrę... A ja nocami uczę się latać...

Kto powiedział, że latać jest łatwo?

Kiedyś pisałem wiersze... Kiedy byłem zakochany... W piątej klasie. W siódmej odkryłem, że istnieje śmierć... Mój ulubiony poeta to García Lorca. U niego jest coś takiego: „ciemny korzeń krzyku". W nocy wiersz brzmi inaczej. Odmiennie... Zacząłem uczyć się latać... Nie podoba mi się ta zabawa, ale co zrobić.

Mój najlepszy przyjaciel miał na imię Andriej... Dwa razy go operowali, a potem wysłali do domu. Za pół roku mieli go operować po raz trzeci. Powiesił się na własnym pasku... W pustej klasie, kiedy wszyscy poszli na wuef. Lekarze zabronili mu biegać, skakać, a on był najlepszym piłkarzem w szkole. Przed... Przed operacją...

Miałem tu wielu przyjaciół... Julę, Katię, Wadima, Oksanę, Olega... A teraz Andrieja. «Umrzemy i zapomną o nas» – tak myślała Katia. «Kiedy umrę, nie chowajcie mnie na cmentarzu, bo ja się cmentarza boję, tam są tylko umarli i wrony. Pochowajcie mnie lepiej na polu...» – prosiła Oksana. «Umrzemy...» – płakała Jula.

Teraz niebo jest dla mnie żywe, kiedy na nie patrzę... Bo tam są oni..."

Samotny głos ludzki

Niedawno byłam taka szczęśliwa. Dlaczego? Zapomniałam...

Wszystko zostało gdzieś w innym życiu... Nie rozumiem... Nie wiem, jak mogłam zacząć żyć. Bo zapragnęłam żyć. Teraz śmieję się, rozmawiam. A taka byłam smutna. Jakby sparaliżowana... Chciałam z kimś rozmawiać, ale nie z kimś spośród ludzi. Wchodzę do cerkwi, tam jest cichutko jak w górach. Cichuteńko. Tam można zapomnieć o własnym życiu. A rano się obudzę... Szukam ręką... Gdzie on jest? Jego poduszka, jego zapach... Jakiś nieznany mi ptaszek biega po parapecie i budzi mnie małym dzwoneczkiem – nigdy przedtem nie słyszałam takiego dźwięku, takiego głosu. Gdzie on jest? Nie wszystko umiem przekazać, nie wszystko da się powiedzieć. Nie rozumiem, jak przeżyłam. Wieczorem podchodzi do mnie córka: „Mamo, odrobiłam wszystkie lekcje". Wtedy sobie przypominam, że mam dzieci. A on – gdzie jest? „Mamo, guzik mi się urwał. Przyszyj mi". Jak tu pójść za nim? Spotkać się z nim. Zamykam oczy i myślę o nim, dopóki nie zasnę. Przychodzi we śnie, ale tylko na chwilę. I od razu znika. Słyszę nawet jego kroki... Gdzie znika? Gdzie? A tak nie chciał umierać. Patrzył przez okno i patrzył. W niebo... Podkładam mu poduszkę – jedną, drugą, trzecią... Żeby miał wysoko. Umierał długo... Cały rok. Nie mogliśmy się rozstać... (*Długo milczy*).

Nie, niech się pani nie boi, nie będę płakała... Oduczyłam się płakać. Chcę mówić... Czasem jest tak ciężko, tak nieznośnie – chcę wmówić sobie, przekonać samą siebie, że nic nie pamiętam. Jak moja przyjaciółka. Żeby nie zwariować... Ona... Nasi mężowie umarli jednego roku, razem byli w Czarnobylu. Chce wyjść za mąż, chce zapomnieć, zamknąć te drzwi. Drzwi tam... za nim... Nie, nie, rozumiem ją. Wiem, że trzeba wytrwać... Ma dzieci... Byliśmy tam, dokąd nikt nie dotarł, widzieliśmy coś takiego, czego jeszcze nikt nie widział. Długo nic nie mówiłam, ale kiedyś w pociągu zaczęłam opowiadać nieznajomym. Po co? Bo to straszne być samotną...

Pojechał do Czarnobyla w moje urodziny... Goście jeszcze siedzieli za stołem, przepraszał ich. Ucałował mnie. A samochód już czekał za oknem. Dziewiętnastego października tysiąc dziewięćset osiemdziesiątego szóstego roku. Moje urodziny... Był monterem, jeździł po całym Związku Radzieckim, a ja na niego czekałam. Do tego przywykliśmy przez lata. Żyliśmy tak, jak żyją zakochani – żegnaliśmy się i witali. A wtedy... Strach poczuły tylko nasze mamy, jego i moja; on i ja nie czuliśmy strachu. Teraz zastanawiam się dlaczego... Przecież wiedzieliśmy, dokąd jedzie. No, wystarczyło pożyczyć od syna sąsiadów podręcznik fizyki do dziesiątej klasy i przejrzeć. On tam chodził bez czapki. Po roku chłopakom z jego brygady wypadły wszystkie włosy, a on przeciwnie, jeszcze bujniejszą miał czuprynę. Żaden z nich już nie żyje. W jego brygadzie było siedem osób, wszyscy umarli. Młodzi ludzie... Jeden po drugim... Pierwszy – po trzech latach... Pomyśleliśmy: cóż, zdarza się. Taki los. Po nim był drugi, trzeci, czwarty... Teraz każdy z pozostałych już tylko czekał, kiedy jego kolej... I tak żyli! Mój mąż umarł ostatni... Monterzy, pracujący na wysokości... Wyłączali światło w opustoszałych wsiach, włazili na słupy. W martwych domach, na martwych ulicach. Cały czas na wysokości, w górze. Miał prawie dwa metry wzrostu, ważył dziewięćdziesiąt kilo, kto mógł takiego zabić? Długo nie czuliśmy strachu... (*Nagle się uśmiecha*).

Ach, jaka ja byłam szczęśliwa! Wrócił... Zobaczyłam go... W domu święto (święto było zawsze, kiedy wracał do domu). Miałam śliczną koszulę nocną, bardzo długą, wtedy ją wkładałam. Lubiłam drogą bieliznę, zawsze miałam ładną, ale ta koszula była wyjątkowa. Odświętna. Na nasz pierwszy dzień... Noc... Znałam całe jego ciało, wszystko całowałam. Kiedyś nawet śniło mi się, że jestem jakąś częścią jego ciała, tacy byliśmy nierozłączni. Bez niego bardzo tęskniłam, czułam wręcz ból fizyczny. Kiedy się rozstawaliśmy, na jakiś czas traciłam orientację – gdzie jestem, na jakiej ulicy, która godzina... Wypadałam z czasu... Kiedy wrócił, miał powiększone węzły chłonne na szyi, wyczułam ustami... Nie były duże, ale zapytałam: „Pójdziesz do lekarza?". Uspokoił mnie: „To przejdzie". „Jak tam było w Czarnobylu?". „Zwyczajna robota". Nie przechwalał się ani nie histeryzował. Jednego się dowiedziałam: „Tam było tak samo jak tutaj". Stołówka, gdzie ich żywili, miała parter, na którym obsługiwano szeregowców – makaron i konserwy, oraz piętro dla dowództwa, generalicji – owoce, czerwone wino, woda mineralna. Czyste obrusy. Każdy miał dozymetr. A im na całą brygadę nie wydano ani jednego.

Pamiętam morze... Jeździłam z nim nad morze; zapamiętałam, że morza jest tyle samo, co nieba. Koleżanka z mężem... Też pojechali z nami... Wspominała: „Morze jest brudne. Wszyscy się bali zarazić cholerą". Gazety coś tam takiego pisały... Ja zapamiętałam co innego... Wszystko w jasnych barwach... Pamiętam, że morze było wszędzie, tak jak niebo. Niebieściutkie. A on był obok mnie. Urodziłam się po to, by kochać... Szczęśliwie kochać... W szkole dziewczyny marzyły: jedna o dostaniu się na studia, inna o wyjeździe z Komsomołem na budowę, a ja chciałam wyjść za mąż. Kochać mocno, mocno jak Natasza Rostowa. Tylko kochać! Ale nikomu do tego nie mogłam się przyznać, bo w tamtych czasach (pani to powinna pamiętać) wolno było marzyć tylko o budowach komsomolskich. To nam wpajano. Wszyscy wyrywali się na Syberię, do nieprzebytej tajgi, pamięta pani, śpiewało się: „Po mgłę, po marzenia i po zapach tajgi"*. Na uczelnię za pierwszym razem się nie dostałam, miałam za mało punktów, poszłam więc pracować jako telefonistka. Tam się poznaliśmy... Miałam dyżur... Sama go ze sobą ożeniłam, poprosiłam, go: „Ożeń się ze mną, bo ja tak cię kocham!". Zakochałam się po uszy. Taki przystojny chłopak... Ja... Wzlatywałam pod niebiosa. Sama go prosiłam: „Ożeń się ze mną". (*Uśmiecha się*).

* *Za tumanom* (Po mgłę) – piosenka Jurija Kukina (1932–2011).

Czasem zamyślę się i szukam sobie różnych pocieszeń: Może śmierć nie jest końcem, może on się tylko zmienił i żyje w innym świecie? Gdzieś niedaleko... Pracuję w bibliotece, czytam wiele książek, spotykam różnych ludzi. Chcę rozmawiać o śmierci. Zrozumieć. Szukam pociechy. W gazetach, w książkach... Idę do teatru, jeśli tam jest coś o śmierci... Bez niego czuję ból. Fizyczny. Nie mogę żyć sama...

Nie chciał iść do lekarza: „Nic nie czuję. Nic mnie nie boli". A miał już węzły wielkości kurzego jaja. Siłą zawlokłam go do samochodu i zawiozłam do przychodni. Skierowali go do onkologa. Jeden lekarz obejrzał, zawołał innego: „Mamy jeszcze jednego z Czarnobyla". Odtąd już go nie wypuszczali. Po tygodniu zrobili operację: usunęli całkowicie tarczycę, krtań i zastąpili je jakimiś rurkami. Tak... (*Milknie*). Tak... Teraz wiem, że to też jeszcze był czas szczęśliwy. Boże! Jakie ja głupstwa robiłam: biegałam po sklepach, kupowałam prezenty dla lekarzy – pudełka cukierków, importowane likiery. Czekoladki dla salowych. Wszyscy przyjmowali. On jednak się ze mnie podśmiewał: „Zrozum, że oni nie są bogami. A chemii i promieniowania tu dla wszystkich wystarczy. Dadzą i bez cukierków". Ale ja pędziłam na koniec miasta po ptasie mleczko albo po perfumy francuskie – wszystko to w tamtych czasach można było dostać tylko po znajomości, spod lady. Przed wypisaniem do domu... My... Jedziemy do domu! Dali mi specjalną strzykawkę, pokazali, jak jej używać. Miałam go karmić tą strzykawką. Wszystkiego się nauczyłam. Cztery razy dziennie gotowałam mu coś świeżego, koniecznie świeżego, przekręcałam przez maszynkę, przecierałam przez sitko, a potem nabierałam do strzykawki. Przebijałam jedną z rurek, największą, tę która prowadziła do żołądka... Ale on przestał czuć zapachy, odróżniać. Pytam, czy mu smakuje. Nie wiedział.

Ale i tak kilka razy jeszcze poszliśmy do kina. I tam się całowaliśmy. Zawiśliśmy na takiej cieniusieeeńkiej nitce, a nam się wydawało, że znowu uchwyciliśmy się życia. Staraliśmy się nie rozmawiać o Czarnobylu. Nie wspominać. Zakazany temat... Nie dopuszczałam go do telefonu. Zabierałam mu słuchawkę. Jego chłopaki umierały jeden po drugim... Też zakazany temat... Ale kiedyś rano go budzę, podaję szlafrok, a on nie może wstać.

I nic powiedzieć… Przestał mówić… Oczy ma wielkie, ogromne… Wtedy się przestraszył… Tak… (*Znowu milknie*). Był z nami jeszcze przez rok… Przez cały ten rok umierał… Z każdym dniem było z nim coraz gorzej, no i przecież wiedział, że chłopaki z brygady umierają… Przecież jeszcze z tym żyliśmy… Z tym oczekiwaniem… Mówią: „Czarnobyl", piszą: „Czarnobyl". Ale nikt nie wie, co to znaczy… Wszystko teraz jest u nas inaczej: rodzimy się nie tacy, umieramy nie tak jak trzeba. Nie tak jak wszyscy. Pani mnie spyta, jak się umiera po Czarnobylu. Człowiek, którego kochałam, kochałam tak, że nie mogłabym kochać bardziej, nawet gdybym go sama urodziła, na moich oczach zmieniał się… w potwora… Usunęli mu węzły chłonne, nie miał ich, więc zakłócony został obieg krwi, i nos już jakoś się przesunął, powiększył trzykrotnie, i oczy już jakieś miał inne – rozeszły się w różne strony, pojawiło się w nich nieznane światło i taki wyraz, jakby to nie on, ale ktoś inny stamtąd wyglądał. Potem jedno oko całkiem się zamknęło… A ja czego się bałam? Tylko tego, żeby siebie nie zobaczył… Nie zapamiętał takiego. Ale zaczął prosić mnie, pokazywać rękami, żebym przyniosła lustro. Biegłam do kuchni i potem udawałam, że zapomniałam, nie słyszałam albo jeszcze coś wymyślałam. Dwa dni tak go oszukiwałam, trzeciego dnia napisał w zeszyciku wielkimi literami i z trzema wykrzyknikami: „DAJ LUSTRO!!!". Bo mieliśmy już zeszyt, pióro, ołówek, już w ten sposób się komunikowaliśmy, bo nawet szeptem nie mógł do mnie mówić, nawet szept mu się nie udawał. Całkowita niemota. Pędzę do kuchni, stukam garnkami. Nie czytałam, nie słyszałam. Znowu do mnie pisze: „DAJ LUSTRO!!!", tak samo… Przyniosłam mu to lusterko, najmniejsze. Popatrzył, złapał się za głowę i kiwa się, kiwa na łóżku… Ja do niego, dalej go namawiam… „Jak trochę wydobrzejesz, to pojedziemy razem do jakiejś zapuszczonej wsi. Kupimy dom i będziemy w nim mieszkali, jeśli nie chcesz mieszkać w mieście, gdzie jest dużo ludzi. Będziemy żyli sami". Nie oszukiwałam go, pojechałabym z nim gdziekolwiek, żeby tylko był, a jaki to już nieważne. On i już. Nie oszukiwałam go…

Nie przypominam sobie nic, co wolałabym przemilczeć. A było wszystko… Zajrzałam tak daleko, może nawet dalej niż śmierć… (*Przerywa*).

Miałam szesnaście lat, kiedy się poznaliśmy, on był starszy ode mnie o siedem. Spotykaliśmy się przez dwa lata. Bardzo lubię u nas w Mińsku okolice poczty głównej, ulicę Wołodarskiego, tam pod zegarem wyznaczył mi spotkanie. A ja mieszkałam koło kombinatu włókienniczego i jeździłam trolejbusem numer pięć, który nie zatrzymywał się koło poczty głównej, ale trochę dalej, przy sklepie „Odzież dziecięca". Przed zakrętem jechał trochę wolniej, a ja tego właśnie chciałam. Żeby trochę zwolnić, spojrzeć przez okno i wydać okrzyk zachwytu: jaki przystojny chłopak na mnie czeka! Przez dwa lata nie widziałam nic, ani zimy, ani lata. Prowadził mnie na koncerty... Mojej ukochanej Edyty Piechy*... Nie chodziliśmy na dansingi, na żadne tańce, bo nie umiał tańczyć. Całowaliśmy się, tylko całowali... Mówił do mnie: „Moja malutka". Urodziny, znowu moje urodziny... Dziwna rzecz, najważniejsze dla mnie sprawy działy się właśnie tego dnia, no i jak tu potem nie wierzyć w przeznaczenie. Stoję pod zegarem. O piątej mieliśmy się spotkać, a jego nie ma. O szóstej zdenerwowana, zapłakana wracam na swój przystanek, przechodzę przez ulicę i oglądam się, zupełnie jakbym poczuła – biegnie za mną na czerwonym świetle, w odzieży ochronnej, w buciorach... Zatrzymali ich dłużej w pracy... Takiego go właśnie najbardziej lubiłam: w kurtce myśliwskiej, w waciaku – we wszystkim mu było do twarzy. Pojechaliśmy do niego do domu, on się przebrał, a potem postanowiliśmy uczcić moje urodziny w restauracji. Ale do restauracji się nie dostaliśmy, bo był wieczór i już zabrakło wolnych miejsc, a dać w łapę piątaka czy dychę (to jeszcze były stare pieniądze) portierowi, jak inni, żadne z nas nie umiało. Ale jemu twarz nagle się rozpromieniła. „Chodź – mówi – kupimy w sklepie szampana, ciastka i pójdziemy do parku, tam urządzimy ci urodziny". Pod gołym niebem, pod gwiazdami! Taki właśnie był... Na ławce w parku Gorkiego przesiedzieliśmy do rana. Nigdy już nie miałam drugich takich urodzin, i to właśnie wtedy powiedziałam mu: „Ożeń się ze mną. Ja cię tak kocham!". Roześmiał się: „Jeszcze za mała jesteś". A następnego dnia złożyliśmy podanie w urzędzie stanu cywilnego...

* Edyta Piecha (1937) – rosyjska piosenkarka polskiego pochodzenia.

Ach, jaka ja byłam szczęśliwa! Niczego bym w swoim życiu nie zmieniła, nawet gdyby mnie ostrzegł ktoś z góry, z nieba... Dał sygnał... W dniu ślubu nie mógł znaleźć dowodu osobistego. Przewróciliśmy do góry nogami cały dom. Zapisali nas w urzędzie na jakimś papierze. Moja mama płakała: „Córeczko, to zły znak". Potem dowód znalazł się w jego starych spodniach, na strychu. Miłość! To nie była nawet miłość, tylko długie zakochanie. Jak ja się kręciłam przed lustrem – jestem ładna, młoda, a on mnie kocha! Teraz zapominam własną twarz, tę, którą miałam, kiedy z nim byłam... Nie widzę w lustrze tamtej twarzy...

Czy o tym da się mówić? Wyrazić słowami... Są takie tajemnice... Do tej pory nie rozumiem, co to było. Do naszego ostatniego miesiąca... Wzywał mnie nocą... Pragnął. Kochał mnie mocniej niż przedtem... Za dnia, kiedy patrzyłam na niego, nie wierzyłam w to, co się działo w nocy... Nie chcieliśmy się rozłączać... Pieściłam go, głaskałam. Wspominałam wtedy nasze najradośniejsze chwile... Najszczęśliwsze... Jak wrócił z Kamczatki z brodą, którą tam zapuścił. Moje urodziny na ławce w parku... „Ożeń się ze mną"... Czy muszę mówić? Czy mogę? Sama do niego szłam, tak jak idzie mężczyzna do kobiety... Co mogłam mu dać poza lekarstwami? Jaką nadzieję? On tak nie chciał umierać... Miał w sobie wiarę, że moja miłość go ocali. Taka miłość! Tylko swojej mamie nic nie mówiłam, boby mnie nie zrozumiała. Potępiła. Wyklęła. To przecież nie był zwykły rak, którego też się wszyscy boją, ale czarnobylski, jeszcze straszliwszy. Lekarze mi tłumaczyli: gdyby miał przerzuty do organów wewnętrznych, umarłby szybko, ale one wyszły na wierzch... Pełzły po ciele... Po twarzy... Wyrosło na nim coś czarnego. Gdzieś się podział podbródek, zniknęła szyja, język wypchnęło mu z ust. Pękały naczynia, zaczęły się krwotoki. „Oj – wołam – znowu krew!". Z szyi, z policzków, z uszu... Na wszystkie strony... Przynoszę zimną wodę, robię okłady – nie pomaga. Coś okropnego. Zaraz cała poduszka będzie zalana... Przynoszę z łazienki miednicę, podstawiam... Strużki krwi uderzają o dno... Jakby... o dno skopka dojarki... Ten dźwięk... Taki spokojny, wiejski... Po nocach słyszę go do teraz... Kiedy jeszcze był przytomny, klaskał w dłonie – to był nasz umowny znak: „Wezwij karetkę!". Nie chciał umierać...

Miał czterdzieści pięć lat... Dzwonię na pogotowie, a oni nas już znają i nie chcą przyjechać: „Nie możemy pomóc pani mężowi". No, chociażby zastrzyk! Narkotyk. Sama zrobię, nauczyłam się, ale wychodzi mi tylko siniec pod skórą, nie rozlewa się. Raz się jednak doprosiłam, przyjechała karetka... Młody lekarz... Przybliża się do niego i od razu cofa: „Niech pani powie, czy on przypadkiem nie był tam... W Czarnobylu?". Odpowiadam: „Był". A on wtedy – nic nie przesadzam – zawołał: „Pani kochana, oby to się jak najszybciej skończyło! Jak najszybciej! Ja widziałem, jak oni umierają". A przecież mąż był przytomny, słyszał to... Dobrze jeszcze, że nie wiedział, nie domyślał się, że został sam z całej brygady... Ostatni... Innym razem przysłano pielęgniarkę z przychodni, ta stanęła w korytarzu i nawet nie weszła do pokoju: „Oj, nie mogę!". A ja mogłam? Wszystko mogłam! Co miałam wymyślić? Gdzie znaleźć ratunek? A on krzyczał... Bolało go... Krzyczał cały dzień... Wtedy znalazłam wyjście: strzykawką wlewałam w niego butelkę wódki. Żeby się wyłączył. Zapomniał o bólu. Nie wymyśliłam tego sama, inne mi podpowiedziały... Te, które dotknęło to samo nieszczęście... Przyszła jego mama: „Dlaczego go puściłaś do Czarnobyla? Jak mogłaś?". A mnie wtedy nawet do głowy nie przyszło, że nie powinnam go puszczać; jemu z kolei – że mógłby nie jechać. To przecież były inne czasy, jakby wojenne. My też wtedy byliśmy inni. Kiedyś go zapytałam: „Czy teraz nie żałujesz, że tam pojechałeś?". Pokręcił głową, że nie. W zeszycie napisał: „Jak umrę, sprzedaj samochód, zapasowe koła, a za mąż za Tolika (to był jego brat) nie wychodź". Bo Tolikowi się podobałam.

Znam tajemnice... Siedzę koło niego... Śpi... Miał jeszcze piękne włosy... Wzięłam i po cichu odcięłam kosmyk... Otworzył oczy, popatrzył, co trzymam w rękach, i uśmiechnął się. Zostały mi jego zegarek, książeczka wojskowa i medal za Czarnobyl... (*Po dłuższej chwili milczenia*). Ach, jaka ja byłam szczęśliwa! Pamiętam, że w klinice położniczej siedziałam całymi dniami przy oknie, wyglądałam, czekając na niego. Nic kompletnie nie wiedziałam. Co się ze mną dzieje, gdzie jestem? Byle na niego spojrzeć... Nie mogłam się napatrzeć, jakbym czuła, że to musi się prędko skończyć. Rano daję mu śniadanie i patrzę, jak je. Jak się goli. Jak idzie ulicą. Jestem dobrą bibliotekarką, ale nie rozumiem, jak można namiętnie kochać pracę. Bo ja kochałam tylko jego. Jego jednego. Bez niego teraz nie mogę. Krzyczę po nocach... Krzyczę w poduszkę, żeby dzieci nie słyszały.

Ani przez chwilę nie mogłam sobie wyobrazić, że się rozstaniemy... Że... Już wiedziałam, ale nie mogłam sobie tego wyobrazić... Moja mama... Jego brat... Przygotowywali mnie, robili uwagi, że lekarze radzą, że dadzą skierowanie, krótko mówiąc, że pod Mińskiem jest specjalny szpital, gdzie przedtem umierali tacy skazańcy... Z Afganistanu... Bez rąk, bez nóg... A teraz tam wożą tych po Czarnobylu. Przekonywali, że tam mu będzie lepiej, że zawsze lekarze są w pobliżu. Nie chciałam, nawet słyszeć o tym nie chciałam. Wtedy namówili jego, więc zaczął mnie błagać: „Zawieź mnie tam. Nie męcz się". A ja to proszę o zwolnienie, to wypraszam urlop bezpłatny. Zgodnie z prawem zwolnienie można dostać tylko na opiekę nad chorym dzieckiem, a urlop na własną prośbę wziąć jedynie na miesiąc. Ale on zapisał cały nasz zeszyt. Kazał mi przysiąc, że go tam zawiozę. Pojechałam samochodem z jego bratem. Na skraju wsi o nazwie Griebionka stał wielki drewniany dom. Patrzę, a tam – rozwalona studnia, wychodek na dworze. Jakieś ubrane na czarno staruszki... Pobożne... Nawet nie wysiadłam z samochodu. Nie ruszyłam się. W nocy go całuję: „Jak mogłeś mnie o to prosić? Nigdy tam nie pójdziesz, bo ja nigdy do tego nie dopuszczę! Nigdy!". Całowałam go całego...

Najstraszniejsze były ostatnie tygodnie... Pół godziny siusiał do półlitrowego słoika. Nie podnosił oczu. Wstydził się. „Jak ty możesz tak myśleć?!" – mówię i całuję go. Ostatniego dnia była taka chwila: otworzył oczy, usiadł, uśmiechnął się i powiedział: „Walusia!...". Oniemiałam ze szczęścia... Że słyszę jego głos...

Zadzwonili z pracy: „Przyniesiemy czerwony dyplom". Pytam go: „Chcą przyjść twoi koledzy. Wręczą ci dyplom". Kręci głową. Nie, nie! Ale i tak przyjechali... Przynieśli jakieś pieniądze, dyplom w czerwonej teczce ze zdjęciem Lenina. Wzięłam go i myślę: „Za cóż on umiera? W gazetach piszą, że nie tylko Czarnobyl, ale i cały komunizm wyleciał w powietrze. Skończyła się władza radziecka. A na teczce – ten sam profil...". Koledzy chcieli mu coś miłego powiedzieć, ale on się przykrył kołdrą, tylko włosy wystawały. Postali tak nad nim i poszli. Już się bał ludzi... Tylko mnie się nie bał. Ale człowiek umiera w samotności... Wołałam do niego, ale już nie otwierał oczu. Tylko oddychał... Kiedy go chowano, przykryłam mu twarz dwiema chustkami do nosa. Jeśli ktoś chciał zobaczyć, to odsłaniałam... Jedna kobieta upadła... A kiedyś go kochała, byłam o nią zazdrosna. „Niech popatrzę ostatni raz". „To patrz". Nie powiedziałam pani jeszcze, że kiedy umarł, nikt nie mógł do niego podejść, wszyscy się bali. A bliskim samym nie wolno myć, ubierać zmarłego. Takie są słowiańskie obyczaje. Przywieźli z kostnicy dwóch sanitariuszy, a ci proszą o wódkę. „Widzieliśmy – przyznali się – wszystko: rozbitych, pokrajanych, trupy dzieci po pożarze... Ale coś takiego – pierwszy raz...". (*Milknie*). Umarł i leżał bardzo gorący. Nie wolno było go dotykać... Zatrzymałam w domu zegar... Siódma rano... I nasz zegar do dzisiaj stoi, nie chodzi. Wezwałam zegarmistrza, ten rozłożył ręce: „Nic tu po mechanice, po fizyce, to jest metafizyka".

Pierwsze dni... Bez niego... Spałam dwa dni, nie mogli mnie dobudzić, wstawałam, nawet nie jadłam, tylko piłam wodę, i znowu opadałam na poduszkę. Teraz się dziwię – jak w ogóle mogłam zasnąć? Kiedy umierał mąż przyjaciółki, ciskał w nią naczyniami. Płakał. Dlaczego jest taka młoda, ładna? A mój tylko patrzył na mnie i patrzył... Do naszego zeszytu wpisał: „Kiedy umrę, spal moje ciało. Nie chcę, żebyś się bała". Dlaczego tak chciał? No, różne chodziły słuchy: że ci po Czarnobylu nawet po śmierci „świecą"... Nocą nad grobami unosi się światło... Sama czytałam, że ludzie omijają groby strażaków z Czarnobyla, którzy poumierali w moskiewskich szpitalach i pochowani są w podmiejskim Mitinie. W pobliżu nie grzebią nawet swoich zmarłych. Nie tylko żywi, nawet martwi boją się martwych. Bo nikt nie wie, co to znaczy Czarnobyl. Są tylko domysły. Przeczucia. Mąż przywiózł z Czarnobyla białe ubranie, w którym tam pracował. Spodnie, bluza... To ubranie leżało u nas na pawlaczu do jego śmierci. Potem mama zdecydowała: „Trzeba wyrzucić wszystkie jego rzeczy". Czuła lęk... A ja nawet to ubranie chowałam. Zbrodniarka! Przecież mam w domu dzieci. Córkę i syna... Wywieźliśmy za miasto i zakopali... Czytałam wiele książek, żyję wśród nich, ale nic mi nie mogą wyjaśnić. Przywieźli urnę... To nic strasznego... Dotknęłam ręką... Było tam coś drobnego jak muszelki na brzegu morza, w piasku, to kostki biodrowe. Przedtem dotykałam jego rzeczy, nic nie czułam, nie słyszałam, a wtedy – jakbym go objęła. Pamiętam, jak w nocy leżał martwy, a ja siedziałam koło niego. I nagle – jakiś dymek... W krematorium też widziałam nad nim ten dymek... To jego dusza... Nikt jej nie widział, a ja widziałam... Czułam, że jeszcze raz się zobaczyliśmy...

Ach, jaka ja byłam szczęśliwa! Jaka szczęśliwa... Wyjeżdżał służbowo... A ja liczyłam dni, godziny do powrotu. Sekundy! Nie mogę bez niego fizycznie... Nie mogę! (*Zasłania twarz rękami*). Pamiętam... Pojechaliśmy na wieś do jego siostry, ona wieczorem pokazuje: „Tobie pościeliłam w tym pokoju, a jemu w tamtym". Patrzymy na siebie i się śmiejemy. Nie wyobrażaliśmy sobie, że moglibyśmy spać osobno, w różnych pokojach. Tylko razem. Nie mogę bez niego... Nie mogę! Wielu chciało się ze mną żenić... Jego brat się zalecał... Są tacy podobni... Wzrost... Nawet chodzi podobnie. Ale mnie się zdaje, że jeśli ktoś inny mnie dotknie, to będę tylko płakała. I nigdy nie przestanę płakać.

Kto mi go odebrał? Jakim prawem? Wręczyli mi wezwanie z czerwonym paskiem dziewiętnastego października tysiąc dziewięćset osiemdziesiątego szóstego roku...

(*Przynosi album. Pokazuje zdjęcia ze ślubu. A kiedy chcę się już pożegnać, zatrzymuje mnie*).

Jak mam dalej żyć? Ja pani nie wszystko... Nie do końca... Byłam szczęśliwa... Do szaleństwa... Są takie tajemnice... Może lepiej nie wymieniać nazwiska... Modlitwy odmawia się po cichu... Dla siebie... (*Milknie*). Nie, niech pani ujawni nazwisko! Niech pani przypomni Bogu... Chcę wiedzieć... Chcę zrozumieć, dlaczego znosimy takie cierpienia. Za co? Początkowo wydawało mi się, że po tym wszystkim w moim wzroku pojawi się coś mrocznego. Obcego. Że nie wytrzymam... Co mnie uratowało? Popchnęło w stronę życia? Przywróciło... Mój syn... Mam jeszcze jednego syna... Naszego pierworodnego... Od dawna choruje... Dorósł, ale widzi świat oczami dziecka, pięcioletniego dziecka. Chcę teraz być z nim... Marzę, żeby zamienić mieszkanie na bliższe Nowinek, tam jest szpital psychiatryczny. Całe życie tam spędza. To jest wyrok lekarzy: jeśli ma żyć, to musi żyć tam. Codziennie do niego jeżdżę. Wita mnie, a gdzie tata Misza? Kiedy przyjedzie?". Kto inny mnie o to zapyta? On czeka na niego.

Będziemy czekali razem. Ja będę odmawiała swoją czarnobylską modlitwę... A on – patrzył na świat dziecięcymi oczami...

Walentina Timofiejewna Apanasiewicz,
żona likwidatora

Zamiast epilogu

„...Kijowskie Biuro Podróży oferuje wyjazdy turystyczne do Czarnobyla...".

Opracowana została trasa, która zaczyna się w martwym mieście Prypeć. Turyści oglądają tu wielopiętrowe bloki z poczerniałą bielizną na balkonach i wózkami dziecięcymi. Dawny gmach milicji, szpital i komitet partii... Zachowały się tu jeszcze hasła z czasów komunizmu. Nie zaszkodziło im promieniowanie.

Z miasta Prypeć trasa wiedzie przez martwe wioski, gdzie w biały dzień po chałupach kręcą się wilki i dziki. Namnożyło się ich – cała chmara!

A punktem kulminacyjnym podróży czyli, jak piszą w prospekcie, „rodzynkiem" są oględziny obiektu „Osłona", czyli, mówiąc prościej – sarkofagu. Zbudowany pospiesznie nad zniszczonym czwartym blokiem elektrowni dawno zdążył pokryć się pęknięciami, przez które wysyła promienie jego śmiercionośna zawartość – resztki paliwa nuklearnego. Będzie o czym opowiedzieć przyjaciołom po powrocie do domu. To nie jakieś banalne Wyspy Kanaryjskie czy Miami. Każdy może wreszcie poczuć się uczestnikiem historii, przewidziane jest bowiem zdjęcie przy płycie ku czci bohaterów Czarnobyla.

No a na koniec podróży miłośników turystyki ekstremalnej czeka piknik z obiadem z ekologicznie czystych potraw. Do tego czerwone wino... i rosyjska wódka. Zapewnia się nas, że przez cały dzień spędzony w strefie otrzymamy dawkę promieniowania mniejszą niż podczas badania rentgenowskiego. Nie zaleca się jednak kąpieli, jedzenia złowionych ryb i upolowanej zwierzyny, zbierania jagód i grzybów, ani też smażenia ich nad ogniskiem. Nawet wręczania paniom polnych kwiatów.

Państwo myślą, że to jakieś wymysły? Ależ skąd, turystyka nuklearna cieszy się dużym powodzeniem, zwłaszcza wśród zachodnich turystów. Ludzie gonią za nowymi i mocnymi wrażeniami, które na świecie już mało gdzie się spotyka. Jest już zbyt dostępny i oswojony. Życie robi się nudne. A chciałoby się czegoś wiecznego...

„Odwiedźcie nuklearną Mekkę... Ceny niewygórowane..."

Na podstawie białoruskich gazet z roku 2005

1986–2005

Spis treści

WYDAWNICTWO CZARNE sp. z o.o.
czarne.com.pl

Sekretariat: ul. Kołłątaja 14, III p., 38-300 Gorlice
tel. +48 18 353 58 93, fax +48 18 352 04 75
mateusz@czarne.com.pl, tomasz@czarne.com.pl
dominik@czarne.com.pl, ewa@czarne.com.pl
edyta@czarne.com.pl

Redakcja: Wołowiec 11, 38-307 Sękowa
redakcja@czarne.com.pl

Sekretarz redakcji: malgorzata@czarne.com.pl

Dział promocji: ul. Marszałkowska 43/1, 00-648 Warszawa
tel./fax +48 22 621 10 48
agnieszka@czarne.com.pl, dorota@czarne.com.pl
zofia@czarne.com.pl, marcjanna@czarne.com.pl
magda.jobko@czarne.com.pl

Dział marketingu: lukasz.sobolewski@czarne.com.pl

Dział sprzedaży: piotr.baginski@czarne.com.pl
agnieszka.wilczak@czarne.com.pl, honorata@czarne.com.pl

Audiobooki i e-booki: anna@czarne.com.pl

Skład: d2d.pl
ul. Sienkiewicza 9/14, 30-033 Kraków
tel. +48 12 432 08 52, info@d2d.pl

Druk i oprawa: Drukarnia POZKAL
ul. Cegielna 10/12, 88-100 Inowrocław, tel. +48 52 354 27 00

Wołowiec 2018
Wydanie IV
Ark. wyd. 13,6; ark. druk. 18